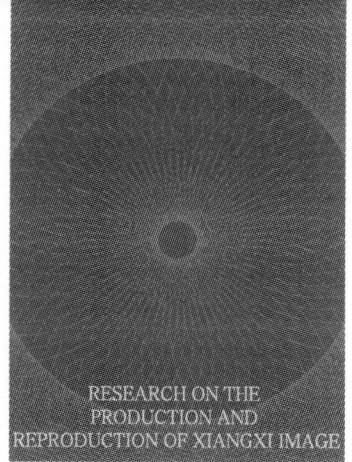

湘西形象的生产与再生产研究

胡显斌 著

图书在版编目（CIP）数据

湘西形象的生产与再生产研究/胡显斌著. —北京：经济管理出版社，2016.8
ISBN 978-7-5096-4672-4

Ⅰ.①湘… Ⅱ.①胡… Ⅲ.①文化史—研究—湘西地区 Ⅳ.①K296.4

中国版本图书馆 CIP 数据核字（2016）第 235623 号

组稿编辑：张永美
责任编辑：王格格
责任印制：司东翔
责任校对：雨 千

出版发行：经济管理出版社
（北京市海淀区北蜂窝 8 号中雅大厦 A 座 11 层　100038）
网　　址：www.E-mp.com.cn
电　　话：(010) 51915602
印　　刷：北京九州迅驰传媒文化有限公司
经　　销：新华书店
开　　本：720mm×1000mm/16
印　　张：21.5
字　　数：398 千字
版　　次：2017 年 3 月第 1 版　2017 年 3 月第 1 次印刷
书　　号：ISBN 978-7-5096-4672-4
定　　价：68.00 元

·版权所有　翻印必究·
凡购本社图书，如有印装错误，由本社读者服务部负责调换。
联系地址：北京阜外月坛北小街 2 号
电话：(010) 68022974　　邮编：100836

序
真挚情怀　恢宏视野

　　胡显斌博士是土家族人,在湘西土家族苗族自治州成长,到千里之外的厦门大学人文学院中文系求学,攻读的是戏剧与影视学。他对形象学特别感兴趣,毕业后从事人文课程教学。所有这一切因缘,在这部厚重的著作里都得到了反映。读者既可以从中发现显斌对家乡深厚的感情,又可以发现厦门大学求学经历对他的深刻影响(例如,他深为我校人文学院院长周宁教授的跨文化形象学研究所吸引),还可以发现书中举了不少和"文学湘西"、"影像湘西"、"表演湘西"相关的例子,经常从"人"的角度加以阐释。

　　尽管如此,缘由归缘由,经历归经历,学术研究本身却是深入思考的过程。本书的前身是显斌的博士论文。选题之始,他就不断探索自己的学术定位,从土家族的文化遗产,一直到中国社会的沧桑巨变。当他几经比较,终于选定"湘西形象的生产与再生产研究"这个题目之后,就毅然决然地投入研究之中。经过两年多的努力,所提交的成果显示了他相当开阔的眼界:重点虽然在当前,但意脉接连上下数千年;目光虽然紧盯湘西,但视线扫过世界各大洲。

　　我们既可以用本书印证自己关于湘西的印象,又可以从中发现显斌的"自画像"。他从湘西走来,又回到湘西。在世界风云变幻的今天,显斌从国家实施的"一带一路"战略中看到"边的机遇",在家乡社会生活的变迁中瞩目"蛮的转型",在"巫的升华"中寻找美美与共的湘西本位。这些学术探索和我对他个人的美好印象叠加,构成了"作者形象的生产与再生产"。作为一种过程,上述生产与再生产并不会由于本书的出版就终止,而是将随着显斌本人的努力而谱写新篇章。

　　显斌刚传来博士论文初稿电子版时,我浏览之余的心情是欣慰、欣喜。显斌告知本书即将出版时,我再度体验到了上述心情。我自己近20年来主要从事新媒体艺术理论和网络文化研究,但并没有因此要求研究生都和我做同样的事情。相反,我希望并鼓励研究生将社会需要和个人兴趣结合起来,在学科互动中充分发挥自己的潜能。通过教学相长,我见证了他们成长的过程,也分享了他们成功的快乐。如今，我衷心祝愿显斌在学术道路上取得更大的进步，也衷心祝愿读者能通过本书感受到湘西形象所带来的美感。

黄鸣奋

厦门大学特聘教授　博士生导师

2016年8月8日

前　言

湘西形象既包括中心文化圈民族对边地湘西的文化想象和"他者"表述，也包括湘西人的自我想象，前者叫做"镜像湘西"，后者称为"湘西自画像"，两者构成湘西形象的一体两面。镜像湘西重点研究注视者文化，该镜像由中心眼中的边地、礼邦眼中的蛮族、礼乐文明与现代文明眼中的巫楚形象组成；湘西自画像重点研究被注视者文化，该画像由边缘守望中心、民族重塑蛮族、圣地颠覆匪邦三个维面组成。镜像与自画像之间的互动构成湘西形象的生产与再生产，其生产逻辑是：在前现代，边地的参照系价值主要通过夷夏之间的想象实现；在现代，湘西的边地参考价值在文化共同体内外逐步被发现；在全球本土化的当下，湘西的参照系价值通过发明的方式来挖掘。湘西形象的生产与再生产研究将一国文学中所塑造或描述的异国形象渡入一国之内注视者、言说者、书写者对异地、异族形象的研究，是一国之内异地、异族形象研究的范型，是西方形象学理论的中国化。以湘西形象为研究方法既是解析中心文化圈边地观的重要渠道，也是建构湘西学的主导方法论和缘哲学的主要路径。在总体思路的导引下，本书分为七个部分进行论述。

第一章绪论部分阐述了研究缘由、选题意义，并对形象学研究以及湘西形象研究的文献进行综述，在该部分中，对本书使用的主要概念进行拟定，并就研究的对象、使用的研究方法以及研究的价值与意义进行了具体的说明。

第二章为"湘西观：中华文化圈中的形象生产场"。在本章中笔者从"缘网湘西"、"路径湘西"、"织品湘西"三小节探讨了本书研究的逻辑起点。借鉴"场域"理论、"网络间性"理论、"五缘文化"理论，提出"缘网"为湘西混杂性文化体的起点，用三条"路径"为文化圈提供文化活力，用"织品"将人物、作品、媒体之间的互动关系充分呈现出来。

第三章为"湘西形象：形象生态的原型、类型"。本章从"原型：套话的'套娃'结构"、"类型：边、蛮、巫"两节来论述。套话的套娃结构对形象学中的核心概念"套话"进行较为系统的研究，并将套话的结构运用在湘西形象的原型、类型与形象的生产与分配中。我们从地缘、亲缘、神缘的角度，归纳出"边"、"蛮"、"巫"作为主要套话。

第四章为"湘西形象：文学、影视、表演"，将湘西形象在文学、影视、表演中的生产与分配系统地展示出来。

第五章为"形象重塑：湘西人的自我想象"。本章讲述湘西人如何实现自身的"自画"能动性，通过边缘守望中心、民族颠覆蛮族、圣地改写匪土三种叙事模式，分别从地缘、亲缘、神缘实现边地的策略。

第六章为"文化逻辑：湘西形象的生产与再生产"，湘西形象在中心与边地之间的博弈，形象的类型在各个时期媒介中的再生产与分配，我们需要找到形象创生与变化的逻辑。

第七章为"结语：未来湘西形象——从边城走向世界"。我们在缘文化的框架下选取三组问题：第一组是地缘问题，在形象学中定位湘西是"边"，我们将观念引渡到现实，目前中国主推"一带一路"，以地理中的湘西为研究对象，思考基础设施建设在文化地理格局变迁中的作用。第二组是亲缘问题，在形象学中定位湘西是"蛮"族，我们将观念引渡到现实，研究湘西匪患的消除为当代的反恐提供的启示，"一带一路"的开拓为全球的反恐问题带来的机遇与挑战。第三组是神缘问题，在形象学中定位湘西是"巫"楚文化，我们将观念引渡到现实，湘西的地域文化在全球本土化语境中，是应致力于保持与强化区位特色，还是应致力于融入与同化，这为构建和而不同的文化共同体提供了借鉴。

目 录

第一章　绪　论 ·· 001
　　第一节　选题缘由与价值 ·· 001
　　第二节　文献回顾 ··· 016
　　第三节　研究设计 ··· 021

第二章　湘西观：中华文化圈中的形象生产场 ························· 025
　　第一节　缘网湘西：从外在到在场 ··································· 026
　　第二节　路径湘西：从器物到思想 ··································· 050
　　第三节　织品湘西：形象场中的精神产品 ························· 072

第三章　湘西形象：形象生态的原型、类型 ··························· 091
　　第一节　原型：套话的"套娃"结构 ································ 092
　　第二节　类型：边、蛮、巫 ·· 106

第四章　湘西形象：文学、影视、表演 ·································· 123
　　第一节　文学湘西：从右洞庭到左沅澧 ···························· 123
　　第二节　影像湘西：从精英到大众 ··································· 152
　　第三节　表演湘西：从陈列到表演 ··································· 169

第五章　形象重塑：湘西人的自我想象 ·································· 203
　　第一节　"自画像"：边缘的中心守望 ······························ 203
　　第二节　形象湘西的实践 ·· 215
　　第三节　湘西经验 ··· 223

第六章　文化逻辑：湘西形象的生产与再生产 ························· 239
　　第一节　权辨夷夏：想象湘西 ··· 240

第二节　礼求诸野：发现湘西 ·················· 252
　　第三节　协和万邦：发明湘西 ·················· 263

第七章　结语：未来湘西形象——从边城走向世界 ·········· 307
　　第一节　边的机遇："一带一路"中的开放湘西 ·········· 309
　　第二节　"蛮"的转型：从他者到我们的兄弟 ············ 312
　　第三节　巫的升华：美美与共的湘西本位 ············· 316

参考文献 ····································· 321

致谢：守望者说 ······························· 333

第一章 绪 论

第一节 选题缘由与价值

一、选题缘由

（一）问题缘起

1. 两个基点

第一，在"多元一体"①的中华文化格局中，从传统到现代，中国并非一个均质的政治、经济与社会文化实体，而是政治、经济、文化发展不平衡，族群构成与组织结构各有不同，文化内涵与价值取向千差万别的各个区域，在历史的长河中不断融会与分化而形成的一张大"缘网"。湘西是该系统中的一个小节点，从地缘的角度看，湘西处于地形阶梯的第二阶梯向第三阶梯的过渡地带，被称为"内地的边缘"；从亲缘的角度看，湘西地区族群的身份经历了由"蛮族"到少数民族的转变；从神缘的角度看，湘西地区的巫傩文化可为"现代性"②的启蒙叙

---

① "多元一体"格局出自费孝通先生 1988 年在香港中文大学所做题为《中华民族的多元一体格局》的报告。我们在此基础之上，结合五缘文化、媒体间性、网络间性（黄鸣奋语）等概念提出"缘网"、"缘性空间"等概念。

② 关于现代性的概念：现代性结构呈现出一种张力结构，其一体两面是"历史现代性（亦称启蒙现代性、社会现代性、庸俗现代性等）和审美现代性（亦称浪漫现代性、文化现代性、艺术现代性等）"。（俞兆平教授语）它们相互对抗，相互制衡。西方学者卡林内斯库在其《现代性的五副面孔》中对"启蒙现代性"和"审美现代性"作了区分，他认为，科学精神和民主政治、艺术自由构成西方现代问题的孪生兄弟——现代性结构的正题和反题，一方面，历史现代性标榜的理性至上、科学万能、平等自由等思想原则，为功利主义、乐观主义、民主政治、科学化、市场化等社会现代化进程提供理论支撑和思想武器，从而构成了现代结构的一维——历史现代性；另一方面，随着启蒙精神的张扬和社会发展，现代化进程逐步深入，出现了理性桎梏、物欲私利的膨胀、道德沦丧、生态危机、人的神性诗意的失落，由此催生了对历史现代性的反思和批判。这种反思和批判有两条线，一是社会科学对现代性正面价值和启蒙信条的质疑；二是美学、文学艺术恪守的审美与艺术的自由自觉。反思和批判的落脚点是实现人的自由自觉，一方面人要把握外在世界的客观规律；另一方面是实现自己的目的意图。参见俞兆平. 中国现代三大文学思潮 [M]. 北京：人民文学出版社，2006；俞兆平. 现代性视野中的马克思主义美学 [J]. 天津社会科学，2008（2）.

事提供另一种参考系。如果说潘光旦、费孝通先生是从历史学、民族学角度探讨中华民族的多元一体格局，本书试着从观念史的角度再一次追问该格局的形成过程。

"多元一体"格局的提出是从民族学与历史学的角度确证民族文化的自觉性，这一范畴的提出是对传统的天下观、中心文化与边缘文化、华夏文化观念、汉文化中心观念的否定之否定。传统对内外观念的确定、对中心与边缘的认定、对文明礼仪之邦与蛮族的确定，在现代性发生之后，中华文化版图的多元民族一觉自身为一个共同体，这种共同体内部又呈现出多元的特征，我们也可以称之为"间性"特征。这种差异性的特征在属性之间的差异之中得到体现，在现代性与全球观念未开始之前，这种内部的差异性被无限放大，从《史记》中记载的五服到《汉书》、《后汉书》中的蛮夷，再到《明史》与《清史稿》中的苗蛮，都是在内部共同中的差异性话语表述，自近代以来，中华文化圈的内部差异在对外的交流中意识到自身的共同性特征，这种共同性特征被烛照，差异性的特征退居幕后。从20世纪40年代凌纯声《湘西苗族调查报告》、石启贵《湘西苗族实地调查报告》到潘光旦先生20世纪50年代完成的《湘西北新议"土家"与古代巴人》，到1988年费孝通先生提出《中华民族的多元一体格局》，再到中国台湾地区学者王明珂先生21世纪初写就的《英雄祖先与兄弟民族》，这一学术路线是以知识分子为代表的中国学界为思考主体民族与少数民族、中心文化与边缘文化、多元差异与文化共同体自觉的最具代表性的表述，这种表述所产生的文化生产力不仅在学术界，更是在中华文化圈内部的国人身上产生了文化自觉，这一文化自觉不仅是中华地理版图的自我体认，更是属于中华文化圈的全国各族人民向香港特别行政区同胞、澳门特别行政区同胞、台湾同胞和海外侨胞的实体与想象意识中的一体格局。这种多元一体格局话语是中华文化圈表述自身与对外交流的权利，这种权利能在现代性发生之后形成现代中国话语，这种表述能在全球本土化时代构成从意识与实体领域构建自身的历史逻辑与身份确认。这种身份确认由两套坐标体系构成，一是从他者话语到自我话语的建构，这一话语体系是将西方的话语作为自身存在的坐标，中国形象也是作为他者参与到西方思考自身的资源与对象、作为镜像参与西方现代性发展的动力与资源；二是器物、制度、思想的话语递进观念。中国自近代以来，从器物的对外引进到制度的改革，再到中国思想的兴起，湘西形象的研究正是以此为背景开展研究，不追问有关湘西的表述与事实符合度的关系，而是追问在问题面前，表述者如何表述、为何表述以及表述的话语谱系是什么，对民族学、历史学领域产生的单元与一体的范畴，在形象学视域观照下产生新义，这是对传统湘西研究路径的否定之否定。

第二，在"全球本土化"①的世界格局中，在现代性的语境下，中国需要重新思考自身的国际地位。过去，在"先进的西方文明"的参照下，中国被列为落后的国际阵营中的"边缘"。如今，中国需要从学理上重新定义"先进"与"文明"、"后进"与"落后"，多元一体的文化格局理念或为我们的民族文化争取话语权与生存空间，从而在多元的国际秩序中赢得自身文明的身份。传统社会中，过去被认为是落后的边缘文化在现代被认为是与中心相对的另一种文明类型。传统社会中被置于教化地位的蛮夷（如"黔中蛮"）经过民族识别工作，从学理与历史文化的角度被确认为中华民族大家庭的一员，传统社会中被视为异者的巫傩文化信仰是"我们"（"我和你"）值得借鉴的生存方式与价值体系。如果说"全球本土化"概念是全球经济日益全球化和一体化背景下出现的一种新的理论和思潮，那么这种新的理论和思潮落实在湘西就是对湘西形象（中心想象边缘）、形象重塑（边缘守望中心）与实体湘西的互动研究。

"全球本土化"提出新的问题，引发新一轮的话语论争，全球化要求人们用全球观思考问题，全球化是西方主导的系列叙事，以西方的启蒙叙事对位东方的野蛮叙事，以西方的科技发展叙事对位东方的停滞叙事，以西方的民主制度叙事对位东方的专制与独裁叙事，这种叙事是表述者的观念体现，这种观念能引发实体的政治、经济、文化、军事等领域的现实行为。二元对立的话语背后是二元对立的价值体系，如果东方的野蛮叙事是落后的，西方的启蒙叙事是先进的，那么东方的野蛮叙事需要重新规训与塑造，而这种规训与塑造的推动者就是西方的表述者，而且这种新规则就由西方人设定。如果东方传统生产方式是停滞的，那么西方的现代科技就代表未来的发展方向，而且从观念意识与实体行为确证现代科技的第一生产力地位。最能代表现代科技的就是以机器为代表的工业革命、以计算机为代表的人工智能以及生物技术带来的生产革命的发展。传统的农业、牧业代表着传统的生产方式，这种生产方式要么被埋进历史的尘土，要么接受现代工作的规训，在传统与现代的二元对立之中，确立了现代优于传统的地位。在此基础上，如果说西方民主制度建构代表人的"自我实现"，代表幸福与解放，那么与之相对的东方文明的专制与独裁就是落后的标志，落后的民族与实现民主制度

---

① 全球本土化（Glocalization 由 globalization 和 localization 组合而成）的本义是指"全球化的思想，本土化的操作"（think globally and act locally）的个人、团体、机构等。全球本土化不仅是一种营销策略，也是全球经济日益全球化和一体化背景下出现的一种新的理论和思潮。2002年11月26日，社会学家罗兰·罗伯森（Roland Robertson）在清华大学发表题为"Globality: A Mainly Western View"的演讲，使用"全球性"（Globality）和"全球本土化"（Glocalization）这样的包容性术语来讨论社会和文化问题，这再一次包含了人类概念的丰富，并广泛和具体拓展了关于全球多样性的各种观点。转引自王宁．"全球本土化"语境下的后现代、后殖民与新儒学重建［J］．南京大学学报，2008（01）：71.

的西方构成二元对立，面对东方的国度与古代文明，西方的民主议会制度是充满优越感与憧憬感的社会制度。回溯中国的近现代史就是从器物、制度、思想向西方学习的历史，也是西方话语在后殖民社会的表述扩张，在西方的烛照下，东方是专制的国度、落后的蛮荒、专制的种族。特别是在全球本土化时代，西方的器物生产方式、制度治理范式、思想启蒙理想构成全球的普适性价值体系，东方国度的人们面对西方政治、经济、文化的生产力以及观念扩散，要么被西方话语所主导，这种主导构成后殖民话语，要么封闭自我，固守自我的传统，实现重复式与循环式的文化生产。以萨义德为代表的西方学者提出"东方学"的概念，话语表述的对象是东方，但话语背后的权利的主导者是西方，东方只是西方意识形态否定的对象，构成西方反思自身的乌托邦或者远逝的天堂。我们看到西方学者的勇气与信心，敢于反思自身的话语体系，这种话语是一种内吞式的反思。处于东方的中国学者何以在全球本土化时代发出自我的声音，开拓世界的多元一体格局，这种格局的形成也是观念领域与文化实体领域的竞争，这种竞争带来的是地缘政治构成的重塑式样。中国学者意识到自身身份的合法性危机，这种危机威胁到文化的存在感与虚无感，那么中国的话语是否可能和如何可能摆在我们的面前，思考的路径或许正在给人类带来积极性与踊跃性，或许是对人类发展的全方位否定，对人类的自信心给以痛击。中国话语需要在全球本土化的话语中争取多元的声音，这种多元的声音是现实国际秩序与争取生产空间和生产资源的需要，那么话语与自我构成自身的出发点构成多元中的某一单位，单元之间是一种博弈与同构的关系，这种关系始终处于张力之中，这种张力的存在需要中国话语的逻辑论证。既然西方是一种话语，西方之外是另一种话语，那么这种话语的资源在哪里？一是与西方文化具有差异的他国文化，二是与西方文化具有差别性特征的本国文化。前者是非西方国家的共同路径，但这一路径都是在西方话语的内部开展，或者说这种讨论问题的前提是西方式的，这种问题的解答指向西方文化，甚至他们的思维方式也完全是西方化的模式，名为反西方，实为受到西方话语的规训与"殖民"。后者是非西方国家自我话语的确证，特别是以中国为代表的东方文明国度，这里从地缘的角度看具有多种差异的地理环境以及其上的文化地理空间，从亲缘的角度看，这里有传统的礼乐文明与野蛮之邦，有现代的兄弟民族，这些兄弟民族共有英雄祖先，这种表述与建构为文化共同体内部的差异性指明出路，或许未被现代化的生存环境能构成我们的"智慧腹地"；从神缘的角度看，文化信仰的差异性为多元世界的存在提供合法性证明，具有差异性的文化信仰或能为不同语境下的人们提供一种思想导向，在这一片古老的土地上我们或能生产自身的思想与智慧，因为"神"触及人的生存边界，这种边界之外非人的力量所及，这是人力所能主导与行使价值判断的领域；从物缘的角度看，传统物质的生产方式或是对现代科技发展主义的全面否定与思考；从业缘的角度看，传统农业、牧业或许能在生态平衡的生存空间维持较稳定的状态，现代工业文明所带来的生态危机与全球治理或许能在地方性知识中找到资源与动力。三是西方学界的自我反思，也是话语得以创新的动力，萨义德将西方的东方话语统称为东方学，东方是殖民的对象还是具有迷人色彩的乌托邦，这是对西方自身现代话语的镜像反思，是西方"思"的传统与现代传承。霍布斯鲍姆认为，"传统的发明"是对"发展的幻想"进行反思性批判，这是对现代话语发展的全面否定，也是现代话语实现自我更新的不绝动力。总之，不管是东方还是西方，面对问题的思考是可靠而富有意义的，这种问题的提出与解决正是思想可以产生的动力，仅仅实现自我循环的理论与研究或许只能成为摆设，超功利性的反思与批判或许是思想者面临的机遇与挑战。

2. 四组问题

前面的两个基点提出文化观念与文化实体之间的关系，前者是对后者的认知，也是对后者的建构与扩展。观念的转变与使用不仅是对现实的真实符合问题的反映，更是表达主体的愿望，试图将观念化作现实的动力，将形象资源用以改变现实的力量。在此基础上提问：我们通过"谁"的眼睛"看"某一单元文化？这种"看"通过什么媒介加以"表述"？这种表述的观念体系是什么？这种观念体系背后的文化逻辑是什么？这种文化观念在现实的文化行为中如何生产与分配？在"和而不同"①的主权国家与远近异国的相互承认和彼此制约的关系中，中华文化需要将边地、民族、信仰作为发展自身的文化资源。中华文化圈内的文化资源如何发掘，单位文化体采取何种策略面对全球本土化的趋势？"湘西"或许成为我们研究以上诸问题的范例，湘西形象不追问有关湘西的表述与湘西的现实之间的真实性或符合度的问题，重点研究中心文化圈的湘西观念，这种观念就是中华文化自我反思的一种路径，这一路径为中华文化在前现代性与现代性的实践中提供观念支撑，同时，湘西在面对"表述"的危机与困境时采取相应的策略以应对。

"湘西是什么"与"湘西为什么是"是两种不同的思想路径，前者所进行的研究是将湘西物化为对象，这种对象是我们之外的某物，这种物的特征是固有的与客观的，对它的表述与论证永远处于是与非、真实与虚妄、正确与错误、真理与谬误的二元判断之中。物化的研究，研究的是物的特征，其富有冷冰冰的性质，对对象的宏观、中观、微观式的把握是我们把握世界的一种方式，方式之间

---

① "和而不同"出自汤一介《文化的多元共处——"和而不同"的价值资源》，强调中国由传统意义上的华夏天下观思想到近代主权国家对远近异国的承认与彼此制约。

仅有差异性而不存在优劣之分，马克思提出的理论式把握世界、实践式把握世界、宗教式把握世界、艺术式把握世界构成人把握世界的不同方式，不管是何种把握世界的方式，都需要有"人"性，人的出现是人类存在感的体现。我们可以从研究湘西是什么的讨论转而开掘与追问谁的湘西、谁在表述湘西、表述的话语如何、为什么如此表述，这种追问正如美学领域的讨论，由对可观论美学到主观论美学的追问，这种追问厘清表述者与被表述者之间的关系，区别话语发出者与接收者。这一区别的重要性是表述的背后是表述者因为话语而出现文化行为，这种文化行为或是文化利益的分享抑或是生存资源的争夺，回归到人，或许是揭开症结的开始，因为湘西对谁重要、谁需要湘西才是问题可以揭开的提问方式，湘西进入谁的生活空间与生产资源领域是最为关键的，地缘政治的领域成为追问者背后的欲望与动力。对湘西表述者的研究不是追问正确的答案或者是寻求完美的生活结局，而是能为我们打开对人生、艺术甚至生存与死亡的理解，这种理解也仅仅是问题解答的一种，没有问题便没有思想产生，凭空产生的理论或思想仅仅作为自我复制与无意义的生产。纵观文化历史，作为多元一体格局中的小单元，湘西不仅是一种地理式的存在，更是文化生活领域的存在，这种存在通过器物文本、制度文本、思想文本而得以存在。"思"是湘西存在的动力，那么谁在表述是我们首先必须弄清的问题，因为只有找到表述者，才能找到表述的动力之源，对动力之源进行开掘，思想的源头活水方能汩汩流出。在人文社会科学领域，有几种表述者的话语决定了表述的基调：正史的"史学家"，称其为史学家仅仅从表述的频率以及影响力的角度来看，并非出于对其权威性的理解，不但不盲从权威，更要破除权威背后的虚妄话语运行体制；"二十五史"中的表述者最具影响力，史传是一种官方文化的集中体现，这种官方文化在多种情况下代表主流文化，这种主流文化的意识形态领域决定社会的主流意识，从《史记》到《清史稿》共同构成历史文本中的湘西；与史传文化传统并行不悖的是非官方的精英意识系统，以历史文化名人的表述为依据，从战国时期的屈原到唐宋元明清的诗词歌赋戏都是构成文化表述的重要表述者；与外在表述相对的是本土的表述者或能提供另一种参照系，地方志书、生产生活的器物文本、制度文本以及思想智慧又是另一角度思考湘西本土的一种方式；还有"入乎其内"与"出乎其外"的流动的表述者，多重视角的表述正是构成"主体间性"表述的重要尺度，这种尺度的表述或能开启表述意义空间的可能，从他到我，从我与他到我、你、他，构成我们的意义空间，这种表述空间具有多个层面多个维面的层次，这种层次之间永远具有流动性与距离感。找到表述者之后是对表述内容形式的分析，内容的分析是从话语分析角度，从话语分析表述者的意识，语言是思维存在与运行的方式，语言存在于思维之中，思维又通过语言得以体现，语言是人得以实现世界秩序化的方式，不管是理论方式、实践方式、艺术方式、宗教方式，语言都是人实现与物的交流，达到人与人沟通以及人实现与神的"神与物游"的重要方式，所以对语言的分析，就是我们找到研究的实际对象，福柯对"词与物"的解析就是我们理解话语、剖析话语、通过话语实现文化创新的重要突破口。对话语的分析不仅要进行"能指"与"所指"的辨析式理解，更需要对话语与社会秩序之间的关系进行解剖，曼海姆的"意识形态"与"乌托邦"为我们理解话语的语境与动力提供了一种解释框架，这种解释框架从理论上厘清了"我与他者"的关系，将"我对社会秩序"的态度充分呈现出来。是对社会秩序的肯定还是对社会秩序的否定通过话语的问题有无而实现，有问题是对社会秩序的质疑，这种质疑能为我们剖析表述者面对自身与社会之间的不可调和的矛盾而出现；没有问题是表述者对秩序的皈依与顺从，这种态度又具有错位性与流动性。表述的大数据考察，从古今的视野与东西的视野中考察，一种话语可能反复被表述，这种表述的内容具有延续性，但表述之外的问题具有天壤之别，一种话语可能一鸣惊人但这一话语可能是对以往问题的创新性理解。对语言的语义层面的了解可以借助大数据思维得以体现，但对语言的寓意层面的了解需要剖析表述者背后的话语与论争，只有问题才是最重要的，对重要问题的工具性解读就能获得智慧型知识。为何表述，就是需要回到表述者的文化语境，表述的对象可能只是作为表述的导火线或者镜像理解，这种理解的关键需要表述对象的隐喻或者启发，这种隐喻与启发也可能遮蔽问题的显现，黑格尔提出的"感性理念的感性显现"与马克思提出的"人的本质力量的对象"是人与对象的关系问题，这种对象能否成为表述者的话语对象，或者这种对象能否直面问题的实现由表述者的话语策略决定。

3. 两条途径

第一是个案与范型，从影视、剧场表演到门类艺术群。本书研究的缘起是影视与演艺产业中兴起的湘西形象，研究湘西形象的第一步不是研究湘西文化而是研究表述者文化。这种形象不追问与湘西现实的真实与否或者是否符合的问题，侧重研究表述与塑造形象者表述了什么？为何表述？如何表述？这种观念表述对实体的影响如何等。在这一问题中，表述的话语成为我们研究的对象，从传统到现代，我们从研究影视、剧场表演这两种话语类型扩展到历史、文学、电影、电视剧、剧场表演话语类型，从局限在影视、剧场两种表演媒介扩展到印刷媒介、电子媒介、新媒体等领域，也使得我们从传统的门类艺术研究进入艺术群体研究，从文艺研究进入文化研究。研究对象为我们提供了古今与中西的多维视野，在古今与中西的交织之中湘西具有了"混杂性"，从这种混杂的文化出发，我们从中清理出"缘"概念，从"缘"编织成网，然后从"缘网"的构架去为湘西形象提供合法性证明，这种证明是对多元一体文化格局的全新理解。

以专业的态度面对时代重大问题。开展中国问题的研究框架是古今视野与中西视野的结合，前者赋予历史的视野，后者注入全球的眼光，面对问题的出现，研究者应以专业面对时代重大问题，人文社会学者如何以专业应对时代重大问题，从问题出发，以专业的视角去面对。观念史的角度是从观念的角度介入时代重大问题，本尼狄格特的"想象的共同体"是从观念的角度介入共同体、民族性形成可能是观念领域的重大推动。人是具有思维的智能型高等动物，思维中的意识与观念决定人的动作与行为的产生，我们在表述中国的时候，或者表述某一地域的时候，要怎么去发问与思考。例如，中国是什么有多种定义，可以从地缘、亲缘、神缘、物缘、业缘的角度去思考，这是从物化的角度去思考，如果从人化的角度去思考中国或者某一地域（如湘西），那么是谁的中国或湘西、谁表述中国或者湘西、他为什么要这么表述非常关键。是单一主体的表述还是多元主体的表述，表述的主体之间的关系如何，是达成共谋还是针锋相对，这种表述背后的权利双方的力量比例如何。回到湘西的问题，首先假定一个范围的表述者与这个范围之外的表述者是何种关系，这种关系对湘西的意义如何。研究者的研究对象围绕表述者展开，那么展开研究的工作平台是什么，操作的界面是什么，我们可以依据马克思所提供的人类把握世界的四种方式来确定，实践活动、理论思考、艺术想象以及宗教信仰都可以作为我们研究作业的平台，这四种方式之中，我们需要区分物质性、非物质性的维度以及器物、制度、思想的层面，从多角度的阐释进入研究领域。例如，历史文本就是中国的研究素材，艺术文本中的影视、戏剧、舞蹈、雕塑等众多门类艺术是想象力最为集中的体现，思想文本中的地方性系统知识以及宗教文本中的人与神的关系学说是我们重点考察的对象，选取文本需要具有典型性，围绕精英文化选择文艺文本、围绕官方文化选择正史文本、围绕大众文化选择通俗文本都是区分素材的重要指标。区分文化使用主体不是文化研究的目的，研究的问题如果需要拥有广阔的视野与背景，就需要突破传统的专业界限，对这种界限的打破能够为学科赢得新的生命力，专业仅仅作为立足之点，出发点是发现问题可以开始的前提，前提的开启能够为研究做足充分的准备，专业的开启能够为问题的拓展提供工具与方法。正如，冰山型人格理论，专业只是浮在水面之上的冰川，如果要获取冰山的整体形貌，就需要展开更深层的研究与讨论，这种讨论正如需要突破界面进行探求。

学科发展的前提是对问题的解决，这种问题可以是人与物之间的问题、人与人之间的问题以及人与自身之间的问题。针对这三种问题的研究与解惑会积累很多的经验与知识，积累的结果就形成积淀，这种积淀既可以是精华的提取也可以是简单的复制性陈列，这种积淀形成知识积累的形态，这种形态最高级的体现就是学科的诞生。学科的诞生是问题以及解决问题的结果，学科成为一种专业训练的必备技能，也是掌握解决问题的重要工具。单学科的发展不应以学科的壮大与最终目的，最终目的的形成需要围绕问题的解决开展，学科固然重要，但问题的解决凌驾一切。在研究的过程中会出现两种情景：一是面对问题，学科微不足道，学科是知识的积累形态，学科的理论形态是人类智慧的集中体现，但这只是学科发展的第一个巡礼，学科形成之后更要面对问题，更要接受疑难问题，对这种问题的回应是学科的试验田，这种实验势必引发学科向更深领域的发展。二是某一学科不足以解决问题，我们需要回到问题本身，为了解决问题打破学科的限制，敢于突破自身的专业局限进入更为广阔的人文社会科学领域甚至自然科学领域，或者采用团队协作的形式，组成边缘交叉学科的跨界探索，这就构成学科与专业的良性互动。问题意识是学术界最为缺乏的东西，这种稀缺品的存在需要关于发现的勇气，也只有问题才能唤起这种探索与批判的勇气，激发研究者创作的激情，问题的解决恰恰是人直面人生、社会、自然的一种方式，唯此方式才得以让研究和思考永葆生命力。如何能在问题与学科之间架起一座通行的桥梁，就是以专题的形式展开，这种专题的设计既有专业学科的考虑，也兼顾问题的学习。本论题采用形象学领域的理论工具去解析观念史中的文化的自我与他者的问题，有形象学的学科归宿性，但又涉及民族学、文化地理学、艺术学、人类学、历史学、社会学等学科领域，为了解决湘西形象的问题，我们所选取的工具具有针对性，民族学可能用来分析人与人之间的关系，文化地理学可能用来分析地缘文化的问题，人类学可能用来分析人的传统意识与现代观念，历史学是对正史与地方志书的解读，社会学将社会生活的生动性引入研究视野。

第二是田野与思想，从湘西形象到湘西学。湘西形象是中心对边地的话语表述，这种二元观念中分出中心与边地，这种从传统延续至今的观念需要我们进行建设性批判。在缘网的框架下，湘西形象不是单向的从中心向边地的辐射，这种同心圆式的文化延展模式之外还有湘西单元文化自身的文化策略，这就构成了湘西想象（中心对边缘的想象）与形象重塑（边缘的中心守望）之间的张力关系。我们还将历史注入这种结构主义的张力关系之中。在此基础上，湘西学作为一种总体的研究模式，相比湘西研究的微观、中观研究，"学"是概念实践中的更为宏观的研究。湘西学以湘西为研究对象，但研究的问题是中华文化圈中的全球现代性问题，它不同于传统的方志研究、现代的湘西历史研究，前者是传统记载自然与社会现象，后者是对湘西过去的记述，学高于志、史，是湘西研究中的自然、人文、社会科学的理论升华。湘西学要在综合研究湘西的政治、经济、文化、历史、社会等的基础上，找出湘西的分门别类及其历史与现状的外在联系与内在本质，由此构成研究湘西这样一种边地城市与乡土型地域的学理，富有湘西的特殊性，又饱有城乡现代性研究的共性。关于湘西学的学理的合法性需要进一步论证。

从凌纯声、石启贵对湘西苗族的考察到潘光旦先生论述古代巴人与湘西北部的土家,再到费孝通先生在多元一体格局中论述的土家族,这一条学术路线代表学界对边地文化的思考与重新叙事。在这样一系列的学术体系中,作为地缘文化的湘西是被研究的对象,作为亲缘文化的湘西自身没有表述力,作为拥有自身信仰的单元文化是被观照的对象,学术界所使用的学术工具是西方话语体系,对这一优秀成果的引介与实践是西方学术的中国化,对中国学术界具有重大贡献,在这一学术体系中,地域文化可能被遮蔽,作为边地的湘西自身仅仅作为表述的对象。自凌纯声先生的田野调查以来,湘西作为被考察的对象,是研究者的田野,在这样一份试验田里,大多数的研究者是用自己的话语工具去解析湘西,湘西往往成为论证问题的论据与案例。在这样一套体系之中,湘西是缺席的,缺席表明湘西是被物化的对象,缺席的表征是它成为了研究者的对象,这一对象的关键是指示研究者的自身问题。从《湘西苗族的调查报告》到《湘西北的土家语古代巴人》以及"多元一体"格局的提出,重要的不是湘西,研究者所关怀的是对象背后的文化意义。这一学术的路径对学术的兴起具有典范意义,正如西方对中国的表述,中国形象中西方是不在场的在场,中国是在场的缺席。湘西难道就是萨义德所指出的被打量与被表述的对象?湘西的自我表述与自我想象是重要的一环,但这一环是否面临话语的危机,湘西人的自我表述成为湘西之外表述者的复制与简单的再生产,这就构成了更为"坚硬"的不在场。那么思想在何处?思想应该是人面对人生困境的解答与追求人之为人的幸福时所凸显出来的能力。"在田野中思考"是研究者所能做的,唯求理论的工具能在解析个案的过程中发挥最大的效益。在田野中思考者,观照对象的同时需要反观自身,反观自身应该是多个维面的考察,一是确证自身的身份,这是将表述者视为被观照的对象,自身俯视、仰视或者平视对方,在对方的差异中见证自身的自觉;二是反思与批判自身,萨义德为我们提供了学者反思自身的典范,敢于对自身话语的否定,这种批判更能看到思想者的超功利与文化生产能力,这种反思不是不寻求利益,而是从敢于否定自我的话语入手,全面深入地否定西方话语的霸权。反观东方学者,我们把"东方学"当作我们的武器,形成民族主义话语,这就限制了我们开阔的视野与真正开拓"间性"学术空间的可能。这种间性空间一旦开启,将会对现有话语体系构成巨大的冲击,现有学术话语受到冲击的背后是对权利的批判,这种观念的批判对政治、经济、文化等领域构成批判。

(二)研究对象

湘西形象的研究对象由横纵坐标系构成。

横坐标是文本网络。文本不仅包括具有代表意义的文艺文本(文学、影视、雕塑、舞蹈、音乐、绘画、戏剧等门类艺术)、副文本或准文本(笔记、游记、书信等)和非文本(正史、文物、方志、自然遗产、文化遗产、非物质文化遗产),还包括文本得以产生的文化空间(地理空间、历史空间、生活空间、虚拟空间)。中心文化圈和边地湘西的生产生活方式都是形象得以产生、生产、再生产的形象生产场。有学者对湘西形象存在方式的探讨值得借鉴,"湘西形象,就其存在方式而言,似可在逻辑可能上区分为眼中湘西,胸中湘西,手中湘西",①将西方的形象学理论与中国传统的画论结合提出自己的观点。文本网络构成的文本交互生产意义的空间,就是文本间性,对湘西形象的研究可以突破传统的文艺学的研究路径,开拓文本间性领域研究和地域文化的跨界研究。

  湘西形象的研究需要文本作为依托。观念史的研究对象是观念,观念的最高级表现形式就是人的思维,思维的整体性集合就是语言的集合,语言的集成就是文本,这种文本就是人化的痕迹。如果按照文化的存在形式划分,可以分为物质性文本、非物质性文本、精神性文本。以山水文化为例,如果研究的对象是湘西,那么沅水文化、澧水文化构成水文化的脉络,武陵山、雪峰山就成为地缘的重要组成部分。山具有围合作用,对保存文化传统具有重要的作用,这也是构成外来表述者对这一片土地的反复表述;在山形成围合的同时,水的流动性保证湘西地域外在的交流与联系,这种交流与联系,使水文化形成了开放性的文化。非物质性文化文本就是人化的器物文化,包括日常生活所依赖的生产空间,例如农业社会的土地与种植文化,人所居住的私有空间与公共文化空间。私有空间以民居建筑为代表的土家族吊脚楼,公共文化空间最为典型的代表是土家族的摆手堂与冲天楼、白族跳仗鼓舞的文化广场等。这些生产生活方式的基础是物质的生产方式,但人的出现赋予其非物质的空间,人与物质之间的关系构成精神生产方式,这就是非物质的表现方式,非物质所产生的意义空间是对物质性的补充与完形。精神性文本主要包括文学、艺术、宗教、哲学遗产,这些文本以语言符号的方式存在。物质性文本强调物质性,其不可或缺性是因为它是非物质文化与精神文化的载体,并且在研究的过程中没有材料的优劣之分,物质性文本需要我们用符号进行挖掘与整理,非物质性文本需要我们总结与提炼,文本空间的符号的信息量大,最能代表某一地域、某一族群人的物质文化与精神文化的成就,所以研究的素材主要选择这一类文本,但在文本之外,文化空间是我们亟待开掘的领域,文化空间是人与物、人与人、人与神的关系发生的存在形式,空间的引入将物理的山水空间、建筑的围合空间以及戏剧与新媒体中的虚拟空间纳入考察的范围。这种空间的选择不是仅仅局限于武陵山与雪峰山地域,来回于沅水与澧水流

---

① 杨春.沈从文笔下湘西形象的独特性研究[D].吉首:吉首大学博士学位论文,2013.

域，而是将整个中华文化圈作为文化场的生长空间，在这种空间中，湘西只不过是网络中的节点，武陵山、雪峰山不过是山脉系列中的支脉，沅水、澧水流域只不过是长江文化的支流，这就构成了整体的研究框架。在整体框架的指引下，与湘西有关的非湘西的文本也是我们考察的对象，在对象之间的反观与对照之中，我们在差异文化与特色文化文本之外寻找问题的存在。

纵坐标是湘西形象史。宏观视角包括种族、时代、环境（丹纳语）三个视角，其中种族视角需要系统梳理前现代的湘西形象、现代湘西形象的历史，找出湘西形象的变奏和转型，例如夷夏之辨中华夏与东夷、西戎、南蛮、北狄之间的中心与边缘的文化关系，五族共和的政治意义和民族政策的影响力以及新中国成立后开展的56个民族的民族识别工作等，都是异域形象产生的文化环境。时代视角需要考察中心文化圈中先秦神话传说时期的湘西形象、秦汉至隋唐羁縻州时期的湘西形象、宋明土司时期的湘西形象、清代改土归流时期的湘西形象、20世纪以来现代化进程和现代性语境中的湘西形象。湘西形象的历史一方面在总体上表现为从文化之"蛮"到政治之"匪"的历史；另一方面像陶渊明等作家，"冒着将他者理想化的危险"（马克·莫哈语），塑造的是一个迷人的具有浓郁异域情调的乌托邦湘西。从陶渊明的"世外桃源"到沈从文小说的"别一个国度"，这是湘西形象的另一种历史，即乌托邦湘西史。有研究者概括的古典湘西形象的历史轮廓具有启发意义，即"先秦两汉—魏晋南北朝时期、羁縻州时期、土司时期和改土归流时期"。[①] 环境视角是考察自然山水对文化圈和文化带的形成的作用，民族迁徙的路径、生产生活的方式、中心与边缘之间的区隔的形成以及文化走廊的开拓，将自然地理与历史文化地理结合起来。

如果说文本的横坐标为我们的研究指明空间中的位置，那么纵坐标为我们注入历史的动力，在研究湘西的过程中，首先是对研究湘西的点的突破与深掘，这样的点可以是对地缘的表述，可以是对亲缘的表述，也可以是对宗教信仰文化的表述。在表述的过程中，采用历史的线性思维可以为表述注入宽阔的历史背景，例如文学史中的湘西形象，可能要从屈骚文化传统开始表述进入贾谊眼中的湘西，再到陶渊明笔下的桃花源形象，接着是唐诗宋词中的湘西形象，甚至延伸到现代沈从文笔下的湘西形象或当代湘西作家群眼中的湘西形象。

（三）概念界定

1. 湘西的定义

湘西在历史上经历不同行政区划的沿革，处于湖南的西部，行政边缘，地处湘鄂渝黔边区，是文化板块漂移的典型区域。有学者规划出漂移在历史长河中的

[①] 杨春.沈从文笔下湘西形象的独特性研究［D］.吉首：吉首大学博士学位论文，2013.

文化行政版图,"历史长河中的湘西,是一个漂移的湘西:小湘西,大湘西,泛湘西"。① 其他研究者从自身的研究对象出发,选择不同的湘西定义,如张佑华选择唐代的湘西,为"历史文化意义上的'五溪蛮'生产生活的地区";② 张颖选择"小湘西"的概念,是"新中国成立以后的湘西概念";王萍选择"大湘西"的概念,认为"湘西是一个地域文化圈,包括现今的湖南省湘西土家族苗族自治州,还包括张家界、怀化以及常德和邵阳部分地区在内的区域,即'大湘西'";③ 刘晗、龚芳敏认为"从历史的角度来看,湘西地域文化是在先秦神话传说中开始闪亮登场,经屈原、陶渊明、唐诗竹枝词、明代文学一直到现代的沈从文,绵延数千年,风采照人,成为汉文学当中密集而亮丽的一道炫目的景观"。④ 梳理湘西的概念,我们可以发现,湘西处于文化活跃的板块区,是一座有着悠久边地文化集成的边城。

2. 湘西形象的内涵

最先采用比较文学形象学视角研究文学湘西的是刘洪涛教授,"应用比较文学形象学研究方法,研究沈从文小说中的苗族形象,便可了解,苗族文化是沈从文作为湘西代言人与外界对话的依据和支撑"。⑤ 另外,王立教授《唐诗中的胡人形象——兼谈中国文学中的胡人描写》等论述为我们的形象学研究提供了多维视角。首次提出"湘西形象"概念的是吉首大学的简德彬教授,他沿着文学中的湘西形象进行开掘,例如"湘西想象既是华夏中心汉民族对边缘湘西以苗族、侗族、土家族、瑶族等为主体的少数民族的一种文学想象和文学表达,也是湘西本土民族民间文学和文人文学对湘西自我所作的一幅'自画像'"。⑥ 在前人文学领域研究的基础上,我们可以从更为深广的文化领域讨论湘西形象,湘西形象的问题与领域将获得扩容与增生的研究空间,湘西形象的文化意义大于文艺意义。湘西形象是中心对边缘想象的代表,应用形象学基本理论和方法对中心文化圈中源远流长的"异族"、"异地"之湘西形象进行系统梳理研究,是对西方传统经典形象学"异国"研究理论的拓展和突破,也是对目前学界这方面研究成果单薄的弥补,可为一国之内"异族"、"异地"形象研究提供一个范例。

---

①⑥ 简德彬. 湘西形象的古典想象与现代重塑 [EB/OL]. http://hn.rednet.cn/c/2012/11/18/2817073.htm, 2012-11-18/2015-01-11.

② 张佑华. 唐诗中的湘西形象研究 [D]. 吉首:吉首大学博士学位论文,2010.

③ 张颖. 旅游广告中的湘西形象 [D]. 吉首:吉首大学博士学位论文,2012.

④ 刘晗,龚芳敏. 历史经验的总结与现实困境的反思——"湘西地域文化与文艺创作"研讨会综述 [J]. 理论与创作,2010 (03):127.

⑤ 刘洪涛. 沈从文小说中的苗汉族形象及其背景——比较文学形象学研究一例 [J]. 北京师范大学学报,1996 (07):34.

3. 影视与演艺产业

本书立足于戏剧与影视学的学科属性，湘西形象研究的缘起也是来源于影视中湘西形象的塑造以及文化产业的剧场演出中湘西文化的自我展现。如果单从影视与戏剧两个门类艺术去研究湘西形象，那么从传统到现代的湘西表述的历史感会有所缺失。如果我们不将研究的触角伸向互联网，那么全媒体时代的湘西形象的立体感会有缺失，所以我们选取的策略是将影视与戏剧表演的两个门类艺术的点连接起来形成线，再将这条线拉长，自历史、文学、影视、剧场演出、网站等形成相关性，将缘文化的思维自行植入本书，从地缘、亲缘、神缘的三缘去构建本书的幅度，通过器物、制度、思想三层面去构建本书，实现形而上与形而下之间的贯通，通过人物、作品、媒体之间的相互交织，使得湘西形象的研究具有厚度，研究的路径从湘西形象与形象重塑类型的研究，进入生产与再生产的逻辑，以湘西形象为方法建构湘西学，思考哲学方法论的未思之处，使本书的研究富有深度。

二、选题价值

"湘西形象的生产与再生产"旨在研究从传统到现代，中心文化圈通过历史、文学、影视、剧场演出等艺术媒介对湘西的表述，这种表述的话语体系是什么？中心表述边地这一条路径以为，边地自身的策略与之构成强有力的张力结构，在此基础上，我们讨论湘西人的自我想象的谱系，在湘西形象与形象重塑的基础上探讨话语背后的文化逻辑。最后，我们以湘西形象为研究方法，建构湘西学，将边地的价值从田野提升到思想的高度。

（一）理论价值

本书选题从形象学的角度来研究湘西观，清理出从传统到现代的湘西形象的原型、类型与形象谱系，具有三方面的理论价值：一是将形象学的理论从研究异国形象引渡到文化共同体内部的异地、异族形象研究，丰富了形象学理论的研究类型；在形象的基本理论之下去研究湘西形象，并对湘西人的自我形象进行拓展，这就构成湘西形象与形象重塑之间的复线结构，丰富了形象学的单线研究。二是在地域文化研究领域借用形象学的原理与方法，具体地说，就是从形象学的理论出发研究中心文化圈从传统到现代对湘西的表述以及话语体系。三是从影视与剧场表演艺术出发，将研究的对象拓展到文学、影视、表演、互联网空间，树立从门类艺术学到一般艺术学，从艺术学到文化学研究的范例。

（二）实践价值

本书选题的研究重点是湘西观念研究，但观念湘西是对实体湘西的认识与扩展，观念研究的目的是探讨观念对现实文化行为的态度，从而对实体文化产生影响。本书将中心文化圈对湘西的表述系统化，建构出湘西形象的原型、类型以及在门类艺术中如何再生产与分配，以及边地为了获取文化资源所采取的形象的颠覆性策略。我们对湘西形象与形象重塑的谱系有清楚的认识，这种认识更需要建设性的批判，批判是指去"中心与边缘的结构"、"边缘守望中心的心象"，建设是指在文化实践中确实面对现实的文化问题开拓缘性空间，将缘性空间放在"网"中去理解，从去"外在性"（不在网域）到去"他者"（差异可能导致的对立），提倡"我们"的文化观。"我们"的文化观需要在观念与现实领域建设文化走廊（或称文化路径），这种路径具体包括器物路径、制度路径、思想路径。基于此，地理交通的开拓、民族自治的深入、思想观念的开放就是我们要做的。

（三）创新之处

关于湘西形象的论述已有相关学者做出了一些研究，如吉首大学简德彬教授的《湘西形象的古典想象与现代重塑》[①]，中山大学周会凌的博士论文《楚歌镜像：中国小说中的湘西形象》（2012），吉首大学王江生的硕士论文《影视作品中的湘西形象的艺术呈现研究》（2011），吉首大学杨春的硕士论文《沈从文笔下湘西形象的独特性研究》（2012）等系列文章。本书的研究建立在前者研究的基础之上，创新之处主要体现在如下几个方面：

1. 材料运用的创新

本书所选择的材料是一手资料，主要的来源有历史文本："二十五史"、地方志书；古典文学作品：屈原、贾谊、陶渊明、柳宗元等诗词作品。这两类材料未必是学界所注意的，"二十五史"与《桃花源志略》中关于湘西的表述是其中的代表。另外，还有新文学作品：沈从文、韩少功、蔡测海、孙建忠、向本贵、田瑛等小说作品；大众传媒时代的影视作品：《翠翠》、《边城》、《乌龙山剿匪记》、《血色湘西》等36部关于湘西题材的电影与电视剧作品；演艺剧场：《魅力湘西》、《天门狐仙》、《烟雨凤凰》、《烟雨洪江·沅江号子》等10台具有旅游产业效应的演出；官方门户网站：常德市人民政府网站、张家界市人民政府网站、湘西土家族苗族自治州门户网站等。这四类材料从形象学视角辨析而呈现新义。本书的材料观是"寓材料于历史"，从前现代的汉文献史传书到现代的影像表达，从印刷传播时代的纸媒体到互联网时代的自媒体呈现。

2. 方法使用的创新

一方面，以往学者的研究大都是将湘西形象的研究限定在某个门类艺术领域或者某个代表作家、代表作品中湘西形象的研究，通过个别分析与个案研究得出

[①] 简德彬. 湘西形象的古典想象与现代重塑［EB/OL］. http://hn.rednet.cn/c/2012/11/18/2817073.htm, 2012-11-18/2015-01-11.

一些有价值的结论。而本书将研究材料置于形象学的研究视阈之下,将形象学的异国、异族研究拓展到中华文化圈的内部,并采用文本细读的方法,仔细梳理出湘西形象的原型、类型与形象的"套话"结构,并深入分析形象的生产与再生产的动因。另一方面,以湘西形象为研究方法,建构湘西学,为多元一体格局的一国之内异地、异族形象的研究提供范型。

3. 观点提出的创新

首先,笔者在研究中,立足中华文化圈多元一体格局的文化、民族关系,借鉴黄鸣奋教授关于五缘文化、网络间性、媒体间性的研究范式,提出"缘网"概念,在缘网的框架之下展开"湘西观"的论述,通过"路径"阐述器物、制度、文化的流动性特征,借鉴"织品"的概念将湘西的人物与作品以及媒体之间的三角关系勾勒出湘西观念的雏形。

其次,系统梳理出湘西形象的原型:古典想象是"蛮邦与桃花源",现代想象是"匪土与圣地"。类型有三种:中心的"边"地,礼邦的"蛮"族,启蒙外的"巫"教。原型与类型进一步在文学、影视、剧场表演、互联网传播中生产与分配,本书提出"套话的套娃结构"的形象学话语研究的基本判断。

再次,以往学者的研究仅仅围绕想象的"他者"作为立论的根基,本书立足于湘西形象的混杂性,将湘西的自我想象与表述作为对中心表述边缘的策略,提出"湘西人的自我想象"。

最后,基于对湘西形象(中心表述边地)与形象重塑(边地的策略性表述)构成的概念网络,我们提出以缘网中的湘西形象为研究方法,从内地的边缘视角来看多元一体格局的形成。

第二节 文献回顾

一、中国的形象学研究

形象学(法文:Imagologie,英文:Imagology)始于20世纪四五十年代的西方,脱胎于比较文学形象学,在学界真正发生广泛而实际的影响,是20世纪80年代以后。关于形象学的本义,亨利·巴柔提出,是"在文学化同时也是社会化的过程中得到的对异国认识的总和"。[①] 其时,形象学不仅在理论、方法建构上日

[①] 孟华. 比较文学形象学 [M]. 北京:北京大学出版社,2001.

趋成熟，而且在研究实践上卓有建树。近年来，在形象学的策源地法国，以亨利·巴柔和马克·莫哈师徒为代表的学者对形象学理论和方法的系统梳理及对形象学研究实践的设计示范，产生了广泛而持久的世界影响，在受其影响的一些国家和地区，形象学呈现出热门显学的趋势。

在中国，自1993年起，北京大学孟华教授率先系统译介了以法国为代表的国外形象学著述。这以后，中国学界掀起一股延续至今的形象学研究热潮。在形象学理论移植、嫁接和本土化方面，孟华主编的《比较文学形象学》（北京大学出版社，2001）、乐黛云、张辉主编的《文化传递与文学形象》（北京大学出版社，1999），是学界全面深度了解西方形象学理论、方法、实践的重要译著。中国学者结合中国实际所撰写发表的一些论文，分别从各自理论立场初步展示了中国学者对形象学基本理论和方法的独特思考。

但是，较之理论思辨，中国形象学研究的实绩主要在实践运作领域，主要表现在五个方面：

第一，西方的中国形象研究。该领域最有影响的成果是厦门大学周宁教授的一系列著作。欧阳昱（2000）、卫景宜（2002）、宋伟杰（2003）、姜智芹（2005）、陈林侠（2010）、王丽亚（2011）、薛玉楠（2012）等学者的著作，应用形象学理论和方法对特定国家文学或电影所塑造的中国形象进行了系统深入的研究。

第二，非西方的中国形象研究。崔一（2002）、王列耀（2006）、马阳杨（2013）、郝延斌（2014）四人分别讨论韩国文学、马华文学、村上春树小说、韩国电影中的中国形象。

第三，中国的异国形象研究。人们普遍认为这是中国形象学研究的重点之所在。孟华认为，这是国人为形象学研究做出独特贡献的方向之一。但是，较之西方的中国形象研究，本领域的成果颇显单薄。专著主要有：《中国古代文学中的日本形象研究》（张哲俊，2004）；《中国文学中的西方人形象》（孟华，2006）；《日本印象》（陈平原，2006）；《比较文学形象学理论与实践》（张志彪，2007）。论文主要是从文学或者电影中看异国形象的塑造（林精华，2001；刘舸，2006）。

第四，海外华文文学"自塑形象"研究。所谓"自塑形象"，就是海外华人作家自己塑造的中国形象。近年来，随着海外华人文学在国内走红，辜鸿铭、林语堂等作家所自塑的中国形象为形象学研究所瞩目。饶芃子（1996）、李思捷（2002）、周柳波（2009）、周颖菁（2010）、杨华（2013）、陈学芬（2013）、李亚萍（2014）是研究华文文学中中国形象的代表。

第五，跨文化形象学研究。厦门大学周宁教授的研究实现了比较文学形象学向跨文化形象学的转向，开拓了跨文化研究的问题域领域的三组问题："①西方的中国形象作为一种知识与想象体系在西方文化语境中生成、传播，以一种话语力量控制相关话题并参与西方现代性实践的问题；②世界的中国形象与全球化的中国形象形成网络，与此相关的是西方的中国形象的跨文化霸权以及不同国家地区的中国形象流露的'自我东方化'、'自我西方化'的问题；③域外的中国形象，主要是西方的中国形象，影响或塑造现代中国的自我形象或自我想象，中国自我形象认同的'自我东方化'与'自我西方化'，如何影响中国现代性文化自觉与文化重建的问题"。① 此外，他也在《跨文化形象学：思路、出路或末路》一文中继续思考跨文化形象学的根本困境与出路。

综上所述，中国的形象学研究出现三个维度的拓展：从西方人眼中的中国形象向世界各国中的中国形象拓展；从一国文学中的异国形象研究向一国文化中的异国形象研究延展；从一国眼中的中国形象研究向中国人眼中的他国形象研究扩容。较之一国文化中的异国形象研究，一国之内的异地、异族研究尚处于发轫阶段，加之中国民族众多、幅员辽阔这一具体实际，这是对西方经典形象学"异国"研究范围的重要突破，是一片有待开垦的学术野地，也是一个值得重视的大有作为的研究领域。"研究国内汉族与少数民族、少数民族与少数民族之间反映在文学中的互相观察和体认的地域文学的形象学研究应成为新的研究方向"。② 湘西是边地的代表，湘西形象将一国文化中的异国形象研究渡入中华文化圈内异域形象研究，是一国之内异地、异族形象研究的范型。

二、湘西形象研究

（一）文化艺术中的湘西形象研究

已有的研究主要包括文学、影视、旅游广告等中的湘西形象。

一是文学中的湘西形象。已有的研究主要侧重汉文学中的湘西形象，文学湘西研究以沈从文研究为重，1985年赵园教授首次提出沈从文构筑的"湘西世界"，提出展示健全生命形态的湘西、体现文化批判倾向的湘西、包容着重造民族愿望的湘西，对汉文学中的湘西形象研究具有启发意义。张邦卫教授宏观考察20世纪中国文学中的湘西文学，提出诗意化与审美化的、写实与批判的、左翼与革命的、传奇的湘西书写四形态。秦媛媛以"二十世纪'文学湘西'的构建——以沈从文、孙建忠为例"为题，得出纯美的、发展的湘西世界。田频以"试析沈从文笔下的湘西另类人物形象"为题，对作家笔下的寡妇、蛊婆、落洞女、癫子、恋尸者进行分析，得出神秘怪异的湘西另类人形象。杨春以"沈从文笔下湘西形象的独特性研究"为题，提出神性湘西、侠义湘西、美得令人忧愁的

---

① 李荣建. 阿拉伯的中国形象 [M]. 北京：北京大学出版社，2010.
② 尹德翔. 比较文学形象学本土化二题 [J]. 求索，2009 (03)：183-185.

湘西是沈从文湘西形象独特性的具体表现。周会凌博士以"楚歌镜像：中国小说中的'湘西形象'研究"为题，以地域叙事为视角解析湘西形象文学建构得出诗性审美的、写实批判的、神话附魅的、红色记忆的、民俗传奇的湘西形象。张佑华以"唐诗中的湘西形象研究"为题得出蛮荒化的湘西形象、神秘化的湘西形象、乌托邦化的湘西形象，是继王立教授《唐诗中的胡人形象》后的又一重要论述。潘金凤以"清代文学中的湘西形象研究"得出自然形象、社会形象（强悍与野蛮、淳朴与善良）、伦理形象（忠君爱国、守望相助、父慈子孝）。陆颖以"族群记忆深处的文学湘西——当代湘西土家族作家作品研究"为硕士论文选题，指出现代文学湘西的总体概貌，得出孙建忠是从现实到魔幻湘西的记录者，蔡测海是求奇务实的探索者，田瑛是理性的精神解剖者，彭学明是湘西土家族文化的代言人。

二是影视文学中的湘西形象。王敏通过对影像湘西历史的梳理，得出想象"湘西"的两种方式——匪患湘西、田园湘西。王萍以"新时期影视作品中的湘西形象"为题，得出乡土湘西、匪事湘西、原生态湘西三大类型。汪郡以"影视剧对旅游地形象的传播与构建——以旅游地张家界为例"为题，提出张家界形象的四种类型——云雾仙山、神秘湘西、世外桃源、旅游胜地，分析影视剧对张家界形象的传播与构建。

三是演艺产业中的湘西形象。刘晗、蔡赛赛对张家界大型旅游演艺项目《魅力湘西》进行文本解读，提出"《魅力湘西》是湘西本地人为适应他者对异文化的想象与需求，以差异性为基础创造的既作为地域性文化表征又供给旅游大众消费的旅游文化景观，是'自我'与'他者'在互动中主动建构的地方性文化和大众文化相结合的文化创意产品"。① 刘泰然认为《魅力湘西》是他者想象与自我表达二元模式下的原始主义的视觉呈现。

四是旅游广告中的湘西形象。张颖以旅游广告中的湘西形象研究为题，得出湘西形象的两种模式：一种是形象的张扬，其类型有柔美湘西、原生态湘西、怀旧湘西；一种是形象的扭曲，其类型包括过分神秘化的湘西、过于野蛮化的湘西形象。张名以"'他者建构'与'自我言说'——从传播学角度看'湘西'形象塑造"为硕士论文选题得出家园湘西、土匪湘西、巫傩湘西三种湘西形象。

文本专题研究为我们提供了研究湘西形象的不同维度，其中门类艺术中的文学专题研究比重大，文学中又以沈从文研究占主导，其他文本中的形象研究显得单薄，文艺文本如音乐、舞蹈、雕塑、绘画，副文本、准文本、非文本中的湘西

---

① 刘晗，蔡赛赛. 他者想象与自我建构——《魅力湘西》对湘西文化形象的重塑[J]. 创作与评论，2013（02）：115.

形象研究尚待展开。有研究者提出艺术重写和生活重造的现代湘西的自我塑造模式，"追溯历史长河中的漂移的湘西形象，反思湘西的古典想象，目的当然不是为了学术而学术……根据现代性需要，着眼于现代性问题意识，在革命性的艺术实践和生活实践中，对源远流长的湘西形象进行现代性重塑和重写"。①特别是门类艺术间的打通式研究，套话原型的超越性与套话意象在不同文本中的穿越性值得探讨，门类艺术的跨界研究还需进一步开掘，真正实现比较文学研究向地域文化跨界研究转向，实现形象的文艺生产场向文化生产场的转向。我们认为20世纪以来，学科间的对话交流逐渐形成了学科互涉和跨界研究，学术研究呈现出的从以专业为导向研究方法向以问题为导向的学科跨界研究值得边地文化研究者们重视。

（二）湘西形象的套话：蛮、匪、世外桃源

蛮、匪、世外桃源是湘西形象的主要套话。形象学的套话是自我对他者的想象，并且这种想象方式反复出现，是具有象征意义和我与他者识别的话语。套话"是形象的一个最小的单位，它浓缩了一定时间内一个民族对异国的'总体看法'"。在中心文化圈中，湘西形象的"套话"主要有三个：一是"蛮"，在历史上湘西先后被称为"鬼方"、"南蛮"、"荆蛮"、"五溪蛮"、"苗蛮"、"土蛮"等；二是"匪"，近现代政治意识形态的对立面，是一种专政、被专政、反专政的体制；三是"世外桃源"，魏晋以来湘西被描述为"化外孤悬之地"。这些"套话"，作为"先存于形象"的"集体知识"和"社会整体想象物"，既制约着湘西形象的生产和传播，也具体落实显现于湘西形象的每一个形象要素中。简德彬教授在《湘西形象的古典想象和现代重塑》中梳理了"蛮"在先秦、汉代以前呈现出的文化特征，解析了"匪是着眼于法律和政治，蛮是不通声教，文化落后，性情蛮野；匪是杀人越货，刑事犯罪，是政治敌对，你死我活"。②文中将世外桃源对比柏拉图的理想国、康帕内拉的太阳城、莫尔的乌托邦、培根的新西岛、《鲁滨逊漂流记》中的荒岛、《消失的地平线》中的香格里拉，为形象学的研究打开世界文学视野。简德彬在《湘西形象的古典想象和现代重塑》中梳理了湘西形象的套话：蛮夷、土匪、世外桃源，套话研究呈现出一脉相承的趋势，套话的多样性研究尚待进一步挖掘，套话在不同文化阶段的演变需要进一步研究。中华文化史的发展中，行政区划的沿革、民族政策的制定、对外交流的开放程度等都是套话的发展演变的重要文化线索，我们不仅要找出套话的谱系结构，也要找出套话丰富的变动模式。

---

①② 简德彬. 湘西形象的古典想象与现代重塑［EB/OL］. http://hn.rednet.cn/c/2012/11/18/2817073.htm, 2012-11-18/2015-01-11.

第一章 绪 论

第三节 研究设计

一、研究方法

第一，文献研究法。本书的研究对象是湘西形象，笔者选取的古典文献主要是二十五史中有关湘西的表述，从《史记》到《清史稿》中的蛮夷列传和土司列传是历史文本文献的重点，另外古代的文学家对湘西的表述主要集中在唐诗、宋词中。现代的文献主要是沈从文等乡土作家的作品以及1953~2014年有关湘西题材的电影与电视剧、部分纪录片和旅游形象宣传片。即时的文献主要来源于该地域的地级行政单位与县级行政单位的官方门户网站。本书对文献进行系统梳理，对湘西形象的历史与现状的脉络有一个一般印象与总体认识，并将文献研究的成果与田野观察法的材料进行对比。

第二，观察法。一方面，笔者对湘西观所涉及的地缘、亲缘、神缘进行过田野调查。根据自身的研究目的对沅水、澧水流域的城市、乡镇进行实地的考察，对武陵山、雪峰山的边地与中心在器物、制度、文化的互通之间的区隔与沟通有亲身的体验。笔者对大湘西地域的民族风情、民族关系、非物质文化遗产的分布有过一定的实地调查。在信仰领域，笔者对土家族、苗族的巫文化、傩文化有过参与式观察的经历，这种参与式观察的经历与汉文献中的表述之间的照应、错位、张力关系有利于厘清中心对边缘如何表述和为何表述的问题，有助于理解边地面对中心采取何种策略重塑以获取资源和身份认同。另一方面，观察法主要运用于表演湘西的论述中，表演湘西的论述建立在笔者对该地旅游产业中演出剧目的理解，笔者多次观看多部实景剧演出，并参与主办方的剧目研讨，将主办方、剧目、观众作为表演湘西的研究对象。本书中的诸多论述皆来自观察，对该地旅游产业的观察可以扩充我们对湘西的感性认识，将观察的材料与文献材料形成对比启发思维，导致新的发现。

第三，跨学科研究法。本书湘西形象的研究主要运用形象学的研究方法，在主导方法论的基础上，在湘西观的论述中，我们运用间性法、文化地理学的方法，在湘西形象的原型论述中，我们运用语言学分析套话的套娃结构，在形象的类型中，我们从文学、影视、表演的角度，运用门类艺术学与一般艺术学的方法探讨艺术的创作规律、形式规律、价值规律。在湘西学的建构中，又以湘西形象为研究方法，对现代哲学中的主体性、主体间性等哲学方法提出自己的见解。本书所使用的交叉研究法皆为问题服务。

第四，定性分析法。定性分析法就是对研究对象进行"质"的方面的分析。定性分析最主要体现在湘西形象的原型、类型、形象的套话总结中，通过对文献与实地观察材料的分析，运用归纳与演绎、分析与综合以及抽象与概括等方法，对获得的各种材料进行思维加工，我们得出最为凝练的套话结果，例如"蛮邦与桃花源"、"匪土与圣地"、"边缘的中心守望"、"圣地颠覆蛮邦"等核心概念，经过定性分析得出最小的内涵和最大的外延。

第五，个案研究法。第一种是个人调查法，在湘西形象的表述中，尚卷、屈原、贾谊、陶渊明、沈从文分别是不同时期中心对边缘表述的代表。第二种是团体调查法，在湘西观的研究中，巡游君、宦游人都是对一类团体人物的集中考察，前者包括尧舜禹、秦始皇、汉武帝等，后者包括屈原、贾谊、陶渊明、刘禹锡、柳宗元、王昌龄等。第三种是问题调查法，在论述媒体之间的跨界关系时，我们举出了"翠翠"在文学、电影、剧场、动画征集、互联网选秀的问题调查，在论述地方的全球营销的问题时，我们以张家界天门山国家森林公园在形象的视觉传达设计为例。

本书研究的方法并非局限于这五种，我们在使用这些方法的过程中坚持以问题为导向，方法的介入有待于问题的解决。

二、本书框架

湘西形象的生产与再生产研究，其缘起是影视与剧场表演两个门类艺术中的湘西形象，我们并不局限于此，将湘西形象史从传统的历史传记延续到现代大众传媒的互联网领域，实现从历史、文学、影视、戏剧表演、互联网等领域中去研究湘西形象的变迁。这种形象研究不能仅仅将对湘西的表述与看法化约为一串长长的清单，必须要研究湘西形象背后的文化逻辑，在这个总体思路的导引下，本书分为八个部分进行论述。

第一章绪论部分阐述了研究缘由、选题意义，并对形象学研究以及湘西形象研究的文献进行综述，在该部分中，对本书使用的主要概念进行拟定，并就研究的对象、使用的研究方法以及研究的价值与意义进行了具体的说明。

第二章为"湘西观：中华文化圈中的形象生产场"。在本章中笔者从"缘网湘西"、"路径湘西"、"织品湘西"三小节探讨了本书研究的逻辑起点。借鉴"场域理论"、"网络间性"理论、"五缘文化"理论，提出"缘网"为湘西混杂性文化体的起点，用三条"路径"为文化圈提供文化活力，用"织品"将人物、作品、媒体之间的互动关系充分呈现出来。

第三章为"湘西形象：形象生态的原型、类型"。本章从"原型：套话的

'套娃'结构"、"类型：边、蛮、巫"两节来论述。套话的"套娃"结构对形象学中的核心概念"套话"进行较为系统的研究，并将套话的结构运用在湘西形象的原型、类型与形象的生产与分配中。这一节的后半部分指出湘西形象的原型有两组概念，古典想象是"蛮邦与桃花源"形象的张力结构，现代形象是"匪土与圣地"形象的张力结构。在原型之下，我们从地缘、亲缘、神缘的角度，归纳出"边"、"蛮"、"巫"作为主要套话。

第四章为"湘西形象：文学、影视、表演"，将湘西形象在文学、影视、表演中的生产与分配系统地展示出来，文学中的形象史跨度最长，归纳出宦游人眼中的桃花源、引渡人心中的双城记、新湖湘人眼里的文学圣地。影视中的湘西形象最为直观与丰富，也是大众传媒时代的主控叙事，从中归纳出原生湘西、巫傩湘西、湘西土匪、红色湘西、浪漫湘西；表演湘西是文化产业中的新生力量，剧场表演与旅游品牌塑造中我们可归纳出神秘湘西、魅力湘西、演艺湘西三种类型。

第五章为"形象重塑：湘西人的自我想象"。第三章与第四章是中心对边地的想象，湘西人面对边、蛮、巫的叙事如何展开自身的策略，这就是相对中心的"湘西形象"的"形象重塑"，后者特指湘西人的自我想象。本章第一节是湘西人如何实现自身的"自画"能动性，通过边缘守望中心、民族颠覆蛮族、圣地改写匪土三种叙事模式，分别从地缘、亲缘、神缘实现边地的策略。如果说本章第一节是湘西人自我塑造的理念，那么第二节即是湘西人的形象实践，是通过官方门户网站、形象领袖、大众视窗，将官方的CI设计、本地文化名人的效应以及大众自我塑造的路径的开通实现形象的策略。第三节是湘西人自我塑造形象的经验，从"我"到"我们"对主体间性空间的开拓，对文化走廊的开拓，以及针对地域发展的目标，从地域到全球的营销策略。

第六章为"文化逻辑：湘西形象的生产与再生产"，讨论湘西形象在中心与边地之间的博弈，以及形象的类型在各个时期媒介中的再生产与分配，我们需要找到形象创生与变化的逻辑。我们分三节进行探讨，古典时期是"权辨夷夏"，地理、制度、文化之间的差异构成相互之间的对立。现代性的发生，使以往的中心文化圈试图"去中心"绕道边地进行思考自身，这就有了发现湘西价值的可能性和现实性。全球本土化的世界格局中，湘西面临同化的文化危机与重组文化的创作力量的双重境地。该章三节互有联系，第一层面是从地理的生产到文化空间的生产，从中华文化圈内的文化空间的生产到现代性世界格局中的形象的生产，其线索简化为地理空间、中华文化空间、世界文化格局；第二层面是从王权的政治制度到人性书写对意识形态的批判与颠覆，再从人性的书写到现代性中的文化的全球本土化的问题，其线索简化为政治制度、文化反思、现代性反思；第三层面是从史籍的文化符号到艺术的空间,再到审美化的日常生活,其基本线索是史册、艺术、生活。特别地,每一下层都是对上层的再生产,这种再生产不仅有复制的再生产,也有颠覆性的、创造性的再生产。

第七章为"结语:未来湘西形象——从边城走向世界"。我们在缘文化的框架下选取三组问题:第一组是地缘问题,在形象学中定位湘西是"边",我们将观念引渡到现实,目前中国主推"一带一路",以地理中的湘西为研究对象,思考基础设施建设在文化地理格局变迁中的作用。第二组是亲缘问题,在形象学中定位湘西是"蛮"族,我们将观念引渡到现实,研究湘西匪患的消除为当代的反恐提供的启示,"一带一路"的开拓为全球的反恐问题带来的机遇与挑战。第三组是神缘问题,在形象学中定位湘西是"巫"楚文化,我们将观念引渡到现实,湘西的地域文化在全球本土化语境中,是应致力于保持与强化区位特色,还是应致力于融入与同化,这为构建和而不同的文化共同体提供了借鉴。

第二章　湘西观：中华文化圈中的形象生产场

何谓湘西？湘西是一个流动的观念谱系。这个"观念"的来源是湘西之外的那个想象者。这个想象者为什么会有关于湘西的观念，因为湘西的某种属性满足了想象者的需要，价值批评认为，"人对事物进行认识和评价，是为了改变世界以更好地满足自己的需要……价值批评注意并且强调主体在选择作为自己出发点的主导需要方面的自主性"①。所以我们的研究侧重点是主导湘西观念的那个想象者。湘西的概念不能用种加属差的方式简单定义，它是一组观念群，是文化中华圈内地理、历史、文化的融合物，处于现实与想象的张力结构之中。我们采用间性的分析法界定湘西是一种处在物种、物质、制度、精神等文化关系中的网络织品。这种网络之间的关系我们称为"缘网"。缘网是对"五缘文化"的发挥，黄鸣奋教授梳理了五缘文化的三个发展阶段（原初阶段、契约阶段、多态阶段），其中原初阶段解释了五缘之间的逻辑联系。"原初阶段，与物种生产中的性别分工相联系的亲缘体现了人类社会和动物种群之间在发展上的延续性，与物质生产过程中的自然分工相联系的地缘体现了人类社会对武动种群的超越性，与精神生产过程中的崇拜现象（泛神论、图腾、原始宗教）联系的神缘体现了人类群体对于身份与认同的思考；上述三种意义上的生产所形成的社会分工导致业缘的出现，标志着人类迈入文明时代的门槛；继之而来的商品交换推动了物缘的产生和发展，反映出文明初期的现实。这就解释了五缘文化说的历史根据，也解释了'五缘'的逻辑联系和选择依据（为什么是五缘而不是其他数量之缘）"。② 五缘文化结构囊括了人与世界之间的关系，按照梁漱溟先生"言乎学术所由产生以至其发展流播广远，似端在其应付人类生活需要；即是说：人生有什么问题便产生什么学术"③，其人生问题的三种结构为人与物之间的关系、人与人之间的关系以及人与神之间的关系。我们可以将重点放在五缘网中五大节点中的三大节点——物

---

① 黄鸣奋，林拓.价值批评与阿Q十八面[M].乌鲁木齐：新疆人民出版社，1995.
② 黄鸣奋.网络时代的五缘文化，东南学术[J].2014（02）：169.
③ 梁漱溟.东方学术概观[M].南京：江苏文艺出版社，2008.

缘（物是指物质资源，本书主要讨论物质资源所在的环境，相当于物缘与地缘的合成意义）、亲缘、神缘。这三缘构成湘西观的三个维面和层面，人与形而下的物之间的关系是底面，人与社会之间的关系处于中间，人的形而上思考解决自身问题属于上层，三者之间仅仅是概念的划分，其之间互为交互和流通。

至于缘网结构中的物—人—神，我们需要追寻网络结构节点之间的路径，这样的路径是区隔事物之间的边界，也是打破障碍，建立联系，为缘网系统输入动力的"脉搏"，促进这一脉搏跳动的是三样东西——器物、制度、思想。以人的活动为中心，建立物缘的路径是流动在各地理区域之间的器物所形成的路径，例如陆上和海上的丝绸之路；在器物参与的大流通大循环之上的制度，是在一定历史条件下形成的法令、礼俗等规范，要求有关人员共同遵守的规程或准则。制度的建立与流播形成了区域之间的制度路径。在器物和制度之上是人的思想，这是对事物本质的看法，是人的超越的生存方式和形而上的思维方法，是文化中的高级形式，其开拓的路径是对人的思维的影响。器物的流动、制度的变革和思想的濡染是缘网中的各节点之间可以互动和依存发展的能量之源。

文化圈是我们讨论的范围，缘网是本书立足的结构，路径是该结构的动力之源，这三者决定了我们如何看待问题。这就是"观"（观念、思维、思想）。本章的落脚点就是湘西观的考察，直接的研究对象落实到某物就是"什么"（湘西是什么的问题）。我们用"织品"的概念，这是现实与想象交织的产品，这一产品在内涵上是我们要论述的社会集体想象物的形象体系，我们叫做湘西形象。这一建构的织品，正如湘西土家织锦的手工生产，由底线、经线、纬线交织而成，构成湘西形象的三条线是人物、文本、媒体。前者是主体性的或者是主体间性的人的行为或者思想，后两者体现了湘西形象处在现实与想象之间的动力结构之中。湘西形象由三者间互动生产出来，至于形象的类型以及生产的逻辑将在后面几章详细论述。

第一节　缘网湘西：从外在到在场

缘，"缘，衣纯也。纯，之允切，《深衣》曰：'具父母，大父母，衣纯以缋。具父母，衣纯以青。如孤子，衣纯以素，纯袂，缘纯边，广各寸半'"[1]。又有缘与纯之间的假借关系，"衣纯也，此以古释今也，古者曰衣纯，见经典，今曰衣

---

[1] （清）段玉裁. 说文解字注·卷八篇上 [M]. 清嘉庆二十年经韵楼刻本.

缘。缘其本字，纯其假借字也。缘者，沿其边而饰之也"①。缘的本义是古代衣服作为装饰用的衣边，就是后来称为"花边"的东西。另外，袂就是袖子，袂缘就是袖口，古代袖口边阔寸半，故表里共三寸。由于衣边总是紧贴着衣服的，是沿着衣服的边缘缝着的，所以"缘"引申为"连"、"循"、"顺"等意思。

网，"庖牺所结绳以渔。从冂，下象网交文。凡网之属皆从网"②。网泛指多孔而状如网的东西，进一步引申为网络，网络由节点和连线构成，是对一切网络的总称，表示诸对象及其相互联系。缘网中的缘强调事物之间的联系，这一联系可以是同质的也可以富有差异，网强调一种特殊的结构，前者侧重联系，后者除联系之外更强调整体的结构。我们引入缘网更强调文化圈中富含差异的多样文化体之间有联系，这一联系的特殊性就是相互之间矛盾如何，二者或者多个之间的影响怎样，以及保持一体中多样文化的如何延展？缘网框架下讨论问题的方式是间性方法论。"'间性'（intersexuality）亦称雌雄同体性（hermaphrodism），本是生物学中的一个术语，指某些雌雄异体生物兼有两性特征的现象。'间性'一词目前也被人文社会科学工作者所使用，指的则是一般意义上的关系或联系，除了'你中有我，我中有你'这一点相通外，与其生物学意义几乎风马牛不相及。如同'主体间性'（intersubjectivity）可以译为'互主体性'、'文本间性'（intertextuality）可以译为'互文性'那样，'网络间性'同样可以被称为'互网络性'（internetivity）"③。间性方法论不但关注同一网络内部的异质性分化，也关注不同质网络之间的融合。"如果'网络'是具体的、特指的、异质的、多样的，那么……被网络间性理论取为重点的是网络之间的关系"④。

缘网中的物缘网、亲缘网、神缘网之间的关系是网络间性。黄鸣奋教授提出，"概括出两个相对而言的范畴，即网内间性（intranetuality）与网外间性（extranetuality）……网内间性所体现的是同属一网的各种要素，各个节点或各级层面之间的关系，网外间性所体现的是不存在隶属关系的网络之间的关系。从历史角度看，一是网络间性与两种相互形成的发展趋势有关，意识同质网络的分化；二是异质网络的交汇"⑤。

一、地缘：从"小湘西"到"大湘西"

梁漱溟先生讨论人生的第一问题，"第一问题者，人对物的问题也"⑥。人的

---

① （清）段玉裁. 说文解字注·卷十三篇上 [M]. 清嘉庆二十年经韵楼刻本.
② （汉）许慎. 说文解字·卷七下 [M]. 清文渊阁四库全书本.
③④ 黄鸣奋. 网络间性：蕴含创新新契机的学术范畴 [J]. 福建论坛·人文社会科学版，2004（04）：84.
⑤ 黄鸣奋. 网络间性：蕴含创新新契机的学术范畴 [J]. 福建论坛·人文社会科学版，2004（04）：85.
⑥ 梁漱溟. 东方学术概观 [M]. 南京：江苏文艺出版社，2008.

生存发展依赖自然资源，人与外物之间形成一种相互关系，这是一种主客关系，但这同时涉及多个主体对资源的共享与独占问题。主客体的关系转而讨论到主体之间问题，主客体的问题能够实现向主体间性的转换，主体是否能走出自我，不是我的、他的，而是我们的，这之间的多个"我"不仅是同质的整体，更是异质性带有竞争走向融汇的差异个体或团体。这里的物缘不仅是人与物之间的关系，更是人与人之间因物结成的关系，"是以物为媒介纽带形成的人际关系"[1]。也包括地缘所涉及的对象，"就是以郡望、籍贯、乡土为纽带的邻里乡党关系"[2]。在这一框架下讨论文化中华圈中的地域文化就是将物视为人认识世界、改造世界的对象，这里的人应该是从主体性的人逐渐走出自我实现主体间性的转换，所以地缘湘西是从多个差异性的主体中实现确认。在具体的考察中，我们可以从地理的经纬度看全球坐标系中的湘西，可以从湘西隶属的大的文化圈确认湘西，可以从山水的文化地理确认湘西等参考体系，这一确认湘西的内涵和外延的价值系统是开放的，从多个主体视野确认的湘西观念也是流动的，即主体间性的。

地缘湘西如何确认？地缘网络中湘西具有怎样的意义，地（乡土、郡望、籍贯）是人之间的媒介，也是我与他之间的"酶"，前者强调之间的关系，后者关乎与之发生关系的事物之间的效应。人与地之间的关系实际上是人与人之间的关系，人对文化地理的理解和态度，是视其为联系的纽带还是弃之为壁垒，就体现了各主体之间现实与想象的关系。

湘西是行政单元——湘西土家族苗族自治州。从纯行政区划的观念考察湘西，可以将湘西这一媒介界定为文化圈中的行政区划。这一概念具有现实的可把握性，我们从当代的中国地图中，很容易确定它的经纬度：东经109°10′~110°22.5′，北纬27°44.5′~29°38′，面积15468平方公里，占湖南省总面积的7.3%。经纬是一种地理的客观描述。第一，"湘西"这一地理名称体现了湘西主体性的模糊，作为地名的湘西并非称名从主，而是以湘（湖南）的大区域来表述自己的身份，湘西又似乎并不是湖南的西部而是西北部，以此为边缘，湘西所指向的中心地理中心是益阳、娄底、长沙等中部地区，湘西指向的文化中心应该是长沙地区。湘西之名与地理湘西之间本身有指向上的错位，到底是西北还是西部并不重要，重要的是为什么要如此表述。第二，"湘西"是行政区划观念的一种表述，它是湖南的边缘地带，这样一个边缘地带又与湖北省的西南部、重庆市的东南部以及贵州省的东南部相毗邻，因湘西而发生纽带意义的地域有湘鄂渝黔交界地带。湘西兼有"鄂西"、"黔东南"、"渝东南"的内涵，其在地理和文化的意义上指向贵州、重庆、湖北的地理和文化中心，只因行政区划的属地问题称为"湘西"。该属地

---

[1][2] 林其锬，吕良弼. 五缘文化 [M]. 福州：福建人民出版社，2003.

的民族区域自治的行政特点决定了其行政体系与经济发展模式，尤其是众多国家级贫困县的帽子是该地区的政府和百姓的攻坚点，这也是旅游文化产业得以勃兴的地方基础。

湘西是地理单元——"雪武—沅澧"湘西。这是从山水文化圈的视野考察湘西。湘西地区自然地理处于云贵高原东侧，巫山以南，雪峰山北部，东临长江中下游的云梦平原，武陵山横亘其中。这与隔武陵山相望的四川盆地的富饶有很大差异，与云贵高原的地貌有很大差别，与东部的长江中下游平原、东南的丘陵地带的自然景观有很大差异。湘西属于各种地形地貌的交接地带，也是湘鄂川（渝）黔的边区，既是地理的边缘地带，又是沟通边地的重要通道，地势处于第二阶梯与第三阶梯过渡地带。[①]

从湖南省在我国三阶梯中的位置看[②]，湖南处在第二阶梯向第三阶梯的过渡地带，从第三阶梯的划分线路，我们可以清晰地看到湘西土家族苗族自治州、张家界的全部，怀化市的小部分以及常德的小部分处在第二阶梯之内。对照湖南省地形图[③]和洞庭水系图[④]，这一地区处在两条山脉网与两张水系网的交错之中，其中山脉形成了本地域与之外的区隔，完全处于第二阶梯的武陵山脉是西南与东北方向贯穿湘西的西北地区，这成为湖南与湖北、重庆地区的分界线，这一地理的区隔在历史上形成了荆楚文化地区与成都文化区间的壁垒。该山脉中的壶瓶山（海拔2099米）是该地最高的山峰，而且此山是湖南省的最北端，另外该区域的名山有张家界市的天门山（海拔1517米），以此山为中心建有天门山国家森林公园、天门山寺、《天门狐仙》大型山水实景剧场，旅游品牌营销的平台是城市重要的地标，这在之后的章节还将进一步讨论。

武陵山脉的屏障生发出诸多水系，其中澧水的源头和沅江的重要支流就出自武陵山，两条水系属于洞庭湖的四大水系，天然的水系打通了湘西与洞庭湖、长江中下游之间的通道。在山脉网与水网的交汇处有众多古今有名的城镇，例如澧水流域的张家界、石门、慈利、桑植，沅江流域的常德、桃源、沅陵、保靖、泸溪、辰溪、洪江等地。如果说湘西是以湘作为轴心的边地，那么沅澧就是以长江作为主流的支流。

与武陵山脉相对的另一山脉就是雪峰山，是湘西山地、湘西丘陵与湘中丘陵、洞庭湖平原的主要分界线，雪峰山呈西南—东北方向伸展，其中主要的山峰有南山顶（海拔1940米）、苏宝顶（海拔1934米）、白马山（海拔1780米）、九龙池（海拔1622米）、九龙山（海拔561米），这与另外两条水系及武陵山形成

[①] 王静爱，左伟. 中国地理图集 [M]. 北京：中国地图出版社，2009.
[②][③][④] 湖南省教育科学研究院. 湖南地方文化常识地图册 [M]. 北京：星球地图出版社，2008.

了两山夹两江的地形地貌。这决定了该地发展自身的模式和对外的方式,一方面,这一自然环境决定了武陵人或称为沅澧人山地生产生活与水上生产流通的对外模式,以及山地经济与小农经济占主导,水运经济为辅的经济模式;另一方面,这一以山地为主的地形地貌,以湘西州为例,"全州山地面积占总面积的70%"①,在中华文化圈内,雪武湘西代表了该地与外在的区隔,对陆路的打通也成为该地对外开放的标志,沅澧代表了该地与洞庭湖以及长江中下游地区的联通,这是两条宝贵的水上文化走廊,留待在后面的章节中进一步论述。

湘西是经济文化单元——大湘西地区或者武陵山片区。这是从经济和文化发展的角度考察湘西。"湘西地区开发的范围包括湘西自治州、张家界市、怀化市及邵阳市的武冈市、城步苗族自治县、洞口县、绥宁县、隆回县、新宁县和永州市的江华瑶族自治县,共 32 个县市区,面积 7.08 万平方公里,占全省总面积的 33%。人口 1345 万人,约占全省总人口的 20%。湘西地区是湖南省主要的欠发达地区、少数民族地区和生态脆弱地区。同时也是承接东西部、连接长江和华南经济区的枢纽区,具有突出的区位特征和重要的战略地位"②。将这一老、少、边、穷地区做一个跨省级的拓展就称为"武陵山片区"。

"按照中央把集中连片特殊困难地区(以下简称连片特困地区)作为新阶段扶贫攻坚主战场的战略部署和国家区域发展的总体要求,决定率先启动武陵山片区区域发展与扶贫攻坚试点工作,为全国其他连片特困地区提供示范。

武陵山片区跨湖北、湖南、重庆、贵州四省市,集革命老区、民族地区和贫困地区于一体,是跨省交界面大、少数民族聚集多、贫困人口分布广的连片特困地区,也是重要的经济协作区。

本规划区域范围依据连片特困地区划分标准及经济协作历史沿革划定,包括湖北、湖南、重庆、贵州四省市交界地区的 71 个县(市、区),其中,湖北省 11 个县市(包括恩施土家族苗族自治州及宜昌市的秭归县、长阳土家族自治县、五峰土家族自治县),湖南省 37 个县市区(包括湘西土家族苗族自治州、怀化市、张家界市及邵阳市的新邵县、邵阳县、隆回县、洞口县、绥宁县、新宁县、城步苗族自治县、武冈市,常德市的石门县,益阳市的安化县,娄底市的新化县、涟源市、冷水江市),重庆市 7 个县区(包括黔江区、酉阳土家族自治县、秀山土家族苗族自治县、彭水苗族土家族自治县、武隆县、石柱土家族自治县、

---

① 湘西土家族苗族自治州人民政府.湘西概况 [EB/OL]. http://www.xxz.gov.cn/zjxx/xxgk/201110/t20111020_24307.html,2011-11-20/2014-09-27.
② 湖南省人民政府.湖南省人民政府关于印发《湘西地区开发总体规划》的通知 [EB/OL]. http://www.hnfgw.gov.cn/zt/zt2011xxgh/19189.html,2004-06-24/2014-09-27.

丰都县），贵州省 16 个县市（包括铜仁市及遵义市的正安县、道真仡佬族苗族自治县、务川仡佬族苗族自治县、凤冈县、湄潭县、余庆县），国土总面积为 17.18 万平方公里。2010 年末，总人口 3645 万人，其中城镇人口 853 万人，乡村人口 2792 万人。境内有土家族、苗族、侗族、白族、回族和仡佬族等 9 个世居少数民族。"①

在现代性的视野中，现代化成为湘鄂渝黔边区的标准，它是老区、少数民族地区，是连片的贫困地区，是扶贫攻坚的战场，这是国家从政治、经济、文化的发展的角度去考虑大湘西和武陵山片区。后进的边地打通了边缘的区隔，相比行政区划的湘西，大湘西和武陵山片区从内涵的角度丰富了湘西的观念，因为前者关注的是地域，后者侧重人的发展，为湘西注入"人为本位"的思想。但这一现代理念同样存在现代性的悖论，经济、政治、文化、环境发展不平衡问题也逐渐突出。

二、亲缘：从蛮族到少数民族

亲缘的研究对象是人与人之间的关系，也是梁漱溟先生讨论人生的第二问题，"第二问题者，人对人的问题也"②。五缘文化理论认为亲缘"就是以亲属为纽带的邻里乡党关系"③。如果亲缘网的内部结构和网际关系是大写的、抽象的、单一性与同质化的，就没有问题开展的空间，如果网络内外的关系是具体、多样、异质、特指的话，从古典到现代，以亲缘网为依托的湘西将生发出巨大的流动能量。在古代，中心文化圈叙事中，以二十四史为代表，"我"（叙述者）与作为亲缘的湘西不是邻里乡党的关系而是我与蛮族之间的称呼，重点强调的是文化圈中的差异。与此相对，在当代，民族身份获得认同，以潘光旦先生《湘西北的"土家"与古代巴人》为代表的民族识别的研究工作，为湘西少数民族在中华民族内部的"兄弟民族"身份提供了核心话语。以湘西为媒介的族群关系既是现实的民族政策，也是话语中的想象性表述。

（1）蛮夷——叛、附、征、伐的亲缘网际关系。二十四史代表了史家以中心文化观念看待"湘西"。《后汉书》（卷一一六）、《宋书》（卷九七）、《南齐书》（卷五八）、《南史》（卷七九）、《宋史》（卷四九三）、《明史》（卷三一〇）和《清史稿》（《土司传一》）之中区分"武陵蛮"（《后汉书》）、"居武陵"的"荆州蛮"（《宋书》和《南史》），互用"武陵蛮"与"荆州蛮"之外，又有"五溪蛮"（《南齐

---

① 武陵山区特色资源开发与利用研究中心. 武陵山片区区域发展与扶贫攻坚规划（2011~2020 年）[EB/OL]. http://www.hnfgw.gov.cn/hgzh/qygh/34229.html [EB/OL]. 2012-04-16/2014-9-27.
② 梁漱溟. 东方学术概观 [M]. 南京：江苏文艺出版社，2008：3.
③ 林其锬，吕良弼. 五缘文化 [M]. 福州：福建人民出版社，2003：56.

书》)、"西南溪峒诸蛮"中的"南北江诸蛮"(《宋史》)。关于蛮和土司的叙事都处于各历史典籍的篇末,这种叙述的模式反映出叙事者文化圈与被叙事者之间的空间距离和心理差异。我们可以《明史》中湘西地区的永顺土司和保靖土司作为典型案例,分析史家记录了什么、为什么这么记录。从明朝到清朝1727年"改土归流",土司是中央统治地方的方式,我们考察的是清代的史家的立场和叙事方式,最后构建土司的形象。

(2)土司的叛服无常。"永顺,汉武陵、隋辰州、唐溪州地也。宋初为永顺州。嘉祐中,溪州刺史彭仕羲叛,临以大兵,仕羲降。熙宁中,筑下溪州城,赐名会溪。元时,彭万潜自改为永顺等处军民安抚司。"① 清朝史家历数永顺土司的反叛经历,宋朝嘉祐年间(1056年9月~1063年是宋仁宗赵祯的第九个和最后一个年号)彭仕羲反叛,面临朝廷的征讨又投降,北宋神宗熙宁年间(1068~1077年),彭氏自改永顺等处军民安抚司,等于是自立为王。

(3)土司对朝廷的依附性。"洪武五年,永顺宣慰使顺德汪伦、堂厓安抚使月直遣人上其所受伪夏印,诏赐文绮袭衣。遂置永顺等处军民宣慰使司,隶湖广都指挥使司。领州三,曰南渭,曰施溶,曰上溪;长官司六,曰腊惹洞,曰麦着黄洞,曰驴迟洞,曰施溶溪,曰白崖洞,曰田家洞。九年,永顺宣慰彭添保遣其弟义保等贡马及方物,赐衣币有差。自是,每三年一入贡。永乐十六年,宣慰彭源之仲率土官部长六百六十七人贡马"②。土司们面对夏采用降服接受委任的做法,面对明朝的政府,又交出所受的夏印,收获的是宣慰司的官职,懂得朝贡与赏赐之间的权术和政治策略,特别提到六百六十七人贡马的事情,一方面土司好讲排场,另一方面所得的赏赐应该很不少。

(4)以夷制夷的戍边政策。"宣德元年,礼部以永顺宣慰彭仲子英朝正后期,请罪之。帝以远人不无风涛疾病之阻,仍赐予如例。总兵官萧绶奏:'酉阳宋农里、石提洞军民被腊惹洞长谋古赏等连年攻劫,又及后溪,招之不从,乞调兵剿之。'谋古赏等惧,愿罚人马赎罪,乃罢兵"③。明朝政府作为矛盾双方的裁判。"景泰七年命调保靖土兵协剿铜鼓、五开、黎平诸蛮,先颁赏犒之。天顺二年敕宣慰彭舍怕俾即选兵进讨。三年,保靖奏夏灾。成化二年,以保靖宣慰彭显宗征蛮有功,命给诰命。三年复调保靖兵征都掌蛮。五年免保靖宣慰诸土司成化二年税粮八百五十三石,以屡调征广西及荆、襄、贵州有功也。七年,显宗老不任

---

① (清)张廷玉.明史·第二六册·卷三百十·列传第一百九十八·土司[M].北京:中华书局,2011:7991.
② (清)张廷玉.明史·第二六册·卷三百十·列传第一百九十八·土司[M].北京:中华书局,2011:7991-7992.
③ (清)张廷玉.明史·第二六册·卷三百十·列传第一百九十八·土司[M].北京:中华书局,2011:7992.

事,命其子仕珑代。十三年,以平苗功,显宗、仕珑皆进一阶。十五年以灾免保靖租赋。仕珑奏,两江口长官彭胜祖违例进贡,下部臣议,宜逮问,命镇巡官谕之。"①

"万历四十七年调保靖兵五千,命宣慰彭象干亲统援辽。四十八年加象干指挥使。象干至涿州病,中夜兵逃散者三千余人,部臣以闻。帝严旨责统兵者,并敕监军道沿途招抚。明年,象干病不能行,遣其子侄率亲兵出关,战于浑河,全军皆殁。天启二年进象干都督佥事,赠彭象周、彭绳、彭天佑各都司佥书,以浑河之役一门殉战,义烈为诸土司冠云"②。明朝政府利用土司军队对内镇压苗的叛乱,对外抗倭,既保存了中央的权益,又达到了制夷的目的,朝廷既是背后的操盘手又是实际的受益者。

(5)朝廷对土司的诛赏互见。"正统元年命彭仲子世雄袭职。天顺二年谕世雄调土兵会剿贵州东苗。"③ 这是明朝征用土家族的土司对不归附朝廷的贵州苗族动武,是典型的以夷制夷的方式。"(嘉靖)三十三年冬,调永顺土兵协剿倭贼于苏、松。明年,永顺宣慰彭翼南统兵三千,致仕宣慰彭明辅统兵二千,俱会于松江。时保靖兵败贼于石塘湾。永顺兵邀击,贼奔王江泾,大溃。保靖兵最,永顺次之,帝降敕奖励,各赐银币,翼南赐三品服。"④史书中特别提到土兵建立了东南战功第一的声誉,但同时在回乡途中劫掠,土司成为兵匪的形象凸显出来,"先是,永顺兵剿新场倭,倭故不出,保靖兵为所诱遽先入,永顺土官田菑、田丰等亦争入,为贼所围,皆死之。议者皆言督抚经略失宜,致永顺兵再战再北。及王江泾之战,保靖掎之,永顺角之,斩获一千九百余级,倭为夺气,盖东南战功第一云。时邀功者方行赏,翼南遂授昭毅将军。已,升右参政管宣慰事,与明辅俱受银币之赐。时保、永二宣慰破倭后,兵骄,所过皆劫掠,缘江上下苦之。御史请究治,部议以土兵新有功,遽加罚,失远人心,宜谕责之。并令浙、直练乡勇,嗣后不得轻调土兵"⑤。

(6)东南第一功的现代表述。新时期大众文化传播中的"东南第一功"与

---

① (清)张廷玉.明史·第二六册·卷三百十·列传第一百九十八·土司[M].北京:中华书局,2011:7996.
② (清)张廷玉.明史·第二六册·卷三百十·列传第一百九十八·土司[M].北京:中华书局,2011:7998.
③ (清)张廷玉.明史·第二六册·卷三百十·列传第一百九十八·土司[M].北京:中华书局,2011:7992.
④ (清)张廷玉.明史·第二六册·卷三百十·列传第一百九十八·土司[M].北京:中华书局,2011:7993-7994.
⑤ (清)张廷玉.明史·第二六册·卷三百十·列传第一百九十八·土司[M].北京:中华书局,2011:7994.

《明史》中"东南战功第一云"的历史心性相差甚远,在百度搜索引擎中搜索"东南一功"得到256000个结果,大多数将东南第一功与嘉靖皇帝、土家族的爱国精神、土家族的抗倭战绩联系起来,东南第一功的概念成为土家族身份的象征,诸如牌坊、雕塑、绘画、摄影展都有对东南第一功的展现,东南第一功甚至成为认识土家族和想象土家族的大前提。

(7)对土兵征用成为土司向朝廷讨价还价的筹码。"万历二十五年,东事棘,调永顺兵万人赴援。宣慰彭元锦请自备衣粮听调,既而支吾,有要挟之迹,命罢之。三十八年赐元锦都指挥衔,给蟒衣一袭,妻汪氏封夫人。四十七年,永顺贡马后期,减赏。兵部言:'前调宣慰元锦兵三千援辽,已半载,至关者仅七百余人。'命究主兵者。四十八年进元锦都督金事。先是,元锦以调兵三千为不足立功,愿以万兵往。朝廷嘉其忠,加恩优渥。既而檄调八千,仅以三千,塞责,又上疏称病,为巡抚所劾,得旨切责。元锦不得已行,兵抵通州北,闻三路败衄,遂大溃。于是巡抚徐兆魁言:'调永顺兵八千,费逾十万,今奔溃,虚糜无益。'罢之"①。土司是明朝政府管理的永顺宣慰司、施州卫、保靖宣慰司,这是明朝版图中用军事和政治方式管理得最为森严的地方,对比附录中的元朝湖广行省和明朝湖广行都司可以发现,明朝加强了对该地的统治。清朝的改土归流直接将其纳入中央直接管辖的地方,其中边缘与中心之间的现实矛盾在史书中很容易凸显出来。

如果再回到《明史》中对土司开篇的总论,"西南诸蛮,有虞氏之苗,商之鬼方,西汉之夜郎、靡莫、邛、莋、僰、爨之属皆是也。自巴、夔以东及湖、湘、岭峤,盘踞数千里,种类殊别。历代以来,自相君长。原其为王朝役使,自周武王时孟津大会,而庸、蜀、羌、髳、微、卢、彭、濮诸蛮皆与焉。及楚庄蹻王滇,而秦开五尺道,置吏,沿及汉武,置都尉县属,仍令自保,此即土官、土吏之所始欤"②。未叙述之前就有对湘西土司的盖棺定论,在叛变、征讨、依附的关系中,土苗族群团体是叛变无常的,是与我族有巨大心理差异的异族,"迨有明踵元故事,大为恢拓,分别司郡州县,额以赋役,听我驱调,而法始备矣。然其道在于羁縻。彼大姓相擅,世积威约,而必假我爵禄,宠之名号,乃易为统摄,故奔走惟命。然调遣日繁,急而生变,恃功怙过,侵扰益深,故历朝征发,利害各半。其要在于抚绥得人,恩威兼济,则得其死力而不足为患。《实录》载成化十八年马平主簿孔性善言:'溪峒蛮獠,虽常梗化,乱岂无因。昔陈景文为令,

---

① (清)张廷玉. 明史·第二六册·卷三百十·列传第一百九十八·土司 [M]. 北京:中华书局,2011:7994—7995.
② (清)张廷玉. 明史·第二六册·卷三百十·列传第一百九十八·土司 [M]. 北京:中华书局,2011:7981.

瑶、僮皆应差徭，厥后抚字乖方，始仍反侧。诚使守令得人，示以恩信，谕以祸福，亦当革心。'帝嘉纳之，惜未能实究其用，此可为治蛮之宝鉴矣"①。清史家对明朝湘西土司和土苗族类的认识是为了提供"治蛮"的宝鉴，这有利于中央的阶层级别化的统治，有利于中心对边缘的控制。

（8）兄弟民族——"称名从主"的内网身份识别。新时代民族识别工作者用现代科学话语、学术系统对湘西进行调查研究。关于湘西地区的民族论述以潘光旦先生的《湘西北的"土家"与古代的巴人》为代表。土家族与苗族的人口的增长，"'土家'是现在绝大部分聚居在湖南省西北境龙山、永顺、保靖等县的一群非汉族的人民。'土家'人口总数约为三十万。其中约有三分之二住在湖南省的湘西苗族自治州以内，三分之一或不足则在湖北的西南境、四川的东南境和贵州的东北境，全都是湘西北的毗连地带"②。这一"兄弟民族"（王明珂语）的族缘（亲缘中的分支）网络由同质走向分化。

潘光旦先生从外部研究视角看亲缘湘西。首先从二十四史中和方志中对湘西人的表述，潘先生注意到湘西北的土家族与"蛮"叙事之间的关系。从考证的视野，论证"土家"不应与瑶相混、"土家"不是苗、"土家"也不是"獠"，从中我们可以发现湘西地区的人是谁，外在的汉民族是以一种"我"与"他"的区分，并且将该地民族模糊化，将土、苗、瑶、獠等族类的区分混杂，潘先生清理出土家族的真实称谓，从该文中可以预见，苗、瑶、仡佬族也是学者需要深入研究的少数民族群体，这反映出新时期民族认同与少数民族的自我身份的重要性。

《湘西北的"土家"与古代巴人》的本论部分是从内部关系考察"土家"。

首先论述巴人的起源与发展。

"巴郡、南郡蛮本有五姓：巴氏、樊氏、瞫氏、相氏、郑氏皆出于武落钟离山。其山有赤黑二穴，巴氏之子生于赤穴，四姓之子皆生黑穴。未有君长，俱事鬼神；乃共掷剑于石穴，约能中者，奉以为君，巴氏子务相乃独中之。众皆欢。又令各乘土船，约能浮者，当以为君。余姓悉沉，唯务相独浮。因共立之，是为廪君。

乃乘土船从夷水至盐阳。盐水有神女，谓廪君曰：此地广大，鱼盐所出，愿留，共居。廪君不许，盐神暮辄来取宿，旦即化为虫，与诸虫群飞，掩蔽日光，天地晦。积十余日，廪君思其便，因射杀之。天乃开明。

---

① （清）张廷玉. 明史·第二六册·卷三百十·列传第一百九十八·土司［M］. 北京：中华书局，2011：7981—7982.
② 潘光旦. 湘西北的"土家"与古代的巴人［A］. 中央民族学院研究部. 中国民族问题研究集刊·第四辑［M］. 1955：415.

廪君于是君乎夷城，四姓皆臣之。

廪君死，魂魄世为白虎；巴氏以虎饮人血遂以人祠焉"①。

其次论证巴人进入湘西北地区的历史事实。

"巴人以川东鄂西为根据地，向四方散布，有的开辟新地方，有的与其他族类交错，有的是自动的流移，有的是被迫的迁徙"②。最主要的是迫于形势，不能不进入现在的湘西北地区，"湖北省的西南境，从长江西南岸直至边界，就是从宜昌、长阳、宜都等县西至恩施、利川、来凤等县，也就是整个的清江流域，是一块在地图上完全突出的山区，北与西是四川，东南就是湖南的西北境。当初巴人发源之地和今日'土家'聚居之地是完全衔接着的。起源的传说中说，廪君是从长阳溯着清江西上，至恩施立国的。我们试查看比较精细的地图。清江流域经恩施县境，就是一条从西南方来的支流叫忠建河的相汇合。向着忠建河的源头走去，先到宣恩，再由宣恩向南，就到来凤。这些县份，古代是巴人区域是不消说的，二近代则和湘西北一样的是'土家'区域"③。最后，潘光旦先生寻找自称、语言的源流溯源、白虎神的信仰论证土家族是有着自己独立身份的少数民族。

民族研究工作者在历史的想象与现实的表述中寻找"土家族"（其他少数民族的识别和研究工作还在进行），潘教授的文章发表于1955年11月，1955年4月28日，湘西苗族自治区更名为湘西苗族自治州；1957年9月20日，湘西土家族苗族自治州成立，州府设吉首，辖原管10县，土家族成为56个兄弟民族之一，这一调查研究成果的发布时间表明民族研究工作者的作用和影响。另外，1988年费孝通先生在《中华民族的多元一体格局》中再次提到土家族的民族身份，"土家族在中华人民共和国初期，并没有被列入少数民族中，因为当时被认为是汉族的一部分。他们在生活和语言上和汉人已极接近。但是自从承认他们是一个民族单位以后，湘、鄂、黔接壤地区很多过去自报汉族的，申请改正为土家族。1964年人口普查时自报土家族的只有52万人，1982年普查时达280万人，在18年中增长了五倍。这说明有许多已长期被吸收如汉族中的非汉民族，在意识上还留有融而未合的痕迹"④。

诸多蛮的名称的考察不仅可以从史学角度考察，也可从想象与现实之间关系的视野去参照，前者观照的是叙事与对象之间的现实符合程度，后者考察叙述者

---

① （南北朝）范晔. 后汉书·卷八十六·南蛮西南夷列传第七十六 [M]. 北京：中华书局，2011：2840.
② 潘光旦. 湘西北的"土家"与古代的巴人 [A]. 中央民族学院研究部. 中国民族问题研究集刊·第四辑 [M]. 1955：447.
③ 潘光旦. 湘西北的"土家"与古代的巴人 [A]. 中央民族学院研究部. 中国民族问题研究集刊·第四辑 [M]. 1955：452.
④ 费孝通. 中华民族的多元一体格局 [M]. 北京：中央民族学院，1989：28-29.

的社会集体想象物中对他者的叙述,不是真实的复制品,而是心性的想象物。

三、神缘:人、鬼、神

人、鬼、神是神缘网的三个维面,信仰问题同样关乎的是梁漱溟先生讨论人生的第三问题,"客观条件更无任何问题存在,人们乃始于烦恼在自身,初不在外,大有觉悟认识,而求解脱此生来不自由之生命焉。人生从第二问题于是转入第三问题"①。这第三个问题就是人与神之间的关系,信仰超自然的力量是人把握世界的一种方式,马克思在《政治经济学批判导言》中提出宗教与实践、哲学思想与艺术同为四种把握世界的方式。五缘文化论者认为神缘"是以宗教信仰为纽带形成的关系"②。这一纽带侧重神缘网络内部的关系,各神缘网络之间的关系可能是求同存异,也可能是水火不容。神缘湘西一方面指湘西人以信仰为纽带建立共同体,另一方面是外网信仰体系如何看待湘西人的"神"。我们以最能代表湘西地区的两种信仰作为考察的范例,一是土家族的白虎神信仰和土王庙祭祀,二是苗族的盘瓠信仰。《后汉书》中有关于巴氏之中廪君化身为虎的记载。《龙山县志》有祭祀土王的记载,"土民祭故土司神,有堂曰摆手堂,供土司某神位,陈牲醴。至期既夕,群男女并入,酬毕,披五花被,锦帕裹首,击鼓鸣钲,舞蹈唱歌,竟数夕乃止。其期或正月,或三月,或五月不等。歌时男女相携,翩跹进退,故谓之'摆手'"③。《后汉书》中有盘瓠的记载,"昔高辛氏有犬戎之寇,帝患其侵暴,而征伐不克。乃访募天下,有能得犬戎之将吴将军头者,赐黄金千镒,邑万家,又妻以少女。时帝有畜狗,其毛五采,名曰盘瓠。下令之后,盘瓠遂衔人头造阙下,群臣怪而诊之,乃吴将军首也。帝大喜,而计盘瓠不可妻之以女,又无封爵之道,议欲有报而未知所宜。女闻之,以为帝皇下令,不可违信,因请行。帝不得已,乃以女配盘瓠,盘瓠得女,负而走入南山,止石室中。所处险绝,人迹不至。于是女解去衣裳,为仆鉴之结,着独力之衣。帝悲思之,遣使寻求,辄遇风雨震晦,使者不得进。经三年,生子一十二人,六男六女。盘瓠死后,因自相夫妻。织绩木皮,染以草实,好五色衣服,制裁皆有尾形。其母后归,以状白帝,于是使迎致诸子。衣裳斑兰,语言侏离,好入山壑,不乐平旷。帝顺其意,赐以名山广泽,其后滋蔓,号曰蛮夷。外痴内黠,安土重旧。以先父有功,母帝之女,田作贾贩,无关梁符传,租税之赋。有邑君长,皆赐印绶,冠

---

① 梁漱溟.东方学术概观[M].南京:江苏文艺出版社,2008:3-4.
② 林其锬,吕良弼.五缘文化[M].福州:福建人民出版社,2003:56.
③ 符为霜,刘沛.龙山县志[M].台北:成文出版社,1975:429.

用獭皮。名渠帅曰精夫，相呼为姎徒。今长沙武陵蛮是也"①。

首先，"白虎"、"土王"、"盘瓠"是人。白虎的前身是巴氏之子廪君，叙述者和接受者眼里廪君的所作所为皆有关现实生产生活的实际，潘光旦先生从实践层面解析廪君与盐神的这一段交道里的三层意义，"第一层廪君与其族人披荆斩棘，开疆拓土的一番巨大的努力。第二层到廪君的时代，他所代表的一族人，事实上已开始从母系转入父系，廪君拒绝盐神的要求而把她射死，正表示新发展的父权对母系社会的反抗。第三层意义尤为重要：'鱼盐所出'说明了这一地带的物质环境是适宜于经济生活的发展的；恩施西北、四川省境的云阳，自古至今就是一个产盐的中心。从汉代起，即设有盐官盐场；就清代末年而论，年产的盐量，足供川东鄂西十五个州县的消费"②。这一则记述表明各族群之间争取生存与发展资源的激烈程度。"盘瓠"也是人，盘瓠虽然是高辛氏（帝喾，姓姬，为上古时期"三皇五帝"中的第三位帝王，即黄帝的曾孙，"生而神灵，自言其名"，前承炎黄，后启尧舜，奠定华夏基根，是华夏民族的共同人文始祖）王宫中的老妇人因耳疾而掏出来的异物，后化为犬。但为帝王立下战功，以帝之女为妻，有了自己的二女，并且获得帝喾的同意，有了自己生存的空间和生活的地盘，唐朝李贤等人做注，确认了历史的真实性（我们关注的不是事实，而是历代史家为什么这么记述）。"今辰州卢溪县西有武山。黄闵武陵记曰：'山高可万仞，山半有盘瓠石室，可容数万人。中有石床，盘瓠行迹。今案：山窟前有石羊、石兽，古迹奇异尤多。望石窟大如三间屋，遥见一石仍似狗形，蛮俗相传云是盘瓠像也"③。神话传统中的盘瓠与当今苗族所居之地"沅陵县"④、"武溪"⑤（沅江的支流，流经凤凰、吉首、泸溪等地）都是对神话传说的理解，当今的泸溪县、凤凰县也认为自己是盘瓠的后代，想象中的神话复归为现实。

其次，"白虎"、"土王"、"盘瓠"是"鬼"。鬼是对人构成支配权力的超自然的异化力量。白虎是廪君的化身，在湘西山林的生活空间中，虎是对人生存构成威胁的自然力量，表明了自然环境恶劣的一面，"秦昭襄王时（前306~254），白虎为害，自秦、蜀、巴、汉患之。秦王乃重募国中有能煞虎者，邑万家，金帛称之。于是夷朐忍、廖仲、药何射虎，秦精等乃作白竹弩于高楼上，射虎，中头三节。白虎常从群虎，瞋恚，尽搏煞群虎，大咆（吼）而死。秦王嘉之，曰：'虎

---

① （南北朝）范晔. 后汉书·卷八十六·南蛮西南夷列传第七十六 [M]. 北京：中华书局，2011：2829-2830.
② 潘光旦. 湘西北的"土家"与古代的巴人 [A]. 中央民族学院研究部. 中国民族问题研究集刊·第四辑 [M]. 1955：442-443.
③④⑤ （南北朝）范晔. 后汉书·卷八十六·南蛮西南夷列传第七十六 [M]. 北京：中华书局，2011：2830.

第二章 湘西观：中华文化圈中的形象生产场

历四郡，害千二百人，一朝患除，功莫大焉。'欲如要（约），王嫌其夷人，乃刻石为盟要（约），复夷人顷田不租，十妻不算，伤人者论，杀人雇死倓钱，盟曰：'秦犯夷，输黄龙一双，夷犯秦，输清酒一钟。'夷人安之"①。在现实生活中巴氏的后代要直接面临老虎的侵害，在获取生存资源的过程中主动面对虎的侵害，几位打虎将仅仅是相对幸运的少数人罢了。虎在土家族人生活中占有重要的位置，以至于出现《后汉书》所记载的对白虎的祭祀是以人血为祭，"荆湖转运使言，富州②（今酉水上游土家族地区）向万通杀皮师胜父子七人，取五藏及首以祀魔鬼，朝廷以其远俗令勿问"③。这似乎成了习以为常的一种风俗，图腾的仪式莫不是一场人对人的屠杀。例如，土家族摆手舞是以祭祀为主导的大型活动，杀人祭祀居然发生在亲人之间，"摆手没有白水牛（土家族摆手时，要杀白水牛做祭品），神不欢喜人也愁……几个哥哥心慌张，围拢悄悄大商量。把老十嘎巴捉来吧，把他当做白牛杀。刀子磨得快又快，端来脚盆好接血，老十嘎巴泪汪汪，老十嘎巴要遭殃，老娘看到哭啼啼，口喊皇天又叫地，八个兄弟笑嘻嘻，老娘劝告哪肯依。老十当成白水牛，哗哗鲜血往下流"④。八个哥哥杀死弟弟后笑嘻嘻，他们不仅没有丧失亲人的悲痛，反而沉浸在敬神娱神的欢乐之中。这是原始宗教的神本位思想的极端表现，神是人的本质力量异化的对象，当神成了异端，非但不是人的依赖，反而成为人心灵和肉体的枷锁。

苗族的盘瓠是鬼，高辛帝下令擒犬戎的头领吴将军，盘瓠（也是犬）很快"衔人头造阙下，群臣怪而诊之"。这一记述表现了盘瓠嗜血的本领，与鬼无异。其深处险峻之地，常常害人。"干宝晋纪曰：'武陵、长沙、庐江郡夷，盘瓠之后也。杂处五溪之内。盘瓠凭山阻险，每每常为害。糅杂鱼肉，叩槽而号以祭盘瓠"⑤。盘瓠是凭借暴力使自己受到人的祭祀，人对超自然异化力量的祭祀完全是为了克服内心的恐惧。

再次，"白虎"、"土王"、"盘瓠"是神。廪君是中心文化圈的旁支，其血缘谱系可以上溯到三皇五帝，其身份是中心文化圈迁移边地，开拓边地，造福一方的象征。有关神的叙事就是神话传说。汉文献中神话湘西的叙事点明中心文化圈与边地文化之间的同化与异化的张力，例如有关土家族的传说，"西南有巴国，

---

① （晋）常璩. 华阳国志·第一卷巴志 [M]. 济南：齐鲁书社，2010：3-4.
② 关于富州的解释有三说：一是今湖南凤凰（《凤凰厅志》卷一二《苗防》；二是今湖北咸丰与来凤（同治《咸丰县志》卷一《沿革》）；三是今湖南麻阳（《太平寰宇记》）。参看潘光旦. 湘西北的"土家"与古代的巴人 [A]. 中央民族学院研究部. 中国民族问题研究集刊·第四辑 [M]. 1955：514-515.
③ （元）脱脱. 宋史·卷四百九十三·列传第二百五十二 [M]. 清乾隆武英殿刻本，5160.
④ 彭勃，彭继宽. 摆手歌 [M]. 长沙：岳麓书社，1989：334-335.
⑤ （南北朝）范晔. 后汉书·卷八十六·南蛮西南夷列传第七十六 [M]. 北京：中华书局，2011：2830.

大暤生咸鸟，咸鸟生乘厘，乘厘生后照，后照是始为巴人"①。另外，"伏羲生咸鸟，咸鸟生乘厘，是司水土，生后照，后照生顾相，降处于巴"②。巴人是伏羲第五代子孙，具有超出常人的智慧和能力。

盘瓠是神。盘瓠产生是一种神话式的描绘方式，而且他的产生是王室中老妇人犯耳疾所掏出来的东西，这种"糟粕"在某种程度上享有中心文化圈的特殊能力，更何况他是帝喾的神犬，虽然是异种没成人形，但他得以完成非凡的使命，并且娶得帝喾的女儿，无疑是体现了盘瓠对华夏文化圈的依附性，但因生产生活方式的差异，其不得不进入山林，帝王所派使臣去寻找未果，体现出华夏可控范围的边界。

土家族的主神由秦汉时期的白虎到明清时期的土王祭祀，再到现代的祖先崇拜。朝廷为了控制湘西地区采用土司制度，土司王遂成为本地实际的统治者，在《明史》和清时期的《永顺府志》《龙山县志》等地方志中都有祭祀土王的记载，特别是摆手舞是最具有土家族代表性的民族舞蹈，有研究者"曾经在龙山县农车乡马蹄寨调查和观看土家族大摆手舞表演时看到，跳大摆手一共有七场数十节。在第一场'闯驾进堂'（即摆手队伍进入摆手堂）后，接着第二场就是'纪念八部'，其中第一节'祭祖'就是祭祀土家族传说中的祖先'八部大神'（也有彭公爵主）"③。土家族最大型的群体活动，最能代表族群特征的集体仪式中白虎的元素似乎淡漠掉，取而代之的是八部大神（土家族氏族社会时代分为八个部落，首领称为"八部大王"，后人将八部大王视为祖先神来敬奉，又称之为"八部大神"）和土王。白虎崇拜和盘瓠崇拜涉及现实实践、族群认同和宗教体验。神缘所建构的是人—鬼—神的文化系统。廪君、白虎，成为土家族的图腾标志，还有白虎作为驱逐的对象，后土司的祭祀取代了祭祀的地位，供奉的是人间的土司王。

另外，熊娘嘎婆的故事也流传很广。中国民间故事中的"狼外婆"故事④在我国各地有着众多的异文版本，被人们所接受并广泛流传。这类故事不仅在国内有着非凡的影响力，也是一个著名的世界民间故事类型，《小红帽》是它的变文之一。而"熊娘嘎婆"故事正是湘西地区盛传的，影响着无数湘西少年儿童对世界的初始认识的"狼外婆"故事的异文版本。"熊娘嘎婆"除保留了"狼外婆"故事原有的必要情节之外，也因其口口相传的传播方式而被一代又一代的人们加入

---

① （晋）郭璞. 山海经传·海内经第十八 [M]. 四部丛刊景明成化本，75.
② （宋）罗泌. 路史·卷十后纪一 [M]. 清文渊阁四库全书本，76.
③ 陈廷亮，黄建新. 土家族民族民间舞蹈文化系列研究之五 [J]. 中南民族大学学报（人文社会科学版），2006（04）：45.
④ 刘守华. 中国民间故事史 [M]. 武汉：湖北教育出版社，1999：542.

了湘西地区独有的地域特色，成为了一个独特的湘西民间故事；其中对于"熊娘噶婆"形象的描述为我们研究湘西地区的民俗提供了一份侧面材料。这里通过对"熊娘噶婆"的形象与西方《小红帽》故事中"狼外婆"的形象进行比较，从而得出相关的结论。

（一）起源及特异性的比较

1. 在中国的起源及发展

"狼外婆"故事在中国广为流传，早在清朝人黄承增收集当时有名的文言故事结集时，在嘉庆年间初刊的《广虞初新志》中，卷十九清人黄之隽的《虎媪传》就有了我国目前最早出现的有关这类故事的文字记载[1]。在这个故事中，欺骗小孩的假外婆由一个年老的母老虎形象来扮演。遭遇"虎媪"的两个孩子——姐姐和稚弟有着不同的结局：稚弟被虎媪吃掉，姐姐被路过的挑担者救走，逃离"虎媪"的魔爪。因姐姐逃跑，"虎媪"被自己带来帮忙捉姐姐的另两只老虎杀死，故事也到此结束。民间流传的此类故事中，因地域不同而产生的口头版本数不胜数，"熊娘噶婆"即本故事是在湘西地区流传最广泛的版本。从大体框架和大致内容来看，《虎媪传》与"熊娘噶婆"在很大程度上存在着相似性，只不过"熊娘噶婆"的故事里多出了很多有关湘西地区民风、民俗的情节和场景，使之更容易被湘西地区的人们所接受和相信。这也可以理解成是"熊娘噶婆"对《虎媪传》的发展。

2. 在西方的起源及发展

西方的"狼外婆"故事，也有着不少不同的异文版本。它的发展，从血腥的民间传说，到变成隐喻法国宫廷性关系混乱的性寓言，而后经过格林兄弟的净化和改编，最终成为我们现在看到的版本。"从书面文字记载来看，'狼外婆'故事最早出自佩罗（Charles Perrault）在1697年出版的《附道德训诫的古代故事》（Cuentos de mi madre la Oca）……佩罗版之后第一个改编版，出现在德国格林兄弟（Br der Grimm）于1821年出版的《儿童与家庭童话集》（Kinder-und Hausmarchen）"[2]。西方的"狼外婆"故事由佩罗的"性寓言"发展到由格林兄弟净化改编的儿童故事，与西方社会历史环境的变化和发展相吻合，以小红帽的遭遇，"提醒人们千万不要脱离文明生活的轨道，违背文明生活的规则，否则就会堕入诱惑的陷阱，被野蛮所吞噬"[3]。

下面分析"熊娘噶婆"与"狼外婆"的特异性。

---

[1] 刘守华. 民间文学教程 [M]. 武汉：华中师范大学出版社，2002：152.
[2] 陈宏淑. "狼"与"虎"的文化意象翻译 [J]. 文化研究月报，2007 (66).
[3] 殷国明. 西方狼 [M]. 上海：上海文化出版社，2005：167.

首先,在"熊娘嘎婆"中,决定姐妹两个谁与外婆同睡的原因不再是观察谁更为肥美可口,而是采用了更公平的"跳火坑"的办法:谁跳过了火坑,谁就和外婆睡同一边;这也是"狼外婆"故事的湘西变文与湘西地区住房建筑特色相结合的一个典型例证,使故事听来真实可信,犹在眼前。

其次,"熊娘嘎婆"故事里虽然前半段与其他异文相近,无外乎叙说被骗的两个小孩中小的被吃,大的如何与其斗智斗勇并逃离它的魔掌。但故事却并没有就此画上句号,熊娘嘎婆没有因为输掉了与大妹的斗智环节致死而完结,反而发展出与前面的欺骗小孩没有直接关系的另一段故事来。即

"熊娘嘎婆死后变成一棵白菜,长在大妹家门前的大路边上。大妹路过,见这棵白菜长得很好,就把它摘了回来。做饭时洗好了它放锅子里炒,每炒一下,它就骂一句娘。大妹一看,这个菜居然会骂娘,觉得这个菜不好,于是把它一锅子浇到门外的路边上去了。倒在路边上的白菜又变成了一个婴儿,'哇哇'地哭着,恰巧一对没有生育的夫妻看到了,欢欢喜喜地捡回去养了起来。快到过年的时候,熊娘嘎婆变的小孩在养父母的照顾下长大了不少,这家为过年杀了一头大年猪,熏在火炕上做腊肉。每天夫妇俩去上工时,就嘱咐熊娘嘎婆:'宝宝,你到屋里好好守屋哦。'熊娘嘎婆说:'好。'但等他们一走,熊娘嘎婆就变回原形,跳到火炕里面,舌头伸得长长的,开始偷吃火炕上挂着的腊肉……"①

最后,熊娘嘎婆虽然最终被窥破真身,并被杀死。但是,却没有像其他故事版本中的"狼外婆"一样被彻底消灭干净。到这个故事的结尾,它失掉了熊娘嘎婆的外形,又以孩子的形象被除掉,最后化成了吸食人血的蚊子和蚂蟥,直到今天依然危害人类。与其他"狼外婆"故事类型的异文比较,这也可说是湘西的"熊娘嘎婆"独一无二的一方面。即它是无法消灭的——即使不能再出来欺骗小孩、吃人肉,也还要变成害虫来吸食人类的血液以报杀害之仇。至此,"熊娘嘎婆"故事又完成了从一个童话故事向"物原传说"的转化,是湘西少数民族先民们在自然科学懵懂的时期,对蚊子和蚂蟥这两类昆虫来源的一种解释。

(二)形象与命名的比较

"熊娘嘎婆"故事由于长期在湘西地区的山野和人们口中流传,为了使其听来更能得到信任,讲述者往往将故事细节与本地人生活习性以及本地一些具有地方特色的东西相融合,从而发展成为独一无二的"狼外婆"故事的湘西异文版本。

1. 具体形象的比较

在"熊娘嘎婆"故事中,我们可以找到对于"熊娘嘎婆"形象相关的详细描

---

① 民间传说,熊娘嘎婆的故事。

写。如在故事的开头,它"捡起一颗羊屎贴在自己的嘴巴边上"冒充一颗黑痣,"又从路边上捡起一块牛屎贴在自己的脑袋后面"来替代真外婆盘在脑后的"粑粑鬆"①,由此假扮真正的外婆来欺骗两姐妹,希望带她们回到自己的家中。这时的"熊娘噶婆"拥有一个湘西本地老人,或者说一个劳动人民老人普遍具有的外表。而在变成婴儿之后,为了偷吃挂在火炕上的腊肉,"熊娘噶婆"终于在勤劳的两夫妇出门上工之后现出了原形——"跳到火炕里面,头发乱乱地披在脑袋后面,舌头伸得长长的,来偷吃腊肉"②。"熊娘噶婆"在整个故事中,除了刚开始为了瞒过两姐妹而假扮普通人和其"小婴儿"的变形以外,都有着非常独特的外形,如一棵在锅子里会骂娘的"白菜",以及最后的妖物原形。这些外形都是在日常生活中所不可能有的,但是在"熊娘噶婆"的故事中,这样的形象却宛若近在我们眼前和身边。结合湘西地区自古以来的神秘,给人以一种恐怖、如临其境的真实震撼。

而在"狼外婆"故事里,狼是以真实的面貌在小红帽去往外婆家的路上出现的,它与小红帽有过亲切的交谈,二者甚至交谈甚欢。涉世不深的小红帽,因为她的无知和天真,被狼利用,成功地骗取了她的信任,不仅套出了外婆家的住址,更是巧妙地转移了小红帽的视线,使她忘记了妈妈的叮嘱,为狼吃掉外婆、假扮外婆提供了充足的时间。随后,狼赶在小红帽之前来到外婆的家里,解决了外婆,才又以外婆的形象等待着小红帽的到来。在小红帽提出了诸多疑问后,找准时机吃掉了小红帽。

由此可以看出,在两个故事中,"熊娘噶婆"的形象的揭示刚好与"狼外婆"形象的揭示顺序相反。"熊娘噶婆"出场时先是伪装成了外婆的模样,以赢得两姐妹的信任,随后才在故事的演绎和发展中现出了原形。而"狼外婆"却是借用小红帽的不谙世事,先以本来面貌骗取了信任和相关信息,随后再假扮成小红帽的外婆来吃掉小红帽的。

2. 命名的比较

"熊娘噶婆"的命名很有研究价值。我国流传的"狼外婆"型故事中作为反面的假冒外婆,在北方多以"狼"的形象出现,而在南方则多采用"虎"的形象来诠释。为何到了湘西地区,这个故事舍弃了"狼"与"虎"的形象,而改用"熊娘噶婆"这一称谓呢?这就不得不提到湘西地区的一些民俗研究了。

湘西地区的土家族人民相传为巴人之后,"巴人不仅崇拜虎,并以虎为族徽"。甚至有时期以人为牺牲来祭祀白虎,足可以看出白虎图腾信仰在土家人心中是非常深刻的。另外,作为土家族先民一部分的乌蛮,其驱赶白虎的习俗对湘

---

①② 民间传说,熊娘噶婆的故事。

西西北部的少部分土家人起到了很大的影响，使他们形成了视白虎为不祥之物的观点。①不管是对于虎的崇拜，还是对虎的忌惮，都可以看作是湘西地区"狼外婆"故事中外婆原形不用虎的原因之一。

对苗族族称来源的有关研究中也有显示："大体上说，操东部方言（湘西方言）的苗族自称'果雄'。"至于"果雄"的本意，有人则认为"东部方言的苗族自称'果雄'当与楚之先祖'鬻熊'、'熊绎'有关"②。若这个说法成立，那么我们也可以认为"熊娘噶婆"之所以被设定为"熊娘噶婆"，并非是想告诉故事的受众，这个假的外婆就是由一个原形为熊的妖物变化而来，而是借用了生活在山区的少数民族苗族在"外人"眼中一直以来神秘并且凶悍的民族特性，以此作为一种神秘意识加诸于"狼外婆"的形象上，使之更加丰满并更具有地域特色，也更令故事的受众相信故事的真实性，对故事产生敬畏之情。周作人先生在其作品《童话研究》中也有类似于此的观点："童话中食人者多为厉鬼，或为神自吞其子，今所举者则为妖巫类。上古之时，用人以祭，而巫觋承其事，逮后淫祀虽废，传说终存，遂以食人之恶德属于巫师（食人之国祭后巫医酋长分胙各得佳肉），故今之妖媪，实古昔地母之女巫，欧洲中世犹信是说，谓老妪窃食小儿，捕得辄杀之，与童话所言，可相印证"③。

"熊"字作为方言在现代汉语中有两种解释，一是"斥责"，一是"怯懦，没有能力"④。在这里，"熊"应指使人感到像熊一样的人，特指粗暴无礼、笨拙粗野、呆滞强壮方面。所以我们也可以这样理解"熊娘噶婆"的命名："熊"指其粗暴、没有能力；"娘"指其出场时是女性的体貌特征；而"噶婆"为湘西方言，即外祖母——指这个妖物在出场时，借用了两姐妹外婆的身份来接近她们。故而，这个故事被命名为"熊娘噶婆"，而从故事的发展中，我们可以看到，这个妖物其实是变化多端（如"噶婆"、"白菜"、"婴儿"），且可男可女（假扮"噶婆"时为女性，而假扮"婴儿"时变成男性），可人可物（它除了"噶婆"和"婴儿"外还曾变化为"白菜"）。⑤

在湘西民间故事中这个强大妖物的存在，有着其深刻的含义：其一是影射了湘西地区自然环境的恶劣程度——无论普通的人还是物，都有可能因为不了解而遭到致命的伤害；其二是增加了他人体验中湘西的神秘与恐怖色彩，使不了解湘

---

① 熊晓辉，向东.湘西历史与文化 [M].北京：民族出版社，2008：11.
② 熊晓辉，向东.湘西历史与文化 [M].北京：民族出版社，2008：46.
③ 钟敬文，苑利.二十世纪中国民俗学经典（传说故事卷）[M].北京：社会科学文献出版社，2002：6.
④ 现代汉语词典 [M].北京：商务印书馆，2002：1415.
⑤ 民间传说，熊娘噶婆的故事。

西的人不敢轻易来打扰这里的生活秩序，有利于保持湘西地区淳朴的民俗民风和平静的生活氛围；其三也颂扬了在如此简陋、艰苦的条件下，依然敢于对抗"妖魔"、对抗恶劣自然环境的湘西劳动人民的勤劳与智慧，是湘西地区人民对生活、生命热爱的诠释，更是一种潜在的民族自信、自豪感的外在表现。

从"狼外婆"的命名来看，相比较而言，外国的"狼外婆"的命名，从故事内容来看，仅仅是因为袭击了老外婆，并假扮她欺骗小红帽的动物，就是一匹生活在森林里的狼，它甚至在出场时就毫不掩饰地露出了自己的本来面目。真是如此吗？其实不然。

狼对西方文化的影响最早可以追溯到神话时代，在西方文化和人文精神的发源与发展中，它一直扮演着十分重要的角色。在西方文化，尤其是文学作品中多次出现的狼的意向，表现了西方人对于自己文化状态及其自我心理的一种探讨和重新认识。但这个文化现象没有得到人们的正确看待，致使狼的地位与身份几经辗转，与最初产生了巨大的落差：从朋友、同伴、崇拜的对象，到众神的叛逆、恶魔，再到人化的狼和狼化的人的原型与象征。而"狼外婆"的诞生正是处于狼的意象从具象化到类型化的即"恶魔化"的阶段。

显然，狼的"恶魔化"是在人类一系列的文化塑造中实现的。那么，狼为什么会"恶魔化"呢？决定狼命运的，正是人类所处的不同社会的文明程度。在原始社会，人类需要狼所具备的种种生存、战胜大自然的技巧，他们愿意变成狼，故而一个时期内，狼被敬奉为英雄，受到人们的推崇和膜拜。但随着人在自然中占据了主导地位，原来的"英雄崇拜"必然会遭受否定和重写，这些说明了人类文明、意识形态不断变体的特征。不同的文明有着完全不同的叙述方式，这也决定了狼被"恶魔化"的命运。狼的"恶魔化"体现了人类从野蛮进入文明的复杂心理路程及其冲突：一方面已经无法再忍受野兽般茹毛饮血的生活，决心建立自己的文明和规则，追求和营造文明理念；另一方面又无法完全克服和摆脱野蛮的狼性与自身的欲望。人类不得不用强大的理性力量来抗衡，极力使自己远离动物世界，尤其是自己曾经崇拜、与自己最接近的动物。人类用自己的标准去要求和衡量狼的行为，从而不断从各个方面加强了对于狼及其狼性的责怪与非难，把狼的形象向"恶魔"方向固定化和观念化，这也体现了人类对于肉身和物质依赖的一种反抗。另外，宗教的兴起也在狼的"恶魔化"过程中起到了推波助澜的作用，基督教的产生本身就是人类最后告别野蛮时代的精神成果，而其中的"原罪说"正是对于欲望、诱惑等的压抑和对自己最严格的考验和要求。也正是基督教最后确定了狼这一曾与人类亲密相关的动物与神的对立地位，使狼的"恶魔化"

得以确定。①

(三) 文化与内涵的比较

"熊娘嘎婆"与"狼外婆",同为童话中被置于反派位置上,用来对孩子进行教育或启蒙的角色。因为中西文化的差异和湘西地区特有的地域特色,被人们赋予了不同的涵义和精神寄托,故而二者又存在着根本的差异。

1. 扮演的角色及命运

两个故事中"熊娘嘎婆"与"狼外婆"所扮演的角色不同,其命运也不相同,不管是从故事命名,还是从故事内容上。"熊娘嘎婆"不仅仅以这个假冒外婆的名字命名整个故事,且"熊娘嘎婆"作为故事主角,从故事一开始,就出现在了两姐妹回家省亲的山路上;整个故事围绕熊娘嘎婆的遭遇和变化,并以之为主线索展开。而在西方,故事先从小红帽的生活及其生活环境开始铺叙,"狼外婆"的形象只是一个配角,从故事的中间段开始出现,给予了相对于人类来说更少的叙述。二者的最终命运也有着截然的差异,在"熊娘嘎婆"的故事里,熊娘嘎婆是一个十分神秘但又必然的存在。虽然违背了自然科学观点,但是却被接受并广泛地流传开来。且故事中熊娘嘎婆的命运不像"狼外婆"那样具有悲剧性,虽然同是被人们反抗和斗争的对象,但熊娘嘎婆在遭受了两次致命的打击之后,依然没有如人们所希望的那样彻底消失。它化作了农业生产、生活中最常见也最困扰着人们的蚊子和蚂蟥两种昆虫。而"狼外婆"在故事的最后被及时赶到的英雄——猎人杀死,完美完成了配角在故事里起到的衬托主角的作用(借此表现了西方文化中一直以来以人为本,宣扬以人的力量战胜自然之力,掌握一切的人文精神)。也就是说,"狼外婆"被人类的力量打倒了,继承和表明了人类战胜自然、改造自然的信心。而熊娘嘎婆则继续困扰着人类后代的生活,即使努力也没办法消除,逐渐演变成了一种独特存在的崇拜,与"土家族崇拜自然、信鬼尚巫和敬奉祖先"、"苗族先民创造了丰富多彩的苗巫文化,其特点是多神崇拜和信鬼好巫。凡天地日月、风云雷电、山川怪异、动物植物,莫不尊之"②的湘西地区少数民族人民的宗教信仰相符合。

2. 故事中的地位

在"熊娘嘎婆"与"狼外婆"的故事里,四位真假"外婆"有着截然不同的地位。虽然"熊娘嘎婆"与"狼外婆"二者同是用假身份代替了原本应该出现在故事里的温柔慈祥的外婆、骗取小孩的信任并将其吃掉的凶残动物形象。但最大的区别在于:在"熊娘嘎婆"的故事里,熊娘嘎婆从两姐妹走上山路开始,即出

---

① 殷国明. 西方狼 [M]. 上海:上海文化出版社,2005:256-269.
② 熊晓辉,向东. 湘西历史与文化 [M]. 北京:民族出版社,2008:113.

现在了她们的面前。且在结束了与两姐妹的故事之后,它仍然可以以其他的形态——如长在路边的"白菜"、被丢弃在路旁的"婴儿"——完成后续故事的发展。这个童话故事里,真正属于两姐妹的"外婆"只是被提起来过,甚至直到最后都没有正面出场的机会。反观本来是代替品的熊娘嘎婆,不仅在故事前段出现在两姐妹回外婆家省亲的路上;而且同样大大方方地出现在挑盐人以及小店店主的面前,与他们交谈,向他们询问"大妹"的去向,就如同任何一个生活在湘西地区的普通人一样。而在"狼外婆"中,真正的"外婆"在故事里是出现了的,并且作者给予了一定描写的。"真外婆"与"小红帽"、"猎人"、"狼外婆"都曾有过不算短暂的交集。故事的结局是:"狼外婆"最终被猎人除掉,"真外婆"得以恢复身份。也正说明了"狼外婆"是对真正的外婆暂时取代,它被猎人消灭是故事发展的一种必然。因为"狼外婆"的存在是为了起配合整个故事,对孩子们进行教育的作用,所以就算"狼外婆"必不可少,也只是一个推动故事矛盾冲突激化的配角地位。这也体现了中、西方文化观念中,对人类力量和自然力量抗争结果的不同看法和信仰。

3. 人与对象力量冲突的结果

不管是在"狼外婆"还是"熊娘嘎婆"中,人与对象力量的冲突都非常明显尖锐,但在两个故事中二者力量冲突的结果却又有着本质的不同。"熊娘嘎婆"故事里,由于故事前后部分角色的不同,代表人类力量的劳动者又可分为两种:一是力量微小、无法完成与熊娘嘎婆力量对抗的小姐妹;二是具有智慧和计谋、积极与熊娘嘎婆抗争的劳动者,如"挑盐人"、"捡到熊娘嘎婆所变化的婴儿的两夫妇"。代表对象力量的自然是变化莫测的熊娘嘎婆。熊娘嘎婆在故事里是拥有极大力量、不可战胜的存在,即使成年人也不敢轻易与之发生正面冲突;故而不管是"挑盐人"、"店主人"还是"两夫妇",都不约而同地采取了智斗的方式来对抗它。对于对象力量的无限扩大,一方面可以看作是生活在湘西的人们对于恶劣的外界自然环境具化创作的真实写照,以此来表现湘西地区自然环境的险恶和人民生活的艰难;另一方面,也是因为自古以来湘西土著居民们"多神崇拜和信鬼好巫"①的宗教信仰所起到的潜移默化的作用造成的原始自然崇拜。相反,"狼外婆"中,代表人类力量的是强壮有力、技艺超群的"猎人",作为对象力量的是假扮外婆欺骗"小红帽"的野狼。由于受到西方一贯"以人为本"的地域色彩和文化底蕴影响,作为人类力量代表的"猎人"力量强大且敢于与对象力量展开抗争。"猎人"在关键时刻出现,杀死了代表自然力,即对象力量的"狼外婆";这样的结局明显是西方文化中,对于人力必然战胜自然的决心和信心深信

---

① 熊晓辉,向东. 湘西历史与文化 [M]. 北京:民族出版社,2008:113.

不疑的表达,也是西方人文精神中人本主义最深层的信仰和依凭。

4. 与自然的合一和对抗

中西文化区别形成的本质是因为前者属于大陆文化,而后者属于海洋文化。大陆文化的生成基础就是陆地,陆地又因为受到山岭、江河的阻挡而造成了一定的狭隘性与封闭性,也因为对土地的私人占有而产生了封疆与世袭的观念,更是因为占有土地的面积大小而形成了森严的等级制度。中国传统文化就是一种农业文化。"所谓农业文化,并非说构成这种文化的物态成分中没有其他产业的产品,而是说整个文化的物质基础的主导方向和支配力量是在自然经济轨道上运行的农业"[1]。农业文化以土地为其形成的依据,更注重的是土地的性质,与外部的社会相比,处于相对封闭的状态。它要求稳定,固守在土地上,形成了安土重迁的观念。而海洋文化的载体是开阔、流动的海洋,因此它表现出的是更为大气和开放的姿态。海洋文化有着广阔的想象与联想的空间,这培养了人们创造性的冒险活动,鼓励人们积极地去探索未知的海洋彼岸,其实质是具有侵略性和冒险性的文化。同时也因为海洋一望无垠的外貌和"海纳百川"的特质,铸就了海洋文化包容性极强、具有扩张力的品格。

"熊娘噶婆"和"狼外婆"虽然是两个童话故事,但是受两种不同文化的影响,分别体现了中西方文化中不同的人文精神。而"熊娘噶婆"也可以看作是中国文化中湘西地区少数民族人文精神的代表。"熊娘噶婆"中,自然的存在是人类无法控制、不可取代的,人的力量不能战胜神秘强大的自然力量。勤劳智慧的劳动人民可以通过自己的努力,尽量去减少自然力量对自身生活的影响;但在他们力所能及的范围内,无法完全消除自然力量的存在。这个故事产生及故事角色如此定位的原因之一,就是湘西人民在长期的生产、生活中形成的"多神崇拜和信鬼好巫",也即"万物有灵"观念和原始自然崇拜演化而来的宗教信仰。他们相信不管山川草木还是日月江河,都拥有独立的自由意识,即万物皆有灵;故而对任何自然存在都抱有敬畏的心态。尊重自然,敬畏自然;改造自然,同样崇拜一切自然物——这就是湘西人民人文精神的体现。当然,这也是中国文化的一种体现,故而中国文化可以称之为"德性文化"。"在对待人与自然的关系上,它十分注重二者之间的和谐与统一……"[2] 它认识到了具有能动性的人力的强大,却没有忘记人力在自然力量面前显得多么渺小和无奈;两者的和谐交融,才是正确的存在模式。与之对立的西方,注重人与自然的对立。自18世纪初启蒙运动之后,资产阶级在西方世界逐步登上历史舞台,开始极力宣扬"承认人的价值和尊

---

[1] 张岱年,方克立. 中国文化概论(修订版)[M]. 北京:北京师范大学出版社,2004:265-266.
[2] 张岱年,方克立. 中国文化概论(修订版)[M]. 北京:北京师范大学出版社,2004:271.

严,把人看作万物的尺度"的人本主义思想。"狼外婆"故事里,"猎人"对"狼外婆"的消灭恰好是典型的西方人本精神的体现。"狼外婆"是自然力量的代表,它出现在人类的生活中,对人类("小红帽"及其外婆)产生了威胁;而代表人类反抗力量的"猎人"在关键时刻挺身而出,不仅解救了"小红帽"和"外婆",也杀死了狼。在西方人的眼中,人的力量,可以战胜强大而神秘的自然,成为整个世界的主宰,并朝自己需要的方向对自然进行改造,使之为人类的发展服务。虽然在故事中这是对于人类力量能够战胜自然的绝对信心,但也是受一直以来的传统观念所影响而形成。由此可以看出,中西方人文精神中虽然都有对人类力量的肯定;但是在支配者与被支配者的角色划分方面,恰好是相反的。中国人或者具体到湘西人,更相信人在自然面前是渺小的存在,而西方人则认为在两者的对抗中人类力量更占上风。

由此,我们不难看出:真正决定"熊娘噶婆"与"狼外婆"这两则故事所体现出的异同的,不仅仅是其发源的民族和国家的差异,更是这两个国家背后所代表的文化体系差异的重要表现。"熊娘噶婆"作为"狼外婆"类型故事在湘西地区形成的独特变文版本,虽然其中有着湘西地区十分独特的一面,但也与西方"狼外婆"故事的变文紧密相连。"正如罗兰·巴特所言:'任何本文都是互本文;在一个本文之中,不同程度地并以各种多少能辨认的形式存在着其他本文:例如,先前文化的本文和周围文化的本文'"。

在发挥讲述故事、教育儿童的作用的同时,"熊娘噶婆"故事中的对生活细节的讲述也向人们充分展示了湘西人民勤劳善良的本质和他们平凡质朴甚至稍嫌艰苦的生活,以及他们坚强不息的对生活的信仰和对幸福日子的不懈追求。熊娘噶婆的故事虽然到此终于画上了圆满的句号,但"熊娘噶婆"依然在湘西地区的人们口中,一代一代地向后辈们传递着、延续着,传递着湘西人们的生活方式、传递着他们的信仰,也传递着他们平凡生活中多姿多彩的悲欢苦乐。所以说,"熊娘噶婆"是不灭的——它陪伴着一代代的湘西儿女走过了他们的年少时光。

这一信仰对象的变化体现了神权人授的特征,谁能获取生存发展的资源,谁就能作为族群身份的象征,这种象征影响族群中个人的思想情感。

"大千世界普遍存在网络间性,在原始生命问世之前,网络就以某种方式存在。例如,在水陆交汇之处便有陆网、水网,陆网是陆地在水域中的延伸,正如水网是水域在陆地的延伸那样。这类自然网络可能对生命的起源与进化具有特别重要的意义。生物的进化沿着三个方向进行,一是将周边条件(包括异源生命)变成环境网络;二是将同种存在物变成群网络;三是将自身生理结构变成神经网络，并以神经网络为依托发展出心理网络"①。

五缘文化论者对"五缘"与"五伦"做出区分，"'五缘'摒弃了'五伦中的宗法等级关系，没有贵贱、尊卑、主从之分，彼此之间是以有利于生存与发展的根本利益出发，以共同的文化认同和融洽的情感作为纽带，自然地形成彼此相亲的群体，因此是自愿的，也是平等的'"②。本书所关注的缘之间的网内间性或者网际间性是具有冲突、差异的各主体之间如何从主体性的二元模式走出，进入一种主体间性，这种主体之间也许不仅仅是同质或者认同，更关注的是差异性所形成的文化活力。差异性的主体之间的对话是否可能和如何可能？《西方哲学英汉对照辞典》这样定义主体间性："如果某物的存在既非独立于人类心灵（纯客观的），也非取决于单个心灵或主体（纯主观的），而是有赖于不同心灵的共同特征，那么它就是主体间的。主体间的东西主要与纯粹主体性的东西形成对照，它意味着某种源自不同心灵之共同特征而非对象自身本质的客观性心灵的共同性与共享性隐含着不同心灵或主体之间的互动作用和传播沟通，这便是它们的主体间性"③。首先是承认差异的前提再实现相互之间的可进入性，"在胡塞尔看来，主体间的这些特性表明：人们与其说是建构了一个唯我论的世界，毋宁说是建构了一个共享的世界（Lebenswelt）。对分析哲学来说，主体间性是两个或两个以上的心灵之间的彼此可进入性"④。主体之间有了缘网作为整体的结构性环境，节点之间的壁垒一旦打破，从器物到思想的文化资源就会发生流动，在地缘、亲缘、神缘的基础之上，器物、制度、思想沿着路径发生冲突、矛盾、分化、融汇。

第二节 路径湘西：从器物到思想

"路径"的概念有三个层面的指向，一是自然存在各种自然网路，如长江、黄河的水系路径。二是制度的同化或异化的行政管理思路。如秦朝开始的"五尺道"，唐朝的"黔中道"，北宋的"荆湖南路"、"荆湖北路"，元朝的"湖广行省"，明朝的"湖广行都司"，这种"道"、"路"、"行"代表了行政体系的一种治理手段、方式、方法。三是超越于器物与制度之上的"文化走廊"，如古代的

---

① 黄鸣奋. 网络间性：蕴含创新新契机的学术范畴 [J]. 福建论坛·人文社会科学版，2004（04）：85.
② 林其锬，吕良弼. 五缘文化 [M]. 福州：福建人民出版社，2003：56.
③ 尼古拉斯·布宁，余纪元. 西方哲学英汉对照辞典 [O]. 北京：人民出版社，2001：518.
④ 尼古拉斯·布宁，余纪元. 西方哲学英汉对照辞典 [O]. 北京：人民出版社，2001：519.

"丝绸之路"与"玉石之路"①是一种文化开放的实践,也是影响后世文化对外开放的心理象征。

在缘网所涵盖的地缘网、亲缘网、神缘网的结构是一种抽象的、大写的宏观谱系,网络的生命力来自人在这网络中扮演什么角色,人要实现自我,确认自我的力量,将自身本质力量对象化,即人生产对象的同时实现自我生产,其生产的方式包括物种生产保持人类种族的繁衍,物质生产保存人类保证自身和发展自身的需要,为认识世界、改造世界提供基础,精神生产是实现超越性的生存方式。其中物质生产与精神生产是人类生产生活的高级形式,体现了人类文明的发展程度。

人的生命力体现在多种生产方式的生命力以及相互之间关系的生命力,缘网的生命力的核心是人的生命力,人的生命力的外化就是物种、物质、精神生产,这一系统中的物种、物质、精神代表着生命力,物种生产的生命力的方式是突破自我,这涉及人口、家庭、族群,物种生产的背后是生存资源的竞争。器物的分享与占有是人与物之间的关系,本质上是人与人之间的关系,人与人之间到底是什么样的关系,这涉及身份认同,我群与他群甚至走出自我走向我们,这一层面超越物质又根据物质。人的社会的形成,就有规范产生,专制的社会是阶序化的资源分配模式,民主式的社会可能是平等共享资源的方式。人对物质、人对人与物以及人对自身问题的最终解决落实到思想领域,这是超越的生产方式,可以是艺术地面对世界,也可以是哲学地思考人生,也可以是以宗教信仰的方式将存在的本身归于超自然的力量。

缘网是天地神人共在的结构,路径是这一结构中的生命能量,自然中水网的动力来自水流,电网中的动量来自电流,动物身体中的血网的动力来自血流,人的神经网络的动量来自神经脉冲。器物路径是人走出自我的一种方式,物的交互

---

① "丝绸之路"与"玉石之路"。1877年德国地理学家李希霍芬(Ferdinand von Richthofen)提出"丝绸之路"以来,它慢慢变成一门显学,中亚五国和中国目前正在联合申报世界文化遗产。似乎丝绸之路是一种事实存在,但笔者认为这其实是一种话语建构。问题出在从欧洲和中国的角度看欧亚大陆桥,大家的看法、立足点是不一样的。丝绸之路之所以由西方人加以命名,就在于西方人早就知道丝绸这种美丽而华贵的衣料来自遥远的东方之邦中国,包括后来传入的瓷器,China一名也源于西方人对来自东方的美丽物质的乌托邦想象。但是这就完全忽略了夏商周以来中原国家对西域的重要战略资源的依附关系及玉石贸易通道,无法洞察所谓"丝绸之路"的前身其实正是玉石之路。所谓玉石之路是几十年来中国考古学界提出的,从国际考古学上来看,从阿富汗到苏美尔、印度、埃及,再到希腊半岛,有一条所谓青金石之路,这种天青颜色的石头上杂有黄金一样的斑点,这种材料早在五千年前,在人类最早文明发生的时候,就开始发挥重要的战略物资作用,对神权建构有重要的意义。玉石之路主要在以埃及、苏美尔为代表的西亚和北非(现在西方学者叫作地中海文明)到中亚阿富汗之间。中国境内也有自己的一段漫长的玉石之路,即从昆仑山到中原。向中原进贡或者贸易的新疆出产的和田玉,其历史至少有四千年。参见叶舒宪.玉石之路大传统 VS 丝绸之路小传统[A].方维规.思想与方法——全球化时代中西对话的可能[C].北京:北京大学出版社,2014:219-220.

一方面是劳动价值的交换，另一方面是生产生活方式之间的交流与共享，这直接导致了社会分工，物质资料的发展直接带动社会结构的改变；制度的路径是人步入社会或者族群与族群之间或者国家与国家之间的行为的尺度，先进的制度能实现人对物等资源的优化，也能实现人与人之间的交流对话，实现走出自我的可能性，我的可能、他的可能、我们的可能都可作为思考人应如何的探索；思想路径是人对物的资源分配和对生产生活方式的反思、人对制度的局限的关注、人对历史的反思、人对社会的批判和人文关怀。如果说器物的路径、制度的路径是人的本质力量的对象化，那么思想的路径是对路径本身的反思，是站在对象化的对立面来思考人的本身。

一、器物路径：边缘与中心的互动

器物的流动代表着人对物质生存资源占有、分享、竞争这一模式背后人对物质的支配和权利。《史记》中"大禹治水"是从中心的视角看器物是如何由边缘流向中心的历史想象，鲧禹两代"治水"的描述对象不仅是如何治理水患，更重要的是开通水道划定了华夏生产生活的资源生态圈，而在阶序化的王权统治社会，中心就像一块磁铁将边缘地带的器物吸纳进来，这就形成了器物文化的中心，这一中心同样生发出政治、经济、文化的中心以及边缘地带。《明史》中的湘西土司王的朝贡是从边缘的视角看中华文化圈内器物由边缘走向中心的历史事实。在《史记》、《明史》的史料基础上，我们用现当代的考古发掘的成果，解释器物构建中华文化圈的多元一体的格局。

大禹的器物路径。大禹治水的功绩不仅在于水患的克服，而且在于划定了华夏文化圈的资源生存权的范围。治水的难度恰恰表明各族群对资源争夺的剧烈，划定势力范围是向外扩容的第一要义，区分我的和他的是这一目标实现的首要任务。"讙兜进言共工，尧曰'不可'，而试之工师，共工果淫辟。四岳举鲧治鸿水，尧以为不可，岳强请试之，试之而无功，故百姓不便。三苗在江淮、荆州数为乱。于是舜归而言于帝，请流共工于幽陵，以变北狄；放讙兜于崇山，以变南蛮；迁三苗于三危，以变西戎；殛鲧于羽山，以变东夷。四罪而天下咸服"[①]。这为大禹治水成功奠定了一定的基础，充分展示了中心的文化的权利。其中崇山的解释有两说：一说是湖南省大庸县（今大湘西地区的张家界市）西南；二说是在今广西壮族自治区西林县、凌云县一带。湘西也被纳入华夏文化圈之中，但是这里是与中心文化圈有别的蛮荒之地。

相比鲧，大禹治水真正的功绩在何处？"禹乃遂与益、后稷奉帝命，命诸侯

---

① 王利器. 史记注译（一）·史记卷一·五帝本纪第一 [M]. 西安：三秦出版社，1988：7.

第二章 湘西观：中华文化圈中的形象生产场

百姓兴人徒以傅土，行山表木，定高山大川。禹伤先人之父鲧功之不成受诛，乃劳身焦思，居外十三年，过家门而不敢入。薄衣食，致孝于鬼神；卑宫室，致费于沟淢。陆行乘车，水行乘船，泥行乘橇。左准绳，右规矩，载四时，以开九州岛，通九道，陂九泽，度九山，令益予众稻，可种卑湿。命后稷予众庶难得之食。食少，调有余相给，以均诸侯。禹乃行，相地宜所有以贡，及山川之便利"①。大禹代表中心行使权力，划定"行政区划"，九州岛是冀州、兖州、青州、徐州、豫州、荆州、扬州、雍州、梁州，他开通了九州岛之间的九条河道，为云梦（洞庭）等九个湖泊修建了堤岸。审查各处的土地的真正目的是计算投入与产出的物产作为向中央的贡品和山川之便利（陆路和水陆交通是否方便）。我们可以继续考察大禹治水（实际上是治理各个地方，形成中央集权的统治秩序）。

第一个治理的对象是冀州，禹收获了丰厚的农业赋税，鸟夷的贡品有皮衣，而且贡赋的器物路径是从渤海绕过右边的碣石运入黄河。"禹行自冀州始……其土白壤。赋上上错，田中中"②。对田的等级和赋税的等级的计算之细说明中心对四方的行政管理权力之大，中央对地方的资源的支配权力之大。

第二个治理的对象是兖州，这里的土地肥沃，水草丰茂，林木高大，田属于第六等，赋税居于第九等，这里的贡品主要是漆和蚕丝，还有用竹筐盛着的有花纹的丝织品。贡赋的器物路径是由济水、漯水③运进黄河的。

第三个治理的对象是青州。这里土地的等级属于第三等，赋税居于第四位。贡品有盐、细葛布，还有各种海产，特别是泰山的谷地出产的丝、麻、铅、松木、怪石。莱夷从事放牧，所以用牧产作为贡品。贡物的器物路径是由汶水通过济水，再运往京城。

第四个治理的对象是徐州。这里田的等级是第二等，赋税居于第五位。贡品

---

① 王利器．史记注译（一）·史记卷一·五帝本纪第一［M］．西安：三秦出版社，1988：21-22．
② 赋上上错：田赋占全国一等，杂有第二等。田中中：田的等级为全国第五等。《尚书·禹贡》将全国（九州）的土地质量和田赋数量都分为上上、上中、上下、中上、中中、中下、下上、下中、下下九等。但两者并不一致。田的等级依次是：雍、徐、青、豫、冀、兖、梁、荆、扬；天赋等级依次是：冀、豫、荆、青、徐、雍、扬、梁、兖。关于形成差别的原因，唐孔颖达疏："此时亦什一税。俱什一而得为九等差者，人功有强弱，收货有多少。传以荆州田第八赋第三，为人功修也；雍州田第一赋第六，为人功少也。是据人功多少总计以定差。"按：田是从质量看，赋是按收货总量计算，所以有差别。人功应包括在质量之中，田的质量决定于自然条件和生产水平。收货多少应与田的数量有关，有的州大田多，即使田亩单产低，收获总量也大，所以赋税多；有的州小田多，即使田单产高，收获总量也小，所以赋税少。这样看，才好解释。参看王利器．史记注译（一）·史记卷一·五帝本纪第一［M］．西安：三秦出版社，1988：22．
③ 漯：黄河下游主要支流之一。故道在今河南省范县，山东省莘县、聊城等，经禹城流入徒骇河。参看王利器．史记注译（一）·史记卷一·五帝本纪第一［M］．西安：三秦出版社，1988：23．

有五色土（供天子筑坛用）、羽山山谷中的野鸡、峄山南部的桐木、泗水边浮石制的磬、淮夷的珠蚌和鱼类，还有黑色的丝绸。贡赋器物的路径是从淮河、泗水通向黄河。

第五个治理的对象是淮河流域的扬州。这里的田的等级属于第九等，赋税居于第七位，丰年可以达到第六位。贡品有三种金属，还有玉石、竹箭、象牙、皮革、羽毛、牦牛尾和岛夷人穿的草编衣服，以及用竹筐盛着的贝锦，有时候根据命令进贡橘子、柚子。贡赋的器物路径是从大海、长江北上运到淮河、泗水，再运往京城。

第六个治理的对象是北起荆山南到衡山以南的荆州。这里的土地湿润，田的等级是第八等，赋税居于第三位。所产的贡品有羽毛、牦牛尾、象牙、皮革、三种金属、杶木、栝木、柏木、粗细磨石、砮石、丹砂，特别是三个诸侯国供奉的有名特产是箘竹、簬竹和楛木以及精心包裹着的供祭祀用的菁茅，还有绛色的绸子和成串的珍珠，以及根据命令进贡的九江的大龟。贡赋的器物路径是从长江、沱水、涔水北上，进入洛水到达黄河，抵达京城。

第七个治理的对象是豫州。这里的土质柔细，低洼处是肥沃的黑土。田的等级是第四等，赋税居于第二位，有时居于第一位。贡品主要包括漆、丝、细葛布、麻，还有竹筐里盛着的细丝绵，有时候根据命令进贡磨磬的错石。贡赋的器物路径是从洛水船运到黄河，再到达京城。

第八个治理的对象是梁州。这里的土质是青黑色，田的等级属于第七，赋税居于第八位，丰年的时候是第七位，歉年只居于第九位。贡品有美玉、铁、银、钢、砮石、磬、熊、罴、狐、狸、地毯。西倾山的贡品由桓水运出；其他的贡赋都由潜水船运，越过一段陆路就进入沔水，转入渭水，横渡黄河到达都城。

第九个治理的对象是雍州。这里的土质色黄而细柔，田的等级是第一等，赋税居于第六位。贡品是各种美玉和珠宝。贡赋由积石山运到龙门山下的西河，会集到渭水湾内，其中有昆仑、析支、渠搜贡来的毛呢。

山也是重要的器物路径。"禹曰：天下名山，经五千三百七十山，六万四千五十六里，居地也。言其五臧，盖其余小山甚众，不足记云。天地之东西二万八千里，南北二万六千里，出水之山者八千里，受水者八千里，出铜之山四百六十七，出铁之山三千六百九十。此天地之所分壤树谷也，戈矛之所发也，刀铩之所起也，能者有余，拙者不足。封于太山，禅于梁父，七十二家，得失之数，皆在此内，是谓国用。"①

《史记》中还对大禹的功绩给予总结，"于是九州攸同。四奥既居，九山刊

---

① 冯国超译注. 山海经 [M]. 北京：商务印书馆，2009：310.

旅，九川涤原，九泽既陂。四海会同，六府甚修。众士交正，致慎财赋；咸则三壤，成赋。中国"①。史家记录可能是真实的写照，也可能是对器物与权力之间的无尽想象，"禹会诸侯于会稽，执玉帛者万国，巴蜀往焉"②。九州的范围划分、九条水道的治理，最后资源和财富由开拓的边地流向中央，这也是中国古代社会朝贡体系的重要开端。

《史记》对汉朝器物路径的开放大书特书。《西南夷列传》中记载，"然南夷之端，见枸酱番禺，大夏杖、邛竹。西夷后揃，剽分二方，卒为七郡"③。器物的流动带来了政治、军事的行动，唐蒙看到枸酱背后是蜀地、南越、夜郎之间的联系，于是打开了从巴、蜀郡到夜郎的通道。张骞在大夏看到蜀地出产的布匹和邛山出产的竹，就上书朝廷打通到蜀地的道路，有利于汉朝从器物贸易方面保持和大夏的关系。

阻隔器物的流动和信息通达会让关涉利害的双方产生敌对，汉高帝时期与高后当政时期形成鲜明的对比，"高后时，有司请禁南越关市铁器。佗曰：'高帝立我，通使物，今高后听谗臣，别异蛮夷，隔绝器物，此必长沙王计也，欲倚中国，击灭南越而并王之，自为功也。'于是佗乃自尊号为南越武帝，发兵攻长沙边邑，败数县而去焉"④。南越王因为高后背离汉高宗的协调安定的策略，禁止南越购买铁器而引发双方的军事冲突。

相比战争的掠夺和臣服方的朝贡，商业贸易是器物流动最主要的形式，器物真正成为商品，贸易体现了用于交换的劳动产品的价值。所以司马迁单列《货殖列传第六十九》为商家作传，让富有商业智慧的商家范蠡、子贡、白圭、猗顿、乌氏倮、巴寡妇清的人名与事迹青史留名。商业贸易带来的是国家繁荣，商业停滞带来的是闭塞和难以发展。司马迁对老子"小国寡民"的理想给予了批判，"老子曰：'至治之极，邻国相望，鸡狗之声相闻，民各甘其食，美其服，安其俗，乐其业，至老死不相往来。'必用此为务，挽近世涂民耳目，则几无行矣"⑤。老死不相往来，堵塞人民的耳目是不可想象的。

汉兴的重要标志是器物的流动，"汉兴，海内为一，开关梁，弛山泽之禁，是以富商大贾周流天下，交易之物莫不通，得其所欲，而徙豪杰诸侯强族于京

---

① 王利器. 史记注译（一）·史记卷一·五帝本纪第二 [M]. 西安：三秦出版社，1988：27.
② （晋）常璩. 华阳国志·卷第一巴志 [M]. 四部丛刊景明钞本.
③ 王利器. 史记注译（四）·史记卷一百一十六·西南夷列传第五十六 [M]. 西安：三秦出版社，1988：2442.
④ （汉）司马迁. 史记·卷一百十三 [M]. 清乾隆武英殿刻本，1093.
⑤ （汉）司马迁. 史记·卷一百二十九 [M]. 清乾隆武英殿刻本，1226.

师"①。相比中心地带，巴郡、蜀郡及其周边地区交通闭塞，"关中自汧、雍以东至河、华，膏壤沃野千里，自虞夏之贡以为上田，而公刘适邠，大王、王季在岐，文王作丰，武王治镐，故其民犹有先王之遗风，好稼穑，殖五谷，地重，重为邪。及秦文、德、缪居雍，隙陇蜀之货物而多贾。献公徙栎邑，栎邑北却戎翟，东通三晋，亦多大贾。孝、昭治咸阳，因以汉都，长安诸陵，四方辐辏并至而会，地小人众，故其民益玩巧而事末也。南则巴蜀。巴蜀亦沃野，地饶卮、姜、丹砂、石、铜、铁、竹、木之器。南御滇僰，僰僮。西近邛笮，笮马、旄牛。然四塞，栈道千里，无所不通，唯褒斜绾毂其口，以所多易所鲜。天水、陇西、北地、上郡与关中同俗，然西有羌中之利，北有戎翟之畜，畜牧为天下饶。然地亦穷险，唯京师要其道。故关中之地，于天下三分之一，而人众不过什三；然量其富，什居其六"②。华夏开拓疆域以来由重农事的传统向农商转型。

边地一直保持这种器物贡奉的制度。《明史》中记载湘西永顺土司向朝廷进贡，朝廷也向土司赏赐，"（正德）十年，致仕宣慰彭世麒献大木三十，次者二百，亲督运至京，子明辅所进如之。赐敕褒谕，赏进奏人钞千贯。十三年，世麒献大楠木四百七十，子明辅亦进大木备营建。诏世麒升都指挥使，赏蟒衣三袭，仍致仕；明辅授正三品散官，赏飞鱼服三袭，赐敕奖励，仍令镇巡官宴劳之"③。在上贡的层次上多了赏赐，器物之间有了中心与边缘之间的对流，因为集权的统治方式，这之间的流动并非对等和自由的，《史记》中夏本纪第二中记录的贡品有一种叫"人赐"（根据命令才交纳的贡品）。进贡也是臣下为表效忠和谋取个人利益的一种政治手段。对器物路径的探索是理解中华文化的中心是如何形成的以及边地是如何被边缘的，在现实领域的器物同样延伸到想象领域，中心是先进的、文明的、高贵的象征，边地是后进的、落后的、臣服的形象。

现实考古遗址路径是对中心与边缘历史心性的再确认。费孝通先生提出"中华民族的多元一体格局"④，根据新石器文化的考古发掘基本奠定了黄河中下游和长江中下游存在两个东西相对的文化区。⑤黄河中游的新石器文化的序列是前仰韶文化（前 6000~前 5400 年）、仰韶文化（前 5000~前 3000 年）、河南龙山文化（前 2900~前 2000 年），龙山文化之后就是夏文化。其中，最典型的代表是仰

---

① （汉）司马迁. 史记·卷一百二十九 [M]. 清乾隆武英殿刻本，1230.
② （汉）司马迁. 史记·卷一百二十九 [M]. 清乾隆武英殿刻本，1230-1231.
③ （清）张廷玉. 明史·第二六册·卷三百十·列传第一百九十八·土司 [M]. 北京：中华书局，2011：7993.
④ 费孝通. 中华民族的多元一体格局 [M]. 北京：中央民族学院，1989：1.
⑤ 谭其骧. 中国历史地图集第一册·原始社会·夏·商·西周·春秋·战国时期 [M]. 香港：三联书店（香港）有限公司，1991：3-4.

韶文化，其代表器物为彩陶。这一文化的中心是黄河支流汾河、洛河流域的中心地带。黄河下游的新石器时代的文化序列是青莲岗文化（前5400~前4000年）、大汶口文化（前4300~前2500年）、山东龙山文化（前2500~前2000年）、岳石文化（前1900~前1500年）。岳石文化之后是商文化，其中最具代表性的是龙山文化，其典型器物是黑陶。

长江中下游新时期时代存在两个文化中心，下游的文化圈以太湖平原为中心，其序列为河姆渡文化（前5000~前4400年）、马家浜·崧泽文化（前4300~前3300年）、良渚文化（前3300~2200年）。长江中游的新时期文化以江汉平原为中心，南边是洞庭湖平原，西到三峡，其文化序列大体是大溪文化（前4400~前3300年）、屈家岭文化（前3000~前2000年）、青龙泉文化（前2400年）。"新石器时代中原两河流域中下游这个在生态条件上基本一致的地区的考古发现，已可以说明中华民族的先人自文明曙光时期，公元前5000年到前2000年之间的3000年中还是分散聚居在各地区，分别创造他们具有特色的文化。这是中华民族割剧中多元的起点"[1]。另外，"夏商周三代正是汉族前身华夏这个民族集团从多元形成一体的历史过程"[2]。继而是历时500多年的春秋战国，"这500年也是汉族作为一个民族实体的育成时期，到秦灭六国，统一天下，而告一段落"[3]。"在战国到秦这一段时期里，农牧两大统一体之争留下了长城这一道巨大的工程，这是表明早期牧攻农守的形势……汉武帝开始就采取了反守为攻的战略。这个战略上的改变导致了汉族向西的大扩张"[4]。"从唐到宋之间的近五百年的时间里，中原地区实际上是一个以汉族为核心的民族熔炉。许多非汉族被当地汉人所融合而成为汉人"[5]。"北方诸非汉民族（辽国的契丹、金的女真、元朝的蒙古人、清朝的女真的后裔满人）在历史长河里一次又一次大规模地进入中原农业地区而不断地为汉族输入了新的血液，使汉族壮大起来，同时又为后来的中华民族增加了新的多元因素"[6]。费孝通先生强调的是中华民族的多元一体格局，多元一体就是一个网络文化共同体，这一共同体中的两个重要的节点就是中心与边缘，这种中边关系之间通过器物、制度、思想打通之间的障碍。

新时期的湘西地区的器物是在国家作为资源宏观调控之下实现地域与地域之间的流动，以市场为主导的商品经济相比古代发展更为成熟，器物更能体现其特

---

[1] 费孝通. 中华民族的多元一体格局 [M]. 北京：中央民族学院，1989：5.
[2] 费孝通. 中华民族的多元一体格局 [M]. 北京：中央民族学院，1989：6.
[3] 费孝通. 中华民族的多元一体格局 [M]. 北京：中央民族学院，1989：7.
[4] 费孝通. 中华民族的多元一体格局 [M]. 北京：中央民族学院，1989：12.
[5] 费孝通. 中华民族的多元一体格局 [M]. 北京：中央民族学院，1989：14.
[6] 费孝通. 中华民族的多元一体格局 [M]. 北京：中央民族学院，1989：18.

色，更容易实现其价值。参看湖南省森林覆盖率与红壤及主要亚热带农作物分布图[1]，我们可以发现水稻和茶叶是湘西地区较为常见的农作物，湘西州地区的猕猴桃，泸溪、石门的柑橘是名优特产。参看湖南省金属矿产分布图和湖南省非金属矿产分布图[2]，我们可以发现大湘西地区的铁、镍、铜、铅锌、汞等金属属于储藏量比较丰富的地区，非金属中的石灰石、花岗岩、白云岩、硫铁矿、石膏的储量相对比较丰富。参看湖南省畜牧及水产资源分布图[3]，湘西黄牛、湘西黑猪、鱼类资源丰富。参看湖南省主要名优特产分布图[4]，大湘西地区的名优品牌有马头羊、湘西黑猪、乌骨鸡、古丈毛尖、慈利金香柚、保靖岚针茶叶、怀化的安江香柚、靖州血橙、杜仲、湘玉1号水稻、烤烟、常德的棉花等，不胜枚举。参看湖南省工业分布图[5]，常德与吉首是该地区工业发展的两个中心，主要包括食品、纺织、化学、造纸、机械制造、烟草等工业项目。本地区主要的开发区包括常德的德山、鼎城、汉寿、石门、临澧、澧县经济开发区、张家界经济开发区、湘西州的吉首经济开发区、湘西吉凤经济开发区、永顺经济开发区、怀化经济开发区和工业园区等。这些所用的工业产品、农副产品销往国内外市场，参与到整个经济圈的大循环和大流通。

二、制度路径：从中心走向边缘

本书的"路径"来源于秦朝设立的"道"、唐朝的"路"、元朝开设的"行省"之"行"，这一制度的方向是从中心逐渐扩展到四方边地。这表明行政区划的设置在区划的划分中会形成区隔，"道"、"路"、"行"包含打通区域之间障碍的思想。如果说器物路径中的路径侧重"道路"的意思，那么制度路径中的路径侧重探讨怎样的行政管理方式方法能让区域的发展更有效。五缘文化论者认为，"原初阶段的五缘所反映的主要是人类社会的自然而然的本原关系。相比之下，契约所反映的则是当事人基于理性的约定。随着成文法的颁布，五缘不仅在人们共同体内部有了清晰的规范，而且在人们共同体之间有了相互区别的依据"[6]。但这一行政实践是在权力的阶序化的体制下运作的。制度最一般的含义是要求大家共同遵守的办事规程或行动准则，是实现某种功能和特定目标的社会组织乃至整个社会的一系列规范体系。制度的第一含义便是指要求成员共同遵守的、按一定

---

[1] 湖南省教育科学研究院.湖南地方文化常识地图册 [M].北京：星球地图出版社，2008：7.
[2] 湖南省教育科学研究院.湖南地方文化常识地图册 [M].北京：星球地图出版社，2008：11.
[3] 湖南省教育科学研究院.湖南地方文化常识地图册 [M].北京：星球地图出版社，2008：15.
[4] 湖南省教育科学研究院.湖南地方文化常识地图册 [M].北京：星球地图出版社，2008：16.
[5] 湖南省教育科学研究院.湖南地方文化常识地图册 [M].北京：星球地图出版社，2008：17.
[6] 黄鸣奋.网络时代的五缘文化[J].东南学术，2014（02）：169.

程序办事的规程。汉语中"制"有节制、限制的意思,"度"有尺度、标准的意思。这两个字结合起来,表明制度是节制人们行为的尺度。制度包括可辨识的正式制度和难以辨识的非正式制度。我们以历史中湘西的行政制度为例,解析中心的制度力量对边地的支配。我们可以参看自原始社会遗址以来的地图,梳理湘西地区的政治制度的历时变革。

人类文明遗址主要分布在黄河中下游,陕西、山西、河南、山东等地发掘的旧石器、中石器、仰韶文化、龙山文化等最为密集的地区。长江流域相比较为丰富的遗址属于大溪文化、屈家岭文化,长江以南地区也有旧石器时代遗址的发现,但主要以印纹陶及有关文化为主,湘西地区的沅澧一带有大溪文化和印纹陶及有关文化,其中吉首地区有印纹陶文化出现。[①]

夏时期版图的行政、文化中心集中在黄河流域的山西、河南、河北、山东等地,邻近中心的地域有有扈氏(近陕西境内)、有易氏、有鬲氏、有穷氏(三地主要位于近河北省境内),其中商是夏的方国,境内有有莘氏、有虞氏、有缗氏、有仍氏,靠东的山东半岛称为莱夷(近山东省境内),位于东南部的淮河流域称为九夷,是涂山氏所在地,往南的江水(长江)下游地域出现防风氏(太湖流域)、三苗(今洞庭湖周边的湖南湖北境内)。[②]

商的版图进一步扩容。商的版图主要位于黄河中下游,主要位于今河北、河南、山东等地,其对中心之外的四方有了较商朝明确的称呼,山西、河北以北称为"鬼方",陕西以西称为犬戎,再往西称为羌,西南为氐,南方称为濮(今湖南、湖北地域),四川境内有了巴、蜀、楚的出现,东南淮水流域称为淮夷。其中心以外的地域,多用土方、危方、羌方、邢方、基方、蔡方、龙方、犬方、人方,这与夏喜用"××氏"颇为相似。相比夏朝,商的版图进一步向四方扩容,浙江地区有了"越"的出现,商的版图扩容至北纬30度附近。其中澧水流域的石门有商时期的考古遗址。[③]

西周时期的版图在商代的基础上进一步扩容,山西、河北以北还称为"鬼方",犬戎、羌、濮、淮夷继续沿用,相比前朝,有了更多的诸侯和封国,主要集中在河水和淮水流域,相比向北、向西的扩张,往长江流域的控制更为迅速。其中濮国的势力从洞庭湖地区往西移,大洞庭湖流域出现了扬越(扬粤),太湖

[①] 谭其骧. 中国历史地图集第一册·原始社会·夏·商·西周·春秋·战国时期[M]. 香港:三联书店(香港)有限公司,1991:3-4.

[②] 谭其骧. 中国历史地图集第一册·原始社会·夏·商·西周·春秋·战国时期[M]. 香港:三联书店(香港)有限公司,1991:9-10.

[③] 谭其骧. 中国历史地图集第一册·原始社会·夏·商·西周·春秋·战国时期[M]. 香港:三联书店(香港)有限公司,1991:11-12.

流域出现了虎方。①

春秋时期,有秦、晋、楚、燕、陈、曹、蔡、齐、鲁、宋、卫、郑、吴、越等国。以春秋的诸侯国为中心,北边的"鬼方"的称谓进一步向东北移,称为东胡(内蒙古锡林浩特和乌兰浩特境内),辽河流域新出现了山戎国。秦国的势力延伸至今兰州附近,其西边被称为犬戎(甘肃境内),相比西周的犬戎(陕西境内),随着中心文化圈的扩容,称谓随着版图的变化而变化,东南的吴、越之地是势力最靠南的诸侯国,其东南新出现了"东夷"(今浙江地区),南边的濮国与越国进一步向南拓展与迁移,越的势力范围已经到达广东、广西地区。沅水、澧水流域处于百濮国地域,洞庭湖以北的楚国强大起来,这是向南延伸的重要诸侯国,对沅、澧流域的湘西有重要的文化辐射力。②

战国时期的行政版图。韩、赵、魏、楚、燕、齐、秦,北边匈奴的出现,秦国、赵国防御性的长城,西起临洮东至辽东半岛,构成一道巨大的地理区隔。版图的格局是北有匈奴、东北有高夷(辽宁省境内),越进一步向东南和南方扩容,有了闽越(闽江流域)、南越(珠江流域),原属于百濮控制区域的沅、澧流域,现在属于楚国的辐射范围,百濮势力进一步向西转移,到了四川省境内。③

秦时期的行政版图。秦统一六国,中心行政区域涵盖今华北、华中、华东、东南、西南各省。北边是匈奴,东北的辽东半岛与高句丽接壤,西边是青海湖流域的羌,并且羌开始往南扩散,延伸到今天的西藏东部。南边的政权已经抵达今天的琼州海峡。全国划分为36郡,在行政区划内部夷狄的称谓,以"××郡"称,江水流域和河水流域形成行政的通达。郡县实现行政区划的相对平等,实现了从化外之地转为行政属地。"自郡县肇建而地方制度与区划,始稍见完善。厥后诸代建置之情形,各有不同,或因前朝旧规,或自创设设新制,故汉州、唐道、宋路、元省皆成一代之主要地方制度,其名称虽异,而其演变之迹尚可循求。"④

沅水、澧水的湘西地区在秦时属于黔中郡,该郡涵盖今天的湘西自治州、张家界市、怀化市、常德市,还有湖北省西南的恩施地区、重庆东部的黔江地区、贵州省东北的小部分地域。郡内的主要河流为沅江(支流酉水、潕水)、澧水

---

① 谭其骧. 中国历史地图集第一册·原始社会·夏·商·西周·春秋·战国时期 [M]. 香港:三联书店(香港)有限公司,1991:15-16.
② 谭其骧. 中国历史地图集第一册·原始社会·夏·商·西周·春秋·战国时期 [M]. 香港:三联书店(香港)有限公司,1991:20-21.
③ 谭其骧. 中国历史地图集第一册·原始社会·夏·商·西周·春秋·战国时期 [M]. 香港:三联书店(香港)有限公司,1991:31-32.
④ 顾颉刚,史念海. 中国疆域沿革史 [M]. 北京:商务印书馆,2009:1.

(支流溇水)、乌江流域、清江流域,郡部住所为沅江中的沅陵。①

西汉在秦朝的版图上进一步扩容,设立了西域都护府,在秦郡县制的基础上有州制的设立。行政的本位思维,在文化圈内部是逐步去掉边缘性的称谓。行政区划内外有别,中心与边缘有别。元封五年(前106年)创部刺史制,将全国分为13个监察区。监察区名为州,州设刺史。州下设郡,郡下设县。除13州之外,另在三辅(京兆、右扶风、左冯翔)、三河(河内、河南、河东)、弘农7个郡设司隶校尉部,与州同级,由中央直辖。沅澧流域的湘西地域属于武陵郡,该郡与南阳郡、江夏郡、桂阳郡、武陵郡、南郡同属荆州。武陵郡主要包括沅水流域(酉水、辰水、潕水)、澧水流域(溇水、娄水),包括现在的湘西州、张家界市、常德市、怀化地区。有澧水领域的充县(桑植),零阳(慈利),酉水上的酉阳和迁陵(保靖),酉水支流猛洞河上的永顺,辰水上的辰阳(怀化辰溪县),潕水上的潕阳(怀化芷江附近),义陵(怀化的溆浦)。②

东汉的行政区域承袭西汉,西汉时期北边接壤的是匈奴,东北是鲜卑等部,西南主要是唐发、牦羌以及哀牢。东汉时期的匈奴向西北方向迁移,东汉的正北边是鲜卑部,西北是乌孙,西南仍然是唐发和牦羌。东汉的益州纳入了西汉的哀牢,属于该州的永昌郡,其中濮部、闽濮部、僄越部、哀牢都纳入了中央行政区划。

三国时期的版图是列国争锋的局面,魏蜀吴三国之外,与东汉疆域相比的变化是北边羌胡的出现。永安五年(262年),沅澧流域的区域属于武陵郡,属于吴国的荆州地区,与汉所辖范围相仿。该郡行政中心有秦、西汉时的沅陵,到东汉时期的汉寿,再到三国时期的常德地区。③

《史记》可以代表从夏商周至西汉的文化地理观,中心与边地有区隔,同时又有路径的开放,九州同一的中心在黄河流域,华夏统治居于主导地位,"于是九州攸同,四奥既居,九山刊旅,九川涤原,九泽既陂,四海会同。六府甚修,众土交正,致慎财赋;咸则三壤,成赋。中国"。这之中的中国是国都之中,而且国的中心与边缘在版图的规定上有严格的区分,"赐土姓:'祗台德先,不距朕行。'令天子之国以外五百里甸服:百里赋纳总,二百里纳铚,三百里纳秸服,四百里粟,五百里米。甸服外五百里侯服:百里采,二百里任国,三百里诸侯。

---

① 谭其骧.中国历史地图集第二册·秦·西汉·东汉时期[M].香港:三联书店(香港)有限公司,1991:3-4.
② 谭其骧.中国历史地图集第二册·秦·西汉·东汉时期[M].香港:三联书店(香港)有限公司,1991:13-14.
③ 谭其骧.中国历史地图集第三册·三国·两晋时期[M].香港:三联书店(香港)有限公司,1991:3-4.

侯服外五百里绥服：三百里揆文教，二百里奋武卫。绥服外五百里要服：三百里夷，二百里蔡。要服外五百里荒服：三百里蛮，二百里流"①。这种历史心象对天子国、诸侯国、夷人住地、蛮人住地、流放罪犯的地方都有严格的区隔。

西晋时期，太康二年（281 年）原沅澧的湘西地区所在的武陵郡在西晋时期分为武陵郡和天门郡，二郡位于荆州的西部，天门郡主要辖澧水流域即今张家界市和澧县、鹤峰土家族苗族自治州。武陵郡所领地域为沅江流域的地区。今天的来凤土家族苗族自治州、松桃苗族自治县、新晃侗族自治县都在武陵郡内。②

东晋十六国时期，北方的疆域变化很大，太元七年（382 年），沅澧所在的武陵郡基本沿革了西晋的天门郡和武陵郡的格局。③

南朝宋（大明八年，464 年）、齐（建武四年，497 年）、梁（中大同元年，546 年）三朝，澧水流域属于荆州的天门郡，荆州主要涵盖重庆市东部和湖北西部，沅水流域属于郢州的武陵郡，郢州主要涵盖湖南西部和湖北东部的广大地区。④

陈时期（太建四年，572 年），澧水流域的湘西地区属于武州地区的天门郡（石门），沅水流域的湘西地区属于武州的武陵郡（常德地区）和沅州的通宁郡（沅陵地区）、夜郎郡（吉首地区），州与郡的辖区相对较小。⑤

隋文帝开皇三年（583 年），废天下诸郡，改变了存在近 700 年的州郡县体系。隋炀帝登基后，并省了一部分州，并且很快在大业三年（607 年）将所有的州改为郡，实行郡县二级制。郡数已经远远超过了秦时的 36 郡、48 郡，达到了鼎盛时期的 190 郡。隋朝大业八年（612 年）沅澧流域的湘西地域分属三个郡，澧水流域的崇义（桑植）、石门、慈利、澧阳属于澧阳郡；沅水流域的武陵（常德地区）属于武陵郡；沅水上游的沅陵、辰溪、龙标，今湘西州和怀化地区属于沅陵郡。沅水的支流以溪命名，有酉溪（龙山、永顺）、武溪（吉首地区）、辰溪、序溪（溆浦地区）、潕溪（芷江、新晃侗族自治县）、郎溪、熊溪。⑥

唐朝的行政区划，是中国历代行政区划沿革中比较重要的转折时期。在较长时期内，唐朝采用了"道州县"三级制，唐初始设的"道"的概念，仍然影响了

---

① 王利器. 史记注译（一）·史记卷一·五帝本纪第二 [M]. 西安：三秦出版社，1988：27.
② 谭其骧. 中国历史地图集第三册·三国·两晋时期 [M]. 香港：三联书店（香港）有限公司，1991：53-54.
③ 谭其骧. 中国历史地图集第四册·东晋十六国·南北朝时期 [M]. 香港：三联书店（香港）有限公司，1991：5-6.
④ 谭其骧. 中国历史地图集第四册·东晋十六国·南北朝时期 [M]. 香港：三联书店（香港）有限公司，1991：17-22.
⑤ 谭其骧. 中国历史地图集第四册·东晋十六国·南北朝时期 [M]. 香港：三联书店（香港）有限公司，1991：44-45.
⑥ 谭其骧. 中国历史地图集第五册·隋·唐·五代十国时期 [M]. 香港：三联书店（香港）有限公司，1991：26-27.

之后的宋朝,并成为"路"的原形。纵观唐朝的行政区划制度,应该说这是中国行政区划沿革史中的一个大变革时期。唐太宗创立了"道",唐玄宗把"府"引进到行政区划中来,唐睿宗又把节度使变成正式建制,使唐代的行政区划基本上成为三级制,主要是道—府(州)—县。后期的道—节度使—府(州)—县制,由于道已为虚设,实际上还是三级制。

唐总章二年(669年),沅水、澧水流域的湘西地区属于江南道中的朗州、辰州地区,澧水的支流酉水流域没有置州。①

唐朝开元二十九年(741年),全国共分为15个道,澧水流域的张家界市属于江南西道的澧州,沅水流域的武陵(常德地区)属于江南西道的朗州,沅水的支流酉水上游的龙山、永顺、保靖、古丈属于黔中道的溪州,花垣属于锦州;沅水中上游的沅陵、溆浦、怀化地区属于辰州。澧州、朗州、溪州、锦州、辰州的行政区划相当于沅水、澧水的流经区域。②

唐元和十五年(820年),沅水上游的常和澧德流经的张家界地区属于荆南节度使东南的朗州和澧州,沅水中上游流经的湘西州和怀化地区属于黔州观察使东部的溪州、辰州、锦州、奖州、叙州。③

五代十国时期,晋天福八年(943年),与楚并存的国有晋、大理、闽、吴越、南唐、南汉、后蜀。沅水、澧水流域属于楚国的武平节度使,常德地区属于朗州,湘西州地区、沅陵地区属于辰州,沅江的上游怀化和溆浦地区属于锦州、奖州、懿州、叙州。④

宋朝行政区划,实行州、县二级制。在少数民族地区,继承了唐朝羁縻州县的制度,也可以算是一定程度上的民族自治。同时在地方设置路,路是直辖于中央并高于府、州、军、监的一级监察区。至道三年,共分十五路,后析为十八路,又析为二十三路。与宋朝接壤的辽国还是以"道"、"州"、"县"作为行政区划体制。

北宋政和元年(1111年),沅澧流域的湘西地区属于荆湖北路中的澧州、鼎州、辰州、沅州、靖州。澧水流域的张家界地区、常德部分地区属于澧州,沅水下游的常德地区属于鼎州,"武陵"、"桃源"是其中的属地。沅水中上游的辰溪、

---

① 谭其骧. 中国历史地图集第五册·隋·唐·五代十国时期 [M]. 香港:三联书店(香港)有限公司,1991:32-33.
② 谭其骧. 中国历史地图集第五册·隋·唐·五代十国时期 [M]. 香港:三联书店(香港)有限公司,1991:34-35.
③ 谭其骧. 中国历史地图集第五册·隋·唐·五代十国时期 [M]. 香港:三联书店(香港)有限公司,1991:36-37.
④ 谭其骧. 中国历史地图集第五册·隋·唐·五代十国时期 [M]. 香港:三联书店(香港)有限公司,1991:82-83.

溆浦，其支流西溪流域的湘西地区属于辰州，沅江上游的怀化地区属于沅州、通道地区属于靖州。其中，辰州境内西溪流域的州设立较多，有顺州、富州、上溪州、保静州、永顺州、下溪州、溶州。①

南宋嘉定元年（1208年），沅澧流域的湘西地区所属的行政区划与北宋政和元年相同。②

自元代开始，中国又出现了一种新的行政区划制度，其最高一级的行政区划单位为行省（简称为省），因此称为行省（省）制时期。该时期从13世纪后期至20世纪初，历经元、明、清三代。

元朝疆域开始实行行中书省制。"行中书省"的全称为"某某等处行中书省"，简称"某某行中书省"、"某某行省"。元代的行省制沿袭自金国的行尚书省。开始它和金国一样，只是一种中央政府派遣在外的临时机构。后来由于战争等各种因素，行省也开始干预地方政务，逐渐变成了最高一级的地方行政区域。元朝初年的行省管辖范围很大，改变也比较频繁。到了中叶，开始稳定下来，将全国分为中书省直辖区、宣政院辖地，以及10个行中书省。省下有路、府、州、县，路归省管。府和州有的归路管，有的归省管，还有的州归府管。县有的归路管，有的归府管，有的归州管。另外，宣慰司是介于省与州之间的一种偏重于军事的监司机构，一般掌管军民之事。它是中央机构。宣慰司长官官称"宣慰使"，是负有承上启下作用的一个地方区划的军政最高长官。宣慰司这一机构最早见于金朝，元朝时在全国范围内普遍设立。到明清时则只在少数民族聚居地区设立，宣慰司数量比前朝要少。

至顺元年（1330年），沅澧流域的湘西地域大部分地区属于湖广行省的北部，小部分地区属于四川行省的东南部。澧水流域的张家界地区属于湖广行省的澧州路。沅江流域的常德地区属于常德路，沅陵、辰溪、吉首地区属于辰州路，怀化地区属于沅州路，通道地区属于靖州路。③沅江支流酉水上游的永顺、龙山、保靖地区属于四川行省的永顺安抚司，该司相当于行省下辖的路或府。永顺安抚司下有保靖州、南渭州、腊惹洞、胪迟洞、白崖等。④

---

① 谭其骧.中国历史地图集第六册·辽·宋唐·金时期[M].香港：三联书店（香港）有限公司，1991：27-28.
② 谭其骧.中国历史地图集第六册·辽·宋唐·金时期[M].香港：三联书店（香港）有限公司，1991：63-64.
③ 谭其骧.中国历史地图集第七册·元·明时期[M].香港：三联书店（香港）有限公司，1991：32-33.
④ 谭其骧.中国历史地图集第七册·元·明时期[M].香港：三联书店（香港）有限公司，1991：19-20.

关于安抚司和宣慰司的设立，忽必烈在北方地区，即原金朝的二十路改为十路宣抚司，中统二年（1261年），"十路宣抚和巩昌路都总帅府的辖境，基本上相当于原金朝二十路之地。当然，不少地区因当时军事形势的影响，是有所伸缩的"①。从设置到废黜只有19个月，这之后，中统三年十二月，在原十路宣抚司的基础上设立宣慰司，也逐渐从军事职能转向行省的行政职能，江南的宣慰司的设立经历了从宣慰司与江南行省的并置到宣慰司逐渐减少，从军事职能向民政兼军政的职能转换，在云南、四川、湖南设置的宣慰司和安抚司都有其特殊的军事职能，"云南的宣慰司与北方及江南的宣慰司都不同，乃是行省之下专治'蛮夷'之政的机构。安抚司也具有同样的性质。像这样的宣抚司，在四川、湖广等行省下，也有一些。这些宣抚司和中统初年设置的十路宣抚司，当然是完全不同的两种类型的机构"②。"元朝西南边疆宣慰司是边疆军政管控机构，其长官宣慰使均兼都元帅或管军万户等军事职衔，负责对西南少数民族的军事招讨和管控，形成了符合西南边疆少数民族社会经济特点的特殊的管理模式，并在西南边疆承担着军事镇戍、屯田、保障交通和疆域开拓重任。"③

明朝时期的行政区划。明代在全国设十五个省级单位，布政使司以下，改元朝的路为府，成为主要的二级行政区划，但是同时又有直属于省的直隶州，行政级别等同于府。都指挥使司方面，共有16个都司、5个行都司、2个留守司。万历十年（1582年），沅澧流域的湘西地区属于湖广（相当于元朝的湖广行省）中的中西部地区，澧水流域的今张家界和常德石门、澧县属于岳州府，该州的下属行政单位有澧水上游的永定卫（大于所与司）、桑植安抚司、大庸所，支流溇水中的九溪卫、麻寮所，溇水上的添平所。沅水下游的常德地域属于常德府，中上游的今沅陵、吉首、怀化地区属于辰州府，上游的怀化通道属于靖州（相当于府的行政单位）。沅水的支流酉水流域属于永顺宣慰司和保靖宣慰司（与府为同一级别）。值得一提的是永顺宣慰司与岳州府的西部和与二者毗邻的施州卫（与府同一级别）都属于湖广，本区域下设安抚司、宣抚司、峒司若干。其中，今恩施有施州卫所在地，宣恩有施南宣抚司，鹤峰有容美宣抚司等，初步统计共有宣抚司4个，安抚司8个，峒司10多个。形成卫、所、司的军事与民政最为密集的行政区划。相较元朝，本地的军事和行政更为加强。④

---

① 史卫民.元朝前期的宣抚司与宣慰司［A］.蔡美彪.元史论丛（第五辑）［C］.北京：中国社会科学出版社，1993：53.
② 史卫民.元朝前期的宣抚司与宣慰司［A］.蔡美彪.元史论丛（第五辑）［C］.北京：中国社会科学出版社，1993：71.
③ 陆韧.元代宣慰司的边疆演化及军政管控特点［J］.云南师范大学学报，2012（06）：25.
④ 谭其骧.中国历史地图集第七册·元·明时期［M］.香港：三联书店（香港）有限公司，1991：66-67.

清朝时期的行政区划。清朝的行政区划的级别是省、府（直隶厅、直隶州）、县（散州、散厅），嘉庆二十五年（1820年），澧水流域的今张家界、常德的石门、澧县属于湖南省的澧州，沅江下游的常德地区属于常德府，沅江中上游的沅陵、辰溪地区属于辰州府，上游的怀化地区属于沅州府，通道属于靖州，沅水的支流酉水流域的龙山、永顺、保靖、古丈属于永顺府，花垣属于永绥厅，沅江的支流熊溪上游的吉首地区属于乾州厅，另外今凤凰单属于凤凰厅。本地区的州、厅、府都是同一行政级别，三个厅的所辖范围相比较小。①

中华民国于1912年1月1日成立，废除府、州、厅制，府直辖地及州、厅改置县，成省、县二级制。1946年1月，国民政府宣布承认外蒙古独立，到1948年，全国共辖35省。1912年到1913年，改沅澧流域的常德府、永顺府、辰州府、沅州府为常德、永顺、沅陵、芷江县。废澧州（直隶州）、永绥厅、乾州厅、凤凰厅，设古丈、乾县、凤凰、靖县。1914年永定、乾县分别更名为大庸、乾城。还在省县之间设立了"道"，沅澧流域主要属于岳长澧道、辰沅永靖道，后更名为武陵、辰沅，武陵道治常德县，辖15县，辰沅道治凤凰芷江县，辖20县。1948年湖南省置长沙市、衡阳市，另加77个县。②

在国民政府建置区域内，中国共产党先后建立过工农武装割据的农村革命根据地、抗日游击战争的根据地和解放区。1927年到1934年，中国共产党先后创建了井冈山、海陆丰、鄂豫皖、左右江、陕甘、中央、川陕、湘鄂川黔、鄂豫陕等十几个革命根据地。1934年秋冬，中国共产党领导的中国工农红军被迫撤离革命根据地，并逐渐形成了赣粤边、闽赣边、闽西、闽粤边、皖浙赣边、浙南、闽北、闽东、湘鄂赣边、湘鄂边、湘南、鄂豫皖边、鄂豫边、琼崖14个游击区。1937年至1945年，中国共产党领导抗日武装创建了陕甘宁边区和晋绥、晋察冀、晋冀豫、冀鲁豫、山东、华中、华南等抗日根据地。抗战胜利后，在此基础上形成了华北、东北、华中、西北、华东、华南解放区。③"1928年初，中共湘西北特委负责人周逸群、贺龙到达湘鄂西，在当地农民起义的基础上，发动了荆江两岸的年关暴动和湘鄂边起义。当年3月，在湖南桑植县首先建立了中共桑植县委。同年4月，遭到国民党军的围攻。……贺龙收集余部在湘西一带坚持斗争，并组建成红四军，和桑植、鹤峰两个县的苏维埃政权，开辟了湘鄂边根据地。"④

湘西边区是湘鄂西革命根据地的重要组成部分，湘鄂边区主要包括鹤峰、桑

---

① 谭其骧. 中国历史地图集第八册·清时期［M］. 香港：三联书店（香港）有限公司，1991：37-38.
② 徐象平等. 中国历代行政区改革［M］. 石家庄：河北教育出版社，1996：308-313.
③ 徐象平等. 中国历代行政区改革［M］. 石家庄：河北教育出版社，1996：337.
④ 徐象平等. 中国历代行政区改革［M］. 石家庄：河北教育出版社，1996：339.

植、石门、慈利、五峰、长阳、恩施、宣恩、建始、巴东、大庸、龙山等县大部分地区。1934年至1935年，退出湘鄂西根据地的红三军在贺龙、关向应、夏曦的领导下，西渡乌江，进入贵州，创建了黔东根据地。1934年10月，任弼时、肖克、王震等率领的红六军团，也由湘赣根据地到达黔东，与红三军在印江县木黄会师。两个军团于10月向湘西地区发起进攻，创建根据地。1934年11月，会见了中共湘鄂川黔省委、省军委（任弼时任书记兼政委，贺龙任军区司令员），根据地以湘西北的永顺、大庸、桑植为中心，包括湖南的保靖、龙山、慈利和鄂西的宣恩、来凤部分地区以及沅水流域的沅陵、桃源、常德，澧水流域的石门、津市、临澧，湖北的松滋、鹤峰、咸丰，四川的黔江、石柱以及原黔东根据地的各游击区等广大区域。1935年11月，红二、六军团撤离根据地，加入红军长征的行列。

湘鄂边是湘鄂西苏区的重要组成部分，它包括湖南西部和湖北西部地区，由鹤峰、桑植、五峰、长阳、宣恩以及建始、永顺、大庸、慈利、石门等县大部或一部分地区在内的苏区组成。

中华人民共和国成立之初，凤凰、乾城、永绥、泸溪等县和永顺、龙山、保靖、古丈等县分属沅陵专区和永顺专区。1952年设立湘西苗族自治区，自治区人民政府驻乾城县所里。原永顺专区所属永顺、龙山、大庸、保靖、桑植、古丈6县及原沅陵专区所属乾城、永绥、泸溪、凤凰4县划入湘西苗族自治区，辖10县。1953年乾城县改名为吉首县；永绥县改名为花垣县。1954年永顺、龙山、桑植、大庸4县改由省直辖，仍委托该自治区代管。1955年湘西苗族自治区改设湘西苗族自治州，自治州人民委员会驻吉首县。1957年9月20日设立湘西土家族苗族自治州，自治州驻吉首县。原湘西苗族自治州所属吉首、泸溪（驻武溪镇）、凤凰（驻沱江镇）、花垣、保靖（驻迁陵镇）、古丈6县及原由湘西苗族自治州代省领导的永顺、龙山、桑植、大庸4县划归湘西土家族苗族自治州，辖10县。1949年设永顺专区，专署驻永顺县。辖永顺、龙山、大庸、保靖、桑植、古丈等6县。1952年撤销永顺专区，原永顺专区所属永顺、龙山、大庸、保靖、桑植、古丈6县划归湘西苗族自治区。1952年8月1日，湘西苗族自治区成立，辖吉首、古丈、泸溪、凤凰、花垣、保靖6县，代管永顺、龙山、桑植、大庸4县。同年底，4县亦属直接管辖。1955年4月28日，湘西苗族自治区更名为湘西苗族自治州。1957年9月20日，湘西土家族苗族自治州成立，州府设吉首，辖原管10县。1982年8月3日，国务院批准撤销吉首县，设立县级吉首市。1985年5月24日，国务院批准撤销大庸县，设立大庸市（县级），原大庸县的行政区域为大庸市的行政区域。1988年5月18日，国务院批准将大庸市升为地级，设立永定区、武陵源区，将原常德市的慈利县和湘西土家族苗族自治州的桑植县划归大庸市。湘西土家族苗族自治州由原管辖 8 县 2 市减为 7 县 1 市，即泸溪、凤凰、古丈、花垣、保靖、永顺、龙山 7 县和吉首 1 市。

历朝历代的疆域版图说明中心文化圈进入湘西区域的地理路径是开放的，可以从疆域中版图的变化、分与合之间看到路径的畅通与障碍。路径一旦打通，中心与边缘之间不是单纯的主客区隔，而是中心与边地之间实现了跨界。

三、思想路径：文化走廊的开放与闭合

立足于器物在中心与边地之间的流通、制度在中央对四方辐射的基础上，我们可以反思中华文化圈内文化走廊如何由闭合走向开放，或者开放之中夹杂闭合的力量。

（一）从战国"万里长城"到秦"五尺道"

秦国吞并六国实现海内归一，这一统一局面只是包括了地理阶梯（西部 4000 米以上称为世界屋脊的青藏高原为第一阶梯；以横断山脉为界，海拔在 1000 米到 2000 米的范围是云贵高原、黄土高原、内蒙古高原，其间有四川盆地、塔里木盆地为第二阶梯；往东是海拔 1000 米以下的丘陵地带和海拔 200 米以下的广阔平原为第三阶梯）中第三阶梯。秦朝实现的"车同轨"、"书同文"、"统一货币"、"统一度量衡"只是在有着共同农耕文明的东部地区展开。与这一中央集权相对的是北方强大的游牧民族，生态资源的区别，一方面是适宜耕种的田地和旱地，有利于灌溉农耕的发展；另一方面是适宜放牧牲畜的草原。随着人口的发展和对资源需求的扩张，南方的农耕社会需要向北部扩张，北方的游牧民族同样需要南方的粮食等物，在民间自由贸易之外，战争是双方解决生存资源的最主要的方式。秦朝的长城的修建与农牧地理界线大体相当，直到现在还存有的"万里长城"[①]，从修建者是农业一方的角度考虑，农业属于守方，牧业属于攻方，长城保持了双方力量的均衡，代表了资源生态的界限，是器物路径的闭合段落，也是制度路径（南方属于农耕社会的中央集权，北方属于游牧部落联盟的中央集权）的闭合段落。

相比万里长城的闭合，秦朝在南方试图打开广阔的生存空间，这就是开通"五尺道"[②]，五尺道[③]是第二阶梯向第三阶梯的过渡，长城处于闭合状态，开放的路径转向南方，其原因有三。一是这也意味着农耕生产生活的方式向海拔更高

[①] 参看附录战国时期全图、秦时期全图中手绘的长城方位和范围。
[②] （汉）司马迁. 史记.卷一百一十六 [M].清乾隆武英殿刻本，1104.
[③] 谭其骧.中国历史地图集第一册·原始社会·夏·商·西周·春秋·战国时期 [M].香港：三联书店（香港）有限公司，1991：31–32.

的第二阶梯延伸，表明东部资源生态向边缘的扩展，以前不能列入资源生态的空间；二是在生产技术和耕作经验的提高下，农耕向西部扩展，秦五尺道代表了中央集权王朝的心性，相比北方的游牧经济，适宜旱作和山林经济的第二阶梯更容易纳入政治、经济、文化的生存空间；三是南方的经济、政治、军事实力，没有一个类似北方匈奴这样的中央集权，更容易实现路径的开放。五尺道的开通为汉唐帝国的疆域开拓奠定了基础，更注入了一种历史心境。

（二）从汉"河西走廊"到相如"开路西南夷"

北方匈奴的强大对南方的中央政权构成了很大的威胁，秦之后的汉的实际控制区实现了由第三阶梯向第二阶梯的过渡，相比秦朝的地图和汉朝的地图[①]，在甘肃的西部设置了河西四郡：武威、张掖、酒泉、敦煌（由东南向西北一字排开），向西路径的打通，实现了对匈奴的反包围，这条走廊改变了南北的军事实力，一方面开辟了西域通道，在今新疆地区设立了西域都护府，汉朝利用这条通道联合天山北部的乌孙和南部的大月氏，这一统一战线击败了匈奴，"万里长城"名存实亡，路径实现了对城墙的突破。河西走廊的开通是军事、政治、文化持久战略的典型，这对唐代丝绸之路的开通、实现对外的开放奠定了基础。

在张骞和班超出使西域打通河西走廊之外，司马相如打通了汉与西南夷的地理路径，"司马长卿便略定西夷，邛、筰、冉、駹、斯榆之君皆请为内臣。除边关，关益斥，西至沫、若水，南至牂柯为徼，通零关道，桥孙水以通邛都。还报天子，天子大说"[②]。平定西夷，各地区请求臣服汉朝，拆除了旧的关隘，水路、陆路都得以打通。路径的打通所付出的人力和物力耗资极大，"唐蒙、司马相如开路西南夷，凿山通道千余里，以广巴、蜀，巴蜀之民罢（通'疲'）焉。彭吴贾灭朝鲜，置沧海之郡"[③]。在开通路径的过程中，中央与地方出现矛盾，汉朝的策略是相对比较适中的，汉武帝的中郎将唐蒙在巴郡和蜀郡征调官吏士卒，用军法处置违令者，引发了二郡人的恐慌，皇上得知此事，派司马相如责备唐蒙："告巴蜀太守：蛮夷自擅不讨之日久矣，时侵犯边境，劳士大夫。陛下即位，存抚天下，辑安中国。然后兴师出兵，北征匈奴，单于怖骇，交臂受事，诎膝请和。康居西域，重译请朝，稽首来享。移师东指，闽越相诛。右吊番禺，太子入朝。南夷之君，西僰之长，常效贡职，不敢怠惰，延颈举踵，喁喁然皆争归义，欲为臣妾，道里辽远，山川阻深，不能自致。夫不顺者已诛，而为善者未赏，故

---

① 参看附录秦时期地图、西汉时期地图。
② 王利器. 史记注译（四）·史记卷一百一十七·司马相如列传第五十七 [M]. 西安：三秦出版社，1988：2465.
③ 王利器. 史记注译（二）·史记卷三十·平准书第八 [M]. 西安：三秦出版社，1988：1033-1034.

遣中郎将往宾之，发巴蜀士民各五百人，以奉币帛，鞯使者不然，靡有兵革之事，战斗之患。今闻其乃发军兴制，惊惧子弟，忧患长老，郡又擅为转粟运输，皆非陛下之意也。当行者或亡逃自贼杀，亦非人臣之节也"①。路径开拓的过程中民族间的矛盾凸显出来，司马相如是成都人，在中央与西南的沟通中充当重要的媒介，如果没有这样的媒介，中心在单方面开拓走廊的过程中需考虑采用何种方式实现自身的目的，怀柔的方式与战伐的方式都有逻辑发展的可能性，这种可能性在讨论统治者如何看待湘西时同样有效。

（三）从五代"溪州铜柱"到明清"南方长城"

"溪州铜柱"与"南方长城"分别是唐五代和明清朝留下的历史遗产。"溪州铜柱"是"五尺道"和司马相如"开路西南夷"的范例，小区域之间的隔离以制度化铭文规定下来。"南方长城"是明清两代对湘西地区统治的权力象征，这种对内隔离的城墙与对外闭合的万里长城之间有着理解上的跨时空性。

"溪州铜柱"实为以夷制夷的契约。溪州的实际控制者彭士愁与楚王马希范两个集团之间的军事斗争，战后的结局是以溪州铜柱的内容作为约束湘西地区的协议。《新五代史》(卷六六)《楚世家马希范传》记载："溪州刺史彭士然（即士愁，《九国志》卷一一）率锦、奖诸蛮攻澧州，希范遣刘勍、刘全民等，以步卒五千击之。士然大败。勍等攻溪州；士然走奖州，遣其子师暠率诸蛮酋降于勍。……希范乃立铜柱为表，命学士李皋（《铜柱记》文作李弘皋）铭之。"②这一历史事件发生在五代晋朝天福四、五年（939~940年）。溪州、锦州、奖州、澧州就是今天的沅水和澧水流域。溪州铜柱将战后对湘西地区的束缚用明文标榜出来，潘光旦先生认为，"溪州的铜柱与上面的《记》文，……事实上是当地巴人后辈或'土家'先辈的一张卖身文契"。③他对战争双方彭氏和马氏集团的较量给出独到的分析，"从彭氏说来，是准备失败的，失败了，才可以教当地人民更死心塌地接受他的统治；战争的失败就是彭氏的成功。换言之，这次战争是为了达成铜柱上的这份'盟约'而布置出来的一出双簧"④。这可用集权的特点加以分析，马希范为楚国地域的最高统治者，彭士愁是溪州地域的代理人，代理人的势力足够与束缚自身发展的对象抗衡时，彭氏还与奖州的诸蛮有联系，矛盾就出来了，以战

---

① 王利器.史记注译（四）·史记卷一百一十七·司马相如列传第五十七 [M].西安：三秦出版社，1988：2462-2463.
② 欧阳修.新五代史·卷六十六 [M].清乾隆武英殿刻本，359.
③ 潘光旦.湘西北的"土家"与古代的巴人 [A].中央民族学院研究部.中国民族问题研究集刊·第四辑 [M].1955：576.
④ 潘光旦.湘西北的"土家"与古代的巴人 [A].中央民族学院研究部.中国民族问题研究集刊·第四辑 [M].1955：577.

争的形式达成一纸盟约，彭氏被圈定在比原来更小的范围。战争的结果是彭氏的集权地位也得到了巩固，享受到神的地位，"彭氏把最初被迫和他合作的两姓头领称为'赞将'，至今'土家'人的祖先与英雄崇拜中，以三人为主，'彭公爵主'即彭士愁外，余二人就是'赞将'田好汉与向老官人，凡遇婚丧喜庆、生子男女、春种秋收，都要祭祀一番"。[①] 现在国家级非物质文化遗产土家族摆手舞中的祭祀对象就有这三人。历史中人物经过加工成为神的偶像，完全取代了白虎神的地位，神的信仰完全成为权力者表述和塑造的对象。彭氏的统治维持了足足800年之久，直到清代雍正六年（1728年），据《清史稿》（《土司传一》）记载，永顺"宣慰使彭肇槐纳土，请归江西祖籍，有旨嘉奖……听其在江西祖籍立产安插"。[②]

土司的历史成为湘西地区历史的重要组成部分，明清两代的历史对本地而言就是针对土司制度和戍苗。"溪州铜柱"的盟约是区隔中心文化圈与边地文化圈，堵塞地域之间的路径，"不许管界团保军人百姓乱入诸军四界劫掠，并盗逃去户人。凡是王庭差刚要，收买溪货，并都幕采伐上产，不许辄有庇占"。[③] 这种政策俗称"蛮不入汉，汉不入峒"。

差异何以形成对立？如果说"溪州铜柱"中的盟约是一种上对下的不对等的制度性规定，那么"南方长城"对苗族的种族隔离政策达到了权利支配的最高峰。元朝湖广行省和明朝湖广行都是在该地所设立集军事与行政管理的行政体制，其行政单位密集程度相比前朝历代都达到顶峰，这是中央加强对本地控制的体现。这一"以夷制夷"的策略到清朝雍正年间（1727年）是一个过渡，雍正推行改土归流是采用中央直接的管辖政策，削弱了本地土司的利益，土司的地方武装成为地方与朝廷抗争的砝码，这就是"乾嘉苗民起义"[④]。《清史稿》以及清代所修的地方志中对湘西地区的苗完全是一种妖魔化的手段和方法，"溪州铜柱"中盟约的前提是承认蛮的差异性达成的约定，而"南方长城"并非是生态资源或者生产生活方式的差异，完全成为军事对立，缺乏相互沟通的路径，专制体制下，在双方力量悬殊的情况下，爆发了战争。"溪州铜柱"盟约本身就为"南方长城"的建立埋下伏笔，统治力量较弱的楚无暇顾及边地湘西何去何从，在能获取生存资源的前提下通过限制相互之间的往来换来统治者的安逸，汉与蛮（土苗）之间长期隔离，是铭文化的盟约的力量，而在清朝雍正在位期间实行改土归

[①] 潘光旦.湘西北的"土家"与古代的巴人［A］.中央民族学院研究部.中国民族问题研究集刊·第四辑［M］.1955：578.
[②] 赵尔巽.清史稿·列传第二百九十九［M］.民国十七年清史馆本，5639.
[③] （清）王士禛.池北偶谈·卷十［M］.清文渊阁四库全书本，112.
[④] 高文德.中国少数民族史大辞典［M］.长春：吉林教育出版社，1995：1983.

流，流官政策这一自上而下的制度路径不能有效冲破已经设立的铜墙（铜柱），只能采用战争（消灭对方的身体以消除对方的反抗意识）的暴力做法。清朝时期的湘西可能是西南夷中最后实行流官的地方，南方长城的隔离方式也是最为残酷的一种手段，这座城里的苗是蛮种，这座城里的苗也必须是蛮种，不是因为苗的蛮性而建立了南方长城，而是因为南方长城更加确认了苗的蛮性，南方长城不仅是历史实践的产物，也是清朝时期汉（满族是统治者）与湘西人（特别是苗）之间心理障碍的心理象征，这种心理象征经过文字记录的传播推广成为中华文化圈内的一种异质文化，这种异是一种非人性的异（动物性野蛮或者神经质式的血性），完全成为历史的现实，同时又在想象的精神领域占有一隅，当国民党和解放军来湘西剿匪的时候，这种异族的特性在现实与想象中复活，当解放战争成为历史的时候，剿匪神剧再次掀起苗蛮和土匪的记忆，成为一种认识湘西地区和确认湘西人的思维模式。

"南方长城"是中华文化圈内第二阶梯中的最后一堵墙，推倒这一堵墙可用战争，而要清除城墙内外的人之间的心理障碍需要文化走廊，因为有了路，主体才能走出自我，主体各自走出自我的方式就是主体间性的方式。

第三节　织品湘西：形象场中的精神产品

"织品"概念的直接来源是美国文化学者萨义德在讨论东方学话语时所用的概念，"像东方学话语这样结构复杂的'织品'之所以能在西方社会存活并发挥其作用，是由于它具有极大的丰富性：我所做的一切都是为了描述这一织品某些时刻的某些部分，并且试图揭示出隐藏于其后的更大的整体，这一整体具体而有趣，布满着许多迷人的人物、文本和事件"[1]。织品是缘文化流变中结出的"成果"，其内涵也可以参见费孝通先生对中华文化多元一体格局的论述："回溯中华民族多元一体格局的形成过程。它的主流是由许许多多分散孤立存在的民族单位，经过接触、混杂、联接和融合，同时也有分裂和消亡，形成一个你来我去、我来你去、你中有你、你中有我，而又各具个性的多元统一体"[2]。织品的内涵有多元单位加上一体格局的要义。本书中织品的形式是概念网络，概念网络的文化资源来自法国哲学家朱利安，"我的思想研究工作是一本论著接着另一本论著

---

[1] [美] 爱德华·W.萨义德. 东方学 [M]. 王宇根译，北京：生活·读书·新知三联书店，1999：31.
[2] 费孝通. 中华民族的多元一体格局 [M]. 北京：中央民族学院，1989：1.

逐渐编制的一张哲思'叩问'和概念网"①。

缘网是中华文化圈内的文化生态的结构，网内间性和网外间性是剖析缘网的方法，在讨论缘网结构的基础上，我们追问网络动力来自何方，路径的开放与闭合让器物、制度、思想参与天地神人共在世界的大循环和大流通，共在的世界之中人扮演了什么样的角色，他是怎么看这个世界，他的看有着什么意义，最能体现人的精神生产的产品是什么，各种精神产品之间的结构如何。简言之，即缘网结构经过路径的开放和闭合，最后得出的观念成果是什么。我们在这一问题与领域中讨论湘西，湘西的观念构成是什么。

缘网中的地缘、亲缘、神缘是将人置于社会集体中勘察，这一逻辑结构成为人生存、生活、生产活动的大前提，人处在关系网之中，路径中的器物、制度、思想是人的生产活动的三个层面。在这个论证框架中讨论湘西观，人的观念群中的观念是一个社会集体的想象物，这个想象物与主题现实的生存境遇、身份认同以及个人情感相关。最为直接的表现方式是某人看到了什么，说了什么，写下什么，并且其所思所想又被反复记录和转述。我们以人为中心讨论，这里选取的人是在历史与文化领域有着代表性，象征着社会集体心象的人物。人物的观念以内容的方式体现出来，以已经外化的形式表现为作品。作品是人物最具代表性的精神生产，这一作品如果在网络中需要进入人的思维，就需要借助媒介的帮助，媒体文化也成为观念体系生成的组成部分。

一、人物：看的权利

人物网络与湘西观，其内涵有三：一是这些人物的湘西观，他们看湘西的方式对其之后的人构成"间性"作用，在认同和背离之间呈现湘西观的形成；二是这些人物本身代表湘西，对这些人物的观念在某种程度上代表人们的湘西观；三是湘西观在现实与想象之间穿越。第一方面，我们选取古典时代的人物如何看湘西；第二方面，我们选取湘西本土产生的近现代人物来考察人们的湘西观；第三方面，我们看当代的某些人物事件对湘西观念构成什么新元素。

第一，我们选取古代的两组人物探讨其如何履行看的权利。第一组是巡游君，奠定了中心看边地的历史心性；第二组是宦游人，被中心文化圈放逐或者区隔，在边地中的所思所想。两组人物之间没有严格的身份区分，相互之间有融汇和分化。看的履行权利是一种阶台式的方式，这种方式之中主体是否走向主体间

---

① ［法］朱利安（Francois Jullien），回复何乏笔2013年9月在法国瑟立吉学术研讨会上递交的报告［A］. 卓立译. 方维规、思想与方法——全球化时代中西对话的可能［M］. 北京：北京大学出版社，2014，282.

性是值得深思的问题。

第一组人物是巡游君。君临天下表达的是中心对边地的控制,看的视角是一种俯视,以尧、舜、禹、秦始皇为代表,以司马迁《史记》为代表的二十四史以"史实"来认定。我们的侧重点在人为什么要如此记述,这关乎史实,更关乎历史的心象。

《史记》记载,尧五月到南方视察,八月到西方视察,十一月到北方视察,都像开始视察东方时一样。期间四年,诸侯轮流来京师朝见,公开考察他们的政绩。这是中心的统治走向边缘,边缘走向中心的开始。"南方苍梧之丘,苍梧之渊,其中有九嶷山,舜之所葬,在长沙零陵界中"①。从尧到舜巡游的范围有了扩容,到了舜已经将全国设置了十二州,"(舜)南巡狩,崩于苍梧之野,葬于江南九嶷,是为零陵"②。其中苍梧是指今湖南省南部、广西壮族自治区东北部和广东省西北部一带。九嶷为山名,在湖南省宁远县南。零陵在今湖南省宁远县南。③舜在外巡游时逝世,巡游这种看的方式是一种集权展示的方式,同时也是君主们重要的政治生活内容。从尧到舜的路径分析,主要是在第三阶梯的黄河中下游和长江中下游。"湘水出舜葬东南陬,西环之,如洞庭下。一曰东南西泽。"④"汉水出鲋鱼之山,帝颛顼葬于阳,九嫔葬于阴,四蛇卫之。"⑤湘西始终处于巡游的边缘地带。

顺接尧舜的脚步,善卷是踏入湘西地域(沅水流域的下游常德)的大人物。

善卷,远古尧舜时代人。古籍《庄子》、《吕氏春秋》记载了他的主要事迹。善卷居枉人山(或称枉山),即今常德德山。尧帝南巡北归时途经此地,以"北面而问"的大礼向善卷求教。地方志中有较为详细的记载,"善卷,武陵人,舜以天下让善卷,善卷曰:'余立于宇宙之中,冬日衣皮毛,夏日衣葛布,春耕种,形足以劳动,秧收敛,身足以休食。日出而作,日入而息,逍遥于天地之间而心意自得。吾何以天下为哉!'悲夫子不知余也,遂隐于卢峰山中,卒葬于大酉山之九峰岭"⑥。地方志的表述将尧舜与善卷联系起来,洞庭湖流域获得有德者居之的地域身份象征。

尧舜是从中心走向边缘,禹是从边缘走向中心。"舜登用,摄行天子之政,巡狩。行视鲧之治水无状,乃殛鲧于羽山以死。天下皆以舜之诛为是。于是舜举

---

① ⑤ 冯国超译注.山海经 [M].北京:商务印书馆,2009:402.
② 王利器.史记注译(一)·史记卷一·五帝本纪第一 [M].西安:三秦出版社,1988:11-12.
③ 王利器.史记注译(一)·史记卷一·五帝本纪第一 [M].西安:三秦出版社,1988:12.
④ 冯国超译注.山海经 [M].北京:商务印书馆,2009:401.
⑥ (清)席绍葆,谢鸣谦等.乾隆·辰州府志 [M].长沙:岳麓书社,2011:592.

鲧子禹，而使续鲧之业"①。禹是父亲的戴罪之人，治水实际上是开通路径，用开放的方式实现中心与边缘之间的打通，治水的路径依次是冀州、兖州、青州、徐州、扬州、荆州、豫州、梁州、雍州，最后也是死于巡游的途中，"十年，帝禹东巡狩，至于会稽而崩"②。巡游各地考核，看的权利是禹的重要的政治活动，"或言禹会诸侯江南，计功而崩，因葬焉，命曰会稽。会稽者，会计也"③。会稽便是会合考核的意思。他的治水带来了器物、制度、文化的流动。

尧帝的两个女儿的巡游路线，"又东南一百二十里，曰洞庭之山……帝之二女居之，是常游于江渊。澧、沅之风，交潇湘之渊，是在九江之间，出入必以骠风暴雨。是多怪神，状如人而载蛇，左右手操蛇。多怪鸟"④。其中，澧，水名，即澧水，源出今湖南西北部的桑植县，在澧县新洲附近流入洞庭湖。沅，水名，即沅江，在今湖南西部，上游叫清水江，源出今贵州云雾山，东北流经湖南常德市到汉寿县入洞庭湖。潇湘，指湘江，湖南最大的河流，源出广西。湘西被纳入巡游君主们的视野。

商朝的情形也是这样，中心走出自我的表现是对边地的扩容，中心与周边的文化关系逐渐在变，"成汤，自契至汤八迁。汤始居亳，从先王居，做《帝诰》"⑤。

最具有代表性的巡游君是秦始皇。秦分天下为三十六郡，依次巡游了陇西、北地，到东方巡视郡县，沿着渤海向东走，向南登上琅琊山，"至平原津而病……始皇崩于沙丘平台"⑥。秦始皇在山东重病，死于回都城的途中河北广宗县。他每到一处巡游就立石刻碑，例如山东的邹峄山，碑文为"皇帝临位，作制明法，臣下修饬。二十有六年，初并天下，罔不宾服。亲巡远方黎民，登兹泰山，周览东极。从臣思绩，本原事业，祇诵功德。治道运行，诸产得宜，皆有法式。大义休明，垂于后世，顺承勿革。皇帝躬圣，既平天下，不懈于治。夙兴夜寐，建设长利，专隆教诲。训经宣达，远近毕理，咸承圣志。贵贱分明，男女礼顺，慎遵职事。昭隔内外，靡不清净，施于后嗣。化及无穷，遵奉遗诏，永承重戒"⑦。其巡游中的作为可见其权力之大，"始皇还，过彭城，斋戒祷祠，欲出周鼎泗水。使千人没水求之，弗得。乃西南渡淮水，之衡山、南郡。浮江，至湘山祠。逢大风，几不得渡。上问博士曰：'湘君神？'博士对曰：'闻之，尧女，舜之妻，而葬

---

① 王利器.史记注译（二）·史记卷二·五帝本纪第二 [M].西安：三秦出版社，1988：21.
② 王利器.史记注译（二）·史记卷二·五帝本纪第二 [M].西安：三秦出版社，1988：31.
③ 王利器.史记注译（二）·史记卷二·五帝本纪第二 [M].西安：三秦出版社，1988：32.
④ 冯国超.山海经 [M].北京：商务印书馆，2009：303.
⑤ 王利器.史记注译（一）·史记卷三·殷本纪第三 [M].西安：三秦出版社，1988：41.
⑥ 王利器.史记注译（一）·史记卷六·秦始皇本纪第六 [M].西安：三秦出版社，1988：133.
⑦ 王利器.史记注译（一）·史记卷六·秦始皇本纪第六 [M].西安：三秦出版社，1988：125.

此.'于是始皇大怒,使刑徒三千人皆伐湘山树,赭其山。上自南郡由武关归"①。

西汉孝武帝的巡游,"太史公曰:余从巡祭天地诸神名山川而封禅焉。入寿宫侍祠神语,究观方士祠官之言,于是退而论次自古以来用事于鬼神者,具见其表里。后有君子,得以览焉。至若俎豆珪币之详,献酬之礼,则有司存焉"②。一方面是孝武帝的巡游;另一方面是司马迁以体察的态度体察各方的地理和祭祀礼仪,司马迁用了"究观"二字就是推究和考察的意思。

第二组人物是宦游人。流放边地使其与罪臣联系起来。共工、谨兜、鲧、三苗罪臣去了北狄、南蛮、西戎、东夷,这是一种以夷制夷的方略,四位罪臣是集权统治者的竞争对手,将这些对手放在边界上,改变后者的风俗,可以获取文化的认同。

屈原受到罢黜,来到黔中郡地区,在沅澧一带活动,从长江以北深入到长江以南地区,从长江流域到达沅澧,"屈原至于江滨,被发行吟泽畔"③。沅澧因屈原而有文化,"乱曰:浩浩沅、湘兮,分流汨兮。修路幽拂兮,道远忽兮。曾吟恒悲兮,永叹慨兮。世既莫吾知兮,人心不可谓兮。……于是怀石遂自沉汨罗以死"④。与孔子周游列国,主动打通文化路径,游离于政治与文化之间,有自己的理想,思想超越国界相比,屈原的命运是悲剧的,死在路径不能通畅的场域之中,被中心文化所拒绝,在边缘处思考的结果等待的消息是楚国被秦国所灭,守望之地都没能留下。被边缘化的一种政治命运驱使,屈原的心中只有国,最后的文化影响是远大的,泽被后世。

贾谊步屈原的后尘,"自屈原沉汨罗后百有余年,汉有贾生,为长沙王太傅,过湘江,投书以吊屈原"⑤。投书与投江的联系,贾谊与屈原守望的是中心,对边地的想象还是以中心的文化观为基点,"贾生既辞往行,闻长沙卑湿,自以寿不得长,又以适去,意不自得。及渡湘水,为赋以吊屈原。其辞曰:共承嘉惠兮,俟罪长沙。侧闻屈原兮,自沉汨罗。造托湘流兮,敬吊先生。遭世罔极兮,乃陨厥身。呜呼哀哉,逢时不祥!"⑥对长沙的天气的厌恶,对失意的惆怅,洞庭湖一

---

① 王利器. 史记注译(一)·史记卷六·秦始皇本纪第六 [M]. 西安:三秦出版社,1988:127.
② 王利器. 史记注译(一)·史记卷十二·孝武本纪第十二 [M]. 西安:三秦出版社,1988:299.
③ 王利器. 史记注译(三)·史记卷八十四·屈原贾生列传第二十四 [M]. 西安:三秦出版社,1988:1924.
④ 王利器. 史记注译(三)·史记卷八十四·屈原贾生列传第二十四 [M]. 西安:三秦出版社,1988:1925-1926.
⑤ 王利器. 史记注译(三)·史记卷八十四·屈原贾生列传第二十四 [M]. 西安:三秦出版社,1988:1926.
⑥ 王利器. 史记注译(三)·史记卷八十四·屈原贾生列传第二十四 [M]. 西安:三秦出版社,1988:1927.

带仅仅是凭吊屈原的地方，这是被中心文化圈边缘化的心态。地处边地的政治、文化是可怕的，边地仅仅是罪臣被贬的地方。"于是天子后疏亦疏之，不用其议，以谊为长沙王太傅"①。

唐朝的刘禹锡与王昌龄，是被贬沅澧地区的官宦。刘禹锡（772~842年），字梦得，汉族，彭城人，祖籍洛阳，政治上主张革新，是王叔文派政治革新活动的中心人物之一。后来永贞革新失败被贬为朗州司马（今湖南常德）。"叔文败，坐贬连州刺史。在道，贬朗州司马。地居西南夷，士风僻陋，举目殊俗，无可与言者。禹锡在朗州十年，唯以文章吟咏，陶冶情性。蛮俗好巫，每淫祠鼓舞，必歌俚辞。禹锡或从事于其间，乃依骚人之作，为新辞以教巫祝。故武陵溪洞间夷歌，率多禹锡之辞也。"②王昌龄（690~756年），"不护细行，屡见贬斥"③。王昌龄被贬龙标（大湘西怀化地区），李白将王昌龄与湘西放在一起联想，《闻王昌龄左迁龙标遥有此寄》："杨花落尽子规啼，闻道龙标过五溪（湘西地区）。我寄愁心与明月，随风直到夜郎西。"④将诗人的徙边与边地的荒蛮联系起来，边地参照中心是没有归属感的地方。中心文化圈的人很少来到湘西，但都想象和表述了湘西，虽然这种表述很零星，但对后世进入湘西和想象湘西提供了想象。

君主的巡游与文人的宦游是中心对边地湖南的"看"。其中湘西地区还是未被涉足的地方，但想象的空间已经打开。换一个视角，我们从湘籍文化人的分布来看湘西观的表述。我们选取湘西本土产生的古代、近现代人物，来看这些人物承载着怎样的湘西观。从这些人物分布图中，湘西人的表述力的强弱，承载湘西的人物处在。

湖南是中华文化圈的边地，湘西是湖湘文化的边地。从古代著名文学家、书法家的分布图看⑤，湖湘文化的中心在以长沙、湘潭为地理中心的湘东地带，沅澧流域仅有李群玉（常德澧县）作为代表，广袤的湘西地域能够表述自己的力量有限。从佛教、道教文化和古代思想家的分布图看⑥，湖南文化的佛教、道教文化中心以长沙和衡阳为代表，其中开福寺、麓山寺是佛教的代表圣地，南岳庙是道教的代表圣地，古代的思想家以屈原、贾谊⑦、王船山、周敦颐为代表。湘西没有本土籍的思想家，没有设身处地的思想家就没有对湘西真正的认识，唯有想

---

① （东汉）班固.汉书·第八册·卷四十八 [M].北京：中华书局，2011：2224.
② （后晋）刘昫.后唐书·第三册·卷一百六十·列传一百一十 [M].北京：中华书局，2011：4210.
③ （后晋）刘昫.后唐书·第十五册·卷一九十下·列传第一百四十下 [M].北京：中华书局，2011：5050.
④ （清）曹寅.全唐诗·卷一百七十二 [M].清文渊阁四库全书本，1055.
⑤⑥ 湖南省教育科学研究院.湖南地方文化常识地图册 [M].北京：星球地图出版社，2008：32.
⑦ 将屈原和贾谊视为湘籍的思想家的前提是：流放本地的思想家具有来源地与流放地的双重身份，我们称此为"摇摆人"，这是一种主体走出自我，实现由主体性向主体间性表述转换的文化身份意识。

象是认识湘西的方式,自身没有表述能力,只能由他者表述。相比湘西,王船山可以表述衡阳,周敦颐可以表述永州,但屈原和贾谊对沅澧的表述非常有限,其文化身份本身就是中心的社会集体的综合体。从湖南省历代医学名人分布图看[①],医学思想的中心还是在湘西中东部地区。从地理版图的意识看,湘西沅陵的易山,获得了一定的表述,但他的身份还是以中心文化圈的身份得到确认,即"华佗再世"。以长沙张仲景为代表的医学家是对湖湘文化的很好注释和构建,而湘西的易山的力量对湘西很薄弱。从湘籍民国的名人分布图看[②],湘籍人物的分布主要是以长沙为中心,沅澧流域的宋教仁(桃源)、蒋翊武(澧县)是湘西地域的人物,在现代性开始的中国现代社会,湘西似乎处于沉寂的位置,从宋教仁所创立的华兴会机关设立的地点来看,包括宋教仁的家乡常德地区也没有机关点,湘西似乎在资产阶级民主革命探索的道路上保持了沉默,湘西人(宋教仁、蒋翊武)走出了自我,但湘西没有走出自我,虽然走出了一条路径,但这条路径没有"往返路"。

在五四运动的开展活动图[③]上,湘西进入了五四爱国运动的进程之中,辰州(怀化的沅陵)、怀化的学生参加爱国运动,建立国货维持会,但该地域没有发展党员的地点和组建地方党组织的城市,湘西在红色革命开始之初处在后进的地位。但湘西走出自我的步伐不断在加快,从贺龙的主要活动来看[④],1928年和1935年分别建立了湘鄂边革命根据地、湘鄂川黔边革命根据地,贺龙的出现,是湘西进入红色革命的转折,他代表湘西的红色革命形象。从新中国成立初期的湘籍元帅、大将、上将的分布看[⑤],湘西有自己的元帅贺龙和大将粟裕,但该集团的主要代表是以长沙和湘潭为中心的党和国家领导人毛泽东、刘少奇等。相比中东部,从人物的角度看,湘西红色形象的表述比较有力,但国家由红色革命进入社会主义建设时期,这种现实的历史进入红色革命山谷的想象,红色旅游是其表现最为突出的地方,历史人物由现实进入想象,张家界天子山景区顶部的大型贺龙铜像、关于贺龙的大型电视连续剧进一步表述贺龙,这一表述也是确认湘西主体本身。

湘西观的表述中占有重要地位的是沈从文,从湖南省近现代主要文学艺术成就图看[⑥],沈从文与丁玲是湖南现代最有名的作家,而沈从文与丁玲相互认识,都是湘西人,在现实与想象之中建构了自己的湘西,湘西内外的人通过他们来认

---

① 湖南省教育科学研究院.湖南地方文化常识地图册 [M].北京:星球地图出版社,2008:33.
② 湖南省教育科学研究院.湖南地方文化常识地图册 [M].北京:星球地图出版社,2008:36.
③ 湖南省教育科学研究院.湖南地方文化常识地图册 [M].北京:星球地图出版社,2008:37.
④ 湖南省教育科学研究院.湖南地方文化常识地图册 [M].北京:星球地图出版社,2008:46.
⑤ 湖南省教育科学研究院.湖南地方文化常识地图册 [M].北京:星球地图出版社,2008:47.
⑥ 湖南省教育科学研究院.湖南地方文化常识地图册 [M].北京:星球地图出版社,2008:48.

识湘西。在大众审美文化时代,黄永玉与宋祖英是当代人们通过当代人物认识湘西的典型。

在人物与湘西观领域,新近的人物事件也是人们认识湘西、观看湘西的一扇窗口。我们以新时期的党和国家领导人视察湘西的活动事件为例。

胡耀邦书记对张家界三大景区进行了命名。"1984年,时任中共中央总书记的胡耀邦视察此地时将张家界、索溪峪、天子山三大景区命名为'武陵源'"①。将自西汉沅陵流域的行政区划的名字落实在张家界市的森林公园这一块保护区内,"武陵源"由沅水下游的指称成为澧水上游的指称,并且这一名称得到广泛的认同。1992年12月24日,"武陵源"被联合国教科文组织列入《世界遗产名录》。

1995年3月,中共中央总书记、国家主席江泽民视察张家界时,提出"把张家界建设成为国内外知名的旅游胜地"②。张家界成为一种旅游产业的姿态展现自我形象,将国际化纳入自己的发展轨道,这对传统的湘西观是一种冲击。在这一国内外知名的旅游胜地背景下,本地的经济得到很大的发展。文化产业中的张家界形象与党和国家领导人的鼓励紧密联系起来。

2001年4月6日,时任国务院总理的朱镕基视察湘西地区,对湘西的自然生态和生产生活有了亲身的感触之后,在现实的行政工作与文学想象之中可以看到一位总理对湘西观的影响。现实层面是行政中的领导指示,"祖籍湖南长沙的朱镕基,抗日战争期间为了避免战乱,一度转至湘西山区洞口国立八中读书,并认识了劳安,两人携手风雨人生数十年至今"③。这是现实的生活体验,现实的行政体现的湘西观。领导之间的这种互动将人民对湘西的某些观念呈现出来。湖南张家界市市长鲁益平回忆说,朱总理2001年视察当地时,曾就保护环境做了很多重要指示。朱镕基一笑,轻轻地说:"把你们批评了一通嘛。"原来,朱镕基视察张家界时,发现风景区内因为城市化和商业化而破坏了自然风貌,当时就批评"把'人间仙境'变成了'天上人间'"。鲁益平赶忙表示,景区的建筑大多已经拆迁了,实现了"山内景、山外商;山内游、山外住"。湖南省湘西土家族苗族自治州也被朱镕基批评过。朱镕基听州长武吉海说完湘西的变化后,叮嘱说:"我拜托你两件事:退耕还林三百万亩要保证质量,粮食一定要给农民;凤凰一

---

① 张家界旅游景点在线官方网.武陵源景点介绍[EB/OL]. http://www.zjjto.com/view/view_32.html, 2014-10-4/2014-10-4.

② 新华网.张家界[EB/OL]. http://www.ha.xinhuanet.com/travel/2011-05-20/content_22818099_2.htm[EB/OL]. 2011-05-20/2010-10-04.

③ 解放军日报.朱总理重游湘西故地写七言律诗期盼改善生态环境[EB/OL]. http://news.sina.com.cn/c/301397.html, 2001-07-13/2014-10-04.

定要恢复古城面貌,不要再乱盖什么房子了。"最后,朱镕基引用了他视察湖南时写的一句诗:"浩浩汤汤何日现,葱茏不见梦难圆。"① 对湘西观念影响较大的是朱镕基写下的有关沅澧与洞庭湖流域的一首诗歌,全诗如下:

  湘西一梦六十年,
  故地依稀别有天。
  吉首学中多俊彦,
  张家界顶有神仙。
  熙熙新市人兴旺,
  濯濯童山意怏然。
  浩浩汤汤何日现,
  葱茏不见梦难圆。②

  2013年11月3日,习近平总书记来到地处武陵山区中心地带的湘西土家族苗族自治州考察。以新闻报道的记录来看,"在土家族聚居的凤凰县廖家桥镇菖蒲塘村,他走进生态水果产业基地,了解村里扶贫开发和特色产业的发展情况。山道狭窄,看到背着满篓柚子的村民,习近平问:'重不重?'听说有五六十斤,他赶紧侧身说:'你快走吧,背着很重。'枝头挂满柚子,村民们正在采摘,习近平捧住一个柚子,轻轻一拧就摘了下来。一连轻松地摘了两个,他幽默地说:'这是技术活啊。'

  武陵山连片特困地区跨渝、鄂、湘、黔4省市,包括71个县市区(湖南37个)、3600多万人口,少数民族聚居多,贫困人口分布广。有85万贫困人口的湘西土家族苗族自治州是典型的老、少、边、山、穷地区,2012年全面小康实现程度仅为70.8%,同步全面小康任务艰巨。③ 这篇报道中还附有习近平在少数民族地区的水果产地中与果农的交谈。另外,领导人还专门走访了贫困地区的农户,这种领导人与湘西人之间的对话交流,所呈现的是相较于前几位领导的视察既有共同点又有自身特点。"我(习近平总书记)今天来,目的很明确,看望湖南少数民族乡亲们。我说了,要看真正少数民族的村子,不要临时收拾,是什么样就是什么样,真正了解大家的生活状况"④。领导人想看什么,关注什么,这一视角就是湘西观的呈现,这种叙事是湘西观的另一层面。

---

① 贾国荣. 中新社特写:朱镕基总理拜托湖南众乡亲 [EB/OL]. http://www.chinanews.com/n/2003-03-06/26/279670.html [EB/OL]. 2003-03-06/2014-10-04.
② 朱镕基. 重访湘西有感并怀洞庭湖区 [EB/OL]. http://news.sina.com.cn/c/301397.html,2001-07-13/2014-10-04.
③④ 李清. 习近平赴湘西调研扶贫攻坚 [EB/OL]. http://news.xinhuanet.com/photo/2013-11/03/c_125643545.htm [EB/OL]. 2013-11-03/2014-10-04.

二、文本：表述的话语

借用符号学的术语，人物的看是社会生活中的所指性关系，文本是社会生活中的能指性关系。只有借助能指才有条件进入人的思想。文本可以是人物所指性关系的痕迹，也可以成为所指的替代物。文本产生有自身的结构，其自身的生存方式我们称之为能指生存。在考察湘西观的过程中，最为丰富的符号来源是文艺文本和文化文本。我们可以用上一节人物中的文本来叙述湘西观的文本构成。

（1）历史文本。以《史记》为代表的二十四史中关于西南夷的传记以及土司传记，是我们首要关注的对象。潘光旦先生考察湘西北地区以及民族的构成，他所参看的历史文本有史籍（主要是二十四史）、地方志（特别是光绪《湖南通志》、道光《凤凰厅志》、同治《永顺府志》、同治《来凤县志》、同治《长阳县志》、光绪《龙山县志》、民国《永顺县志》等）、笔记等。顺着潘光旦先生的历史文本线索，我们可以找到湘西在史籍中的具体位置，但史料与现实的真实符合程度不是我们关注的重点，我们所关注的是《史记》、《后汉书》、《明史》等为什么这样记述，这种记述的记述者的心象是什么，文本所代表的社会集体想象物是什么，在中华文化圈内，观照湘西的主体是否走出了自身。

（2）文学文本。上一节中所提到的诸多人物，与之相关的湘西论述都是我们考察的对象，这一对象中的湘西具有丰富的意象。屈骚文化传统中屈原的《离骚》、《九歌》、《九章》等，贾谊的《吊屈原赋》决定了文人想象湘西的方式并提供了想象的参照系。《全唐诗》中刘禹锡、李白、王昌龄、柳宗元、李群玉的诗歌是我们考察的对象，特别是现代作家沈从文的作品《边城》、《湘行散记》、《湘女潇潇》、《蜜柑》等构建的"湘西世界"（赵园语）是文学中湘西观的集大成者，当代湘西作家的《巫傩巴猜想》（黄光耀）、《名堂经》（黄青松）、《衣钵》（田耳）等是"后从文"时代湘西文学文本的代表。

（3）音乐文本。因与文学同为线性空间中表现的艺术样式，其音乐的运动形式是没有自身文字的土家族、苗族、白族得以自我表现的艺术门类。《马桑树儿搭灯台》、《小背篓》、《桑木扁担软溜溜》、《魅力湘西》、《最美张家界》是用音乐表现湘西的重要曲目。

（4）建筑文本。建筑是具有内外空间的实体，是人生存的安居之所，其空间的文化意义表现了主体的心性。中国历史文化名城凤凰基本恢复了古城的风貌，城内沿沱江的吊脚楼是土家族、苗族地域的异域风情的表现，这种建筑与现代营销内容结合，民族建筑风格加上现在的酒吧、餐饮、娱乐设施，这种建筑所承载的符号意义与所指之间的错位是传统与现代之间特殊的张力。城之外的"南方长城"是城市与郊区的一段历史古迹,这一城墙所构筑的城市与乡村之间的隔膜在现在城乡一体化的建设之中有着特殊的意义,本地的城里人怎么看乡下人,外地人如何看本地的城里人与城之外的乡下人,旅游文化生态中的心象在这种建筑中可以得到对象化。例如,在建的里耶古城,以"寻觅湘西,秦城里耶"为主体的古城建设,在旅游产业推动中的构建、再造背后体现的是外人怎么看湘西、本地人希望自己怎么被看的心象。另外,湖南永顺老司城建于后晋天福二年(937年),城内有祖师殿、牌坊、功德碑、石马等,这是呈现湘西土司观最好的空间表达艺术。湖北来凤县(与湘西龙山县是酉水相隔)东乡舍米湖村修建于清同治年间的摆手堂是乡民公共的生活和娱乐空间,这对族群文化认同的认识是一个重要的参照。竖立于永顺王村的"溪州铜柱"(柱的外面建有亭阁,我们放在建筑门类)对探讨土、苗、汉之间的关系是重要的文物保存。

(5) 雕塑文本。贺龙铜像(张家界市武陵源景区)、吴冠中雕像(张家界市武陵源景区)、翠翠(花垣县边城镇)、吉首吉广场雕塑(吉首市)、凤凰(凤凰古城)、三龙戏珠(龙山县世纪广场)、辛女(泸溪县盘瓠文化)等各个城市广场的公共雕塑是一种地标性的"建筑",雕塑所塑造的公共空间在城镇居民日常和文化生活中有着重要的地位。

(6) 绘画文本。以《天门山传奇》(黄永玉)为代表的绘画是展现湘西地域文化的另一种方式。自然山水成为众多写生爱好者的理想之地,著名画家吴冠中、黄永玉,香港著名摄影家陈复礼、周志德等文化人为湘西对外宣传有突出贡献。

(7) 广告文本。以天门山为例,各种事件成为旅游品牌经营的亮点,天门山是一个典型的广告策划文本。大湘西地区的张家界的旅游品牌营销具有广泛的效应。按时间顺序排列,1997 年 5 月,著名歌手李娜登天门山寺皈依佛门,一时轰动全国,在天门山上建有李娜的别墅。1999 年 12 月,世界特技飞行大师驾机穿越天门洞,实现人类首次驾飞机穿越自然溶洞的壮举。2005 年 5 月,天门山盘山公路竣工通车。被称为通天大道的盘山公路共计 99 弯,这一条公路号称"天下第一公路奇观",这一条公路成为一道特殊的景观,成为眼球和镜头关注的对象。2005 年 9 月,世界最长的高山索道——天门山观光索道竣工运行。索道全长 7455 米,高差 1279 米,由市区直达山顶,将人间仙境变成天上人间。2006 年 3 月,俄罗斯空军战斗机苏-27、苏-30 表演在天门山上演,成为国内媒体报道的对象。另外,金庸题字"天门仙山",书法家沈鹏题写"曲道通天",艺术大师黄永玉两度泼墨作画,自然风光之上附有文化色彩。2012 年 7 月 22 日,有"轮滑变形金刚"之称的法国超级轮滑人伊夫·布朗杜现身张家界天门山,诸多事件成为营销的热点。

第二章　湘西观：中华文化圈中的形象生产场

（8）摄影文本。湘西地区的自然山水是镜头所争先表现的对象，湘西地区的民族风情是外者猎奇的对象，围绕湘西的民族风情出现了众多摄影绘画展。人的眼球所看到的，镜头所指向的，镜头背后的大脑所指向的对象就是摄影者想看的，这种摄影作品中的自然、人物、风情构成了自己的世界，实现了跨地域的分享，可以成为艺术品，也可以成为旅游的指南。

（9）影视文本。湘西已经成为多元化题材的拍摄地，以《边城》为代表的是艺术电影题材，以《乌龙山剿匪记》为代表的电视剧是匪类题材，以《贺龙》为代表的电视剧是红色经典题材。

（10）戏剧文本。以张家界打造旅游品牌为例，自2002年以来先后推出了《魅力湘西》室内舞台剧，《印象张家界》数字舞台剧，《梯玛神歌》、《天门狐仙》山水实景剧，这种戏剧的演出，将民族、自然、神话故事联系起来，是将湘西历史文化集约化的重要体现。编者的选择和表演者给台下的观众看什么，这种叙事模式承载的是看的背后的主宰是什么，湘西观在旅游文化产业的产品中交织着。这是大众审美文化时代对湘西塑造的一种新的艺术样式。

（11）非遗文本。非遗文本属于传统的门类艺术，其子门类可以划归到上面的门类中，因其民族与地域的色彩较浓，单列出来作为一个文本群。常德、湘西州、怀化、张家界这一沅澧地区的民间文化比较丰富，在非物质文化遗产名录中，地域性民族的文化遗产得到中心文化圈认可，这一系列作品的保存、保护、传承和发展，是湘西观形成的重要方面。民族文化与国家认同，民族文化与世界文明的接轨，这种文化身份的确认的申报模式和展演方式是湘西观在现实与想象之中实现的现代塑造。所有的非物质文化遗产都是探索湘西人自我认识与湘西之外的人认识湘西的一扇视窗或者镜子。其中的国家级非物质文化遗产在民族文化形象中的影响最大。从大湘西国家非物质文化遗产分布图[①]中我们可以发现，传统的文学、音乐、舞蹈、体育技艺、美术、医药等前三批公布的项目达43项，这种非遗文本作为地域、民族符号在获取旅游文化产业资源、确认民族身份认同和渲染个人情感中扮演着重要的角色，湘西之外的人进入湘西看什么，湘西的符号是什么，湘西人拿什么东西给人看，湘西人自己怎么看这些东西，都是湘西观的重要组成部分。

文本不仅包括具有代表意义的文艺文本（文学、影视、雕塑、舞蹈、音乐、绘画、戏剧、建筑等门类艺术）、副文本或准文本（笔记、游记、书信等）和非

---

① 中国非物质文化遗产网.国家级非物质文化遗产国家名录项目［EB/OL］.http://www.ihchina.cn/show/feiyiweb/html/com.tjopen.define.pojo.feiyiwangzhan.GuoJiaMingLu.guojiamingluMore.html［EB/OL］.2011-05-23/2014-10-06.

文本（正史、文物、方志、自然遗产、文化遗产、非物质文化遗产），还包括文本得以产生的文化空间（地理空间、历史空间、生活空间、虚拟空间），中心文化圈和边地湘西的生产生活的方式都是形象得以产生、生产、再生产的形象生产场。文本网络构成的文本交互生产意义的空间，这就是文本间性，湘西形象的研究可以突破传统的文艺学的研究路径，开拓文本间性领域研究和地域文化的跨界研究。

三、传媒：跨时空的影响力

为了集中讨论传媒在湘西文化形象中的作用，我们选取沈从文先生的文学作品《边城》中翠翠的形象在媒体传播中的创造性阐释以及电影《阿凡达》与张家界森林公园景点"乾坤柱"在旅游文化与广告中的互动关系作为案例分析。

（一）翠翠的"转身"与"复活"

从媒介的视角考察对湘西观的影响，以《边城》中的人物翠翠为例，考察同一内容在媒介中成为的不一样的形象。媒体与媒体之间互为参照。"'媒体间性'指的是不同媒体在技术、信息、社会等方面的关系"[1]。"翠翠"是作家沈从文1934年写的中篇小说中的主人公，这一人物是沈从文的想象和创造，沈从文的创造是以文字的形式展现出来，其传播的媒介是文字，这一文学想象中的人物具有自己的文本语境，其假定性和虚构性在《边城》的语境中有效，《边城》标志着翠翠的诞生，翠翠的出现是读者与作品之间建立的阅读关系。以厦门大学图书馆所藏《边城》的不同版本为例，包括开明书店（1943年版）、金枫出版有限公司（1987年版）、江西人民出版社（1981年版）、岳麓书社（1992年版）、北岳文艺出版社（2002年版）、人民文学出版社（2003年版）、复旦大学出版社（2004年版）、北京燕山出版社（2006年版）、北京十月文艺出版社（2008年版）、花城出版社（2008年版）、陕西师范大学出版社（2009年版）、人民文学出版社（2009年版）、重庆大学出版社（2011年版）、陕西师范大学出版总社有限公司（2011年版）、译林出版社（2011年版）、长江文艺出版社（2012年版），其中北京燕山出版社（2006年版）的《边城》插图本，采用图文并茂的媒介方式，译林出版社采用中英文版，其传播对象扩充到英语世界。从印刷出版的版本上看，从统计学意义上考量，作品的印刷次数说明翠翠形象在不同时期得到读者的认同，因为解读文字的特殊要求，《边城》主要的阅读对象是文化精英。

1. 翠翠的"转身"

翠翠的文学形象到视听影像，最引发人想象的是翠翠的形象，"翠翠在风日

---

[1] 黄鸣奋. 媒体间性：数码时代的艺术探索[J]. 鹭江职业大学学报，2004（04）：1.

里长养着，把皮肤变得黑黑的，触目为青山绿水，一对眸子清明如水晶。自然既长养她且教育她，为人天真活泼，处处俨然如一只小兽物。人又那么乖，如山头黄麂一样，从不想到残忍事情，从不发愁，从不动气。平时在渡船上遇陌生人对她有所注意时，便把光光的眼睛瞅着那陌生人，作成随时皆可举步逃入深山的神气，但明白了人无机心后，就又从从容容的在水边玩耍了"①。由象征符号走向创造拟态环境的大众荧幕，翠翠便由文学形象成为影像化身。1953 年香港导演方俊拍摄电影《翠翠》（Singing under the moon），由林黛主演，翠翠随着电影媒介的诞生由书面走向荧幕，翠翠形象的展现不只是线性的文字阅读，视听语言中的翠翠形象也由此诞生。另外，电影海报也是重要的辅助性媒介，从 1953 年的海报中②，林黛饰演的翠翠穿着花布衣裳，撑着船篙，划着木船缓缓靠来，这一特写镜头占有海报的大部分篇幅，海报的右下角标注："画一般的镜头，诗一般的情调。"整部电影多处穿插着歌曲，海报中也特别标示："新歌十首，民族风格。"翠翠实现了由文字、海报到影像的转身，翠翠形象获得众多受众，林黛因主演翠翠而一炮走红。1992 年电影《边城》根据沈从文同名小说改编，由凌子风先生导演，北京电影制片厂出品，女演员戴呐因主演该片而成名，电影在 20 世纪 90 年代勃兴的大众媒体中展现，影像翠翠实现了港版的生产和大陆的再生产。

2. 翠翠的"复活"

2001 年张家界创办魅力湘西大剧院，历经十年，该剧院推出室内舞台剧《魅力湘西》，该舞台剧有苗族鼓舞、边城、爬楼、茅古斯舞、马桑树儿搭灯台、合拢宴、女儿会、哭嫁、湘西赶尸、场外篝火演出十个表演节目，其中"边城"板块主要通过舞蹈的形式表现翠翠、天保、傩送三人的感情纠葛，通过屏幕中的字幕介绍了该舞蹈剧的内容，通过舞台背景营造边城的山水自然环境，新媒体的屏幕在舞蹈的意境的营造中扮演了重要的角色。《魅力湘西》通过剧场的方式实现湘西文化形象的传播，这一剧场的运营是产业化的运作模式，翠翠的艺术形象向文化产业中的翠翠形象转型。

2010 年湖南省红网与湘西翠翠网络寻人暨卡通征集组委会联合举办"寻找金翠翠"和征集"翠翠卡通形象"的大型活动。书中的人物翠翠、荧幕翠翠、舞台表演中的翠翠都是艺术形象，沈从文塑造的翠翠形象，这种"拟态环境"（李普曼语）塑造了现实的湘西女性人物形象，"沈从文的《边城》，使翠翠成了爱与

---

① 沈从文. 边城，沈从文别集·边城集 [M]. 长沙：岳麓书社，1992：100.
② 百度百科. 电影《翠翠》海报 [EB/OL]. http: //baike.baidu.com/subview/535500/12231905.htm? fr=aladdin, 2014-01-04/1014-10-10.

美的化身。痴心等待的翠翠，也是多情湘女的代表。翠翠的年代已走远，当年的湘西世外桃源已融入西部大开发的热潮，现代版的翠翠在哪里？"①将艺术形象中的想象功能转化为事件营销的手段，体现现实的物质性，"面向全球寻找具有湘西翠翠特质的少女并征集湘西翠翠卡通形象。两个月后，最终选出的'湘西金翠翠'可获得由'湘西翠翠网络寻人暨卡通征集组委会'提供的嫁妆费20万元，两名'湘西银翠翠'可各获嫁妆费5万元。另外，这次活动还设置多个单项奖。参与此次活动的网友也有机会获得各种奖励"②。红网专门开辟网页"湘西翠翠，你在哪里"，并且将活动的基本流程，从"我就是翠翠"、"她就是翠翠"到"她是真正的翠翠"进行说明。在近两个月的评选活动中，主办方主要通过互联网发布评选活动的相关日程和开展工作，参与人需要通过网络上传自己的个人信息、个人照片以及视频内容，然后进入博客生成参与人的相关信息、资料，经由网络投票、声讯投票、组委会投票选出排名前十名的"翠翠"。翠翠由想象步入了现实，这就是大众媒介最后角逐出来的翠翠。"寻找湘西翠翠"于2010年5月21日在张家界落下帷幕，在中央电视台、人民日报、新华社、中新社、湖南卫视等数十家媒体的见证下，来自古苗寨的吴娟最终获封"金翠翠"，获得20万元大奖。而贾樟柯女郎向琬与音乐教师畅快都摘得"银翠翠"大奖。③想象中的翠翠在现实中实现了"复活"。另外，我们通过以"边城翠翠"为关键词用百度搜索引擎获得的信息有1340000个结果。2014年10月9日，一位画家参观完吉茶高速路段的湘西矮寨大桥通车发表博文，"离开大桥已近中午时分，折返。驱车10多分钟就到了'一脚踏三省'的秀山洪安镇，这正是沈从文的《边城》所在地……此时，脑子里不禁浮现出清水江畔、白塔山下、吊脚楼里'翠翠'和老船公纯朴、凄美的传说……渝湘高速公路和它的矮寨大桥已经撩开了湘西闺秀的千年面纱，假如翠翠还在，她将如何面对这缤纷的花花世界？假如沈老先生有灵，他会不会感叹：时过境迁，物是人非？确实，'萧瑟秋风今又是，换了人间'"④。翠翠形象还在继续生产与再生产。

---

①② 朱青. 红网寻找"湘西翠翠"20万元嫁妆费赠予"金翠翠"[EB/OL]. http://hn.rednet.cn/c/2010/03/22/1926044.htm, 2010-03-22/1014-10-10.

③ 朱青. "魅力湘西，我是翠翠"总决选[EB/OL]. http://tax.rednet.cn/c/2010/05/25/1965290.htm, 2010-05-25/1014-10-10.

④ 裴建成. 矮寨大桥[EB/OL]. http://blog.sina.com.cn/s/blog_5c8918450102v48s.html, 2014-10-09/2014-11-02.

第二章 湘西观：中华文化圈中的形象生产场

（二）阿凡达[①]"附体"

"拟态环境"中的哈利路亚山与现实景点中的"乾坤柱"（也称"南天一柱"）之间的关系考察。美国著名新闻工作者在《自由与新闻》、《舆论》等著作中主要提到传统生存方式与现代生存方式中信息环境发生质的改变，"人们对不同地方的了解大多通过各种媒体，因此，多数人的了解是在亲眼所见之前就已经形成了，多数人对西萨克斯的了解是通过哈代的小说而非亲身经历。文学与其他新的媒体一起深刻影响着人们对地理的理解"[②]。传统的生活方式中人与物之间的关系是一种面对面方式，人之外的客观环境就是自身的信息环境，这种经验性接触在印刷时代、电子时代、互联网时代转为间接性的经验，我们不能亲身经历所面对的世界，但我们需要获取信息才能把握世界，信息是"在人们需要进行决策之际，影响他们可能的行为选择之概率的物质—能量的形式"[③]。事物有自己的属性与规律，其表现方式就如重量、声音、颜色、体积、温度等，与人感觉相对的是视觉、听觉、触觉、嗅觉、味觉、身体的动觉，人要把握世界和外在事物就需要获取这些属性信息，语言、文字、声音、图像、表情、动作都是事物的形式，但由于现代社会的跨时空信息的流通，人所面对的主要是大众媒体为我们提供的"拟态环境"（pseudo-environment）。拟态环境为我们提供的世界不是客观环境而是环境的象征符号的产物，该产物是由传播媒体经过自己的媒体观的过滤，"把关人"（gatekeeper，库尔特·卢因语）所选择的结构和营造的环境是我们看不见摸不着的对象，人与世界之间便插入了一个拟态环境，我们的行为是对拟态环境所作出的反应，但是这种反应又是人真正的行为。最后的结局是人用对待拟态环境的方式把握现实环境，这与现实本身发生一定的错位，这一错位的背后第一推

---

① 电影《阿凡达》讲述的故事发生在2154年，故事从地球开始，杰克·萨利是一个双腿瘫痪的前海军陆战队队员，他觉得没有任何东西值得他去战斗，因此他对被派遣去潘多拉星球的采矿公司的工作欣然接受。这个星球上有一种别的地方都没有的矿物元素"Unobtanium"，能够吸引人类不远万里来到这里拓荒的原因就是"Unobtanium"将彻底改变人类的能源产业。但是问题是，资源丰富的潘多拉星球并不适合人类生活，这里的空气对人类致命，本土的动植物都是凶猛的掠食者，极度危险。这里的环境也造就了与人类不同的种族：10英尺高（约3米）的蓝色类人生物"Na'vi族"。Na'vi族不满人类拓荒者的到来，也不喜欢人类的机器在这个星球的土地上因为到处挖矿而留下的斑斑伤痕。虽然潘多拉星球环境严酷，但人类只要戴上空气过滤面罩，甚至可以裸露皮肤在潘多拉星球上作业。但是由于人类即使学会Na'vi语也无法和纳威人直接交流，于是科学家们转向了克隆技术：他们将人类DNA和Na'vi人的DNA结合在一起，制造了一个克隆Na'vi人，这个克隆Na'vi人可以让人类的意识进驻其中，成为人类在这个星球上自由活动的"化身"。然而并不是任何人都可以操纵这个克隆Na'vi人，只有DNA与他身上人类DNA配型相符的人才有这样的能力。参看1905电影网：阿凡达Avatar [EB/OL]. http://www.1905.com/mdb/film/91010/scenario/?fr=wwwmdb_data_tab_201409182010-01-01/2014-10-10.

② ［英］麦克·布朗. 文化地理学 [M]. 杨淑华, 宋慧敏译. 南京：南京大学出版社，2005：40.

③ Rogers, Everett.Communication Technology: The New Media in Society, ibid., 85.转引自郭庆光.传播学教程 [M]. 北京：中国人民大学出版社，1999：264.

动力就是媒介的把关人以及把关人所代表的大众传媒的文化价值观。"我们必须特别注意到一个共同的因素，这就是在人与他的环境之间插入了一个拟态环境，他的行为是对拟态环境的反应。但是，正因为这种反应是实际的行为，所以它的结果并不作用于刺激引发了行为的拟态环境，而是作用于行为实际发生的现实环境"①。

2009年1月25日，张家界国家森林公园的"南天一柱"更名为"哈利路亚山"。现实旅游景区中的乾坤柱是传统命名，"乾坤柱"为张家界"三千奇峰"中的一座，位于世界自然遗产武陵源风景名胜区袁家界景区南端，海拔高度1074米，垂直高度约150米，顶部植被郁郁葱葱，峰体造型奇特，垂直节理切割明显，仿若刀劈斧削般巍巍屹立于张家界，有顶天立地之势，故又名乾坤柱。这是在人对自然对象物的鉴赏中，根据对象的属性信息获得的名称，在景区的传统意义上是"称名从主"。随着《阿凡达》的热播，影片的知名度和美誉度急剧上升，又因影片有来自张家界森林公园的自然山峰的创意来源，"2008年12月份，好莱坞摄影师汉森在张家界进行了为期四天的外景拍摄，大量风景图片后来成为美国科幻大片《阿凡达》中'潘多拉星球'各种元素的原型，其中'南天一柱'图片就成为'哈利路亚山'即悬浮山的原型。《阿凡达》在全球热播后，海内外亿万观众更是对'哈利路亚山'原型地张家界心向神往"②。这一"拟态环境"反作用于现实环境，"詹姆斯·卡梅隆再次证明自己是"世界之王"，12年前用《泰坦尼克号》创造了票房纪录，而今用《阿凡达》超越自己，以18.437亿美元的成绩再次登顶，缔造新的票房王。而在国内，截至2010年1月24日（周日）《阿凡达》内地票房已突破7亿元人民币"③。影像的影响力所构成的拟态环境是人们认识现实乾坤柱的前理解，现实中的乾坤柱反而带上了"拟态环境"，塑造的哈利路亚山有了演化为现实环境的趋势。"袁家界景区管委会主任宋志光当天发表了自己的见解，'南天一柱'更名为《阿凡达》'哈利路亚山'绝对不是'崇洋媚外'，只是顺应了景区土著居民和广大游客的心声"④。在这一则新闻报道的最后列有网络的问卷调查，例如：你如何看张家界南天一柱改名？A. 我赞成。能提升张家界旅游品牌的国际知名度。B. 我反对。没有必要因为一部电影而改名换姓。C. 我弃权。景区土著居民和广大游客被代表了。笔记在百度中以"张家界南天一柱更

---

① Lippmann, Walter.Pubulic Opinion, Macmillan, New York, 1965, 15. 转引自郭庆光.传播学教程[M]. 北京：中国人民大学出版社, 1999：127.
②④ 邓道理. 张家界南天一柱更名为《阿凡达》哈利路亚山 [EB/OL]. http://news.rednet.cn/c/2010/01/25/1894041.htm [EB/OL], 2010-01-25/2014-10-10.
③ 中国文化产业网：《阿凡达》打破全球票房纪录 中国票房排名第三 [EB/OL]. http://www.cnci.gov.cn/content/2010127/news_56018.shtml, 2010-01-27/2014-10-10.

名为《阿凡达》哈利路亚山"为关键词搜索就有 108000 个结果,这一案例旨在探讨大众传播与现代人的行为之间的关系,大众传播具有重塑信息环境的力量,这种环境影响人的认知、态度和行动,大众传播扮演了社会控制功能的角色,这一事件背后不仅是媒体的机制而且有更为复杂的社会机制和条件使然。

我们讨论的外延是中华文化圈,这一文化圈具有历史与想象的共同体特征。这一文化圈内的事物的关系,我们可以在五缘文化(文中重点围绕其中的三缘展开)的网络结构中展开讨论,这一讨论是采用间性分析法,强调在事物之间的交互之中看待事物。如果是人(主体)之间,我们可以采用主体间性的方法来讨论,这是在二元讨论(我与他者之间的严格区隔)的主体性讨论之外的一种革新。缘中人与物、人与人、人与自身如何获得力量,我们用路径的概念,器物在区域之间的相互流动,制度在各行政区划之间的相互影响,思想在不同地域之间的争鸣形成的动力网络。我们问题的指向是湘西观,湘西观是一种观念的集合体,观念的主体是谁、观念的内容与形式的呈现是什么、观念是如何在古典的现实生存环境与现代的信息化环境中变化与转换、大众传媒时代观念的传播与受众之间的观念是研究的关键点。观念的主体是人物,在这一系统中诞生的文化观念是一个综合复杂的织品,人物是观念产生的直接源泉,古典的湘西观是古代人如何看湘西,如何思考湘西,现代的湘西观是现代人如何看湘西,如何想象湘西,这一系列观念的结合构成社会集体想象物,想象物决定了人们看湘西的层次和角度。观念的内容是什么?湘西观念的内容与形式最集中的体现就是作品,作品中的典型代表是以历史文本与艺术门类为代表的文化产品,前者侧重从现实语境去理解,后者从虚构的角度去想象。观念在人与人之间如何交流与传播,媒介扮演着重要的角色。"19 世纪以来,由于以电磁波为标志的第四次信息革命的影响,媒体生产迅速发展,世界各国陆续出现了麦克卢汉所说'内爆'现象。在这样的历史条件下,媒体文化取得了可以和五缘文化相提并论的地位。20 世纪中叶以来,由于以计算机为标志的第五次信息革命的影响,以全球化信息基础设施为平台的媒体文化(即狭义网络文化)已经试图将五缘文化纳入自己的发展轨道。在影子比实体更醒目、图像比世界更精彩、合成音响比自然音响更丰富的时代,五缘文化呈现出现实态与虚拟态并存的现象"[1]。口传媒介、文字媒介、印刷媒介、电子媒介、互联网媒介都是每个时代的信息传播的凭借,从内传播到人际传播特别是大众传播时代的电子媒介与互联网的搭建,观念的传播发生了理论与实践意义上的改变。

---

[1] 黄鸣奋.网络时代的五缘文化[J].东南学术,2014(02):169.

第三章　湘西形象：形象生态的原型、类型

中华文化圈中的形象生产场是展开问题的领域，我们在场域中的知识框架下讨论湘西观，由湘西观进入湘西形象，展开形象的生态研究，梳理形象的原型、类型与形象谱系。缘网是天地神人共在的世界，我们采用间性的视野去看；路径是以人为核心的各种生产活动，从器物、制度再到思想，是人在物质实践上建设制度创造思想的过程。因为路径的存在，我们可以采用主体间性的方法，看缘网中的人是否可能走出自身。在缘网的结构中和路径的动力系统中讨论湘西，我们发现表述湘西的话语权在湘西之外的中心文化圈，我们看到的历史文化人物是中心文化圈在外的"看"，作品更多的是中心文化圈的创造和发明。这就形成了看与被看，我们选择用形象学的方法去开拓湘西观研究的新思路，也是湘西观与形象学方法的契合点。

"形象学，顾名思义，就是研究形象的学问。不过比较文学意义上的形象学，并不对所有可称为'形象'的东西普遍感兴趣，它所研究的，是在一国文学中对'异国'形象的塑造或描述（representation）"[1]。形象学的研究是一国对他国的表述，我们可以将国别之间的想象学研究渡入一国之内的异地、异族研究，在差异之中研究我与他者之间的表述关系，这种形象研究的主要特征：一是形象的表述与对象之间的现实符合的关系不是形象学研究的重点；二是形象学研究的主要侧重点是表述者的社会集体想象物是如何塑造和为什么塑造形象的过程。如果我们用形象学的研究方法来研究湘西观念，我们所关注的就是湘西形象。"一切形象都源于对自我与他者，本土与异域关系的自觉意识之中，即使这种意识是十分微弱的"，同时"'我'注视他者，而他者形象同时传递了'我'这个注视者、言说者和书写者的某种形象"[2]。湘西与上帝之城、新耶路撒冷、理想国、太阳城等具有乌托邦性质的地域形象具有同样的价值，是人类采用的参照式、对象式的思

---
[1] 孟华. 比较文学形象学 [M]. 北京：北京师范大学出版社，2001.
[2] 孟华. 比较文学形象学论文翻译、研究札记（代序）[A]. 孟华. 比较文学形象学 [M]. 北京：北京师范大学出版社，2001：4.

考问题的方式，是人的本质力量对象化的象征，研究的对象是注视者的文化。湘西形象是中心文化圈投射的一种关于文化他者的幻想，是中心文化在前现代性、现代性视阈中自我审视、自我反思、自我想象与自我书写的方式，表现了中心文化圈的现实生存资源观、身份确认与个体情感认同。湘西形象处于意识形态与乌托邦的结构的张力之中，意识形态是对现实生存秩序的肯定，而"乌托邦则蕴含着希望，体现了对一个与现实完全不同的未来的向往，为开辟未来提供了精神动力。乌托邦的核心精神是批判，批判经验现实中不合理、反理性的东西，并提供一种可供选择的方案"①。形象学研究者达尼埃尔—亨利·巴柔（Daniel-Henripageaux）将形象学的核心概念"形象"定义为"在文学化，同时也是社会化的过程中所得到的关于异国看法的综合"②。从地缘的视野，中国的幅员广阔；从亲缘的视野，中国是一个多民族的共同体；从神缘的角度，中国是一个信仰自由的国家，是佛教思想、道家思想、基督教思想等多种信仰文化之间的交汇地，从我与他的视野去认识和关照对象是一个普遍的方式，湘西形象研究是异地异族形象研究的范型。

塑造什么样的湘西形象？研究中心文化圈塑造了什么样的湘西形象，首先要从文化文本中找到频繁出现的他者意象，从而归纳出基本的"套话"体系，找出社会集体想象物和集体无意识，这就是形象的原型；其次要解析套话中蕴含的中心与边缘之间的文化等级关系，是迷恋的视角还是鄙夷的视角；最后可以发现套话中的等级关系如何在文化文本中变奏与重奏，怎样生产与再生产有关湘西的神话或故事，三者构成一个回环的形象生产体系。

第一节　原型：套话的"套娃"结构

"'套话'一词是西文'stereotype'的汉译。此词原指印刷业中使用的'铅板'，后被转借到思想领域，指称那些一成不变的旧框框、老俗套。在符号学研究中，人们再次借用了这个词。按照以色列符号学家吕特·阿莫希所下的定义，'套话'就是人们'思想的现成套装'，亦即人们对各类事物的先入之见"③。套话

---

① ［德］尤尔根·哈贝马斯，米夏埃尔·哈勒.作为未来的过去［M］.章国锋译.杭州：浙江人民出版社，2001：122-123.
② ［法］达尼埃尔—亨利·巴柔.从文化形象到集体想象物［A］.孟华译.比较文学形象学［M］.北京：北京师范大学出版社，2001：118.
③ 孟华.试论他者"套话"的时间性［A］.孟华.比较文学形象学［M］.北京：北京师范大学出版社，2001：185.

的"俄罗斯套娃"结构，就是形象的生态结构。形象学需要建构一种结构，形象学"研究的是形形色色的形象如何构成了某一历史时期对异域的特定描述；研究那些支配了一个社会及其文学体系、社会总体想象物的动力线"①。这一动力线就是形象生态的谱系是什么，深层的原型无意识、基层的类型潜意识以及表层的形象显意识。

套话是社会集体想象物的表征系统，套话具有社会集体无意识的特征，能以不同的形式在场或缺席。解析文本中的湘西形象时破解中心文化圈文化问题的关键，也是湘西形象何以如此的深层动因。我们可以将原型套话的隐与显的特征概括为"俄罗斯套娃"结构，俄罗斯套娃（俄语：матрёшка）是"俄罗斯传统的民间工艺品，是俄罗斯的象征，也是俄罗斯妇女的象征。它是由多个大小不一的空心彩绘木娃娃（一般为村姑或农妇造型）自大而小，一个套一个地组成的玩偶……为什么把套娃取名马特廖什卡呢？在革命前的俄国，马特廖娜（马特廖什卡）这个名字在首都以外的省份是一个最常见的女人名字。这个名字的词根源于拉丁词'mater'，即母亲的意思。这个名字很容易使人联想到多子女的身强力壮的母亲。后来，这个名字就成了套娃的名字"②。我们以套话的恒定性与变动性来讨论套话的三个层面。巴柔认为，"作为他者定义的载体，套话是陈述集体知识的一个最小的单位，它希望在任何历史时刻都有效。套话不是多义的，相反，它却具有高度的多语境性，任何时刻都可使用。比如'法国人，嗜葡萄酒；德国人，嗜啤酒；英国人，嗜茶'等"③。孟华以18世纪法国作家笔下的中国形象——"开明的皇帝"在欧洲仅存活了56年，"黄祸"一词在18世纪时根本不存在，19世纪下半叶始出现，20世纪初在法国、欧洲被普遍使用两个例子论证套话使用的时间性，"这些套话都只在某一特定的历史时期内有效，其使用'期限'远不像欧洲人彼此使用的套话那样恒久。毫无疑问，这些套话表现出的时间性，主要反映了套话产生国（法国）对他者（中国）认知的变化"④。套话的超越性指的是原型套话，相当于意识中的潜意识，是社会集体想象物的"基因组"序列，具有超越性和非时间性，它的隐与显的出现取决于注视者想象他者的需要和条件。与套话超越性相对的是套话的历史性，我们称为"类型"套话，是某个时间段套话体现出的特殊性。原型

---

① [法] 达尼埃尔—亨利·巴柔. 形象 [A]. 孟华译. 比较文学形象学 [M]. 北京：北京师范大学出版社，2001：156.
② 李声权. 俄罗斯套娃 [J]. 世界文化，2007（4）：40.
③ [法] 巴柔. 总体文学与比较文学 [A]. 高兰出版社，1994，62. 转引自孟华. 试论他者"套话"的时间性 [A]. 孟华. 比较文学形象学 [M]. 北京：北京师范大学出版社，2001：186.
④ 孟华. 试论他者"套话"的时间性 [A]. 孟华. 比较文学形象学 [M]. 北京：北京师范大学出版社，2001：191.

套话与类型套话是套话的不同层面，二者决定了套话的恒定性和变动性特征，所以我们在讨论套话时，不能对套话是否具有时间性做一个是非判断。套娃的结构可以隐藏也可以凸显，并且其命名有母亲的含义，能更好地表现套话作为社会集体无意识的重要特征，形象地说明内容的生产与再生产、形象原型的超越性和意象生产的超越性。关于套话的时间性特征需要分类讨论。

一、语言库、等级链、故事群

套话是象征符号，利科根据休谟与萨特的哲学理论梳理形象语言在我与他者之间的关系，"按照第一根轴，形象满足休谟和萨特分别阐明的两个极端理论。在这第一根轴的一端，形象指的是它仅仅是痕迹的感觉，这是在在场变弱的意义上；趋于此端的形象，被看作弱印象，所有再现想象的理论都在这一端展现出来。在同一根轴的另一端，形象基本上是按照在场的他者构想的；肖像、梦幻、虚构这些创造性想象的不同面孔，以不同的方式放映出这一基本的相异性"①。理解符号有两种思路：一是认为符号是痕迹的感觉，能指是形式，其所指才是真正的内容，能指是以所指为核心，这种思想的关注点是表述与表述对象之间的符合关系；二是认为表述的对象为缺席的状态，所指的表述是对他者的构想，这种构想不单单是指语言符号，肖像、梦幻等创造性的想象都包括在内。我们不再追问能指与所指的符合关系，重点是主体为什么如此表述，即要追问表述的方式，归纳表述的话语特征，囊括话语的内在无意识、潜意识、意识，总结出意识的类型，从这些类型到透视主体为什么如此表述，表述的产生、转换、质变等方式，最后可以洞见主体想象思维、话语表述是如何影响与主体对他者的态度如何，甚至影响行为的产生。

（一）语言库

（1）语言是思维的工具和方式。语言库的内容不仅包括比较文学形象学专论中的文学（词语库），还应该包括所有的文化文本。文化文本主要包括两种类型，一是精神的生产，基于哲学、艺术、宗教，最能代表人的精神的特点和水平，我们重点考察门类艺术中的文学、影视、文化产业领域的戏剧表演、事件营销中的广告表演、互联网等新媒体中的拟态环境产生的文本，这是研究主体的心象和想象领域；二是文化实践文本，主要是文本经过媒体的传播所产生的效应，人通过文学、影视、戏剧等建构的湘西形象，影响到人对湘西的实际态度和行为。我们可以清楚地发现人在现实与想象的互动中如何生活和思想。

---

① ［法］保尔·利科. 在话语和行动中的想象［A］.孟华译. 比较文学形象学［M］.北京：北京师范大学出版社，2001：43-44.

（2）文字语言库。语言库中的史志记载是国家意识形态对湘西的建构，话语的建构就是权力的表现形式。二十四史代表的是官方的意识形态的表现，建立中央集权的国家，历朝历代的史志工作实际上是现实权力表现生存资源的划分。以黄河长江流域为轴心的华夏中心的建立是中央集权的生存资源势力方位，在地缘上最适宜发展农耕文明，其经济力量决定了长江黄河中心地位的确立，经过春秋战国的洗礼，支配中心的核心出现了，从中心到核心，奠定了语言表述的中心对四方的基本格局。秦汉时代开拓的以汉族为核心的帝制王朝的建立，基本涵盖了农耕文明所能穷极的边界，以长城为界限是农牧两中心的确立，牧攻农守到农攻牧守再到万里长城的冲破都是王朝辐射力的体现，官方的正史和边地的方志体现了大一统的皇权思想，中心在地缘政治、人情伦理、思想信仰上体现了强大的文化吸引力。边缘的思想在前现代处于支流和末流的地位，该段历史留下的中国传统文化的语言符号非常丰富，关于边地的表述体现中心的天下观达到极致。如果从微观的视野来看，语言表达中是明清史料中明清政府戍边的治苗策略。现实中始建于嘉靖三十三年，全长200公里的苗疆万里墙，其文字表述中对土苗的异族心存芥蒂，现实中的南方长城成为"分墙而治"的现实军政策略，这种文字表述中对土苗的想象以及现实中对苗民"叛乱"的镇压之间构成互文性。鸦片战争是中国近代史的开端，中国的边地成为他国势力争夺的对象，中国近代社会的表述是为了建立现代民族国家，边地的幅员成为不可分割的领土权的争夺对象，边地的征服对象成为多民族中的兄弟手足。从"五族共和"到1949年之后民族识别工作的开启，在湘西地域，潘光旦《湘西北土家与古代巴人》、石启贵《湘西苗族实地调查报告》是兄弟民族表述的典型代表，这种表述对建立土家族、苗族自治州的行政单位，实行民族政策有相关意义。

（3）语言库中的艺术文本表现了精英身份认同。屈原从楚国的都城郢流放到沅水、湘江一带，"沅有芷兮澧有兰，思公子兮未敢言"，"路漫漫其修远兮，吾将上下而求索"，表达的是来自楚文化的中心，在边地守望中心的心态，湘西形象是诗人发问的对象，但真正思考的问题是中心文化圈的问题。楚国为秦国所灭，投江殉国是其身份的重要表述方式，但屈原开启了文人、思想家往返中心与边地湘西之间的地理路径，地理路径为制度路径的开放以及思想路径的开放打下基础，于是乎，"沅"、"澧"成为文化的重要走廊，屈原的《九章》、《九歌》、《离骚》触及了游历对文化创新思想的产生，屈骚传统作为重要的文化传统保留下来，之后的贾谊、刘禹锡对湘西的表述一脉相承。文人的主流话语对湘西形象的表述是蛮邦，这一边地形象构成湘西形象最主要的一个维面。与之构成张力的一组话语是陶渊明等建构的"桃花源"，表达着所处社会的意识形态的颠覆力量，这是前现代性中的审美现代性的思考。关于桃花源是在江西庐山还是湘西地域的常德桃源县可以做历史学考证，但陶渊明之后的文学憧憬着桃花源的存在。《桃花源志略》就是桃花源意象的重要词语库。

屈原、陶渊明的路径是从中心到边地，沈从文是从边地到中心，从文文学所面对的是都市世界、都市世界所代表的现代文明，现代文明中的现代性是矛盾的张力结构，沈从文是用审美现代性叙事对启蒙现代性叙事的反抗，《沈从文全集》以乡土叙事来思考中心的问题，所有关于湘西的表述都是湘西形象的语言库的重要来源。20世纪二三十年代之后的彭家煌，80年代之后的周赤萍、韩少功、蔡测海、孙健忠、水运宪、向本贵、田瑛、黄晖、彭学明等的小说也是重要的语言库，他们以文字为媒介建构与解构了多种湘西形象的类型，这在形象的具体类型论述中将详细展开。

（4）大众传媒时代的视听语言库。20世纪50年代的香港电影《翠翠》开启了影像湘西的表述方式，从20世纪80年代根据水运宪同名小说改编的《乌龙山剿匪记》的热播，到2007年电视剧《血色湘西》的火热开播，再到2011年《乌龙山剿匪记》的再次改编，据统计共有30多部影视作品①，影视中的湘西形象是大众传媒所营造的拟态环境中的湘西形象的再造。影视文化是大众审美文化的重要部分，视听语言是形象语言库中的重要组成部分。土匪代表意识形态的否定想象，解放军代表意识形态的肯定力量，世外桃源代表了审美现代性的艺术延伸，民俗特写代表了湘西情调在艺术与旅游文化中的价值存在。

（5）旅游文化产业时代的剧场语言。从2001年《魅力湘西》开始，以张家界为代表的戏剧演出产业发展迅速，八部大型舞台剧（其中两部为山水实景剧），将民族、地域文化的精华通过演出展示出来，构建了一种纯艺术表演领域的乌托邦。将历史的时间性抽离出来，对湘西的历史文化实现戏剧剧场的空间并置，开创湘西戏剧表演的导演接收中心文化圈的湘西形象，在边地湘西失去现实参照系的情况下，从表述上接受拟态环境中（历史、影视等艺术）人们对于湘西的想象。

（二）等级链

形象学研究者关注的是主体在构建形象中的态度与行为，我们可将形象学与利科提出的两个轴联系起来，"在客体方面，是在场和缺席轴；在主体方面，是迷恋和批判的意识轴"②。通过这一轴线我们可以考察塑造湘西形象的主体是站在仰视还是俯视的立场。其中迷恋、批判或者没有态度的审美主义塑造都只是逻辑上的划分，是为了逻辑的明晰及提供类型的解释框架。

---

① 参看附录三中的大湘西题材的影视作品。
② ［法］让·马克·莫哈.试论文学形象学的研究史及方法论［A］.孟华译.比较文学形象学［M］.北京：北京师范大学出版社，2001：26.

第三章 湘西形象：形象生态的原型、类型

第一种类别是批判的视野。古代史籍对湘西形象具有批判意识，这一意识是对自身秩序的肯定，以史志类为代表的国家意识形态，采用的是一种"君临"（萨义德语）的态度。从《史记》记载的巡游君尧、舜、禹、秦始皇等帝国集权对边地的巡视，是一种权力支配的象征，国家意识形态所维护的是农耕文明生态环境内部的集权秩序，制度的等级设置，思想上的人对人的依附，人臣观念、夫妻观念、父子观念所代表的等级观念。湘西从没有被纳入帝国范围的远地，从秦朝黔中郡到武陵郡等设置，王权的进入与边民在器物、制度、思想的差异，叛、附、征、伐的现实力量的对比就是形成对湘西批判的内在动因。湘西在建构帝国秩序中作为一种否定的力量，从秦朝的郡县制之后的羁縻制度，经唐、宋、元、明、清朝，湘西作为化外的属地，从明朝军政管理体制的设置，我们可以发现中央对边地的控制力逐渐加强，同时造成地方与中央的对抗。"乾嘉苗民起义"在清政府的眼中是叛乱，这一叛乱的直接结果是被血腥镇压，"分墙而治"的结局是墙内外人之间否定，蛮族成为官方的匪患，从苗民对抗清政府到中华民国的剿匪，再到国民党支持湘西地域的土匪试图建立反共救国的基地，最后是解放军47 军等部队开赴湘西剿匪，湘西在国家意识形态意义上的现实力量彻底告终。与之相对应批判性表述是《史记》中的西南夷列传、《汉书》中的西南夷列传、《后汉书》中的南蛮西南夷列传，最后都归结到明清两代对土司制度的详细表述。历史的表述呈现出中心王权对边地的欲望投射。

现代对湘西形象的批判意识从现实领域转入艺术领域。20 世纪 50 年代的湘西剿匪是一种历史进程，解放军、国民党、土匪、普通百姓在这一地的相互关系构成了湘西形象的基础。周赤萍《擒魔记》开启了政治性反面土匪写作，之后的湘西剿匪记系列小说和电视剧也是对这一心象的延续。国家意识形态领域的想象在匪类题材中是一个总结也最后完成终结，因为从匪的视野，湘西不构成他者的否定力量和肯定力量，但这一民族解放与土匪对解放的反抗的艺术想象还将继续存在，或没入人的潜意识之中，这也是剿匪系列电视剧与土匪记忆的关联。

第二种类别是将湘西形象作为迷恋对象。此种批判意识的开端是屈原笔下的沅澧形象，最为典型的代表是陶渊明的"桃花源"形象与沈从文《边城》中的双城形象，以及后从文时代诸多作家对形象重塑的再塑造。迷恋意识往往产生于国家意识形态之外的精英个人或群体，这种迷恋的本身实际上是对自身文化的反思和批判，陶渊明是对历史的反思，春秋战国争霸之后是秦汉的统一而治，秦汉之后面临魏蜀吴三分天下的格局，西晋的统一带来的是海内归一的前景，西晋之后是前秦与东晋的并置，东晋之后是南北朝的并立。陶渊明处于分与合的统治秩序之中，"岁终会郡遣督邮至，县吏请曰：应束带见之。渊明叹曰：我岂能为五斗

米折腰向乡里小儿，即日解绶去职，赋《归去来》"①。陶渊明看到集权制度和强权统治下人所饱受的倾轧之苦，唯没有纷争的"世外桃源"是理想之地，这一理想之地的现实可能出现在中心的边缘，因为唯有边缘可能表现出一定的差异和具有参考系价值。桃花源形象是前现代中的审美现代性对帝制王权的反抗，在陶渊明之后，李白《奉饯十七翁二十四翁寻桃花源序》、《桃源二首》，刘禹锡《楚望赋并序》，韩愈《桃源图》，五代十国时期楚国的李宏皋（溪州铜柱铭文的撰写者）《题桃源》，宋时期的苏轼《和陶渊明桃花源诗序》，梅尧臣《武陵行》，王安石《桃源行》，黄庭坚的《武陵》，元时期的赵孟頫《题桃源图》，明时期的张志道《题桃源春晓图》，清朝袁宏道《送君超还武陵》等都是文人想象桃花源的方式，桃花源的存在是对理想的向往，这与希望所提出的乌托邦是一样的隐喻，在桃花源形象中凸显迷恋的情怀。

（三）故事群

现代对湘西形象迷恋的叙事主要是以沈从文为代表湘西世界的塑造，沈从文与边城之间的关系是一个人与一座城之间的关系，但其迷恋的本质是近代史所开启的中国现代性对传统器物、制度、思想的打破，中国现代性发展的目标是民主和科学的社会，民主和科学的资源是西方文化对中国传统文化的改造，这种改造背后的人的生存状态是怎样的？沈从文作为一位往返于两地的引渡人，切身的人生体验是都市文明与乡土文明之间的隔膜，沈从文以《边城》为中心的湘西叙事是对民族国家的现代性思索的范型。沈从文是湘西人，他写的是湘西，他是乡土文学的代表人物。沈从文是中国现代性的书写者，超越湘西人的身份，他写的是都市文明与乡土文明相互之间的镜像识别，迷恋乡土是对都市文明的批判，但盲目迷恋乡土是现代性的逃避者，沈从文有自己的对象，提出了自己的问题，而且这种问题在自己笔下人物的人性中有强大的张力。作为作者的沈从文同样有着"愁"，这种愁与流落沉瀣的屈原笔下的"路漫漫其修远兮，吾将上下而求索"一脉相承，沈从文的愁往返于北京、上海与故乡湘西，沈从文的湘西是一种诗意化的悲剧风格。与沈从文富有张力的二维思考相比，彭家煌、韩少功、蔡测海、孙建忠、田瑛、黄晖等都是游离于一维面和二维面之间的作家。二维是具有审美现代性与启蒙现代性的张力，写作不是作者的单纯目的，而是作者遇到了人生的大问题，这一大问题使得他把握到时代的脉搏，他的文字的直观本性如同医生的望闻问切，找到症状，或许能对症下药。一维的作家是单论乡土形象，是在民族文化面临现代文明的同质化所表现的焦虑，这种焦虑感可能仅仅沉醉于乡土之中。其他作品中塑造的湘西形象，与差异性的叙事，特别是对边地湘西中的民俗叙

---

① （晋）陶潜. 陶渊明集·卷第十 [M]. 宋刻递修本，49.

述，例如礼仪中的做媒、哭嫁、抢亲、生育、丧葬的浓墨重彩，将民间传说中的巫蛊、辰州符、赶尸视为点睛之笔，这就完全渡入为艺术而艺术的湘西情调的塑造，这种纯艺术的创作模式，可以是艺术的生存模式，"人性"的人文关怀是作品文化含量的重要标志。在形象学领域考察湘西形象，我们需要分清楚迷恋在历史和时空的变换和转折，前现代性的迷恋与现代性的迷恋所面对的问题不一样，同样是塑造湘西的形象，书写者与自身的社会集体想象同样有着巨大的差异，同样是形象重塑的各个维面，但在为人而写作的层次与境界有巨大差异。这是为什么屈原创立的屈骚文化传统中的沅澧湘西是后来者追忆的对象，也是为何陶渊明塑造的桃花源形象在唐、宋、元、明、清一再被转述与重述，同样也是沈从文的边城世界或称湘西世界，或者我们认为的双城形象能从边城走向世界的重要原因。艺术的经典性就是其能在为人的问题（人与物、人与人、人与神）提供自己的形象谱系和思维模式。

二、古典想象：蛮邦与桃花源

湘西形象作为批判或迷恋的对象，是主体对自身所处的社会集体想象的回应，这就是自身现实的问题与对对象想象的关系之间的对应关系。如果主体肯定自身所处的秩序，这种形象就是意识形态的工具；如果主体对自身所处世界反思和批判，这种形象就是乌托邦的批判工具。乌托邦叙事与意识形态的叙事可以同处于一种张力的状态之中，也可是一方的力量足以压倒另一方的力量，呈现出一维的叙事态势。一般来说，官方的意识形态主要是对当下秩序的肯定，所以官方的史志代表着官方意识形态，历代都从意识形态的角度来塑造湘西形象。《宋史》中记载，"荆、雍州蛮，盘瓠之后也。分建种落，布在诸郡县。荆州置南蛮，雍州置宁蛮校尉以领之。……所在多深险，居武陵者有雄溪、樠溪、辰溪、酉溪、舞溪，谓之五溪蛮。而宜都、天门、巴东、建平、江北诸郡蛮，所居皆深山重阻，人迹罕至焉。前世以来，屡为民患"[1]。《南齐书》中记载，"蛮，种类繁多，言语不一，咸依山谷，布荆、湘、雍、郢、司等五州界。宋世封西阳蛮梅虫生为高山侯，田治生为威山侯，梅加羊为扦山侯。太祖即位，有司奏蛮封应在解例，参议以"戎夷疏爵，理章列代；酋豪世袭，事炳前叶。今宸历改物，旧册杓降，而梅生等保落奉政，事须绳总，恩命升赞，有异常品。谓宜存名以训殊俗。诏特留。以治生为辅国将军、虎贲中郎，转建宁郡太守，将军、侯如故"[2]。《明史》中对土司的记载，"西南诸蛮，有虞氏之苗，商之鬼方，西汉之夜郎、靡莫、邛、

---

[1] 沈约. 宋书·第八册·卷九十七·夷蛮列传第五十七 [M]. 北京：中华书局，2011：2369.
[2] 萧子显. 南齐书·第三册·卷五十八·列传第三十九，蛮、东南夷 [M]. 北京：中华书局，2011：1007.

莋、僰、爨之属皆是也。……及楚庄蹻王滇，而秦开五尺道，置吏，沿及汉武，置都尉县属，仍令自保，此即土官、土吏之所始欤"①。《清史稿》中对土司的记载，"西南诸省，水复山重，草木蒙昧，云雾晦冥，人生其间，丛丛虱虱，言语饮食，迥殊华风，曰苗、曰蛮，史册屡纪，顾略有区别。……湖广之田、彭，四川之谢、向、冉，广西之岑、韦，贵州之安、杨，云南之刀、思，远者自汉、唐，近亦自宋、元，各君其君，各子其子，根柢深固，族姻互结。假我爵禄，宠之名号，乃易为统摄，故奔走惟命，皆蛮之类"②。

官方意识形态叙事中的湘西形象是一脉相承的，湘西作为中心文化圈的对立面而存在。与官方意识形态相对的是乌托邦叙事，自东晋陶渊明的《桃花源记》以来，唐、宋、元、明、清各个朝代都有对桃花源的叙事，这在"宦游人眼中的桃花源"中进一步阐述。在众多叙事者中，有一位既有对湘西形象的意识形态表述，又有湘西形象的世外桃源的叙事，他就是刘禹锡，他在不同叙事语境中完成自我的身份转换。刘禹锡政治上主张革新，是王叔文派政治革新活动的中心人物之一。后来永贞革新失败被贬为朗州司马（今湖南常德）。"叔文败，坐贬连州刺史。在道，贬朗州司马。地居西南夷，士风僻陋，举目殊俗，无可与言者。禹锡在朗州十年，唯以文章吟咏，陶冶情性。蛮俗好巫，每淫祠鼓舞，必歌俚辞。禹锡或从事于其间，乃依骚人之作，为新辞以教巫祝。故武陵溪洞间夷歌，率多禹锡之辞也。"③

"禹锡积岁在湘、澧间，郁悒不怡，因读《张九龄文集》，乃叙其意曰：'世称曲江为相，建言放臣不宜于善地，多徙五溪不毛之乡。今读其文章，自内职牧始，安有瘴疠之叹，自退相守荆州，有拘囚之思。托讽禽鸟，寄辞草树，郁然与骚人同风。……岂伎心失恕，阴谪最大，虽二美莫赎耶？不然，何衷公一言明楚狱而钟祉四叶。以是相较，神可诬乎？'"④罪臣与不毛之乡的对应，湘西（朗州）形象是作为蛮也之地的叙述。刘禹锡的诗文中有《游桃源一百韵》、《桃源行》、《八月十五夜桃源玩月》、《寄朗州温右史曹长》、《伤桃源薛道士》中所塑造的是桃花源形象，"渔舟何招招，浮在武陵水。拖纶掷饵信流去，误入桃行数里。桃花满溪水似镜，尘心如垢洗不去。仙家一出寻无踪，至今流水山重重"⑤。湘西

---

① （清）张廷玉等撰.明史·第二六册·卷三百十·列传第一百九十八·土司 [M].北京：中华书局，2011：7981.
② （清）赵尔巽等撰.清史稿·第四十七册·卷五百十二·列传二百九十九·土司一·湖广 [M].北京：中华书局，1977：14203.
③ （后晋）刘昫.后唐书·第三册·卷一百六十·列传卷一百一十 [M].北京：中华书局，2011：4210.
④ （后晋）刘昫.后唐书·第三册·卷一百六十·列传卷一百一十 [M].北京：中华书局，2011：4211.
⑤ （唐）刘禹锡.桃源行 [A].[清] 唐开韶，胡焯.桃花源志略 [M].刘静，应国斌校点.长沙：岳麓书社，2008：180.

形象在陶渊明的笔下处于意识形态的叙事与桃花源的叙事的张力结构之中。

我们要追问官方意识形态叙事为什么把湘西地域作为表述的对象？为什么陶渊明要把桃花源形象放在边地？而陶渊明之后的艺术家为什么一再追问桃花源的下落，并且将桃花源安放在常德的桃源县？首先，意识形态叙事将湘西作为否定性的力量是因为这与建立中央集权的国家的心象有关，夏商周时代，华夏的中心在黄河流域，秦汉时期汉族的中心在黄河中下游和长江中下游地区，这一区域是最适宜农耕文明发展的地域，也相当于地势结构中的第三阶梯。随着中央集权的强大，为最大可能地获取生存资源，将农耕文明推向可能适宜的第二阶梯甚至第一阶梯，因为农耕文明需要牧业、林业产品在生产生活中的补给，草原的马匹、山区的林木等是中心文化圈所需要的。但在中央集权的统治秩序中，资源的分配是从上而下的行政命令，这就导致了缘网中的人对资源的占有、争斗、分享，这取决于相互之间的力量对比。湘西作为第二阶梯和第三阶梯的区域，是生存资源的分界地段，但又有沅水、澧水融汇其间，地理的区隔中又有路径的开通。控制与反控制的表述充斥于史书中，在中央集权最为集中的清朝的"康乾盛世"都没有完成彻底的土流之争，"贵州土司向无钳束群苗之责，苗患甚于土司。而苗疆四周三千余里，千有三百余寨，古州踞其中，群砦环其外。……其改流之法，计擒为上，兵剿次之。令其自首为上，勒献次之。唯制夷必先练兵，练兵必先选将。诚能赏罚严明，将士用命，先治内，后攘外，必能所向奏效，实云贵边防百世之利"①。清政府对苗民的镇压和修建"南方长城"就是在这一现实语境之下。要言之，湘西构成中心文化圈意识形态的否定力量，这种差异不仅构成中心与边缘的差异，而且导致了现实与想象之间的对立。

那么为什么桃花源的叙事也选择湘西作为乌托邦的理想之地？这就是两种叙事之间的对比。"现代叙事伦理有两种，人民伦理的大叙事和自由伦理的个体叙事。在人民伦理的大叙事中，历史沉重的脚步夹带个人生命，看起来围绕个人命运，实际让民族、国家、历史目的变得比个人命运更为重要。自由伦理的个体叙事只是个体生命的叹息或想象，是一个人活过的生命痕迹或经历的人生变故。自由伦理不是某些历史圣贤设定的戒律或某个国家化的道德宪法设定的生存规范构成的，而是由一个个具体偶在个体的生命事件构成的。"② 大叙事和个体叙事可以作为表述的框架的两端，个体叙事构成对大叙事的张力，桃花源形象的塑造者都是中心文化意识形态圈区隔的人物，屈原的流放、陶渊明挂冠而去、刘禹锡的贬

---

① （清）赵尔巽等撰. 清史稿·第四十七册·卷五百十二·列传二百九十九·土司一·湖广 [M]. 北京：中华书局，1977：14205.
② 刘小枫. 沉重的肉身 [M]. 北京：华夏出版社，2007：28.

谪、王昌龄的左迁龙标等，他们都是中心文化圈区隔的对象，他们是意识形态领域的"毒药猫"（王明珂语）或者替罪羊，随着他们地理空间上的位移，从中心来到边地，他们的文化身份发生了转变。"不以物喜，不以己悲；居庙堂之高则忧其民；处江湖之远则忧其君。是进亦忧，退亦忧。然则何时而乐耶？其必曰：'先天下之忧而忧，后天下之乐而乐'乎。"① 士大夫心存的焦虑是对自身文化身份的再确认，这种"骚"（屈原语）、这种"忧"（范仲淹语）是对自身秩序的反思和批判，屈原的沅澧形象、范仲淹的岳阳楼形象、陶渊明的世外桃源的想象都是对社会集体想象的叛离。这种理想的乌托邦解决了自身的存在，也为其所处的集体社会提供了生存方式的另一种参照系，这也是屈原、范仲淹、陶渊明为千古传诵的重要原因。

如果我们将意识形态的表述和桃花源叙事渡入现实，将现实的想象过渡到想象的现实，想象由现实中来；如果将想象直接回到现实中去，看似理解的游戏会造成历史的重大悲剧。在意识形态领域中塑造的湘西形象多被放入二十四史中的蛮夷叙事、土司叙事、苗蛮叙事，这些正史的叙事会造成一种强调的表述力量，这种表述力量支配着湘西的身份，史料的叠加进一步确认了湘西的蛮的本质。在每一篇表述湘西的语言库中，都是对湘西的边、蛮、巫、匪做一番整体的表述，之后的论述都是为这一判断作证，当这种判断成为一种武断的时候，中心文化圈对湘西的态度出现了，湘西的地域是蛮荒之地，湘西的族类是"非我族类，其心必异"②。湘西的神的信仰与"我"有很大的差异，"神不歆非类，民不祀非族"③，湘西形象积淀为一种历史心象，这种心象影响了中心对边地湘西的态度，湘西是边、蛮、巫、匪，湘西必须表现出边、蛮、巫、匪，如果湘西不能确认我们的形象，我们要让他表现出异己力量的特征。回到现实历史，如果面对湘西，我们要将其边缘化，使其维持边的意义，甚至采用区隔的弹压政策（明清的军政设置与苗民边墙的建立）使其保持边的形象，这就成为"无边不成湘"；同理，如果面对湘西，需要巫、匪、蛮的形象，甚至采用所有可能的行为使其巫傩化、土匪化、野蛮化，想象之物成为现实之后变成一种意识形态的堕落，反过来意识形态的湘西形象成为现实中中心支配湘西的话语佐证，表述与现实之间达成了共谋。

如果我们将桃花源的叙事渡入现实，那么桃花源就成为意识形态。桃花源形象成为现实中的桃源县，我们以清人唐开韶、胡焯编纂的《桃花源志略》为例，探讨桃花源形象与常德桃源县之间的关系。本书的编纂目的是试图将桃花源落实

---

① （宋）范仲淹. 范文正公集·卷第七 [M]. 四部丛刊景明翻元刊本，62.
②③ （周）左丘明. 春秋左传正义·卷第十三 [M]. 清阮刻十三经注疏本，303.

在常德地区。署名为清人辰永沅靖兵备道常德府知府吉州葛天柱礼山的《桃花源志略序》中写道,"自昔山水名胜,好事者多为志,……洵如渊明所谓怡然有余乐者,知其所记必实有所闻而云也"①。第一篇志略序的作者署名为常德府知府、永顺府同知,河曲黄宅中惺斋同样将桃花源落在常德,"独桃源据郡城上游,在西北万山中,地高土沃,恬然无忧,以三邑之民视之,桑麻鸡犬别有天地,不啻福地洞天矣……《记》(桃花源记)所谓土地平旷,有良田美池桑竹之属,男女种作,悉如外人者,以今验之,其语良是,则固非渊明之寓言也"②。还寓言于现实之中,桃花源一定落户常德,就失去了去乌托邦的意义,时至今日,桃源县人民政府将桃花源落实在桃源县。"桃源县,历来被誉为'世外仙境'……宋太祖乾德一年(963年),转运使张咏根据朝庭析武陵县之政令,在实地考察之后,建议置桃源县。……由于张咏的建议,是年,从武陵县中析出的有桃花源胜地的这一地域正式成为桃源县,县治设于沅水北岸,即今漳江镇。至今,桃源县名已有1037年历史。"③桃花源形象完成了由现实到想象,再从想象渡入现实的历程,由对意识形态的反抗到为国家意识形态的利用。2005年,湖南省常德市桃源县以"桃花源传说"为名申报国家级非物质文化遗产(类别为民间文学,遗产编号为Ⅰ—10)。

意识形态表述会随着现实秩序的变化而转换,其工具性的话语模式具有恒定性,其具体的内容和样式具有历史性。乌托邦的表述对现实秩序进行反思和批判,一旦这种批判成为现实就完成自己的使命,湘西想象中的桃花源叙事的终极开始也是另一乌托邦话语出现之时。由古代到现代,意识形态话语由蛮邦转换成匪土,乌托邦的话语由桃花源成为审美现代的表述中的边城形象,以及红色圣地、旅游胜地。

三、现代想象:匪土与圣地

与古典想象中的蛮邦表述一样,现代湘西作为意识形态的表述对象是以"匪"作为套话,匪有三种特征:一是拥有武装力量,凭借暴力的组织去获取生存资源;二是官方秩序的对立面,匪是官方不予承认的非法武装;三是匪与普通民众之间有着特殊的关系,为匪的人当中一部分是将匪作为面对战争侵扰、自然的灾害所无力生存的一条保生存的路径。1627年,雍正实行改土归流的政策,

---

① (清)唐开韶,胡焯.桃花源志略[M].刘静,应国斌校点.长沙:岳麓书社,2008:2.
② (清)唐开韶,胡焯.桃花源志略[M].刘静,应国斌校点.长沙:岳麓书社,2008:4.
③ 桃源县人民政府.桃源概况[EB/OL].http://www.taoyuan.gov.cn/html/2004/06/26/7436.html,2004-06-26/2014-10-18.

鄂尔泰负责执行，流官取代了土司制度，但从《清史稿》关于土司的记述当中，还有未改的地域，"今土司之未改流者，四川宣抚使二……宣慰司五……安抚使二十有一……"①为改流的贵州地区，"贵州长官司六十有二"②。从这一湘鄂川黔流域的土司地方武装分析，从清朝到民国，地方的武装力量成为"匪患"是一种背景和依据，从蛮夷之地到土司的以夷制夷的策略，再到改土归流，官方的武装力量退居其后，一旦有现实的土壤就会有边地与中心，或者地域与地域之间、地域内部的人之间因生存资源发生的斗争。在清政府之后的中华民国政府到中华人民共和国对该地的解放，匪游离于国家意识形态之外。

以20世纪八九十年代出版的一批关于湘西剿匪的表述来看，这种表述的方式是由历史进入想象，历史的叙述与文学的叙述融合在一起，匪作为一种试图颠覆国家的力量出现。洪武元年（1368年）的匪是苗人覃垕，明王朝派湖广政事杨璟、江夏侯、周德兴征剿。万历年间，明在凤凰、永绥、乾州、古丈等地修建了蜿蜒360多里的"边墙"。明朝嘉靖十八年（1539年），苗民龙求江反抗竿子坪土司和铜仁府魏文相，朝廷用六万士兵镇压。洪武十一年（1378年）六月，湘桂黔吴勉带领侗族人反抗朝廷，打死指挥使父子。洪武十八年（1385年）明王朝"拔军下屯、拔民下寨"，圈占民地1250公顷。同年，五月发生武装斗争。同年，八月，朝廷命30万军队镇压。康熙二十四年（1685年），爆发补丁寨吴二哥、吴老觅、吴老叟等苗民与朝廷的斗争。康熙四十二年（1703年）湖南、广西、贵州三省满汉官兵勒令归降，血战四个月后被镇压，战死者4000多人。乾嘉年间爆发"乾嘉起义"。乾隆六十年（1785年）铜仁石柳邓、永绥石三保、凤凰吴陇登、吴半生，乾州吴八月围攻厅城。清政府调7省18万士兵征讨，前后持续12年之久，是清朝苗民反抗规模最大的一次。道光二十九年（1849年）十一月，新宁李元发组织"把子会"，发展到5000余人，与清军进行反抗。咸丰六月（1856年）黎平侗族人龙达文领导侗族人，全歼清军4000多人。咸丰十一年（1861年）石达开的太平军进入湘西，受到拥护。民国时期，1916年，贺龙在桑植、龙山、永顺、大庸4县领导反封建的革命活动。1917年，苗族人龙廷久在古丈组织民团，1921年，"湘西王"陈渠珍被镇压，龙廷久牺牲。1921年中国共产党成立后，在建党初期和第一次国内革命战争时期，湘西人姚彦、陈佑魁、向警予、滕代远、粟裕、田嘉敏、于继起、李灿、龙家泉、杨英华、罗卓

---

① （清）赵尔巽等撰.清史稿·第四十七册·卷五百十二·列传二百九十九·土司一·湖广 [M]. 北京：中华书局，1977：14206.
② （清）赵尔巽等撰.清史稿·第四十七册·卷五百十二·列传二百九十九·土司一·湖广 [M]. 北京：中华书局，1977：14207.

云、彭玉珊、杨子锐、韩仲文等加入中国共产党。1928年4月2日，贺龙、周逸群领导"桑植起义"，开辟湘鄂西苏区。1934年10月到1936年春，贺龙、关向应领导红二军团（红三军）和任弼时、肖克、王震领导的红六军团黔东会师，在湖南、湖北、四川、贵州发展了湘鄂川黔革命根据地。1949年9月中旬，解放军第三十八军、第三十九军，由常德挺进湘西，解放了沅陵、溆浦、泸溪、辰溪、芷江等10余座县城。1950年4月，四十七军开始对湘西中心地区进行清剿。6月底，主要股匪消灭，10月中旬，湘西28个县全部回到人民手中。从1949年冬到1952年下半年，共歼灭土匪和地方武装113000多人。① 从国家意识形态来考察，与当权的政府构成威胁的地方武装都是匪患。对意识形态进行批判的是红色圣地，在现实意义上是红色革命取得革命胜利之前的对国民政府构成批判的革命乌托邦。在湘西地域的红色记忆有二：一是国民党统治时期的红色革命根据地，二是解放湘西过程中对未解放的湘西构成颠覆的解放区。

　　解放战争之前的红色圣地，1928年，贺龙、周逸群领导开辟湘鄂西苏区。1934年到1936年，贺龙、关向应、任弼时、肖克、王震在湖南、湖北、四川、贵州发展了湘鄂川黔革命根据地。这是工农红军建立的重要根据地之一，根据地代表革命的火种，是一种对国民党统治的否定，在幅员辽阔的中国土地上的红色根据地具有重要的红色乌托邦意义。"今日之湘西已永远是湘西人民的湘西了，是人民民主专政的湘西了，它已经出现了一个和平建设的新局面，并将继续为建设巩固的国防后方面前进。我们今天可以告慰于全湘西人民：湘西的土匪已经基本上肃清了。但还有边沿区少数散匪及潜伏的反动残余势力存在，恶霸、不法地主等反革命分子还未受到彻底的打击，他们绝不甘心自己的灭亡，在今天美帝侵略朝鲜和我们台湾的紧张形势下，仍企图想尽各种办法来进行破坏人民政权、危害人民利益等反革命活动，妄想待机复辟"②。解放战争之后，红色圣地是针对美帝国和国民党潜伏势力的颠覆和否定。

　　匪土与圣地的形象学意义。匪地作为对国家意识形态的颠覆力量，这种政治性的话语与现实剿匪政策之间有着直接的关系，从明朝、清朝、民国到新中国，匪是湘西形象最具政治性的形象，这种政治性对政治活动和军事活动有着重要的影响。在解放战争剿匪的过程中或者在新时期处理民族问题的时候，匪具有预先的假定性，匪的观念会加剧中心文化圈与边地湘西之间的矛盾。匪的观念加深，但匪的形象再次从想象回到现实的时候，似乎"无匪不成湘"或者"无湘不为

---

① 王中杰. 湘西剿匪 [M]. 长沙：湖南人民出版社，1989：1-7.
② 周赤萍在1951年春，结束湘西剿匪时写的一篇文章，曾登载于《人民日报》、《长江日报》、《新湖南报》、《湘西日报》。参看周赤萍. 擒魔记——湘西剿匪记回忆录 [M]. 昆明：云南人民出版社，1962：274.

匪",甚至到湘西的目的就是为了找土匪,用一种预先设定的匪套话作为公式创造出匪的群体。这完全是一种敌对的心理差异,这种差异造成的敌对就是明朝政府建立的"边墙"和乾嘉苗民对清政府的反抗。如果将匪妖魔化,现实会是血腥和悲剧。同理,如果我们将红色圣地(旅游胜地)落实在现实湘西的土地上,那么它就完完全全成为了一个解放区,红色圣地失去了否定"三座大山"的价值而成为红色记忆。

第二节 类型:边、蛮、巫

湘西形象的原型由古典想象中的蛮邦与桃花源结构、现代想象中的匪土与圣地组成,从套话的时间性的角度考量,原型具有超越性,因为前现代有需要解决的问题,湘西形象的古典想象就是前现代社会集体想象物的重要体现,湘西形象的现代想象是现代人对现代性中的社会现代性和审美现代性的反思。从这两对原型结构出发,对套话进一步找寻,寻找原型之下的类型。我们以缘网中的地缘、亲缘、神缘为结构,总结出三种类型:边、蛮、巫。边是地缘视野中的湘西形象,边地湘西的注视者——中心文化圈是我们研究的重点。蛮是亲缘视野中的湘西形象,蛮俗湘西的比较者——中心的帝制集权和礼乐文明是我们研究的中心。巫傩湘西的注视者——中心文化圈的古典礼仪与现代启蒙理性是我们研究的重点。

一、边:中心与边缘

在中国古籍书库(哲科、史地、艺文、综合类)中,我们用"中国"作为关键词检索的结果有148900条信息,用"中土"为关键词的检索有10753个结果,用"四方"为关键词的检索有349个结果。从统计学意义上,我们可以发现中心与四方的天下观是史籍中反复表述的对象,这已成为汉文化圈的社会集体想象物。湘西的边地形象可以为我们提供边地形象研究的范型。

边是中心文化圈对自身地理之外的观念,这种观念的基本模式是中与边之间的对位关系,这种关系也是一种长期积淀而成的概念。在夏商周之前的古代遗址发掘中,我们看到的是黄河中上游、长江中上游的各地文化圈,没有我对他者的观念和概念(文化交流在进行,但没有系统的观念和概念),而是都以"××文化"称呼各个地方的文化。从夏朝开始,商朝、周朝都是王权社会,在地理版图上,我们看到的是以王朝为中心,并且以中心为基础的对外称呼,夏商周时期,夷、

第三章　湘西形象：形象生态的原型、类型

狄、戎等概念出现，这是以夏商周的"文明"为标准的对外称呼，没有被纳入的地域是远方，与中心有器物、制度、文化差异的地方就是边缘。造成边缘的根本原因是生产生活方式的差异，生存资源到底是占有、分享还是争斗就决定了各自的历史心象，这种心象决定了"我"对区别对象的想象。夏商周时期，长江流域都是王朝边地。随着王朝的建立，生存资源的争夺是历史，对历史的表述构成了人的观念，这种观念表述的开始是夏朝的甲骨文、商朝的铭文，其中，最集中的体现就是历代王朝集成的《二十四史》。夏本纪中记载，禹治水后分封天下，"赐土姓：'祗台德先，不距朕行。'令天子之国以外五百里甸服：百里赋纳总，二百里纳铚，三百里纳秸服，四百里粟，五百里米。甸服外五百里侯服：百里采，二百里任国，三百里诸侯。侯服外五百里绥服：三百里揆文教，二百里奋武卫。绥服外五百里要服：三百里夷，二百里蔡。要服外五百里荒服：三百里蛮，二百里流"①。王朝的统治者赐给诸侯百官土地和姓氏，在夏商周的地理版图上可以发现都市的周边是各种以姓氏命名的小国，并规定了天子国以外周围五百里的地方叫"甸服"：靠近国都一百里以内的区域的赋税是缴纳成捆的秸秆，距离国都一百里以外至两百里的区域缴纳禾穗，距离两百里以外至三百里的区域缴纳谷粒，距离三百里以外至四百里的区域缴纳粗米，距离四百里以外至五百里的区域缴纳精米。甸服以外周围五百里的地方叫"侯服"：靠近甸服一百里的区域作为卿大夫的采邑，往外二百里以内为小的封国，再往外三百里以内为诸侯的封地。侯服以外五百里的地区为绥服，即受天子安抚，推行教化的地区：靠近侯服三百里以内视情况推行礼乐法度、文章教化，往外二百里以内要振兴武威，保卫天子。绥服以外五百里的地区为要服，即受天子约束服从天子的地区：靠近绥服三百里以内要遵守教化，和平相处；往外二百里以内要遵守王法。要服以外五百里的地区为荒服，即为天子守卫远边的荒远地区：靠近要服三百里以内的区域，给蛮人居住，三百里以外的两百里区域流放罪犯。这是中心到边地的阶层式划分生存资源的模式，这与大王朝建立之前的多元文明是不一样的。这种由中心到边地是概念的反复积淀影响了中心与边地的概念进入社会集体意识之中。

　　边地湘西的观念，是中心文化圈对资源生存环境和生产方式的反映。在地缘的视野中，湘西可以从行政单元上有小湘西和大湘西之分，可以从地理单元的视角界定为沅陵—武陵湘西，或从经济文化单元的视角界定为武陵山片区等。在这诸多的形象表述中，"边"或者说边的内涵是湘西形象类型意义。我们从附录"湖南省历史沿革"可以发现湘西在政治中国版图中的位置。秦朝时期，湘西地区是黔中郡与长沙郡的交接地带；西汉版图中，湘西是武陵郡、零陵郡、长沙国

---

① 王利器.史记注译（一）·史记卷二·夏本纪第二［M］.西安：三秦出版社，1988：27.

的交界处；北宋时期，湘西是荆湖北路、荆湖南路的交接地带；唐王朝的版图中，湘西是黔中道与江南西道的交接处；元朝的版图上，湘西处于湖广行省的边界地带；明王朝时期，湘西地区属于湖广布政司的西部边缘地带；从清王朝到新中国，湘西属于西部边缘地带。行政版图的划分是一种类似地球板块漂移的运动，不管王朝怎么更迭，湘西始终是地区的边缘和中心的边缘，这种边地的空间距离也是人与人之间的心理距离，更是文化与文化之间的距离。

我们要追问湘西为什么是边地形象，从地理单元的视野，参看附录中"湖南省在我国三级阶梯中的位置"，我们可以发现湘西地处第三阶梯和第二阶梯的边缘地段，湘西是农耕文明的边界，从生存资源的角度属于生产方式和生活方式的边缘。从第二阶梯高原地带的生产方式来说，湘西属于边缘，并不是牧业经济的生产生活模式，湘西是山林生产生活方式，在边缘的视野中，湘西在政治、经济、文化处于相对区隔的状态，从明清时期的政府对地方反抗的镇压到解放军的剿匪，人与人之间没有交流，器物、制度、文化之间的路径没有展开，唯有剩下军事暴力中对肉体的毁灭，特别是中央集权的王朝社会中的军政策略尤甚。

以边地湘西为视野，我们可以发现"边"是一种历史的心性和概念在中国版图上的逐步外移。从附录"原始社会遗址图"中，在我国的文化版图上没有何为边缘何为中心，而是多个中心并置在版图上。黄河上游的文化主要是仰韶文化、河南龙山文化，黄河下游的文化主要是青莲岗文化、大汶口子文化、山东龙山文化等。长江流域有河姆渡文化、马家浜·崧泽文化、良渚文化，长江中游是大溪文化、屈家岭文化、青龙泉文化等。从版图上的遗址发掘来看，湘西澧水流属于大溪文化。在中华版图上多个文化中心的并置，无论是从每个文化中心的视野出发，还是从生存资源角度来看，都有自己的中心与边缘。

从附录中的"夏时期全图"可以发现，王朝的版图仅仅是第三阶梯的黄河流域，中心地带是今天山东、河南、河北一带，中心边缘的标志，可以从称呼上识别，其中山东半岛是莱夷，淮河流域是夷，湘西地域所属的长江中上游是三苗，边缘的概念只是以与夏文化的空间距离为根据，自身所不能穷极的地方全部是四方。商朝有自己的中心和边缘，西边有羌族、东南有淮夷，湘西所在的长江流域是楚文化、巴文化、濮文化地域。西周基本延续商的版图，但地域概念都有相对的变化。秦王朝的版图基本统一了第三阶梯，图中的湘西地域是黔中郡，汉朝时期突破了第三阶梯，开通了河西走廊，未被纳入王朝统治体系的第三阶梯自然是属于边缘。从秦到汉的版图扩张是生存资源的扩张，也是农业文明对牧业文明的冲击和影响，对版图扩张就是对生存资源的突破，在观念领域也刷新了地理观念中的中央与四方，中心与边缘的意识。

"边"是一种文化观念，中心文化圈持有这种观念面对湘西的时候就成为边地湘西的形象，中边概念在现实的态度和行为中得到体现，这是对中心的注视者进入边地的表述。注视者与被注视者随着空间距离的缩小而加大。电影《边城》开篇的画外音："民国初年，从四川到湖南靠东有一条官路，就是湘西。"以中心到边缘的叙述模式，四川、湖南是确定的地域，湘西就处在官路文化圈之间的连接线之边。小说《边城》和电影《边城》都是以湘西之外作为叙述者的方位所在地，首先是湖南、四川，接着是湘西，接下来是湘西的茶峒、靠城两里的渡口，摆渡人是 70 多岁的爷爷和翠翠。由文化圈的中心到边缘，从城镇到乡村的地理模式，这种空间地理模式是心理想象模式的基础。

关于中心与边缘的多元地理生态，《连心坝》中是青龙河两岸的汉家、苗家、土家《老板哥和电妹子》将落后的本地蒲叶溪与心向往之的经济富裕地区互为对照。《乌龙山剿匪记》（1986 年、2011 年）中匪患的偏远山区与耕者有其田的解放区是相互对照的世界。《阿桃》中桃花寨与怡兰一家要回去的省城相对比。《血色湘西》中麻溪铺的山水世界与抗战时期的中国以及侵略者的世界相对照，栖凤河的水联系着雪峰山、沅江、常德府。《边城汉子》中的蒲地流去城里读书，石头寨的世界与城里的世界形成对照。岑兰寨是两千多土匪的集结地，号称"湘西小台湾"，映射国民党统治的时间和空间，是与红色革命对立的重要力量。《拯救司徒慧》中一辆军用卡车载着军区文工团来湘西地区慰问演出拉开序幕，文工团所代表的红色革命的文化圈与尚待解放的土匪湘西形成鲜明的对比，《血鼓》中的序幕的场景是外来的清兵来到苗寨，划定官田和军田，影像中的山路连接着民不聊生的苗寨和暴虐的满清政府。《湘西尸王》中阿勇和阿琴坐船沿水路回家奔丧，两人背后的世界是东洋，眼前要去的地方是阔别多年的故乡，前者是中国年轻人的留学之地，后者是依然保持着赶尸风俗的故乡，两人的中心文化身份与边缘地区的前现代生活方式格格不入，阿勇的眼里，"湘西人非常野蛮，男人吃生肉，女人光屁股"。船老大信奉的职业伦理更加确认了湘西的神秘，女人不能下水推船，因为"青浪滩的阎王爷是好色鬼，看见姑娘下水就兴风作浪，会翻船"。这样的地方是中心文化圈的人所鄙夷的，当阿勇再次踏上回去的路就表达了对此地的看法，"鬼地方，请我来，我再也不回来了"。地理不仅是按比例尺缩小的地图指南，更是由历史与想象张力构成的一张地理网。

二、蛮：礼邦与蛮族

在中国古籍书库（哲科、史地、艺文、综合类）中，我们用"礼"作为关键词检索的结果有 2091786 条信息，用"礼仪"为关键词的检索结果有 29348 个结果，用"礼乐"为关键词的检索结果有 75307 个结果。以与前面这些词有相对意义的"蛮"、"夷"、"狄"、"戎"为关键词搜索的结果依次分别是 158145 次、

509705次、112693次、231221次。从统计学意义上，我们可以发现中心的礼乐文化制度对四方的蛮夷观是史籍中反复表述的对象，概念完成自我的生产与再生产，这已成为汉文化圈的社会集体想象物。湘西的蛮族形象可以为我们提供异族形象研究的范型。

中心观念中的异族形象与异地形象紧密联系在一起。"谨兜进言共工，尧曰'不可'，而试之工师，共工果淫辟。四岳举鲧治鸿水，尧以为不可，兵强请试之，试之而无功，故百姓不便。三苗在江淮、荆州数为乱。于是舜归而言于帝，请流共工于幽陵，以变北狄；放讙兜于崇山，以变南蛮；迁三苗于三危，以变西戎殛鲧于羽山，以变东夷。四罪而天下咸服"①。夷蛮戎狄是中心文化圈对东南西北四方的部族和少数民族的称呼，其中的崇山一说在湖南省大庸县西南（今张家界市永定区）；一说在广西壮族自治区的西林县、凌云县一带。边地形象是从资源生存和生产方式视野去考察，蛮族湘西是从中心族群身份认同的角度去考察，其种族之间的差异是重要的描述对象。

《山海经》中关于蛮形象的记载，"西次山经之首，曰崇吾之山……有鸟焉，其状如凫而一翼一目，相得乃飞，名曰蛮蛮，见则天下大水"②。蛮作为鸟的称呼，有"比翼鸟在其（南山）东，其为鸟青、赤两鸟比翼"③；"羽民国在其（比翼鸟）东南，其为人长头，身生羽。一曰比翼鸟东南，其为人长颊"④。

《山海经》中狄的形象，有"狄山，帝尧葬于阳，帝喾葬于阴。爰有熊、罴、文虎、蜼、豹、离朱、视肉。吁咽、文王皆葬其所。一曰汤山。一曰爰有熊、罴、文虎、蜼、豹、离朱、鸱久、视肉、虖交。其范林方三百里"⑤；"有北狄之国，黄帝之孙曰始均，始均生北狄"⑥。北狄之国，即北狄国，国名，具体所指待考。狄是我国古代对北部少数民族的统称。

《山海经》中关于夷，有"夷人在东胡（东胡是古族民，因居于匈奴以东而得名）东"⑦。《山海经》中关于戎，有"戎（古族名，殷周时有鬼戎、西戎等，位于我国西北地区。这里指传说中的国名或部族），其为人人首三角"⑧。西北海外，"有国名曰赖丘。有犬戎国。有神，人面兽身，名曰犬戎"⑨。大荒（最荒远

---

① 王利器. 史记注译（一）·史记卷一·五帝本纪第一 [M]. 西安：三秦出版社，1988：7.
② 冯国超译注. 山海经 [M]. 北京：商务印书馆，2009：64.
③ 冯国超译注. 山海经 [M]. 北京：商务印书馆，2009：316.
④ 冯国超译注. 山海经 [M]. 北京：商务印书馆，2009：317.
⑤ 冯国超译注. 山海经 [M]. 北京：商务印书馆，2009：324.
⑥ 冯国超译注. 山海经 [M]. 北京：商务印书馆，2009：447.
⑦ 冯国超译注. 山海经 [M]. 北京：商务印书馆，2009：374.
⑧ 冯国超译注. 山海经 [M]. 北京：商务印书馆，2009：387.
⑨ 冯国超译注. 山海经 [M]. 北京：商务印书馆，2009：479.

的地方)之中,"有山名曰融父山,顺水入焉。有人名曰犬戎。黄帝生苗龙,苗龙生融吾,融吾生弄明,弄明生白犬,白犬有牝牡,是为犬戎,肉食。有赤兽,马状,无首,名曰戎宣王尸"①。

《山海经》中关于巴形象的记载,"西南有巴国。大皞生咸鸟,咸鸟生乘厘,乘厘生后照,后照始为巴人"②。巴国,古国名,主要分布在今重庆、湖北交界地带。

蛮作为一种形象,是中心文化圈对边地生活的族群的认识,《山海经》中以动物命名的族群可能是族群的图腾的标志。《山海经》从中心对海外和海内等地的描绘充满模糊和魔幻。这种形象很抽象,随着表述和认识的不断深入,蛮的形象也明晰起来。"边蛮之俗,世乱则先叛治,治则后服。商之中叶乱端兆矣。故诗有奋伐荆楚之颂也。爰及有周,周礼正南曰荆州,史记成王封熊绎于楚,至于宣王,荆楚背叛,命方叔伐之。至于春秋,诸南夷皆属楚,为巫中地,至于战国周微,王化不行,各相征伐……秦拔我巫中及江南为黔中郡,次年复归于楚,又五十四岁,为秦始皇二十四年秦灭楚置黔中郡如故。汉高祖五年改黔中郡为武陵郡领县十三……"③

自明清时期加强对边地的军政统治,清政府改土归流,加强统治,边地遇到了政治统治的压力和反抗。乾州厅、凤凰厅、永绥厅皆为"汉(五溪蛮)地"④。特别记载的苗的"叛乱",是对诸如苗乱与乾嘉苗民起义的不同定位。"乾州厅,本朝仍为镇溪千户所属辰州府分隶湖南布政司。康熙二十四年红苗叛劫镇所指鱼梁坳,官兵失利","辰地古为荒乱……今分府改土为流,入苗之境皆我甲兵,威以慑之,恩以抚之,教化以沏濡之"⑤。

蛮族形象是中心文化圈对边地湘西人的想象,这种起源的心性是从夏商周对夷狄蛮戎的区分开始,从中心对边地民族的想象,这种蛮族的形象在甲骨文、铭文开始,在史籍的表述中得到最高的体现。自明清之后,这种蛮的形象又有了分支和变体,蛮是从族群的分类和认同的视野,明清之后中心对边地的统治加强,蛮族的概念中分化出匪类,匪是在蛮基础之上的群体,相比蛮,它更具有对国家意识形态的颠覆功能,特别是具有武装力量的非法组织。匪是蛮形象的最高级形象,蛮代表了族群之间的歧视和鄙夷,匪是政治和军事中你死我活的斗争。在影视中的湘西土匪中我们还将详细论述。

---

① 冯国超译注. 山海经 [M]. 北京:商务印书馆,2009:387.
② 冯国超译注. 山海经 [M]. 北京:商务印书馆,2009:490.
③ (清) 席绍葆,谢鸣谦等修撰. 乾隆辰州府志 [M]. 长沙:岳麓书社,2011:20.
④ (清) 席绍葆,谢鸣谦等修撰. 乾隆辰州府志 [M]. 长沙:岳麓书社,2011:26-27.
⑤ (清) 席绍葆,谢鸣谦等修撰. 乾隆辰州府志 [M]. 长沙:岳麓书社,2011:27-28.

蛮族湘西遇上礼仪之邦的中心文化的时候，边地需要开化，蛮族需要教化，在影视作品中来到湘西的人都承担着领导者、拯救者的角色，蛮族在学习的过程中逐步成长。《连心坝》（1977年）是复员回来的军人学成归来，带领汉族、土家、苗族修建连心坝，将革命的敌对分子绳之以法，劳动人民的革命成果得到保护。《乌龙山剿匪记》（1986年）、《湘西剿匪记》（1987年）、《湘西大剿匪记》（1995年）等匪类题材是解放军拯救了水深火热中的百姓，百姓觉悟也得到了提高，新版《乌龙山剿匪记》（2011年）中的土匪的老婆何秀姑在解放军的帮助下最后成长为一名革命战士，阿西苗苗由一位寨主成为与解放军共同对付土匪的正义力量。《郑培民》中的陈方平在郑培民的教育下成长为一名土生土长的好干部。蛮是礼乐文明的对立面，这种蛮需要中心文化圈的关照，最后完成对蛮的否定。

三、巫：启蒙与魅惑

在中国古籍书库（哲科、史地、艺文、综合类）中，我们用"巫"作为关键词检索的结果有81691条信息，用"鬼"为关键词的检索结果有263198个结果，用"鬼神"为关键词的检索结果有69629个结果。以与前面这些词有相对意义的"儒"、"佛"、"菩萨"、"道家"、"道教"、"神仙"为关键词搜索的结果依次分别是438279次、469551次、74634次、12192次、4598次、53134次。儒、释、道、巫是人从哲学思想、宗教思想把握世界的方式，从统计学意义上，我们可以发现中心的儒释道的思想是中华文化圈的主流思想，其中佛教和道教是关乎人的信仰问题，巫作为边地的一种，是主流文化圈的对立面，对巫的想象也是中心文化圈对自身文化确认和反思的一种方式。巫傩湘西形象是中心对湘西人信仰的想象，湘西少数民族中土家族的白虎信仰、土司王信仰、苗族的盘瓠，民间传说中的湘西赶尸、女子落洞、蛊毒都是汉文化圈想象湘西的重要媒介，特别是在旅游文化产业时代，民族的信仰成为舞台表演、戏剧表演，在表演生态中塑造巫傩湘西的形象，这已成为汉文化圈的社会集体想象物。湘西的巫傩形象可以为我们提供异地、异族信仰形象研究的范型。

（一）巫傩形象是汉文化对湘西的历史心性

巫的生存土壤主要是战国时期的楚，这种信仰模式在今天还有一些余存，楚文化的独特性，与北方礼乐文明是一种差异，汉书地理志，"信巫鬼，重淫祀"。"所谓楚文化，即中国先秦时期，以南方少数民族的巫鬼文化为主体，融合汉族文化的影响，而形成的一种文化形态。它与北方文化一起形成中华民族文化发展的两大源流"①。"楚有江汉川泽山林之饶，南地广或火耕水耨。民食鱼稻，以渔猎山伐为业，果蓏蠃蛤，食物常足。故呰窳偷生，而亡积聚，饮食还给，不忧冻饿，亦亡千金之家。信巫鬼，重淫祀。而汉中淫失支柱，与巴蜀同俗。汝南之别，皆急疾有气势。江陵，故郢都，西通巫、巴，东有云梦之饶，亦一都会也"②。

从屈原到沈从文，巫傩湘西形象是屈原对中心文化圈的思考，"楚国南郢之邑，沅湘之间，其俗信鬼而好祠（祠一作祀，《汉书》曰：楚地信巫鬼重淫祀。《隋志》曰：荆州尤重祠祀。屈原制九歌盖由此也）。其祠必作歌乐、鼓舞以乐诸神。屈原放逐，窜伏其域，怀忧苦毒，愁思沸郁，出见俗人祭祀之礼，歌舞之乐，其词鄙陋因为作九歌之曲"③。这种文化经过屈原的推崇形成一种重要的文化特色。

巫形象的变奏，从沈从文文学中的女性形象到电视剧中的女性形象，再到旅游产业表演的山水实景剧中的巫的转变。沈从文在《凤子》中描写，"起始吹角，吹动那个呼风唤雨召鬼乐神的镂花牛角，声音凄厉而激扬，散播原野，上通天廷。用一种缓慢而严肃的姿势，向斗坛跪拜舞俑。且用一种低郁的歌声，应和雄壮的金鼓声，且舞且唱"④。《神巫之爱》中对俊美的神巫的描写，"他头缠红巾，双眉向上竖。脸颊眉心擦了一点鸡血，红缎绣花衣服上加有朱绘龙虎黄纸符，他手执铜叉和镂银牛角，一上场便有节拍的跳舞着，还用呜咽的调子念着娱神歌曲。他双脚不鞋不袜，预备回头赤足踩上烧得通红的钢犁。那健全的脚，那结实的腿，那活泼的又显露完美的腰身转折的姿势，使一切男人羡慕、一切女子倾倒。那在鼓声嗟嗟下拍动的铜叉上圈儿的声音，与牛角呜呜唎唎的声音，使人相信神巫的周围与本身，全是精灵所在"⑤。沈从文笔下的巫的描写，更是对巫师的人性的描写。"苗族半原人的神怪观念影响到一切人，形成一种绝大力量。大树、洞穴、岩石，无处不神。狐、虎、蛇、龟，无物不怪。神或怪在传说中美丑善恶不一，无不赋以人性"⑥。沈从文的审美现代性的生存方式是对社会现代性的思考，其中"以美育代宗教"就是重要的论题之一。

金庸曾多次到过湘西，还曾为天门山题写"天门仙山"的匾额，在《连城

---

① 凌宇. 从苗汉文化和中西文化的撞击看沈从文，重建楚文化的神话系统 [M]. 长沙：湖南文艺出版社，1995：220.
② （汉）班固. 汉书·卷二十八下 [M]. 清乾隆武英殿刻本，497.
③ （汉）王逸. 楚辞. 卷二九歌章句. 第二. 离骚 [M]. 四部丛刊景明翻宋本，43.
④ 沈从文. 凤子，沈从文文集·第4卷 [M]. 广州：花城出版社，1983：383.
⑤ 沈从文. 神巫之爱，沈从文别集·龙朱集 [M]. 长沙：岳麓书社，1992：56.
⑥ 沈从文. 凤凰，沈从文别集·凤凰集 [M]. 长沙：岳麓书社，1992：200.

诀》、《倚天屠龙记》、《笑傲江湖》、《碧血剑》中对湘西苗疆的放蛊情节有所描绘。梁羽生在《联剑风云录》中对湘西的"万里行尸"有描绘，古龙在《武林外史》也提及湘西赶尸的传说。

(1) 影视中的巫傩形象。《湘西尸王》中的道士可以用符咒使得尸体可以自己跳着行进，是对巫的神秘主义的渲染，这是1993年邵氏电影用民俗的视野去选取神秘湘西作为背景。电影在猎奇的同时，也有对送尸术的结构，其实湘西尸王实为用尸体运送毒品的大恶人，在试图血洗苗寨的厮杀中身亡。《血鼓》中苗民聚众起义之前，由五位法师领头，石三保等人拜见傩神雕像，歃血为盟，成为一种大战前的敬神仪式，这一仪式也是湘西苗寨信仰文化空间的呈现。《湘西往事》中的匪徒之一李上坡是用赶尸掩人耳目，是国民党获取和传达情报的交通线。《血色湘西》中的傩公具有神秘主义色彩，为年满16岁的女孩们解签，解签之后，主要人物的命运依次展开，最后傩公同样上战场，摇鼓行军，鼓舞士气，中弹而亡。《阿桃》中念咒语的疯癫的阿婆是小朋友惧怕的对象，但她是为了给阿桃小妹报仇杀死野猪而献身的人，她整天唠叨的内容居然是等着自己丈夫和孩子回来。《梯玛之子》2010年已经开始拍摄，号称首部土家族原生态电影，但还未上映，"梯玛"就是能实现人与神沟通的人。

(2) 旅游地的巫傩仪式展示。舞台剧《魅力湘西》是将"赶尸"融入罗荣光大战大沽炮台之后，战士们英魂回乡的剧情中，赶尸的法师口念咒语"回回回……"，赶尸采用一种写意的手法。《梦幻张家界》表演法师的绝活"定米"并营造魔幻的赶尸情景，令观众毛骨悚然。这是用戏剧和舞台的表演呈现具有巫的形象。原生态旅游的兴起，各种民俗都以表演的方式呈现在舞台上，民俗消费成为现代旅游产业的一种生态，在市场经济环境下，文化产业视野下巫傩形象的展现，是对拟态神秘湘西的再确认。巫有存在的历史背景，楚巫时代或者说前现代的湘西，巫傩作为一种解决人自身的问题而存在，经过现代性中的"以美育代宗教"等社会现代性理念的启蒙，现代解构了前现代的巫的生存方式。巫的消亡是其存在的方式，它不承担形而上的信仰功能和社会功能，但它还是以其他的方式存在，艺术领域中的巫傩记忆与非物质文化遗产领域中的仪式空间。

(3) 功能学派视野中的湘西巫医形象——以画水为例。在功能学派的眼里，任何一种文化现象都有满足人类实际生活需要的作用，即都有一定的功能。在湖南湘西地区，很多神秘因素的存在组成了一个神秘文化圈，随着反封建、破除迷信思想的扩大化，湘西的很多神秘事物都面临着灭绝的危机，人们认为这些文化都是无用的，本书将以功能学派中任何存在的文化现象都有一定作用的理论为基础，以湘西神秘事物之一的巫医画水治病为具体例子，浅析这些神秘文化的作用和价值。

湘西是湖南省与贵州、重庆、湖北三省市接壤的地界，地属我国地势中第二、三阶梯的过渡段，地形丰富多样且水力资源和林业资源都十分丰富，多高山、密林、流水，其军事地理位置十分重要，一直是兵家必争之地，且政府也多以湘西地区为其政治危机的后备根据地，作为政府避难所的湘西一旦完成了其避难的作用之后，便又回复到被政府忽视的局面。且这一地区湿毒瘴气横生，土壤贫瘠，经济落后，中原统治者们很少重视这一区域的发展，此地自古以来便生活着汉、苗、土家、白、瑶、壮、侗等多个民族，民风复杂，多彪悍、野蛮之民，加之偏僻闭塞，信息传递不便，新思想和新技术很难进入，穷困潦倒之余便滋生了很多兵匪，多为军阀所占据，争夺打斗时有发生，当地普通百姓的生活非常贫苦，又缺乏正确的教育，认知面的狭窄和环境的复杂让百姓们无法洞悉认知以外的现象，便把这些难以理解的现象归结于神巫之力，结果导致很多神秘事件产生，比如湘西赶尸[1]、女子落洞[2]、妇人放蛊[3]、辰州符[4][5]巫医治病等，种种神秘事件共同形成了具有湘西特色的神秘文化圈，使得湘西充满了神秘感，有待人们加以考证解开谜题。

本书将以功能学派的功能主义人类学方法为主要理论依据，简析湘西巫医治病的情况，尤其是对画水治病一科，会加以详细的分析，以功能学派的视野，一探湘西巫医画水治病的来龙去脉，从而对湘西神秘文化有更进一步的了解。

（4）湘西地区巫医治病的情况——主要以画水为例。巫医及其在湘西地区的发生和发展可以算得上世界上最古老的职业之一了，自从人们有了自我意识，开始对整个世界有了自己的看法以后，对于自己不了解或者感到害怕的东西，人类便把这些东西冠以"鬼"、"神"的名义，认为一切都是神力所为，都是因为鬼神之力高于人类，才能完成人类所不能完成的事情，所以人类便在同类中臆造了一个高于鬼神之力或者至少与鬼神之力平等的人，这便导致了"巫"的出现。其实巫也就是一个普通的人罢了，只是由于在巧合的时间里完成了当时人类都不可能完成的事情，这种"超能力"的发挥，使得人们惊服的同时也不由自主地抬高了此人的地位，"巫"便由此产生。到后来，"巫"便逐渐演化成一种职业，专门作为人类与鬼神之间的媒介而存在，同时也有着解决一切未知事物的能力。早期人类文明里，巫是整个统治集团最为得力的助手，甚至很多地区的首领就直接由巫担任，巫也是整个人类最为崇拜的圣人，有着至高无上的权利和荣耀，几乎能左

---

[1] 熊晓辉，向东. 湘西历史与文化 [M]. 北京：民族出版社. 2008：140.
[2][3] 熊晓辉，向东. 湘西历史与文化 [M]. 北京：民族出版社. 2008：138.
[4] 熊晓辉，向东. 湘西历史与文化 [M]. 北京：民族出版社. 2008：139.
[5] 熊晓辉，向东. 湘西历史与文化 [M]. 北京：民族出版社. 2008：248.

右一切大小事务，这也是巫最为风光的时段。人类发展到如今，巫的踪迹越来越少，面临灭绝的局面。

在古代，人类心目中的巫是无所不能的，万事万物都要祈求巫师，尤其是人类生病的时候，便导致了巫医的产生，湘西地区的巫医也是在这样的背景下产生的。同其他地区一样，湘西地区的巫医也有着极高的地位，甚至还要高过其他地区，这也是湘西特有的环境所导致，文章的开头就已经提到过，湘西地区的自然环境十分恶劣，信息闭塞，中原的先进文化技术很难传播进来，加上多民族杂居的社会关系，慢慢演化成了一种和谐中充满混战，统一中又不少分裂的特殊民情，各民族文化习俗相互融合，尤其是此地少数民族居多，受教育的程度又低，对外界的事物不甚了解，便形成了很多山精鬼怪之说，久而久之就把克服这些事物的责任交由"无所不能"的巫师，为了显示自己的能力，巫师们也要编制一套相应的克敌之说，整个社会便形成了一个上行下效的巫崇拜，进而也就推进了此地区巫医崇拜的发展。湘西地区的民众都特别崇拜巫医，甚至把自己或家人的生杀大权都交给巫医支配，可见巫医影响之大。元代人《赠医氏汤伯》里面就有描述："楚俗信巫不信医……凡疾，不计久近深浅，药一入口，不效，即屏去。至于巫，反复十数不效，不悔。"[①] 在湘西的很多地区，巫医多是身兼数职，比如土家族的土老司（土家语称梯玛）[②]，在族民心目中，他既是当地的土皇帝，民族的首领，还肩负驱鬼通神之职，又是当地的医生，承担给族民治病的责任，而且一般人没有成为巫医的资格，多是统治者阶层才有成为巫医的可能。由此可见巫医在当地人心中的地位有多么重要了，都可以用至高无上一词形容了。

湘西地区的巫师多男女之分，在一般书面语中称男性巫师为"巫"，称女性巫师为"觋"，但是湘西本地人却不一样，他们称男性巫师为"师父"，女性巫师为"师娘"。作为巫师的师父和师娘，最主要的责任是作为"巫"而存在的，对于他们自己而言，巫医这一身份只是他们的附加，可有可无而已，但是对于普通民众而言，却是不能缺少的。正如上文描述的，在新中国成立前湘西很落后的时候，当地居民生病后，多想到的是鬼怪的纠缠作祟所致，一定要请巫师作法驱赶鬼怪才能最终治愈病痛，在当地人的印象中，只要把鬼怪赶出人体，病痛就能马上痊愈，导致在当地人眼中医生的治病速度是要非常快的，所以才会导致《赠医氏汤伯》一文中"药一入口，不效，即屏去"的现象。一直以来湘西巫医的治病速度是非常惊人的，一种外人看来要几天才可以治愈的伤口，在湘西巫医的"摆弄"下，就只要几分钟的时间，这也是湘西巫医的神秘之处。就是这样的大环

---

① 熊晓辉，向东. 湘西历史与文化 [M]. 北京：民族出版社. 2008：135.
② 熊晓辉，向东. 湘西历史与文化 [M]. 北京：民族出版社. 2008：249.

境，使得湘西人以为所有的医生都像巫师那样"药一入口"便能马上见分晓了，所以他们心中根本没有要等药效起作用的概念。但是到后来也并不是所有的巫医都要有良好的出身，个别巫医的授业之道就非常古怪，绝非常规，多半是好端端的一个正常人，受到了刺激之后，就变得开始神神叨叨，整个人惴惴不安，口中还念念有词，最后便对外宣称自己已经得到了神人的传授，从此就成了一名巫师，但是这一类巫师在湘西地区的地位并不很高；另一些比较有名气的巫师的身份很多都是从上辈那里继承而来的，他们较之前者更加专业一些，本事也更胜一筹，而且他们的身份也相对"高贵"一些，在湘西地区也更得民心。

（二）画水

1. 什么叫画水

很多湘西的巫医在给病人治病的时候，"画水"疗法是不可缺少的治疗手段之一，而且这也是巫医治病最为神奇之处，可以算得上是巫医的精髓部分。本书将对"画水"进行详细的介绍。

"画水"原来是苗族治病的禁咒疗法，后来由于各民族的大融合，许多非苗族的湘西人也学会了这一门秘技，甚至很多当地的小老百姓也会那么一两手简单的"画水"功夫，而且还屡试不爽，十分灵验。"画水"与其他巫术疗法一样，见效速度之快令人咋舌，它是一套完整的禁咒疗法，分为仪式和咒语两部分，尤其咒语是最为重要的，在进行治疗的时候必须念完一整套咒语才有效，否则对病痛没有一点帮助。

如何才能成为一名画水师？"画水"巫师的技艺都是从师父那里传授过来的，一般的徒弟师父还看不上眼，必须要有所谓的"灵力"才可以，如果拜师者得到了传授者首肯，便要在晚上子夜时分，于事先约定好的传道地点在一条长条凳上，摆放好香、烛、纸钱、茶、公鸡，还要朱砂笔一支、青布（即黑布）一丈、鞋一双、钱一封。然后传授者便开始口授咒语，传演种种仪式，杀鸡滴血，最后传授者还要用刀割破徒弟的头皮，使之出血，把人血和鸡血相混合，再用朱砂笔蘸取此血画符圈书。传授者须焚纸钱给其师父，并虔诚地向师父报告自己将收徒弟一名。否则，授者就算知道咒语和仪式，也不会产生效果。在传授后的四十五天中，必须天天练习，过了这段时期之后，便只要在初一、月半的时候烧香复习。如果练习得十分勤快，便能得到阴传，也就是说逝去的祖师爷会在梦中教授此人技艺，此人技艺之高超，不在话下。练习画水的巫师，一生都不能吃天上的斑鸠，地上的犬、马、猴，水中的鳝、鳖、鳅、青蛙。如果违犯，就会有强烈的呕吐感，常犯，则法术不灵。在近代民间，其传授仪式更为简化，只须徒弟给师傅钱财和肉若干，师傅焚若干纸钱即可，但禁忌依旧。①

巫师在开始做仪式时，要先焚纸，取清水一碗置于眼前，脑中还必须想象师傅传授时的情形，左手以大、食、小三指叉杯（中指、无名指屈于掌心），右手以食指、中指二指相并，对装水的容器画符。同时，默诵请师诀，念完请师诀后，即念画水诀，念至其中某一段，便喝水一口，向病者喷去，或者将水给病者饮用，随之继续念完口诀。也有待全部口诀念完，再喷或让病者饮用。在向病者喷水的过程中，巫师往往会顿足。不过在遇到紧急情况也可以免去其他，就只要咒语和清水即可②。

2. 画水的种类

"画水"有很多不同的种类，不同的咒语画出不同的水治不同的病痛，比较出名的有将军水③，是用来治疗突然昏倒的急症的；鸬鹚水④，是用来治疗饮食不慎、骨鲠在喉的；雪山水⑤，用来治疗灼伤的皮肤的，也可以用来致使敌人的饭煮不熟；隔山水⑥，用来治疗相隔一山的跌伤者或砍伤者，只要施法者闻求救声念咒即可治愈；担血水⑦，用来治疗人受伤出血不止的；封刀口水⑧，如其名一样，用来治刀伤，可以使伤口自行愈合；九龙水⑨，功效与鹭鸶水相似，当更有效力。总而言之，有什么样的病痛就有相应的画水咒语来对病痛进行治疗。

3. 画水在湘西

很多当地老人都十分信奉"画水"的功效，对于"画水"之事，他们还能说出很多亲历的真人真事，在遇到家人有什么小病小痛时，老人们也不会想到要去医院，多是自己在家中画点水给病人喝下就好了。就是笔者自己也有过亲身经历，那次我是吃鱼的时候，被很粗的鱼骨卡在喉咙里，进出不得，便试着喝醋、吞饭、用力下咽都没有作用，我姑父见我痛苦的样子，便笑着对一碗清水念念有词了一会儿，给我喝下，果然我的喉咙就舒服了，鱼骨也不翼而飞，现在想想，姑父画的应该是鹭鸶水吧。但这只是小伎俩，真正的画水师必须是专门从事这行的巫师，才能有更深厚的法术治疗大伤痛。

面对如此神奇的现象，很多人想要一探究竟，下文中将主要阐述有关功能学派的事项，然后以功能学派的功能主义人类学方法对湘西巫医"画水"轶事加以分析，揭开"画水"更深层的文化内涵。

有关功能学派，指的是20世纪20年代兴起于英国地区的一个以功能主义人类学为主要研究方法的人类学研究学派，创始人为英国人类学家马林诺夫斯基。马林诺夫斯基是在深入研究太平洋岛国土著文化和神话传说的社会功能之时得到

---

①②③④⑤⑥⑦⑧⑨ 张紫晨. 中国巫术 [M]. 上海：上海三联书店，1990：171-175.

启发，进而开创了新的人类学方法——功能主义人类学，进一步发展之后便形成了功能学派，其产生的主要标志是马林诺夫斯基发表的《西太平洋的航海者》和另一位功能学派代表人物布朗发表《安达曼岛人》。有些人认为功能主义人类学的创设和发展是建立在对古典人类学批判的基础之上的，但事实上，功能学派主要是在融合了人类学派和社会学派的基础上得以产生的，是这两个学派的新分支，所以说，功能学派的发展不是批判，而是延伸和进步。就目前而言，功能学派是迄今为止最伟大的学派之一，它所创造的功能主义人类学研究方法一度被独尊为人类学研究的唯一方法，影响深远。

4. 功能学派的理论主张

功能学派主张任何事物因子都有其独特的社会功能，这样才能完成其存在于世上的责任，也是其存在的原因。在功能学派的研究过程中，要求研究者们必须长期亲历其研究对象，甚至是长期居住在研究的区域，以便取得第一手详尽的资料，进行直接的资料搜集和记录，也只有这样才能真切观察到研究对象因子间的互相关联和运作，以便更好地捕捉到每一个因子所承担的社会功能。

在整个学派中，其理论研究的着眼点是放在研究对象所表现出来的各种文化现象和文化现象之间的相互联系上的，它的核心思想认为文化是一个完整的有其内存组织的活动着的总体，在这个总体中，每一个文化的组成单位都在不断地运作且发挥其特有的社会作用，也就是说，所有这些文化的构成部分都有一定的社会功能和其存在的价值意义，也就表明了功能学派是承认文化组成单位的功能性的，这同时也是该学派名称的由来。

作为主要创始人的马林诺夫斯基，其功能论的核心概念是"文化"、"需要"和"功能"，共同组成了"功能主义"理论。他的研究主题是家庭、经济和巫术，主要强调文化的制度和功能，认为文化制度是对人的生物和心理需求的满足。马氏在其代表作《文化论》里表明了文化包括一套工具及一套风俗，它们都是能够满足人类需要的。一切的文化要素，都是发生着有效的作用的。马氏认为，"文化是某种生物现象"，它是建筑在生物基础之上的，人是动物，首先要解决的便是自身的需要，即衣食住行，当人类满足这些需求之后，便又创造了一个新的、第二性的派生环境，这个环境就是文化。文化是物质的和精神的器械，人们必须借助这个器械来解决自身的一些非物质困难，即生理方面的需要必须只能由文化才能够满足，也只有在这样的情况下，文化才能显示其社会功能。功能主义认为：文化历程是有一定法则的，这种法则包含在文化要素的功能中，任何将文化事项从文化中抽出来进行的讨论或比较都是没有价值的，因为文化的意义就在于要素的关系中。我们在对于湘西巫医画水疗法的分析中，也要把这一民族民俗文化现象以此理论加以研究。

马林诺夫斯基还有一个关于文化语言功能的理论,在他看来,"语言应该被看作一种行为模式,而不是什么与思维相对应的东西"。按照其观点来看,语言的意义并非来自构成话语的词的意义,而是来自话语所发生的上下文关系。话语通常与周遭环境紧密联系在一起,而且语言环境对于理解话语来说是必不可少的,人们无法仅仅依靠语言的内部因素分辨话语的意义,口头话语的意义总是被语言环境决定着的。同时马氏还把语言环境分成三种不同的类型,第一种为语言与当时的身体活动有直接关系的环境,从这种语言环境来看,一个词的意义并非由其所指的自然属性给予的,而是通过其功能获得的;第二种为叙述环境,即我们可以通过语言所指来获得意义,尽管叙述的意义与语言环境没有什么关系,但却可以改变听话人的社会态度和思想感情;第三种为言语仅被用来填补言语空白的环境,即寒暄交谈,这是一种"自由的、无目的的社会交谈"。其意义与语言环境无关,多来自"社会交往的气氛……谈话者之间的私人交流"。相当于我们日常生活中的客气话,就像中国人相互打招呼的方式多数是"吃了没"一样,并没有真的要问是否吃饭,只是一个谈话开始的由头,或者相当于一个问候罢了。这种语言环境的功能与词汇的意义几乎毫不相干,往往作为营造一种氛围的功能而存在。

在功能学派看来,整个社会中存在的种种物件、社会团体、观念信仰、风俗习惯等,都可以在满足人类的同时也维持自身的存在,正是这些东西能满足人类需求,人类才不至于丢弃它们,它们也就有了生存下去的可能,这就是为什么会说它们维持自身的存在。所以说很多东西的存在都必须要结合周围的整个环境来分析,由于民族文化具有完整性和不可分割性,马氏就主张我们在研究民族文化的时候应该把它作为一个整体来看待。在本书中,笔者描述了很多湘西的整体情况,有助于我们更好地进行湘西巫医画水的分析。

总体来看,功能学派首先提出了人类学史上的"功能"、"社会结构"等概念,是一个很大的创新,其对研究方法的要求尤其是田野作业等方法的产生成为后来的人类学研究者的关切点和基本作业法,它主张从社会或文化体系的现实意义的角度来探求社会与文化的整体面貌和内在功能,强调不同文化之间的"平等生存权利"和"非西方化"的合理性,并提出了对于"异文化"的研究所获得的时政知识有助于西方文化的自我反省。时至今日,功能主义研究方式对人类学的影响依然随处存在。

功能学派视野下的湘西巫医是巫术与医术的结合体,它诞生于湘西特殊的地理环境和特殊的人文社会环境中,也正是这样特殊的原因,使得湘西地区的巫医时至今日还未曾灭绝,很多地方还有巫医的踪迹。所以当我们对湘西巫医进行分析的时候,前提是一定要把它当成一种文化现象来看待,同时结合湘西这个大环境加以整体分析，才能得出最准确的研究结果。从整个环境来看，巫医能在湘西存在那么久，主要还是由于湘西恶劣的自热环境和落后的教育制度，当地民众少有接受正式教育的机会，他们的思维多半处于半原始状态，许多生活观念也是世代相传，一般不会变动，他们循规蹈矩地度过自己的一生。与其他许多远古"巫文化时期"的人们一样，他们的思想中信守着一种惯性，即他们赋予宇宙万物以神秘的属性，认为天地、山川、草木虫鱼……一切都是无形世界中神秘力量的意志体现，就连精灵或者鬼神都要从属于它。除了在它前面祈求之外，人类唯一能操纵这种力量的方法就是运用巫术中的仪式和咒语，让它能很好地为人类所利用。湘西人的思想正是如此，才会更进一步纵容"巫"现象在此地长存，而且人们的衣食住行问题都要涉及巫，凡是稍大点的事情便要占卜问巫，这正是由于人们思想中"巫"的地位神圣不可侵犯，也使得巫医的地位得到提升。

　　前文已经提到，湘西的巫医是以巫为主，以医为辅，它先是有了巫的神力，才会在人们心目中有医人的本事，所以湘西的巫医是在做一个医生的前提下要做好一个巫师，只有做好了巫师才会有强大的法术治疗更多的疑难杂症。这一地区的巫医在成为巫医之前，一定要先拜师学艺，勤练仪式和咒语，把这些基本的本事练熟了以后，就可以治病疗伤了。功能学派人类学创立者马林诺夫斯基认为神话是先民运用巫术、宗教仪式强迫自然遵从自己意志的产物，巫医在对病人治疗的时候也是如此，他们通过自己的一系列动作、咒语、法器和仪式等，在病人面前制造出一种强大的氛围，这种氛围使得巫医的意志力和病人的意志力都得到加倍提升，可以完成很多平时完成不了的事情，所以我们在很多地区（尤其是贫困地区）都可以看到巫术的实现。"任何物品都是有一定的功能的，具有指代性和引导作用"，其实我们也可以这样理解，巫师弄这么多花样，最终的目的是使得承受者即病人感受到那些"花样"的功能，让病人在内心默认自己的病痛可以治愈，以多数人的心理来看，人最能被复杂的事物所征服，巫师的程序越复杂就越能显示其本领之高，也就越能使人信服。巫师的那套治疗过程正是给病人传达一种"神圣"的治疗水平和治愈意识，在这种威慑力的影响下，多半病人会下意识地要求自己快点病好，很多病痛也就自然而然好了。

　　总的来说，正如《中国巫术》的作者张紫晨教授的观点，整个画水仪式都是在"反复强调杀鬼镇妖的气氛和治病的信心"[①]。以功能学派的观点来看，就是社会各个事物不同的社会功能之间相互配合而取得的良好效果，由于所有事物都履行了自己的功能，才能促进这个社会的发展和进步。所以说功能学派的理论具有

---

① 张紫晨.中国巫术［M］.上海：上海三联书店，1990：175.

很强的社会依据和现实意义，其影响力才会如此深远。

时至今日，随着科技的发展，湘西地区很多类似的神秘文化案例已经濒临灭绝，本书只是一个概述，希望在它们完全消失之前，以功能学派的眼光探求一下这些神秘事物的形成过程和存在意义，以及它们存在的现实作用，也可以从侧面反映出湘西神秘文化的独特性和价值意义，同时呼吁社会对这方面民俗文化加以保护。

第四章　湘西形象：文学、影视、表演

　　套话的套娃结构为我们提供了分析湘西形象的方法，从原型结构中我们可以发现中心想象边缘的思维模式，这一思维模式为我们提供了想象的幅度，古典想象在蛮邦与桃花源之间，现代想象在匪土与圣地之间，这一幅度充满了迷恋与批判之间的张力。通过形象学研究方法，我们需要解析形象的三个层面，原型是最不可还原的思维结构，是本体。类型是表述内容的核心，是形象学研究的基本套话，这是形象谱系建构的中间环节。最后一层面就是文化文本中具体的形象类型，我们试着从最具有代表性的文本中分析形象何以创生，如何转换，为何消亡，从媒介历史进程出发，我们考察文字印刷时代的代表作品、大众传媒时代的影视作品、文化产业时代的剧场，三者之间在形象生态中既有前后的转换关系也有重叠关系，门类之间有着很强的互文性，我们可以称之为"形象生态"。文学湘西、影像湘西、表演湘西甚至旅游湘西之间构成较强的互文性，我们可以称之为形象网络，其研究领域可以称为形象生态学，各种形象之间具有想象之间的互文性。技术媒体的互联性构成网络，有门类艺术的相互转换，也有文化的脉络。这是一个源远流长的叙事工程。

第一节　文学湘西：从右洞庭到左沅澧

一、宦游人眼中的桃花源

　　在中国古籍书库（哲科、史地、艺文、综合类）中，我们用"桃花源"作为关键词检索的结果有 1902 条信息，用"桃花源"的近义词"武陵源"为关键词的检索结果为 710 条，用"陶渊明"为关键词的检索结果有 4262 个结果，用"桃花源记"为关键词的检索结果有 349 个结果。以与桃花源有相对指涉意义的"乱世"为关键词检索得到 8318 条信息。从统计学意义上，我们可以发现三条信息：一是《桃花源记并诗》仅为《陶渊明集》十卷中的一首诗，但中国古籍书库的大数据显示,在陶渊明所有诗中《桃花源记》受后人的关注度最高,这首诗有强烈的指涉意义和解读空间。二是"桃花源"与陶渊明之间存在一对一的关系,桃花源的文学形象与文学家陶渊明往往相提并论。三是"乱世"是语言库中的重要表述对象,乱世的反复表述与桃花源形象的备受关注之间有着强大的张力。这种张力就是前现代的社会现代性与审美现代性之间的张力。其中以《桃花源记》为代表的文学呈现的桃花源形象无疑是体现这一张力的范型。桃花源形象成为汉文化圈中反复表述的对象,这已成为汉文化圈的社会集体想象物。

(一)渊源有自:陶渊明与《桃花源记》

从老子到孔子,是陶渊明表述"桃花源"形象的人文背景。

陶渊明的《桃花源记并诗》是我们研究桃花源形象的重点。桃花源形象还可以上推到老子的《小国寡民》和孔子"荷蓧丈人"的表述。"小国寡民,使有什伯之器而不用;使民重死而不远徙;虽有舟舆,无所乘之;虽有甲兵,无所陈之。使人复结绳而用之。至治之极。甘美食,美其服,安其居,乐其俗,邻国相望,鸡犬之声相闻,民至老死不相往来"①。对现实世界的批判既可以寄予过去的美好也可以展望未来,老子是对现实中央集权的王制的否定,再次回到小国体制,这也是黄河和长江流域未形成华夏之前的多元文化格局,是老子用小国的多元乌托邦对抗一元的王朝体制。"小国寡民"形象落实在现实中就是离世,"老子修道德,其学以自隐无名为务。居周久之,见周之衰,乃遂去。至关,关令尹喜曰:'子将隐矣,强为我著书。'于是老子乃著书上下篇,言道德之意五千余言而去,莫知其所终"②。"小国寡民"的思想也仅仅能在表述之上,而不能在现实生活中实现。老子之后的孔子面对离乱的现实,不是采用乌托邦的构想,而是积极的入世精神,"孔子适周,将问礼于老子。老子曰:'子所言者,其人与骨皆已朽矣,独其言在耳。……至于龙,吾不能知其乘风云而上天。吾今日见老子,其犹龙邪!'"③面对同样的现实,孔子指出另外一条路,"子路从而后,遇丈人,以杖荷蓧。子路问曰:'子见夫子乎?'丈人曰:'四体不勤,五谷不分。孰为夫子?'植其杖而芸。子路拱而立。……君子之仕也,行其义也;道之不行,已知之矣'"④。最后几句表述了孔子代表的儒家人文关怀的特性,不做官是不合乎道义的。长幼之间的关系都不可废弃,君臣之间的大义又怎么可以废弃呢?一个人想洁身自好却搞乱了最重要的伦常关系,君子做官,是为了推行道义。至于理想的主张难以实

---

① (周)老聃.老子·道德经下篇 [M].古逸丛书景唐写本,39.
②③ 王利器.史记注译(三)·史记卷六十三·老子韩非列传第三 [M].西安:三秦出版社,1988:1617.
④ (宋)陈祥道.论语全解·卷九 [M].清文渊阁四库全书本,123.

行，那是我们早已知道的了。从小国寡民和孔子践行周礼的人文精神，再到陶渊明，这是一条一以贯之的文脉。

桃花源形象是一个多维的世界。一是问题世界，即意识形态的世界，这一世界是陶渊明否定的对象，文字的表述用了"先世避秦时乱"、"嬴氏乱天纪"，秦之统一六国，之后又是楚汉之争，汉之后又是魏蜀吴三分天下的局面，之后是西晋的统一，东晋时期又是北方前秦对东晋的紧逼，在这种战争与和平相互交替环境中，"乱"成为人的生存困境。社会集体想象汇集到陶渊明的身上，《晋书》记载，"起为州祭酒，少日，自解归州。召主簿不就，躬耕自资，遂抱羸疾。复为镇军建威参军，为彭泽令，解印绶去职……作著作郎。又曰未尝有所造诣，唯至田舍及庐山而已。潜自以曾祖晋世宰辅，耻复屈身后代，所著文章皆题其年月，义熙以则书晋氏年号，自永初以来唯云甲子而已"①。陶渊明面对的是问题世界，自己成为问题世界的问题，对问题世界的回应从积极入世到悄然离去。二是桃花源的世界，这一世界是边缘的世界，溪水的尽头，有山的阻隔，山的路径难寻，渔人回来的途中处处都做了记号，但很快就迷路了。从器物的角度，这里有"屋舍"、"平旷的土地"、"良田"、"美池"、"桑竹"、"蚕丝"、"菽稷"，器物的丰足是人生存的保障。从制度的视野，"俎豆犹古法，衣裳无新制"、"秋熟靡王税"、"无纪历志，四时成岁"。思想的批判性，"借问游方士，焉测尘嚣外？蹑轻风，高举寻吾契"自己愿意驾着清风离开尘世，寻找知音。

(二) 和而不同：刘禹锡与柳宗元

陶渊明在文字的表述中是用想象构建的乌托邦，其乌托邦既有超越的艺术功能，又有对现实世界的批判，桃花源解决了陶渊明的前现代的问题。桃花源形象的产生有自己前现代性的问题，后人再次面对象征符号所构建的拟态环境时有两种思路，第一种是维持桃花源的超越性，继续执行前现代的审美批判功能，这就是桃花源形象的再表述；第二种是以桃花源的想象为起点去实现地理大发现。当桃花源落实在大湘西的桃源境内之时，就是桃花源批判功能的终结之日。桃花源形象解决了陶渊明自己的问题，但又给后人带来了新的问题。

刘禹锡将桃花源落实在常德的桃花源。他来到常德，极力推介桃花源，支持朗州刺史窦常扩大桃花源的影响，窦常在朗州期间，请人绘制了一幅"桃源图"，激起人们的向往，也引起韩愈的不满。"武陵太守好事者，题封远寄南宫下……世俗宁知伪与真，至今传者武陵人"②。

---

① (清) 唐开韶，胡焯. 桃花源志略 [M]. 刘静，应国斌校点. 长沙：岳麓书社，2008：10-11.
② (唐) 韩愈. 桃源图 [A]. (清) 唐开韶，胡焯. 桃花源志略 [M]. 刘静，应国斌校点. 长沙：岳麓书社，2008，183-184.

绘图也是将想象渡入现实的一种艺术样式，"韩文公有《题桃源图》诗，舒元舆有《录桃源画记》，唐宋以来绘桃花源者纷然矣！大约因陶记想象为之。唯浮屠屠一休《桃源洞天志》据所历山水之境，绘之为图"①。绘画作品《桃源洞天志》极尽所能，事无巨细，图中有桃源县、渊明洞、关帝庙、秦人古洞、壁云山庙、白马渡、笔架山，将现实与想象贯穿起来。李白觉得桃花源的遗迹可以追寻，"武陵遗迹，可得而窥焉"②。王维的《桃源行》是以按图索骥的方式去寻找桃花源，"花竹"、"居人未改秦人服"、"云中鸡犬相喧"、"避地去人间"、"成仙遂不还"、"春来遍是桃花水，不辨仙源何处寻"③。曾被贬龙标（湘西怀化地区）的王昌龄似乎找到了世外桃源，"松间白发黄尊师，童子烧香禹步时。欲访桃源入溪路，忽闻鸡犬使人疑。……暂因问俗到真境，便欲投诚依道源"。诗人以一项主题赋诗三首，对桃源形象反复追问，这种追问一方面是试图将桃花源落实在武陵（湘西）；另一方面，这种对桃花源的迷恋，是对自己所处的社会的反思和批判。

宋代的苏轼也对其做了进一步求证，"世传桃源事，多过其实。考陶明所记，止言先世避秦难来次，则渔人所见，似是其子孙，非秦人不死者也。有云杀鸡作食，岂有仙而杀者乎？"④这种质疑是试图将桃花源现实化，相比之下，王安石继承了桃花源形象的乌托邦的批判意识。"避世不独商山翁，亦有桃源种桃者……重华一去不复得，天下纷纷经几秦"⑤。这种对朝代的更迭带来的离乱的一种历史反思，使桃花源成为托物言志的工具。

桃花源形象的追问一直在延续。"余过辰阳郡，太守屠田叔贞，元诣人也。酒间问余曰：'桃源秦人洞，果即曩者避秦之地乎？'余曰：'桃源之标此洞，亦若黔中之二酉，吴门之姑苏台，皆爱礼存羊，名是而实非也。'……缘合，则不求诣而自诣，渔之无心而至是也；缘尽，则求诣而不可诣，渔郎之复往而迷是也。理固如此，岂为寓言"⑥。桃花源形象成为公共话题，有人甚至将寻找桃花源视为一种探险，"其右即为桃花洞。环洞皆水，唯乱石错立水上，可步往。其中有门，水从中出。余曰：'桃花洞口，名不虚也。'……去穴不数步，而从人大

---

① （清）唐开韶，胡焯.桃花源志略［M］.刘静，应国斌校点.长沙：岳麓书社，2008：11-25.
② （唐）李白.奉钱十七翁二十四翁寻桃花源序［A］.（清）唐开韶，胡焯.桃花源志略［M］.刘静，应国斌校点.长沙：岳麓书社，2008：49.
③ （唐）王维.桃源行［A］.（清）唐开韶，胡焯.桃花源志略［M］.刘静，应国斌校点.长沙：岳麓书社，2008：169.
④ （宋）苏轼.和陶渊明桃花源诗序［A］.（清）唐开韶，胡焯.桃花源志略［M］.刘静，应国斌校点.长沙：岳麓书社，2008：57.
⑤ （宋）王安石.桃源行［A］.（清）唐开韶，胡焯.桃花源志略［M］.刘静，应国斌校点.长沙：岳麓书社，2008：196.
⑥ （明）江进之.灵仙之府碑记［A］.（清）唐开韶，胡焯.桃花源志略［M］.刘静，应国斌校点.长沙：岳麓书社，2008：74.

呼：'有蛇，有蛇。'余始大骇，疾趋还。恨灵仙之永隔，悲弱志之不厉，涕泗横如而出"①。桃花源形象成为反复表述，表述之后是付诸行动，寻找现实地理中的桃花源。"已过黄塘岭，欲觅桃花源"②。桃花源形象的地理发现可能已经成为公共话题，我们查阅清人唐开韶编写的《桃花源志略》，时人对桃花源的迷恋可以从三个数据得到佐证：一是唐、宋、元、明、清的大诗人都有对桃花源进行跨时空的想象或者将承德的桃源作为游历的对象，李白、杜甫、王维、刘禹锡、柳宗元、司空图、苏轼、梅尧臣、王安石、元好问、赵孟頫、袁宏道、朱熹等都有诗作留下。二是表述桃花源形象的门类艺术广泛，有诗歌类、记胜类、序跋、赋、时刻、书志、书画等。三是某些文学家把桃花源作为反复吟咏的对象，李白有诗两首、序一篇，朗州司马刘禹锡有诗五篇，袁宏道有游记四篇、诗十二篇，杨嗣昌有游记四篇、诗十五篇，阙士琦有游记六篇、诗四篇，龙膺有诗七篇。当然，桃花源形象的表述主要集中在士大夫和文人阶层。其中，留下来的表述属清代文人最多，唐、宋次之，唐、宋时期是桃花源形象的第一座高峰，清代达到了顶峰。

现代，桃花源形象最后成为常德市桃源县的自我想象，从想象成为现实。"常德，位于湖南省西北部，洞庭湖西岸，史称'川黔咽喉，云贵门户'。一篇《桃花源记》，让常德拥有了'世外桃源'、'福地洞天'的美誉，常德因此拥有了一个美丽的名字——桃花源里的城市"③。桃花源成为大湘西常德人的自我想象。

二、引渡人心中的双城记

从陶渊明到沈从文，桃花源从想象成为现实，从批判现实意识的乌托邦逐渐成为意识形态，与时下的社会秩序相融合。后陶渊明时代，从地图上看，作为表述对象的湘西从东边进一步向西移动，从洞庭湖西岸的常德进入武陵山区的沅陵、凤凰等地，湘西形象之所以向西移动，是桃花源形象需要再次找回自身的乌托邦意义。湘西形象由东到西的迁移有三个转变：一是地缘的转变，从洞庭湖的平原丘陵地带转移到武陵山、雪峰山之间的山区，从地理的第三阶梯转移到第三和第二阶梯的边缘地带，方位的左移意味着路径的向上游动，从沅江的中下游腹地向沅澧的中上游行进，从沅江的干流转移到上游的支流酉水、沱水、锦江。二

---

① （明）袁中道.游灵崖记 [A]. （清）唐开韶，胡焞.桃花源志略 [M].刘静，应国斌校点.长沙：岳麓书社，2008：81-82.
② （宋）朱熹.黄塘岭 [A]. （清）唐开韶，胡焞.桃花源志略 [M].刘静，应国斌校点.长沙：岳麓书社，2008：203.
③ 常德市人民政府.常德概况 [EB/OL]. http://www.changde.gov.cn/art/2013/10/23/art_66_7521.html, 2013-10-23/2014-10-21.

是亲缘的转变,从洞庭湖左岸、湘西西北的汉族聚居区向更西的土家族、苗族、白族等少数民族聚居区转移。三是从以善卷、陶渊明为自我想象的常德向土家族的白虎信仰、苗族的盘瓠信仰、白族的三元教信仰地区的转移。

中心文化圈对湘西想象的激情由桃花源形象的现实化而陷入低谷,想象湘西的文脉保留着,中心对边地的想象延续着,"全中国的读书人……命运中注定了应读一篇《桃花源记》,因此把桃源当成一个洞天福地。人人皆知道那地方是武陵渔人发现的,有桃花夹岸,芳草鲜美。远客来到,乡下人就杀鸡温酒。乡下人都是避秦隐居的遗民,不知有汉朝,更无论魏晋了"①。与尧舜时代的善卷、东晋的文学家陶渊明不一样,前两者对湘西形象的表述是中心文化圈的代言人对湘西采用一种君临的方式,善卷传说记载有序,纵贯千载,史料很多,在中国古籍书库中,以"善卷"为关键词搜索,得到1211条结果,如《慎子·逸文》、《庄子·让王》、《庄子·盗跖》、《荀子·成相》、《吕氏春秋·下贤》、《史记·吕不韦列传》、《淮南子·淑贞训》、《善卷传说》、《嘉庆常德府志》、《同治武陵县志》等历代著作都记载有善卷"让帝王"、"布善德"、"启民智"的事迹。清康熙二十三年湖广督学王荪蔚题写"帝者师"匾额,悬挂于德山乾明寺法堂。并且其是以民间传说的方式存在,善卷传说历经数千年的积淀,其传承内容和形式众多,以善卷先生为题的民间传说、诗歌、民谣、散文等文学作品数百篇,屈原、李白、刘禹锡、王安石等数位诗词文人盛赞善卷先生的诗歌作品流传至今。

陶渊明的桃花源形象从想象到现实生活中的常德桃花源,对桃花源形象的表述主要是汉文化圈的士大夫和文人,如李白(陇西人)、苏轼(四川眉山人)、刘禹锡(河北定州人)、王安石(江西临川人)、黄庭坚(江西九江人)、朱熹(江西婺源人)、袁宏道(湖北公安人)。但本地人在某种程度上实现了表述主体的变化,文化身份具有了双重视角,如印伟记(桃源人,《重修桃源万寿宫记》)②、李诚之(桃源人,《桃川洞天重建元岳行宫碑铭》)③、杜汝晦(桃源人,《桃源洞说》)④、龙膺(武陵人,《桃源县至渔仙洞纪程》等)⑤、江进之(桃源人,《桃天洞天草序》)⑥。我们将往返于两种文化区域,拥有两种或多种文化身份的人成为"引渡人"。"边缘人是一种新的人格类型,是文化混血儿,边缘人生活在两种不同的人群中,并亲密地分享他们的文化生活和传统。他们不愿和过去以及传统决裂,但

---

① 沈从文.桃源与沅州,沈从文全集·第11卷[M].长沙:岳麓书社,1992:233.
② (清)唐开韶,胡焯.桃花源志略[M].刘静,应国斌校点.长沙:岳麓书社,2008:58.
③ (清)唐开韶,胡焯.桃花源志略[M].刘静,应国斌校点.长沙:岳麓书社,2008:60.
④ (清)唐开韶,胡焯.桃花源志略[M].刘静,应国斌校点.长沙:岳麓书社,2008:64.
⑤ (清)唐开韶,胡焯.桃花源志略[M].刘静,应国斌校点.长沙:岳麓书社,2008:66.
⑥ (清)唐开韶,胡焯.桃花源志略[M].刘静,应国斌校点.长沙:岳麓书社,2008:72.

由于种族偏见，又不被他所融入的新的社会完全接受，他站在两种文化，两种社会的边缘，这两种文化从未完全相互渗入或紧密交融"①。后陶渊明时代，从唐宋到明清，湘西人的表述是在大文化圈的湘西的套话之下表述湘西，这一重要转变在现代的沈从文与湘西的视野中有一个转变，沈从文以引渡人的身份想象出湘西世界（赵园语），为了更好地体现中心文化圈与边地文化圈的身份，我们称沈从文的湘西形象为边城的"双城记"。我们可以从主体——什么样的文化身份，通过什么路径——想象湘西的视角和方式，体现一种怎样的人文关怀——审美现代的湘西写作三个方面分析。

（一）文化身份："引渡人"

本书中的"引渡"特指"文明的引渡"，沈从文与湘西是我们研究的起点，"中国知识分子关于土地、乡土的情感经验，最近于童年经验。童年记忆的乡土，最是一片毫无异己感、威胁感的令人心神宁适的土地，也是人类不懈地寻找的那片土地"②。边地湘西版图中的凤凰是沈从文的故乡，"在数千年绵延不绝的湘西形象的想象和塑造史上，沈从文是开风气之先的一代高手和圣手，是一座里程碑，是一道分水岭。沈从文之前，是湘西形象悠久而漫长的古典时代；沈从文之后，湘西形象的想象和塑造步入一个伟大的新纪元，沈从文笔下的湘西形象，由此而彰显出引人注目的内涵丰富的独特性"③。

引渡人处于两种文化形态之中，引渡人不是经典形象学所说的注视者，而是有着内外视角的体察者，形象是"在文学化、社会化的过程中得到的关于异国的总体认识"④。异国形象具有他者的特征，一个民族的社会具有文化综合性特征，文学化侧重作家的独创性特性，形象学的本意是他者的想象与他者的表述，与被注视者无关，一国之内异族、异地形象研究的一个转变是注视者的视角在自我与他者之间的转换，"孔子曰：诗可以兴、观、群、怨而事父事君焉，又多识乎鸟兽草木之名"⑤。对于文化身份的转换，我们可以做具体的分析和讨论。相比采诗官的意识形态的文化意义，陶渊明是地理发现，沈从文是文化的发现大于地理的发现。地理的发现已经不构成形象的参照系意义，对人性的发现，对前现代的审美意义是对启蒙现代性的重要反思。

---

① Robert Park: Human Migration and the Marginal Man, America Journal of Sociology 33：881-893. 转引自周会凌. 楚歌镜像：中国小说中的湘西形象研究 [D]. 广州：中山大学，2012：38.
② 赵园. 地之子——乡村小说与农民文化 [M]. 北京：北京十月文艺出版社，1993：21.
③ 杨春. 沈从文笔下湘西形象的独特性研究 [D]. 吉首：吉首大学，2013.
④ 孟华. 比较文学形象学 [M]. 北京：北京大学出版社，2001：23.
⑤（明）李长祥. 天问阁文集，求恕斋丛书本，174.

1. 乡下人与城里人的身份

"请你从我的作品里找出两个短篇对照看看，从《柏子》同《八骏图》看看，就可明白我对道德的态度，城市与乡村的好恶，知识阶级与抹布阶级的爱憎。知识分子与抹布阶级的爱憎，一个乡下人之所以为乡下人，如何显明具体反映在作品里。"① 我们对沈从文自己的表述甚至也要从形象学的视野去考量，到底表述的身份与实际的身份之间是不是一种能指与所指之间的关系。"我实在是个乡下人，说乡下人我毫无骄傲，也不在自贬，乡下人照例有根深蒂固永远是乡巴佬的性情，爱憎和哀乐自有它独特的式样，与城市中人截然不同！他保守，顽固，爱土地，也不缺少机警却不甚诡诈。他对一切事照例十分认真，似乎太认真了，这认真处某一时就不免成为'傻头傻脑'"②。同样对比《绅士的太太》与《三三》、《主妇》与《萧萧》、《有学问的人》与《雨后》，我们看到沈从文思想在城市与乡土之间的穿越，我们不能追问这种乡土原始道德和前现代的文明方式是否真实，我们所想的是沈从文的目的是提供一种现代文明困境的参考系。站在传统文化的根上思考的现代性问题，其表征是沈从文对湘西形象的改写与反写或是颠覆，其原动力是现代性问题是否可以打开一扇传统文化的思考天窗。乡土与城市之间的沈从文与"双城记"之间的比较意义就是自己身份不断转换的原因。如果认为沈从文仅仅是乡土作家，就失去了现代性价值，沈从文改写、反写和颠覆了湘西形象是湘西形象类型的转向。

2. 传统人与现代人的身份

《夫妇》、《在别一个国度》、《神巫之爱》、《媚力、豹子与那羊》、《月下小景》展现了前现代人的生命力，与现代人自我压抑的坚硬躯壳相对比。前现代的道德伦理体系，"地方统治者分数种：最上为天神，其次为官，又其次才为村长同执行巫术的神的侍奉者。人人洁身信神，守法爱官……人人皆很高兴担负官府所分派的捐款，又自动的捐钱与庙祝或单独执行巫术者。一切事保持一种纯朴习惯，遵从古礼"③。"心肠坏的人容天不容，作好事必有好报应，偷人鸡吃生烂嘴疮，不孝父母糟蹋米粮会被雷公打死。"④

土苗血统与汉人的身份。沈从文的母亲是土家族、祖父是汉族，这种家庭赋予沈从文文化身份的混杂性。沈从文的文化身份是游离的，我们称之为引渡人。作者、作品都有这种边际往返的品格，沈从文、傩送二兄弟、《湘行散记》中的

---

① 沈从文. 习作选集代序, 沈从文全集·第9卷 [M]. 太原：北岳文艺出版社，2002：4.
② 沈从文. 从文小说习作选·代序, 沈从文别集, 边城集 [M]. 长沙：岳麓书社，1992：30.
③ 沈从文. 从文自传, 沈从文全集·第13卷 [M]. 太原：北岳文艺出版社，2002：245.
④ 沈从文. 芸庐纪事, 沈从文全集·第10卷 [M]. 太原：北岳文艺出版社，2002：188.

"我"都具有文化的多重身份，与其说是我，倒不如说是由多个我组成的我们，与其说是一个沈从文，倒不如说是两个沈从文，是主我与客我的结合体。

沈从文笔下的人物就有引渡人的血缘和亲缘关系。《边城》中"翠翠"的父亲是军屯的军人，是汉人和苗族人的后代。大老天保和二老傩送都常下川东去做生意，这为其提供了中心世界的意象，其中二老傩送眉清目秀，唱得一手好山歌，被当地人誉戏台上的"岳云"，这种想象的身份是中心文化圈的对象化产物。由此说明湘西世界是一个有外面世界的概念，中心注视着边缘，边缘守望着中心。如此，只有中心文化与边缘文化的碰撞才有矛盾，才有戏可看。作品也清楚地体现了二元世界甚至多元世界的思考，"这个人也许永远不回来了，也许明天就回来！"还有边城之外的另一个世界，这个世界是什么？可以展开论述，其中凌宇先生的文章论证了沈从文的汉文化、苗文化、楚巫文化。引渡人的身份不仅是空间的足迹，更是文化身份的象征。"照我思索能理解我，照我思索可认识人"，站在引渡人视角，将乡土边城与都市边城"钗黛合一"，合璧的结果就是一座完整的边城。但这也仅仅是构成一座意象之城，与现实互为观照。

3. 乡土作家与京派作家

引渡人沈从文具有乡土作家与京派作家的复合性，沈从文之所以成为沈从文是因为沈从文胸怀着自己的问题，这个问题是民族的和世界的，这个问题就是城市在现代化中呈现出的"城市病"、乡土在现代性面前的"悲剧性"。"沈从文历来被视作一个'乡土中国'的指符，然一个悖论式现象是，沈'进城'与'返乡'的姿态同样坚定：他在心理上留恋乡土，却义无反顾地离开；他在现实中急欲进入的都市，却成为小说中蔑弃的对照物……而在不同都市社会生态的转换中，沈从文自身完成了从一个远眺知识中心的'乡下人'到都市知识分子的身份、地位迁移，其身后，则铺衍了一条京海合流的生命轨迹"[①]。沈从文本人从湘西出走去北京，从北京回到故乡，往返多次，1923 年的出走标志着沈从文文化身份的转换，从边地湘西向北京都市视角的转移。

4. 民族身份：苗汉身份守望与变奏

对底层人的关怀，"兵皆纯善如平民，与人无侮无扰。农民皆勇敢而安分，且莫不敬神守法"[②]。沈从文对匪秉承一种去政治化的立场，"大多数在现代中国人中，实在还是一种最勤苦，俭朴，能生产，而又奉公守法，极其可爱的善良公民"。将民的外延推演到整个民族，"他们是不是野蛮到无可理喻？他们是不是将

[①] 叶中强. 以拒绝"都市"的姿态走向都市——沈从文的都市语义及其京派身份再省[J]. 学术月刊，2012 (7)：115.

[②] 沈从文. 从文自传，沈从文全集·第 13 卷 [M]. 太原：北岳文艺出版社，2002：244.

来还会？"①沈从文对他者形象的批判，所谓土匪是"从各处捉来无力缴纳捐款，或仇家乡绅方面业已花了些钱运动必需杀头的，就随随便便列上一款罪案，一到相当时日，牵出市外砍掉"②。对所谓的匪的生命的践踏，"常常听说有被杀的站得稍远一点，兵士以为是看热闹的人就忘掉走去。被杀的人差不多全从乡下捉来，糊糊涂涂不知道是些什么事"③。

文明带来的处世哲学，"人人成天纳税，成天交公债，成天办站，小孩子懂得见了兵就害怕，家犬懂得不敢向穿灰衣人乱吠，地方上每个人皆知道了一些禁律，为了逃避法律人人学会了欺诈"④。一方面是沈从文对土匪湘西形象的质疑和辩解；另一方面是沈从文站在多视角的立场来看待"民"，去掉意识形态中的官、兵、匪的立场，从人的立场去判断，发现湘西的民众真正的生活状态，从而重新发现湘西形象的价值。

我们不追问沈从文认识的历史真实与否，而是沈从文的身份和立场决定他为什么这么说。近代社会的进程带给民众的是什么？民众是受害者同时也是替罪羊。关键是沈从文提炼出自己认识到的湘西人，建构了自己的边城世界或者湘西世界，这个世界处于乡土与都市之间，只要联通二者的途径是开放的，我们就有机会看清它的面目。

（二）体察途径：路

引渡人往返于中心与边缘文化圈，作品《边城》是悬在乡土与都市中的意象实践。

1. 地理学意义上的路

沈从文眼中的地理湘西"因为湘西包括的范围很宽，接近鄂西的桑植、龙山、大庸、慈利、临澧各县应当在内，接近湘南的武冈、安化、绥宁、通道、邵阳、溆浦各县也应当在内。不过一般记载说起湘西时，常常不免以沅水领域各县为主体，就如地图所指，西南公路沿沅水由常德道晃县一段路，和酉水各县一段路"⑤。沈从文于1923年离开湘西到北京，后有三次回湘，1933年冬因母亲病危再次回湘。往返于城市与乡土之间，他创作了《湘行书简》，后据此整理成散文集《湘行散记》，《边城》也是1934年写成。1938年抗日战争背景下沈从文回到故乡，创作了散文集《湘西》，对乡土社会的变故和现代社会的冲击表达自己的惋惜与无奈。往返的旅途中，沈从文体察世界的能力变了，"去乡已经十八年，一入辰河

---

① 沈从文.苗民问题，沈从文别集·凤凰集 [M].长沙：岳麓书社，1992：212.
② 沈从文.清乡所见，沈从文全集·第13卷 [M].太原：北岳文艺出版社，2002：313.
③ 沈从文.从文自传，沈从文全集·第13卷 [M].太原：北岳文艺出版社，2002：280.
④ 沈从文.七个野人与最后一个迎春节，沈从文全集·第4卷 [M].太原：北岳文艺出版社，2002：182.
⑤ 沈从文.湘西·题记，沈从文别集·凤凰集 [M].长沙：岳麓书社，1992：93.

流域，审美都不同了。表面上看来，事事物物自然都有了极大进步，试仔细注意，便见出在变化中堕落趋势。最明显的事，即农村社会所保有那点正直朴素人情美，几乎快要消失无余，代替而来的却是近 20 年实际社会培养成功的一种唯实唯利庸俗人生观"①。

2. 作品世界中的路

《边城》中的路是人进入边城的途径，也是边城通往外界的走廊，有走出去的人，有来往的人，"由四川过湖南去，靠东有一条官路。这官路靠近湘西边境到了一个地方名为'茶峒'的小山城时，有一小溪，溪边有座白色小塔，塔下住了一户单独的人家。这人家只一个老人，一个女孩子，一只黄狗"②。《一个带水獭皮帽子的朋友》中的路是"我"从常德出发到达桃源与朋友叙旧赏画，最后离开，是一条路的线索，"我"与目的地之间是一种注视者与对象的关系，但路的通畅无阻，让"我"实现了体察式关照。汪曾祺在为金介甫《沈从文传》所写的序中称，"沈从文在一条长达千里的沅水上生活了一辈子"③。沅水是沈从文往返于都市与湘西的路径，也是穿越现实与想象的路径。

3. 人生之路

1918 年 7 月 16 日早上，沈从文背上包袱离开父母，开始了对军队和社会的观察和体验，"我同士兵、农民、小手工业者以及其他形形色色社会底层人们生活在一起，亲身体会到他们悲惨的生活，亲眼见军队砍下无辜苗民和农民的人头无数，过了五年不易设想的痛苦怕人生活，认识了中国一小角隅的好坏人事"④。从父母身边到湘西社会，对外的路向沈从文开放着。沈从文看到了"湘西人"，"这个民族，在这一堆长长日子里，为内战，毒物，饥饿，水灾，如何向堕落与灭亡大路走去，一切人生活习惯，又如何在巨大压力下失去它原来的纯朴范型，形成一种难以设想的模式！"⑤从乡土小社会看到了民族的苦难。这就产生了问题，问题的答案需要不断寻觅，人生路上的第一个五年之后，沈从文离开家乡到了北京，在作品世界与现实世界穿梭，"三三，我已经到了'柏子'的小河，而且快要到'翠翠'的家乡了！"⑥笔者在路途中反复变换视角，"我的船昨天停泊的地方就是我十五年前在辰州看柏子停船的地"⑦。来往所见，是现实与想象之间的确

---

① 沈从文. 长河·题记，沈从文别集·长河集 [M]. 长沙：岳麓书社，1992：17.
② 沈从文. 边城，沈从文全集·第 8 卷 [M]. 太原：北岳人民出版社，2002：61.
③ [美] 金介甫 (Jeffrey C.Kinkley). 沈从文传·汪序 [M]. 符家钦译.北京：国际文化出版公司，2009.
④ 沈从文. 自我评述，沈从文全集·第 13 卷 [M]. 太原：北岳文艺出版社，2002：397.
⑤ 沈从文. 辰州小船上的水手，沈从文别集·湘行集 [M]. 长沙：岳麓书社出版社，1992：219.
⑥ 沈从文. 泸溪黄昏，沈从文全集·第 11 卷 [M]. 太原：北岳文艺出版社，2002：195.
⑦ 沈从文. 虎雏印象，沈从文全集·第 11 卷 [M]. 太原：北岳文艺出版社，2002：192.

认与否定关系，形象与真实之间的差距，沈从文不断调整自己的视角和重新考量，因问题的变换而变换，"这里一切使我感慨之至。一切皆变了，一切皆不同了，真是使我这出门过久的人很难过的事！"①

4. 思想之路

1922年的走与不走，"湘京"的地理之路承载着沈从文的思考之路，乡土社会的问题是否可以在都市解决，关于离湘到京的原因，"可是我怎么作下去？六年中我眼看在脚边杀了上万无辜平民，除对被杀的人和杀人的留下个愚蠢残忍印象，什么都学不到！做官的有不少聪明人，人越聪明也就越纵容愚蠢气质抬头，而自己俨然高高在上，以万物为刍狗"②。学会看世界是从寻找生活的路径开始，归结到对思考路径的开拓，"沈从文是在湘西保留的楚文化余绪哺育下长大的。因此，当他二十岁那年，从湘西来到北京时，他跨越的不只是数千里的地理距离，而且也同时跨越了多个世纪的历史文化空间。他以'乡下人'的眼睛看世界，便感到与社会一切现存观念与秩序不相适应。他早已意识到'楚人血液给我一种命定的悲剧性'，但他执意走自己的路，写出长期受压抑的少数民族心坎里的沉痛隐忧"③。

（三）关怀视野："边城"中的"双城"

沈从文以边城作为考察中心，我们用主体间性形象学进行考察，对沈从文文学湘西的把握有了维度和层次感，维度是作家身份、体察路径、边城的双城意象，层面是围绕"城市与乡土"问题展开的内外视角以及交互塑造的形象。

湘西这个名字本身就有中心与边缘的想象空间，这是一种想象的定位。湘是中心的一部分，西是边缘的定位。湘西内部有自身的中心与边缘，沈从文先生构建的湘西世界具有双城性质，两座城的内部又有自己的差异性，乡村与城镇的差异，双城的定位就是乡土与都市之间的分化与融合。

"双城"处于湘西与外在的中心世界之间，一为小城，一为都市。但边城在双城之上，是一个乌托邦的理想，"我只想造希腊小庙。选山地作基础，用坚硬的石头堆砌它。精致，结实，匀称，形体虽小而不纤巧，是我理想的建筑。这神庙供奉的是'人性'"④。"'我'注视他者，而他者形象同时传递了'我'这个注视者、言说者、书写者的某种形象。在个人（一个作家）、集体（一个社会、国家、民族）、半集体（一种思想流派、意见、文学）的层面上，他者形象都无法

---

① 沈从文. 感慨之至, 沈从文别集·湘行集 [M]. 长沙：岳麓书社, 1992：123.
② 沈从文. 从现实学习, 沈从文全集·第13卷 [M]. 太原：北岳文艺出版社, 2002：367.
③ 凌宇. 从民族古井里汲取新鲜泉水 [J]. 中国现代文学研究丛刊, 1985 (3)：175-187.
④ 沈从文. 从文小说习作选·代序, 沈从文别集·边城集 [M]. 长沙：岳麓书社, 1992：29.

避免地表现为对他者的否定、对'我'及空间的补充和延长"①。乡土与城市的对位,最后的结局是在两者之间,相互映照,最后构建的是两者之上的一种生存范式。处于双城中的引渡人有着特殊的焦虑感,1923年沈从文离开故乡到北京、上海等城市开启自己的城市生活,但这种生活经历在自己的人生历程中是一种"身心受过严重挫折的痕迹"②。

边城富有双城的隐喻,一座城象征中心文化圈的都市之城,一座城象征边地的乡土;边城是处于两座城之间的想象之城。我们根据其代表作可以命名为"边城"中的双城记。关于两座城之间的对话,赵园教授提出沈从文笔下的湘西世界,也是一种双城记的隐喻,湘西世界可以更加明确为湘西双城记,学术界的讨论都是在这个框架内进行。双城记体现作者穿越的力量和文学想象的超越能力。研究沈从文应在乡土与城市之间,边城与世界之间,沈从文与苗汉身份之间,沈从文与世界之间等。1984年《书林》杂志就"边城"是否为现实主义的作品展开文艺争鸣,有研究者认为,边城是"桃源仙境"和"君子国",王继志和刘一友教授通过考证得出《边城》属于现实主义作品。我们应将视野放在现实与想象之间的穿越,沈从文所构建的文学世界具有间性意义,形象学不去纠缠湘西世界的真伪,而是追问为什么有这样的湘西形象。从赵园的"湘西世界"(1986年)到刘洪涛的"牧歌与中国形象"(2002年)是文学领域探讨文学湘西形象的代表。

形象学视野考察湘西形象,我们不仅关注历史学家的表述与现实之间的符合关系,更关心作家为什么如此叙述,表述者的文化身份是什么,他所关注的问题是什么。乌托邦正处于崩溃和瓦解之中,"当今的时代是一个乌托邦精神已经死去的时代。过去的乌托邦一个个失去了它们神秘的光环,而新的、能鼓舞、鼓励人们为之奋斗的乌托邦再也不会产生。这正是我们这个时代的悲剧"③。城市文明与乡土世界的双城代表双城记的基本内涵,其外延是中心文化圈的现代性问题与湘西实践相对立,这种实践是意象实践,经研究者的表述而成为概念实践(吉尔·德勒兹语)。诸多学术研究也是在这一框架下展开。

一是城乡之间的双城记,双城生活为沈从文的创作提供了契机,"乡土小说作家自己往往就是一个故土逃离者与异域他乡的流寓者……只有当他们在进入城市文化圈后,才能深刻地感受到乡村文化的真实状态;也只有当他们重返'精神故乡'时,才能在两种文明的反差中找到其描写的视点"④。沈从文正是在故乡与

---

① [法]亨利·巴柔.形象[A].孟华译.比较文学形象学[M].北京:北京大学出版社,2001:157.
② 沈从文.沈从文全集·第16卷·湘行散记·序[M].太原:北岳文艺出版社,2002,394.
③ 章国锋.伽达默尔谈后现代主义[J].世界文学,1991(2):282.
④ 丁帆.中国乡土小说史[M].北京:北京大学出版社,2007,26-27.

异乡之间的生活切换中成就了他入乎其内与出乎其外的思考空间，其精神观念和生活方式得到格式之后的重组，完成了认识上的蜕变。他书写的对象是湘西，书写的问题是都市甚至是整个现代性世界，塑造的是乡土。接受者关注的沈从文的湘西世界，实际上关注的是人自身的现代性生存本身。湘西书写实际上是问题书写。沈从文的乡土作家身份与京派文人之间的相互参照，使沈从文有京派创作之外的"异"，也有其他乡土书写之外的"异"。沈从文构建的"湘西世界"（赵园语），其本质就是穿越于乡土湘西与都市文明之间的"间性形象"，文学的书写在文化意义上同样具有双城的寓意。1840年之后的中国近代史，其重要的特征是现代化，"五四"新文化运动的重要特征是审美现代性的反思，反思中一个重要维面就是城乡之间，城市是现代化的主战场，乡土成为与之相对的传统文明，鲁迅先生选择"狂人"与传统"吃人"文明决裂，对民族的劣根性进行批判，沈从文选择以前现代的原人与现代文明相对，讨论现代性问题的多样诗学思路都具有价值，鲁迅先生具有现实主义的批判性，沈从文先生相比更富有诗性色彩："我是为你们高等人造一面镜子。"①

关怀的人不分乡土与都市，湘西世界与都市世界同样是双城记所关怀的对象，"一切年轻人的出路寄托在军官上，一切聪明才智及优秀禀赋，也都一律归纳于这个庞大简单的组织中，并消耗于组织中。"②沈从文自己进入军营与五年后的离开是需求答案的一种尝试。战争与军功能否作为湘西世界的参考价值，是否能够完成对湘西自我形象的塑造，湘西王陈渠珍是沈从文的考察对象，"以王守仁曾国藩自许的军人，每个日子治学的时间，似乎便同治事时间相等"③。《一个传奇的本事》讲述湘西的地方部队参加南昌保卫战和嘉善保卫战的战斗理念，"这是和日本打仗，不管如何得打下去"④。为谁而战，"国家意识还有个地方荣誉面子问题"⑤。关怀城中的人，都市成长的人的缺陷，"实无所爱，对国家，貌似热忱；对事，马马虎虎；对人，毫无感情；对理想，异常害怕。也娶妻生子，治学问教书，做官开会，然而精神状态上始终是个阉人"⑥。

二是传统与现代的双城记。乡土之城是传统，都市之城是现代。因为"路"开放，沈从文可以游刃有余地体察和深究，贡献了"原人"是传统的遗存，书写的湘西世界是以传统的历史湘西为蓝本，实现两者间的穿越，同时也是两者的超

---

① 沈从文.绅士太太，沈从文小说选·上 [M]. 北京：人民出版社，1993：203.
② 沈从文.一个传奇的本事，沈从文全集·第12卷 [M]. 太原：北岳文艺出版社，2002：227.
③ 沈从文.学历史的地方，沈从文全集·第13卷 [M]. 太原：北岳文艺出版社，2002：355.
④⑤ 沈从文.一个传奇的本事，沈从文全集·第12卷 [M]. 太原：北岳文艺出版社，2002：228.
⑥ 沈从文.烛虚，沈从文全集·第12卷 [M]. 太原：北岳文艺出版社，2002：20.

越。"同是用一组文字处理人事,所作成的只是琐琐碎碎的记录,增加鬼神迷信妨碍社会进步的东西;也可保留许多人类向上的理想,和人类优美的感情"[①]。

三是边地文明与中心文化圈之间的穿越。沈从文本人在地理空间上完成边地向中心文化圈的靠拢,获悉新文化运动的启蒙精神,"跳出湘西看湘西",他塑造的湘西形象具有中国形象意义,具有人类学意义。在中国现代转型这块田野上思考中国人的人性,铸造精神的希腊小庙,小庙中供奉着人性。"牧歌"、"湘西世界"、"边城世界"都应放在"……之间"去把握。

城里人系列与乡下人系列,两种人物何以走出自我,城里人更多的是精神病态和人性颓败,《八骏图》中的周达士和七位教授的性压抑及变态,《绅士太太》中家庭的生活的混乱和糜烂,《有学问的人》、《焕乎先生》、《都市一妇人》、《一日故事》都是对人物病态的描写。相比之下,乡下人的生存状态中有清纯健康的翠翠、三三、夭夭、萧萧、媚金;有情有义的娼妓如《柏子》中的妇人和《丈夫》中的老七;强健有血性的男子如傩送、柏子、贵生、四狗、龙朱、石道义、虎雏、巫师等。

四是东方文明与西方文明的双城记。沈从文是思考西方文明的现代性的中国诗学实践。双城记应将沈从文放在东西方文化之间去考量,因为沈从文不是简单的乡土身份的文人,"乡下人"不只是知道乡下,只从乡下思考问题;相反,他所构成的边城世界中人性的探索和乌托邦色彩的牧歌构建是现代文明的一种参照,这种参考具有想象的功能,其功能在想象与现实之间若隐若现。这种高屋建瓴的视角可以与世界大文学家哈代、福克纳构成参照。包括沈从文在内的中国作家为世界奉献了各种文学形象,这些文学形象的文化意义是现代人面对人与自然、人与社会、人与神面对的诸问题的中国答案。

面对沈从文构建的"双城记",双城记是一种悖论体模式。一是走进沈从文,从沈从文的视角去体察文本。沈从文是湘西古典想象的终结者,也是通过艺术重塑湘西形象的第一人,他的立足点是在湘西,以城市病反衬出湘西的人与自然、人与人、人与神中的湘西想象,为湘西正名。二是走出沈从文,从这个视角看待沈从文与沈从文的文本。沈从文说的也许不是自己真正做的,沈从文做的往往是他自己没有说的。沈从文是受新文化运动濡染的现代作家,其不自觉思考的是现代性的问题,恰恰是为了城市而找到乡土,乡土中他找到了边地的湘西,这是沈从文源源不绝的创作动力,也是沈从文创作的文心。三是还原沈从文为一个真正的人。在湘西世界与都市世界之间看沈从文,沈从文以边城为中心构建的"双城记"既是湘西的乡土世界又不是,既是属于探索城市问题但又不全是,并在这两

---

① 沈从文.绅士太太,沈从文小说选·上 [M].北京:人民文学出版社,1993:304.

者之间不断思考现代中国的问题，在乡土寻找城市的参考系价值，在城市寻找乡土的参考系价值，只要"路"畅通无阻就有不绝的动力，沈从文的经典创作都是往返城乡做出的思索，这一系列作品是作为一个现代文化人具有的反思品格。沈从文自己能够走入与走出，能够实现主体间的写作方式，接受者同样是在多种参考系中去思索文明的价值与困境。

三、新湖湘人的文学圣地

"文化大革命"之前，"至于这位真正'从文'的凤凰人到底写了些什么，年轻人中连见过书皮的人也不多，因为50年代后期，他的书从家乡的图书馆书架上也消失得无影无踪了。1980年《新文学史料》第三期重新发表《从文自传》时，沈先生为它写了个附记，其中有云'如今说来，四五十岁生长在大城市的知识分子，已很少有明白我是干什么的人，即部分专业同行也很难有机会读到我过去的作品，即或偶然见到些劫余残本，对于内中反映旧社会部分现实，也只会当成'新天方夜谭'，或'新聊斋志异'看待。这确是一段读来令人感到有几分难过的真情实话，而这情况，在沈从文先生的家乡，甚至是有过之而无不及的"①。这是沈从文的湘西形象受到冷遇的现实体现。

"1981年10月10日秦牧先生在《羊城晚报》上发表了一篇大文《人和事小品》，共三则……接着秦先生还谈及了香港如何常有沈从文散文出版，如何热心地预订沈从文新著《中国古代服饰研究》，如何在某年的月历上印着沈从文的手迹等，好不热闹"②。在社会现代性与审美现代性之间，前者是建立在从意识形态的领域以建立现代民族国家为正向思考，后者是对社会现代性的反思，沈从文选取将中国现代的问题放在边地湘西去思考，他的表述对象是湘西，但是他怀揣着中国现代性的问题，这就形成镜像湘西的书写模式，乡土作家的对象是乡土，地缘是边地，亲缘是边地的乡民，神缘是少数民族的生命神性，但乡土作家确认的不是乡土，而是对都市代表的现代文明的还原。

沈从文的"冷"与"热"，不能仅仅从关注度的高低、发行量的大小、研究者的众寡、读者量的大小、传播面的广狭等去评判作家热与冷的问题，只能说作家人品和作品在某些时段受到冷遇或者热捧。沈从文作品的热即是湘西形象的热，我们不能用冷与热去评判作品，经典和大家，只能留待历史的检验。沈从文在湘西形象中有自己形象的内核和面对的现代问题，内核是人性、生命的神性，现代的问题是从对边地审美直面对社会现代性的反思。"后从文时代"的湘西形

---

①② 刘一友. 桃李不言下自成蹊——浅谈沈从文的作品与人品兼及湘西的沈从文热[J]. 吉首大学学报（社会科学版），1982（2）：6.

象的表述,朝着三条线路发展:一是直面乡土的问题写作,湘西形象成为社会现代性发展的对立面;二是肯定社会现代性(政治现代性)的写作;三是对社会现代性的反思和批判。第一类是彭家煌代表的左翼作家对湘西的表述,第二类是以周赤萍为代表的匪类题材的写作,第三类是以韩少功为代表的寻根文学的民族写作模式。

(一) 湘西是后进的缩影

彭家煌是 20 世纪 30 年代的左翼作家,作品构建了具有浓厚乡土气息的湘西农村生活,塑造了如同鲁迅小说一样的乡土镇镇,是乡土中国的缩影,是对沈从文创作的延续。《怂恿》讲述牛七与裕丰两家宗族的争斗,女性(政屏娘子)成为被利用和教唆的对象,最终成为被侮辱与损害者,小说的结尾是意味深长的一句话:"她是被活埋了。"小说展示病态的社会的颓败,重在暴露一个乡村世界的堕落,具有批判价值,但没有沈从文所建筑的人性的"希腊小庙"。另外,还有《奔丧》揭示的是乡土颓废与困顿,《活鬼》与《喜期》展示封建观念的残忍与所造成的悲剧。《活鬼》中的荷生祖父为了续香火,纵容夫人和儿媳的风流行为,"年轻的寡妇体贴公公的旨意,领受婆婆的庭训,努力工作;渐渐在邻里声誉鹊起,连那不出闺门的孙女也追步后尘"①。《喜期》中的静姑只能嫁给自己的定了娃娃亲的对象,而后新婚丈夫被打死,自己受辱后投水塘而死。《美的戏剧》与《清客》重在暴露社会的冷漠。《陈四爹的牛》与《节妇》展示乡民的麻木与愚昧,《陈四爹的牛》中的周涵海由一个正常的人成为愚昧麻木的猪三哈,自己因丢失了陈四爹家的牛,在无奈悔恨和对陈四爹的祝福中投水自沉了。《节妇》中的乡下姑娘阿银以八元的身价卖给了比她大 50 多岁的候补道大人做继室,从受引诱后性爱意识的萌发到无声无息地决意做节妇,女性成为行尸走肉,其身边的男性都是道貌岸然的家伙。

彭家煌的作品植根乡土的泥土气息之中,展示的是病态社会,这种困顿是中心文化的参照,是都市文明的参照,也是中国现实的真实写照。彭家煌与沈从文对同一表述对象,问题的指向是不一样的,前者侧重现实的批判,这种批判是对整个社会的批判,具有现实主义的特征;后者是一种乌托邦的守望,用审美乌托邦对抗与反思启蒙现代性。

(二) 浪漫、革命、野蛮的综合体

沈从文在土匪中发现的是人性,是人的雄健、淳美与野性,是"优美、健康、自然而不悖于人性的人生形式"②。面对的虽是现实问题,但文学在历史的某

---

① 彭家煌. 活鬼 [A]. 严家炎编. 彭家煌小说选 [M]. 北京:人民文学出版社,1987:105.
② 沈从文. 从文小说习作选·代序 [A]. 沈从文别集·边城集 [M]. 长沙:岳麓书社,1992:33.

些阶段成为意识形态建设的肯定者，文学成为建立现代民族国家的工具，文学从工具理性的批判者成为政治现代性的工具。在红色革命时期，《毛泽东在延安文艺座谈会上的讲话》成为当时文学的方针，是对红色革命意识形态的肯定。解放战争时期，人民民主专政开拓的红色记忆，整体的逻辑结构是审美现代性与启蒙现代性的二维结构到意识形态的一维面，再到审美主义的一维面。这是现代性问题的缺失，也是工具理性在文学中的延伸，文学成为服务的工具。"现在世界上，一切文化或文学艺术都是属于一定的阶级，属于一定的政治路线的。为艺术而艺术，超阶级的艺术和政治并行或者互相独立的艺术，实际上是不存在的"①。"十七年"（1949~1966 年）在人民叙事伦理的结构下产生了众多红色经典小说，如《红旗谱》、《青春之歌》、《林海雪原》、《红日》、《保卫延安》等。

匪成为可定义的对象，"①他们来自农业社会，是农业社会周期性饥荒的严重的天灾、战争等的直接产物，为了不被饿死，他们结伙武装起来，为所欲为；②他们的存在和活动不为国家的法律所允许；③他们的行为虽然是对现实的抗议，在客观上具有反社会性，但他们又缺乏明确的政治目的；④他们脱离生产，暴力抢劫和勒赎是他们生活的主要来源"②。

中心的王权采用暴力的方式进入湘西，"苗民以生活艰窘之故，复受汉官压迫剥削，遂使苗民心怀怨恨……倘遇日后，再叛又杀，杀平又叛。由古迄今，几成循环。叛杀政策，是以两族互相歧视形成畛域。若杀不胜杀，但其所为，择其要隘，据险防守，即以边地的'瓯脱'弃之"③。

周赤萍于 20 世纪 60 年代作品《擒魔记——湘西剿匪回忆录》，采用的是单一视角，红色革命对劳苦大众的拯救，"一声霹雳，武陵山上，红旗劲舞东风。我解放大军挺进湘西，决心剜掉匪患这个毒瘤，帮助湘西人民摆脱苦难"④。在意识形态的背景下反映波澜壮阔的历史，描写的是战争史和民族史上的重大事件，作品本身失去了独立性，不是审美现代性与启蒙现代性两者的结构，而是意识形态领域内阶级斗争的二元结构、解放军的英雄人物与人民的敌人土匪之间的对立。从称呼就是人与非人的区分，对匪首的外号进行了妖魔化的格式化，如"楚汉宫"龙头杨永清、混世魔王姚大榜、母夜叉向三姐、坐地虎张平、大麻子陈退焕、杀人魔王灵鸡公彭仁基、独眼龙彭春林、活阎王张楚等。

剿匪是对解放全中国国家意识形态的肯定，由历史直接进入想象，"1949 年 9 月中旬，中国人民解放军第四野战军 38 军、39 军从常德挺进湘西，进行剿匪

---

① 毛泽东.毛泽东论文艺 [M].北京：人民文学出版社，1966：21-23.
② 蔡少卿.民国时期的土匪 [M].北京：中国人民大学出版社，1993：3.
③ 石启贵.湘西苗族实地调查报告 [M].长沙：湖南人民出版社，1986：665.
④ 周赤萍.擒魔记：湘西剿匪回忆录 [M].昆明：云南人民出版社，1962：1.

斗争，先后解放了沅陵、溆浦、泸溪、辰溪、怀化、芷江等十余座县城。同年9月下旬，47军139师、141师，进入湘西大庸（今张家界永定区）、桑植、永顺进行剿匪。1950年4月47军奉命进入湘西的中心地带进行剿匪。在剿匪斗争中，人民解放军经过艰苦战斗、浴血奋战，克服了常人难以想象的困难，湘西的大部分土匪已被全部消灭，1951年2月，47军奉命北上抗美援朝，湘西各分区独立团、县大队、区中队、公安队、民兵继续消灭残余土匪，从1949年冬到1952年12月，共歼灭土匪和地方反动武装113000人"①。

水运宪的长篇小说《乌龙山剿匪记》的写作背景是20世纪80年代人文精神解放和大讨论，作品的表述框架是在《擒魔记》的框架之下，相比之下，时代烙印和政治意味有所消退，但政治意识形态的投射非常明显，并且该作品改编的电视剧开启了湘西剿匪电视剧的开端。

黄晖的《血色湘西》是湘西是改革开放30年后的匪类题材的延续，是对匪类原型的颠覆，将湘西人的生存背景融入中国抗战中的长沙会战、常德保卫战、常德细菌战、雪峰山大会战之中，其针对的点不再是阶级独立的人民内部，突破了阶级二元对立的结构，从艺术创作的角度是一大进步，塑造的主要人物是湘西女子田穗穗、湘西青年石三怒、龙耀文、龙耀武等湘西麻溪铺镇的抗日军民。人物的匪气与侠气的融合，普通人的平凡与英雄的作为，杂取种种合成一个，但这一叙事题材的本身是对抗战剧和匪类题材的延续，从思想深度来说，血色湘西只是一种艺术的渲染，没有现代性的思考，拥有通俗性的大众趣味，这与之后改编成电视剧《血色湘西》并获得高收视率有关。这与现实阶级矛盾的结构和民族共同体的塑造有一定联系，但湘西形象的塑造是对浪漫主义和红色记忆的想象和生产，湘西作为一种表述的资源成为一种湘西情调。异域情调是指"艺术作品中所虚构的能呈现其他民族生活中那些奇异方面的审美信息或审美范围。简单讲来，异国情调是艺术作品所描写的不同国度或地域的民族的奇异的生活情调"②。情调是在纯艺术的审美状态之中的，其所指向的现代性问题具有幻象性质。

（三）文化寻根的目的地

第三条路线是中共十一届三中全会之后的思想解放，后从文时代的审美现代性问题，以韩少功为代表的湖湘作家群对湘西的表述。

20世纪80年代，孙健忠的《舍巴日》展示的是湘西地区的土家族的奇特民俗与原始风情，小说的长辈独眼老惹是坚守祖训的人，"天下百艺，做田为本，只

---

① 王中杰. 湘西剿匪 [M]. 长沙：湖南人民出版社，1989：5.
② 王一川. 中国现代性体验的发生 [M]. 北京：北京师范大学出版社，2001：373.

要把做田的本事学到手，一辈子有吃有住有用哪"①，极力阻止自己的三个儿子出去闯荡，老大宝光的生存体验是"外边是不清净，我和宝明是去吃苦、受罪。可是我们会慢慢惯势的，会喜欢外边那种生活的。阿妈，这是'时代'……唉，有什么办法？"②最后用自杀的方式逼着三儿子宝亮接受父辈的生活方式。

孙健忠的《乡愁》中土家女子为了保护"文革"中受保护的青年，举起锄头要与人拼命，具有正直的人性光芒。《醉乡》中的贵二在帮助玉杉孤儿寡母中体现出敦实良善的品质，自己也在苦痛经历后获得精神成长。另外，积极领导寨民执行包产到户的新政策的生产队长和具有朴实、正直品质的毕兰大婶，为生活注入了人性美好的东西，这是对"极左"思潮的反思。农村在经济改革过程中不断变化，小说落脚点是20世纪70年代末的改革，展现了农村的变化和转折。作者将中国的政治、经济、文化的问题放在湘西地域表述了自己的见解，这也是时代人的心声，具有反思性。

蔡测海《母船》中阴森森的卯洞是封闭保守的象征，"这地方的人若到一回省城，需要七八天时间，如从东半球到西半球一样"③。小说中的九姨最后领着月月与岩岩驾着铁船在卯洞为"小屋子"的人们闯出一条通向外面世界的路，母船是蛮荒与文明之间联通的路径的象征。《远处的伐木声》中老桂木匠的保守、一身木气的徒弟桥桥与出走乡土走向外面世界的阳春、水生形成鲜明的对比，湘西形象是一种需要冲破的牢笼。

韩少功、蔡测海、孙健忠、向本贵、田瑛没有了现代性抗争的能力，完全渡入审美主义的湘西情调。《麝香》中克寨人荒谬和残忍的集体观念居然不接受九死一生回来的百合和麝香。"自古以来，狩猎者葬身马哈拉，人们会崇拜这些殉难者的魂灵，如果这些人魂灵般地回到克寨人当中，像这两个死里逃生地扑向克寨的狩猎人一样，却似乎又是一种过错"④。百合最终选择从山寨出走。《三世界》主人公龙崽出生在村落，来到第二个世界大都市，自己成为诗人阿珑，最后扔掉诗稿，赶上南下的火车，奔向一个未知的世界，是现代社会中人的异化的存在方式。

向本贵《盘龙埠》描写湘西小镇——盘龙埠在经历20世纪80年代经济大潮的冲击下，农村问题凸显和农民命运的变化。

湘西形象在现实与想象之间穿越。湘西作为前现代和现代性问题参考系，体

---

① 孙健忠. 舍巴日，猖鬼 [M]. 长沙：湖南文艺出版社，1992：207.
② 孙健忠. 舍巴日，猖鬼 [M]. 长沙：湖南文艺出版社，1992：258.
③ 蔡测海. 母船 [M]. 北京：作家出版社，1986：19.
④ 蔡测海. 麝香，母船 [M]. 北京：作家出版社，1986：186.

现的是现代性中社会现代性与审美现代性之间的张力，想象与现实之间处于参照关系，当湘西没有现实参照系之后，由现当代问题的想象逐渐渡入审美文化现代性的一维之中，艺术成了"为艺术而艺术"。

20世纪80年代，韩少功是寻根文化的倡导者，"文学有根，文学之根应植根于民族传统文化的土壤里，根不深，则叶不茂"①。"在湘西那苗、侗、瑶、土家所分布的崇山峻岭里找到了还活着的楚文化。……只有在那里，你才能更好地体会到楚辞中的那种神秘、奇丽、狂放、孤愤的境界"②。而寻根是"力图寻找一种东方文化的思维和审美优势"③，寻找的是一种新的表述方式。至于问题，从文学所建构的审美现代性的使命在沈从文之后的作家笔下或断或续。《马桥词典》里的100多个词汇是一种意象的组织状态，马桥的时空与历史时间发生时空上的错位，呈现出一种无序的混沌感。韩少功作为湘西的表述者，其文化身份是外来者的身份，《归去来》、《马桥词典》是下放的知识青年，《女女女》是回归乡土的知识分子。这是中心文化圈对边地湘西的看法，也是中心现代性焦虑和民族性焦虑在民族湘西的体现。但这一审美现代性的写作对启蒙现代性的反抗力量有多大要提供具体的历史语境，韩少功的魔幻式创作富有超越性，对民族的思考在隐喻的意识中体现，这是寻根文学在中国文学史上的成就。

田瑛对韩少功的魔幻神话湘西进行了续写，《大太阳》中部落迁移的目的地成为死亡的终结点。《早期的稼穑》讲述史前母系氏族向父系氏族的转型。《仙骨》中的巴人洞停留在原始生存状态，面对现代文明的诱惑，失去自我，迷失自我。《沉棺》中驼子家族将家族希望寄托在自己的死亡和未来将出世的孙子身上。此外，还有《炊烟起处》中田彭两家的械斗，《千朝》中田彭两家的世仇，《悬崖》中人对猴的狠毒，《大太阳》中人吃猴的残忍，"刀沿着猴的头盖划了个圈，然后整张头皮像一顶帽子被人揭开，或者说失去头皮倒更像戴了一顶小小圆帽。小猴子这时并不觉疼，甚至头破裂也能忍受，要命的是木勺搅动脑髓的感觉，那才是痛不欲生的。当天灵盖被彻底敲开，猴脑出现了，原来猴脑和一碗完整的豆腐脑并无多大区别，所不同处是猴脑仍在起伏搏动。人撒一把盐进去，再用木勺搅匀，方止住那动。人一勺一勺舀吃起来，神情很专注，他没有理会一张近在咫尺的猴脸，那脸已经扭曲变形，上面安装了两只变形的眼睛。如果人稍稍移动一下目光，就不难发现一只猴临死前的某种欲望。猴生性贪吃，死也不当饿死鬼恐怕更适合猴类，小猴此刻的眼神便是例证。人如此吃法实在是一件残忍的事情，小猴

---

① 韩少功. 文学的"根"[J]. 作家, 1985 (04): 2-5.
② 韩少功. 文学的"根"[A]. 韩少功作品精选[M]. 武汉：长江文艺出版社, 2006: 367.
③ 韩少功. 寻找东方文化的思维和审美优势[A]. 韩少功. 夜行梦语者[M]. 北京：知识出版社, 1994: 22.

眼巴巴望着他吃，就是没有一勺喂给它，真正的痛苦莫过于此了"[①]。

沈从文之后，对湘西的表述有三条线：第一条线，将湘西形象视为中国现代的一个缩影，具有启蒙现代性的结构力量。第二条线，是顺应主流，肯定意识形态，文学成为顺水推舟。第三条线，是以反思和寻根为主体的文学，这是对主流的反向思考，是对沈从文审美现代性写作的继承，文学的自觉意识加强。

李傻傻笔下的湘西形象是对传统湘西形象续写与改写。他论述了水与其生活和创作的关系。全书共分为三部分：第一部分，论述了水对他生活的指引，顺其自然的成长和亲近的感情。第二部分，重点论述了道家水哲学带给李傻傻创作的影响，水哲学赋予他文学创作自然的态度、诡谲的思维和温情的格调。他自然、淡泊的创作态度令其文字丝毫不浮夸，诡谲的思维使得其文章引人入胜，脉脉的温情更是让人感觉到了来自湘西汉子的热血与人性。第三部分，提及了水的千面意象在他作品中的展现。水的各种形态，如"江"、"河"、"海"、"溪"、"泉"、"流"等，在李傻傻的作品中频繁出现。这道来自神秘湘西的水，把水文化渗透于李傻傻的生活和创作中，成为他灵魂的引领者，是他创作不竭的原动力。

李傻傻，一个地道的生长于湘西的"80后"，2004年毕业于西北大学中文系，目前是中国作家协会会员。他最先兴盛于网络，新浪、网易、天涯曾同时推出过他的作品。对于李傻傻的作品，著名批评家张柠认为，"李傻傻所写的这一切，也是我所熟悉的东西。我知道他没有夸张，因此感到特别亲切"[②]。虽然他曾被大牌媒体和文学批评界称为"少年沈从文"，《西安晚报》也曾报道"他的出场让所有的'80后'黯然失色"[③]，而且以马原等为首的权威人士评他为"80后实力派五虎将之首"[④]，但李傻傻过着清淡如水的生活，他是"80后"作家，但有别于韩寒和郭敬明。全球权威杂志美国《时代》周刊（全球版）曾用大篇幅推介，称其为"幽灵作家"。他在发表完长篇小说《红X》后就鲜有作品出现了，不管其缘起是博人噱头的炒作还是他生性平淡，都令人很想去挖掘他的生活和创作背景。其实，文坛把关注点放在了他的成长环境湘西农村这个大背景中，却忽略了水的存在，而水对生于湘西农村的李傻傻非常具有生命豁达的指引。文学界都说他的创作诡谲神秘，而其诡谲有个起源，这个神秘的引导者就是"水"。

（1）水对李傻傻生活的指引。水是自由自在、不受束缚的，也暗指人应该顺应自然规律，不管是个人成长还是感情认知。生于水边，长于水边的李傻傻自是深谙了水的灵性，水的特质在他的成长历程和感情认知中有完整体现。

[①] 田瑛.大太阳[M].北京：中国戏剧出版社，2005：29.
[②] 张柠."80后"：偶像与实力之争[J].北京：中国现当代文学研究，2004（8）.
[③] 左胡.李傻傻让所有"80后"黯然失色[J].西安晚报，2004（7）.
[④] 马原.重金属："80后"实力派五虎将精品集[G].上海：东方出版中心，2004，1.

（2）顺其自然的水性成长。他的成长经历了三个阶段：叛逆、探索和成熟。顺其自然，像极了水的特性。

经历了青春时代的叛逆，经历了父母亲辛苦的工作和生活，最疼爱自己的奶奶离去及种种以后，生活的经历和磨炼让李傻傻成熟、淡定了。"佛经里的苦，生老病死，无法逃避，不能改变，可以宽心看它们，不管不顾，豁然，达观。但是怨憎会、爱别离、求不得，似是安排，却是捉弄；固然可以以顺处逆，全力搏斗不计后果，但万籁俱寂的夜里，风虫凄切，辗转反侧，是眼中有火光的人们共同的痛苦"（《火光》）。"我现在也已经知道，爸爸他们并不总是及时地把钱寄回，很多时候，都是她开口向别人借的。她保留着不肯借钱的旧习惯"[①]（《又回忆》）。

关于生活理想和现实的道理，他都在一步步地懂和用心去接纳，若水之趋下般淡定，成熟是顺势而为。

除了精英文学笔下的湘西形象之外，本土的大众的文学无意识中塑造了另一种湘西形象，即花垣县民间童谣研究。该研究以湘西土家族苗族自治州花垣县民间童谣为研究对象，主要论述了花垣县民间童谣的地域特色及其当代价值。该研究分为三部分：第一部分是将搜集到的民间童谣按功能分为三类：教诲类童谣、游戏类童谣、语言练习类童谣。第二部分重点论述民间童谣的地域特色，主要从语言形式、内容特点、认知心理三方面进行分析。第三部分则阐述了民间童谣的当代价值，大致有教育学习价值、游戏娱乐价值、文化传承价值。通过对以上三部分的阐释，旨在呼吁广大民众关注、保护自己身边的文化，用心体悟本民族、本地区文化的独特。

早在1914年，周作人先生写下了《儿歌之研究》一文，为我国儿歌研究的第一篇系统文字，该文摒弃人们对儿歌童谣的传统偏见，从儿童的、艺术的两个基本立场为"儿歌"正名，肯定其儿童教育的重要文学功能。19世纪20年代初，在北京大学歌谣研究会的推动下，歌谣研究达到一个高潮，为童谣研究提供了生长空间，这一时期，研究者们对歌谣的民俗价值、文学价值给予了极大关注。

时隔百年，当今社会工业化进程不断推进，大众传播渠道及娱乐方式逐渐多元化，童谣这一民间艺术瑰宝正在逐步地边缘化。现在，从儿童嘴里唱出来的不是儿歌，而是代之以流行歌曲，内容大多还是成人间的爱情；儿童嘴里说出来的也不再是从祖辈父辈那儿听来的童谣，取而代之的是一连串的网络用语，甚至有些连大人们都不懂。儿童的记忆力、学习能力、模仿能力常常超乎大人们想象，成人随意的一个动作、随口一句话，都可能为孩子所模仿。所以，给儿童提供一个属于他们自己的成长空间极为必要。

[①] 李傻傻.李傻傻三年文集[M].北京：中国青年出版社，2006：25.

花垣县，这个以苗族人口为主的山区小县城也不可避免地随着时代的滚滚洪流向新局面迈进，原有的社会风貌在变换，本土的许多民间文化得不到有效保护。本文旨在搜集花垣县民间童谣，将其分类并分析其地域特色、当代价值，呼吁大众关注我们身边的文化，保护它们得以薪火相传。

花垣县民间童谣的类别。我国童谣历史悠久，《诗经·魏风》中就有"我歌且谣"之说，汉代毛苌注释说："曲合乐曰歌，徒歌曰谣。"《韩诗》谓："歌有章曲，谣无章曲。"故认为没有曲调的、徒口而念的便是童谣，依此说法，现将搜集的童谣按其功能分为三类：

（1）教诲类童谣。周作人先生在《儿歌之研究》中指出："母歌者，儿未能言，母与儿戏，歌以侑之，与后之儿自戏自歌异。"[①] "母歌"旨在教授儿童认识本身及外界事物，在花垣有父母教孩子认识从手指至五官的童谣："一指拇（大拇指），二龙虎（食指），中三娘（niāng，中指），名贵阳（无名指），满崽（小拇指），太平（手掌），榔把（手腕），转弯弯（手肘），挑担担（肩），吃着（口），闻香（鼻），听香（耳），亮一眼（眼睛），毛咕噜（眉毛）。"大人一边念一边指着相应部位教孩子认识。周作人先生认为这是"弄儿之歌"，"先就儿童本身，指点为歌，渐及于身外之物"[②]。再有教授儿童认识外界事物的童谣，周作人先生称其"体物之歌"，"率就天然物象，即兴赋情"[③]。如"清早起来白头霜，造孽麻雀颤康康（颤抖），麻雀你有一身毛，造孽鲤鱼水上漂，鲤鱼你有一身鳞，造孽螃嘎（螃蟹）一个人，螃嘎你有一身壳，造孽螺蛳和蚌壳，螺蛳蚌壳几下扭，造孽曲鳝（蚯蚓）土里泅"。这虽是首不完整的童谣，但就这前几句可以明显地看到它不仅教会小孩各种动物的名称，还形象地描述了其具体特点，拉近儿童与自然的距离，学会观察自然、了解自然。

除了以上具体认识外界事物的童谣，花垣民间童谣中，还有一部分具有教授儿童基本道理及行为准则的童谣，较经典的有"一颗豆子圆又圆，推成豆腐卖成钱，哥哥莫嫌生意小，小小生意赚大钱"，"麻雀子，墙上坐，叽叽喳喳骂哪个，骂你这个邋遢货"等。这些童谣多是教育儿童为人、做事，也体现了大人对孩子的期盼。此外，还有一些特殊的童谣，专门教育女孩的，有《四字女儿经》、《乖乖女》等，体现了传统的女孩教育观，从外在仪态到内里性格气质都有要求，目标便是淑女贤妻。

（2）游戏类童谣。游戏在儿童生活中占着重要地位，在游戏中吟咏童谣儿歌能大大提高游戏的兴致，也能适当帮助儿童增添一些知识，或获得某种思想上的启发。在周作人先生的童谣分类中，母歌中的"弄儿之歌"也有游戏的成分存

[①][②][③] 周作人，刘绪源. 周作人论儿童文学 [M]. 北京：海豚出版社，2012：46.

在。当孩子几个月大能自行坐稳时，大人将其抱置腿上面向而坐，二人双手相拉做推磨状，并念："勾杠，磨杠，推豆腐，接舅娘，舅娘来得快，踩着鼎罐盖，舅娘来的忙，踩着佬佬（妹妹）尿泥塘。"还有大人教儿童拍手的童谣，大人帮助小孩将手掌掌心相对，作拍手状，边拍边念："打掌掌（zāng），讨芒芒（māng），芒芒还没熟，进屋讨腊肉，腊肉还没买，老板得个崽。"拍手需与童谣的节奏相应。

周作人先生认为，"儿童游戏，有歌以先之，或和之者，与前弄儿之歌相似，但一为能动，一为所动为差耳"①。在花垣有个类似"老鹰捉小鸡"的游戏，叫"捉羊子"，两者不同的是玩"捉羊子"时不会直接进入捉躲的过程，而是进行一段对话。几个孩子拉着衣角站成一排为羊群，顶头一人为放羊人，对面站着的为守麦人。捉人前的对话是这样的："守麦人：羊子客，挎把沙刀到哪里去？放羊人：砍竹子，编羊笼笼。守麦人：你羊子吃我好多麦？放羊人：吃一坡。守麦人：赔不赔？放羊人：陪（赔）你坐一歇。守麦人：那我捉个羊子杀起吃。"对话至此结束，守麦人便跑去捉羊子，放羊人张开双臂拦住，羊子跟着放羊人左右躲闪。若羊子不幸被捉，则站在一边，直至羊子被捉完，游戏方才结束。

在整个湘西地区有首广为流传的拍手歌，名叫《张打铁，李打铁》，各县的版本都不相同，这个游戏不仅使儿童的协调能力得到锻炼，其童谣内容的广泛性也能让儿童在游戏之中学习知识。

（3）语言练习类童谣。这类童谣有利于训练儿童发音，培养儿童语言表达能力，如绕口令、连锁调、问答歌等。

花垣地区的绕口令与一般的绕口令有些区别，通常篇幅不长，一般就两句话，没有过多的双声、叠韵或同音同韵而不同声调的字或词，但在反复快速的诵读中，极易发生错误，惹人发笑。常见的绕口令如"我爹是我爹，我是我爹崽"，反复快速诵读中，通常会念成"我爹是我崽"，听者笑，读者也笑，毫不忌讳"他爹"成为"他崽"。

连锁调也叫连珠体或连句，其"在形式上的特征主要是用相同的词和谐音词作为连接上下句的桥梁，一句一句顺连下去，歌词随韵而转，有的有内容，有的并没有什么意思，但因为通俗有韵，读起来顺口有趣"②。有童谣如："烟子烟，烟那边，大娘骑马二娘牵，一牵牵到河中间，老鸦挑水桥上过，桥、桥，二龙桥，二、二，张老二，张、张，苦麻秧，苦、苦，牛屁股，牛、牛，梭螺牛，梭、梭，燕儿窠，燕、燕，扯麻线，麻线扯得长，夹送毛老娘，毛老娘不要，甩到河里起泡泡。"

---

① 周作人，刘绪源.周作人论儿童文学［M］.北京：海豚出版社，2012：47.
② 小教大专教材编委会.儿童文学［M］.长沙：湖南教育出版社，1992：38.

问答歌就是"通过一问一答或连问连答的方式,引导儿童思考、辨别事物之间的差异,帮助儿童加深对某种现象或事物特征的认识,形式生动活泼,既有启迪心智的作用,也颇有娱乐性"[①]。这类童谣不仅要求儿童反应迅速,且要求语言词汇量丰富,以便应答,如《癞子脑壳》:"癞子脑壳扁担戳,戳出血来我有药。什么药?膏药。什么膏?鸡蛋糕。什么鸡?小鸡……"

这种童谣没有结束的标准,直到提问的孩子问不出了,答问的孩子答不上了,游戏方才结束。在回答问题时聪明的孩子甚至可以在回答时调侃提问的孩子,比如上句问"什么台",下面回答"抬你进粪坑来"。如果前面被问得有点招架不住,已经有点生气了的话,回答时多半是这最损的一句"什么抬?抬你妈妈进棺材",然后游戏自然结束,随即变成了追赶和逃跑。

花垣县民间童谣有自己的地域特色。汪习麟曾指出:"儿歌要能朗朗上口,口口相传,没有一点地方色彩,恐怕首先就无法为孩子所接受,孩子不接受,当然也就流传不开……作为儿歌,自然必须富有当地的山河色彩、语言特点,从而形成一地风格。"[②]下面从民间童谣的语言形式、内容及认知心理三方面分析花垣县民间童谣的地域特色。

(1)从语言形式看地域特色。方言是人们与他人交流中必备的交际工具,儿童自出生起首先接触的便是当地方言,因此方言自认而然地成为童谣创作、传诵时的首选,无论从语音、语义、语用各方面都有突出表现。

①方言音的独特。花垣县,位于湖南、贵州、重庆三省市的交界处,但其语言却不同于湖南大部分地区的湘方言,而是同重庆方言一起归属西南官话,即北方方言西南次方言。花垣话的特点大致有:后鼻音[ing]并入[in],无[eng]音,[eng]结尾的字分别分到[en]和[ong]中;后鼻音只有[ong]、[ang]、[iong]、[iang]、[uang]、[uong];鼻音[n-]并入边音[l-];声母无翘舌,声母[f-]、[h-]不分。

②方言义的理解。花垣童谣中保留了较多的方言词汇,不仅读音不同于普通话,语义也不同于现代汉语。"佬佬"这一称谓比较独特,一般作"弟弟"理解,但也可以叫年龄较小的男孩,总之,是男孩的专属名词。一些类似摇篮曲的童谣都是以"佬佬"为主角:"佬佬佬佬你莫哭,转个弯弯到你屋。锅子煮得有大米饭,鼎罐炖得有趴腊肉。"

③方言词的运用。语用是语言符号与语言使用者的现场交际行为,尽管是同一个词,但在不同情况下,会有不同的读法或意思。"父亲"这一称谓,一般念

---

① 小教大专教材编委会. 儿童文学[M]. 长沙:湖南教育出版社,1992:37.
② 汪习麟. 儿童诗散论[M]. 西安:陕西少年儿童出版社,1984:109.

作"嗲"或"呀",但当父子关系较好或在外人调侃之下便叫"老崽",如:"教你歌,教你歌,教你老崽挖岩(念 aí)窠,挖得两个岩蛋蛋,一屋人拿去打汤喝。"这则童谣一般是祖辈(通常是奶奶或外婆)逗弄小孩时念的。

(2)从内容看地域特色。从搜集到的花垣县民间童谣来看,其内容丰富、涉及面广泛,不仅有对大自然的描绘,也有对社会生活、宗教信仰的描述,体现出花垣人对人与自然、人与人、人与神之间关系的处理,极具地域特色。

①体现人与自然关系——和谐相处。花垣人热爱生活,热爱大自然,他们认为自己是大自然中的一员,自己的一切都是自然给予的,所以他们没有以"万物之首"自居去操控自然界中别的物种,而是对大自然投入了更多的关注,与自然同呼吸、共命运。

在民间童谣中,许多动植物都会频繁地出现,如牛、羊、狗、鸡、鸭、鱼、鹅、老鹰、麻雀、老鸦、丁丁雀、纺车娘、鬼桂阳、亮火爬爬、蜜蜂、地牯牛、蚕儿、蚂蚁、蛤蟆、螃嘎、螺蛳、蚌壳、辣姜、桃树、石榴树、牡丹花、鸡冠花等,通过这些花垣地区常见的动植物体现花垣人对自然的关注与热爱。

②体现人与人的关系——和睦共处。花垣人在处理人际关系的问题上,充分体现了湘西苗族人团结互助的集体观——和睦共处。湘西苗族人待人真诚、家和邻睦,是毋庸置疑的,无不体现出了热情友好、礼让谦恭的优秀品质。在花垣,每逢哪家有红白喜事,村寨邻里都会自发地、不求报酬地去帮忙,这已经形成了一种社会风气。花垣人好客,有客来,定会拿出家中好吃好喝的接待。当地有句俗话:"客来和客抢,客去你莫想。"而这种类似情况在童谣中也有体现:"推粑粑,接嘎嘎,嘎嘎不吃酸粑粑;推豆腐,接舅舅,舅舅不吃酸豆腐。""勾杠,磨杠,推豆腐,接舅娘,舅娘来得快,踩到鼎罐盖,舅娘来得忙,踩着佬佬尿塘塘。"在以前的花垣,粑粑和豆腐就是接待客人或做大事时的最佳食物,平时是没有的,可见他们待客的热情、真诚。

③体现人与神的关系——敬而不畏。《湘西文史资料》中关于花垣有这样的记载:"苗人亦为信奉多神教之民族,凡天地日月,风云雷雨,山川怪异,靡不尊为神。而畏鬼信巫,今昔无异,尤为他族所罕见。"[①] 苗族人的宗教信仰观是"万物有灵",多神崇拜,从天上的日、月、星辰、雷电到地上的山川、树木、花草及鸟兽虫鱼,无不被人格化。这一现象在童谣中尤为明显,儿童将大自然中的一切事物都当作自己的玩伴,平等相待,哪怕是要捕捉小昆虫也是用哄的或用商量的口吻,如童谣"地牯牛,地牯牛,你吃盐,我吃油"就是将地牯牛当作伙伴,还要共同分享食物,利诱哄骗地牯牛从墙角缝里出来。若在地上掉有食物,好玩

---

① 中国人民政协会议湘西土家族苗族自治州委员会. 苗疆古镇 [M]. 湘西文史资料, 1990.

的孩子就会念"蚂蚁子，虫虫窝，要酒要肉快来拖"，招来蚂蚁搬运食物。儿童坚信自己嘴里念叨的那些动物能听得见，并且能够理解他的意思，以期达到他的目的。

（3）从认知心理看地域特色。民间童谣既属于儿童文学也属于民间文学，为两者的交叉性题材，它的产生及流传自然受到儿童心理与社会共同认知心理的影响。在花垣民间童谣中，则集中体现为花垣人对"真"、"善"、"美"的认识与追求。

①对"真"的认识。真，非假也。童谣中的"真"是对客观世界真实的反映，对自己内心真实的表达，从身边的动植物、自己的生活环境，到自己对世界的理解与思考。

在花垣民间童谣中，有许多生产生活景象的描绘，推豆腐、推粑粑、舂臼、打铁、守牛、织布等，真实地反映了当时的生活情形。一则谜底是织布机的谜语歌中就描绘了织布的场景："天上天鹅叫，地上地鹅叫，两边岩鹅叫，中间鲤鱼跳。"

②对"善"的追求。这里的"善"是出于伦理道德的要求，除了尊老爱幼、家和邻睦外，还追求个人道德的修养、行为举止的规范。花垣人直率，见不惯阿谀奉承、溜须拍马的人，在儿童的生活中通常把喜欢跟在别人身后玩的小孩比作这种人，叫他们"跟屎狗"，有童谣念："跟屎狗，跟官走，官打屁，阿一口。"可以看出，即便是儿童也对那种"跟屎狗"的行为表示不耻。以前的花垣人是能吃苦耐劳的，他们热爱劳动，觉得劳动是每个家庭、社会成员最基本的义务，不劳动就不能生存，勤劳受人尊敬，懒惰遭人耻笑。

勤恳的人同时也是质朴的，花垣人不爱花哨的打扮，对于打扮花哨或不正经的女子，连儿童都会说"秋怪婆，背糯箩，背不起，挨家伙（挨打）"或"秋怪婆，快（挎）箩箩，快不起，跶下河"。花垣人将自己对"善"的追求融入到童谣中，让儿童从小就明白自己应当成为什么样的人，应做什么事。

③对"美"的体悟。自然风光无限好，更美好的还是自然赋予它的子民的心灵之美。湘西可谓是个穷山恶水的地方，但恶劣的生存环境不仅没有打倒这里的人民，反而激发了他们的反抗斗争精神，且坦诚乐观，没有怨言。湘西地区的山脉地势特点决定了只要下场大雨，就有可能发洪水，童谣有念："落大雨，涨大水，守牛伢儿洗霸腿。"面对下雨、发水，守牛的小孩非但不怕，还在水里洗脚，以此作乐，充分体现了湘西人反抗不屈的意志和乐观的精神。

沈从文先生的《边城》里体现出的"人性美"，在花垣民间童谣中也可以找到类似的表现。花垣人可以用"野"来形容，他们不受拘束的野性也是一种美，一种超越现实物质的美。《边城》里的人物没有谁善谁恶之分，外人鄙夷的妓女在这里也可以与水手自由相爱。同样地,和尚念经吃素仿佛是天经地义的,而在花垣,和尚就大为不同。有童谣道:"和尚和luīluī,下河撵野鸡,野鸡啄一口,啊哩哩哩哩。"和尚不念经却下到河里赶野鸡,而不会水的野鸡又在河里,这一切似乎都不合常理,尽管是笑话和尚的童谣,展现的却是花垣人的野性,不会将某一人或事定义得太死板,生活是自己的,不能把它过得如一潭死水。

随着外来文化的涌入,花垣县民间童谣的生存空间在逐渐缩小,似乎已被人遗忘,但它不会随着岁月流逝而失去价值、意义,反而,民间童谣在当下显现出了其独特的当代价值。

(1)教育学习价值。民间童谣遵循儿童的成长规律,不同阶段有不同的教育,其形式多样,内容丰富,从婴儿期认识自身开始,随着年龄的增长渐渐学习外部事物,再至懂得生活道理。《论语·阳货》有云:"小子何莫学夫诗?诗,可以兴,可以观,可以群,可以怨。迩之事父,远之事君;多识于鸟兽草木之名。"①民间童谣在一定程度上可以媲美《诗经》,两者皆是人民大众智慧的结晶,凝聚了普通民众对自然及社会的认知与看法,对后世极具教育学习价值。

(2)娱乐游戏价值。娱乐游戏性是童谣的基本特性,符合儿童天性特点,顺应儿童的成长发展。高尔基曾经指出:"十岁以下的儿童就要求娱乐,这种要求是合乎生物学规律的。他想要玩,他在游戏当中,通过游戏,非常简单非常容易地去认识他周围的世界。"童谣形式活泼多样,内容丰富有趣,朗朗上口,便于记忆,再配合着游戏进行,儿童自是欢喜,这样的童谣促进儿童身心发展。

(3)文化传承价值。丹纳说过:"作品的产生取决于时代精神和周围的习俗。"②民间童谣中流淌的是花垣地区特有的文化血液,包含有太多的地方风情习俗。花垣民间童谣中有许多涉及人们生活各方面的内容,有食物如腊肉、糍粑、豆腐、油香粑粑、酸菜等都极具地域特色,腊肉和糍粑是每到过年家家必备的,《打掌掌》等童谣中都有记录。花垣有"三天不吃酸,走路打倒蹿"这一说法,酸菜,这种在花垣极为普遍也广受欢迎的食物,已经有了各类样式,有的做菜用,有的也做零食吃。其实,是正宗苗族人最能吃酸,以至在花垣非苗地区,有童谣形容的比较夸张:"苗子苗代代,打屁臭酸菜。"

现代文明侵蚀了这个原本封闭的山城,外来文化势不可当地汹涌而来,本土文化在其面前显得苍白脆弱,若是再无继承人,那它势必被淹没在时代的洪流里。有句谚语:"摇摇篮的手统治世界。"在此不讨论那双"手",而是摇篮里的人,他们才是未来。同样地,一个民族、地区的文化想要薪火相传、发扬光大,

---

① 论语[M].广州:广州出版社,2001.
② [法]丹纳.艺术哲学[M].北京:人民文学出版社,1981:32.

少不得摇篮里的人,教他们念童谣,感受自己的独特文化,又待他们传给下一辈,这才叫"子子孙孙无穷尽也"。

一个民族的文化,既有精华也有糟粕,关键在于后人怎样选择。不能因为我们生活在物质文明与精神文明都高度发达的今天,就认为过去的都是落后的、愚昧的,我们同样需要吸收本民族、本地区的一些精华的东西,不仅是对民族文化的继承,更是我们民族精神寻根之旅中重要的一步。童谣,不是高居庙堂的文艺作品,却是可以媲美《诗经》的围绕在普通民众身边的经典,如此经典,怎能丢弃?

第二节 影像湘西:从精英到大众

影像湘西是指电影人通过影视作品所呈现的湘西形象。湘西题材的电影与电视剧的产生与发展和时代的发展紧密联系在一起,20世纪50年代湘西题材电影的导演与演员来自香港,自20世纪80年代至今,一系列剿匪类电视剧如火如荼,其产生的背景是国有体制管理下的影院生产以及文化产业时代的文化事业与文化产业并轨发展。影像湘西的形象学研究是从注视者的视野考量构成形象学的他者想象物,借用冰山型形象原理,镜头所见之物是眼中的湘西,是实实在在的存在物,但镜头为什么展现"这一个"而不是"那一个",这是由镜头背后的镜头思维决定的,导演的视野与见识来自所在文化圈的文化身份,其个人的文化身份体现为社会集体想象物。所以,研究影像湘西不仅是研究湘西,更是对镜头背后的"电影思维"进行阐释与深入剖析。

注视者对湘西的影像表述与作为被注视者的湘西人的自我展示构成一组张力结构,这就是注视者与被注视者文化的"间性力量"。大部分湘西题材电影、电视剧是注视者的话语,注视者代表着中心文化圈的文化身份,具有中心文化圈身份的电影人面对边地湘西,湘西作为"他者"的身份出现,"他者"作为一面镜子昭示着表述者的思想与愿望。

影视作为门类艺术的视野,"建构起一个与现实世界对称的或并不对称的自我生产、自我完备的电影世界。"① 如果是"对称式"的表述,那么电影的叙事是对现有秩序的肯定,如果是"不对称"的表述,那么电影是对现有秩序的否定。从形象学的视野去研究影像,不仅要看镜头展现什么,看影像叙事如何展现形

---

① 朱小丰. 电影美学 [M]. 上海:上海文艺出版社,2012:107.

象,更要关注电影人为什么如此展现;形象学研究要关注镜头,但如果不关注镜头背后的"大脑",对于影像湘西的理解会形成误解,关于湘西的解读也就成为误读。

一、原生湘西

"原"是原初的、本体性的,"生"是生命力,"态"是发展的态势。"'原生态'是一个特指的历史和文化存续体,一个特殊的地方知识和民间智慧,一个特定族群的认知和认同依据,一个特别的文化表述类型和范式,一个特色的艺术系统和技术魅力"①。它是与现代相对的"前现代"(杨春时语)中人与自然之间的关系。原生湘西是指在全球本土化的语境下,湘西被塑造成与现代城市文明相对的乡土形象,这种乡土的最为重要的特征就是未被现代所完全同化的本土地缘、亲缘、神缘、物缘、业缘的综合体。综观60多年的湘西影像史,影像的内容主要包括原人、原生态、原伦理。原人是影像表述的湘西人的人性,原生态是影像关注湘西人与环境之间的关系,原伦理是湘西人处理人与人、人与社会的关系与规范。

(一)原人是构建"原生湘西"的主要对象

第一个开眼发现"湘西原人"的艺术家是沈从文。沈从文笔下的湘西人形象属于个体性发现,现代湘西作家群笔下的湘西属于群体性发现,从沈从文热到乡土文学热,精英眼中的湘西带动了大众的"湘西热",由经典文学文本中的湘西向大众影视传媒中的湘西形象演变。沈从文笔下的原人是对前现代的人性书写,有仁侠好义的土匪,有至诚至真的船妓,有本真生存的童养媳。沈从文书写的对象是湘西,关注的问题却是都市,都市的背后是现代文明的生存困境。

首先,我们看沈从文笔下的原人——翠翠,"这种人一切和别的水上人都差不多,所不同处,不过是他那点老实、忠厚、纯朴、憨直性情——原人性情,因为住在山中,比城市人保存的多点罢了"②。"一切朴野,一切不普遍化,生活形式生活态度皆有点原人意味"③。沈从文塑造的人物形象很多是原人类型,这为他之后的艺术家书写湘西形象奠定了基调。

我们选择影像中的翠翠等女性形象作为研究案例,一是关注翠翠形象在不同艺术家眼中的生产与再生产,二是关注不同影像文本相互间的互文性(同与异)。狭义的翠翠是指电影《翠翠》和小说《边城》中的主人公"翠翠",广义的翠翠是

---

① 彭兆荣. 如何认识原生态 [J]. 当代贵州, 2010 (3): 29-30.
② 沈从文. 常德的船 [A]. 沈从文别集·湘行集 [M]. 长沙: 岳麓书社出版社, 1992: 116.
③ 沈从文. 滩上挣扎 [A]. 沈从文别集·湘行集 [M]. 长沙: 岳麓书社出版社, 1992: 83.

影像中的湘西女性形象，"这一个"翠翠具有人性的多个维面。1953年港片《翠翠》中的翠翠是月下聆听恋人唱山歌的翠翠，这一田园牧歌形象在"二战"后的都市世界显得弥足珍贵又难以企及，电影《翠翠》激发电影人与观众反思工具理性生活的同时，试着在前现代的生存空间中寻找心灵的慰藉。"画一般的镜头"将我们引入田园牧歌的异域世界，乡土美学为都市注入生机和活力。编剧和导演有意识地塑造翠翠的生活世界，提醒都市的大众需要对自身所在社会环境和生存方式进行深刻的反思。"诗一般的情调"将异域风情纳入注视者的视野，影片的拍摄放在香港的长洲，影像空间是现实的香港与虚构的湘西二者的结合体，注视者是想将自身的空间置于另一种生活的可能性之中，是都市社会集体想象的产物。所以电影《翠翠》中的翠翠富有都市女性大胆、开放和直爽的特征，又具有乡土女性的野性之美，相比小说《边城》是一种再创造。

小说《边城》中的翠翠形象通过字里行间启发读者而自然呈现，"翠翠在风日里长养着，把皮肤变得黑黑的，触目为青山绿水，一对眸子清明如水晶"。电影《翠翠》中翠翠的形象是"大大的眼睛，长长的眉，白白的牙儿哪红红的嘴……身材呀不瘦也不肥，声音哪又软又清脆"（选自电影插曲《你真美》），性格是"你说东来她说西，你说高来她说低。一会儿开口笑嘻嘻，一会儿掉头不睬你。姑娘样样了不起，伺候起她不容易"（选自电影插曲《不讲理的姑娘》）。电影《翠翠》中的翠翠经常作为男主人公打量的对象，作为原人的"翠翠"与机械复制时代的电影结合就成了林黛塑造的"翠翠"形象，这一形象的形象学价值就在于作为"原人"的翠翠能否为都市女性提供一种镜像般的参照系，诸如什么是女性的美？什么是幸福？如何面对人生的悲剧？什么是死亡与离别……

其次，我们看"翠翠"作为湘西女性的符号贯穿整部湘西题材的电影史。2007年电视连续剧《血色湘西》中的田穗穗，相比电影《翠翠》和小说《边城》中的翠翠形象，前者塑造的翠翠生活的世界更复杂，历史感更强。田穗穗在社会中"角色丛"身份更为多样，在《边城》中，翠翠只是作为外孙女、小伙子追求的对象，最后成为举目无亲的孤女，悲剧发生的节奏感很慢，从情窦初开到爱情幻灭，从感情的焦虑到绝望中的守望。相比之下，田穗穗是在历史中成长起来的"妹伢"，从麻溪铺与排帮之间的矛盾到麻溪铺全民皆兵抗击日寇，从爱情的抉择到追求者们全部以身殉国，从帮助运送抗战物资到成长为一名抗日战士，最后也成为一位饱受战争创伤的孤女。"这个人也许永远不回来了，也许明天回来。"到底回不回来不仅是翠翠对二老的守望，不仅是湘西纯真女性对爱情的守望，更是湘西人对中心文化世界的守望。

2010年电视剧《边城汉子》中的刘翠翠，是一位对爱情忠贞不渝的女子，从热恋蒲地流到守望情郎的归来，从被迫嫁给傻子表弟到为抗拒命运而殉情，如何获取自由与追求幸福是镜头前女性面临的人生困境，父母之命和媒妁之言依然是近代湘西地区婚娶的主导模式，刘翠翠背后代表中心文化身份的是蒲地流，他是洪江师范学校的学生，代表中心文化圈的理念，在他眼里，翠翠与他的婚姻属于自由恋爱，自己做主，而传统家庭伦理带来的是家庭悲剧。作为电视剧中刘翠翠的复生，隔壁村同样有一个叫杨翠翠的姑娘，在正英姐的帮助下，蒲地流与杨翠翠结婚，后者是能干的农家女，对亲人不离不弃，对蒲地流的感情忠贞不渝。

四位"翠翠"（翠翠、穗穗、刘翠翠、杨翠翠）是具有代表性的女性人物形象，中心文化圈发掘出的女性特征具有"原人"的特征，是湘西世界成长起来的人，原人形象与现代社会的现代女性相对立，但处于注视者这一端的中心文化圈并不是全盘的迷恋或者全部给予批判，而是在前现代的生活模式的参照下，现代人在面对人生困境，追求人生幸福的过程中，逐渐认识未来发展"是如何"、"应如何"。

最后，在"翠翠"形象出现之后，湘西女性形象的多样性显现出来。原人的女性影像还应包括1986年《乌龙山剿匪记》中的"田秀姑"，以及1988年《湘女萧萧》中的"萧萧"。影像萧萧秉承文学萧萧的主旨，片头是沈从文先生伏案写作的情景，并闪现作家的原话，"我只造希腊小庙，这种庙供奉的是人性"。文学萧萧与影像萧萧的功绩不仅是艺术价值，更是作家和导演对人性的发掘，站在文化的根上诉说。这种人具有特殊性，是黑格尔说的"这一个"——湘西的原人；这种人性具有普适性，中华文化和希腊文化都供奉这个大写的"人"。沈从文建构的湘西世界具有"双城"意象，导演的影像边城系列同样有二重世界，萧萧在城里热闹的集市上与城里的女学生碰面，萧萧向往自由的世界，回家后村里人对女学生议论纷纷："女学生坐轿子吗？""放什么暑假？""女学生没有辫子……像尼姑……唱洋歌，洋学生读书花的钱可以买几十头小牛。"在影像中，萧萧憧憬着代表中心文化圈的现代学生的生活，《红棉袄》中的翠菊一心盼着过春节，看见邻居阿香新买的红棉袄时产生了由衷的羡慕，"我（翠菊）想要红棉袄"。影片中有一个细节，两位小朋友脱掉外套踢毽子，翠菊的破衣裳放在石阶上，阿香的红棉袄则放在翠菊的衣服上，导演通过呈现一件棉袄在翠菊生活中的角色来反观都市人对物质的追求，翠菊知道想要什么，什么最重要，而与之相对的都市人可能只知道"要"而不知道"要什么"，翠菊眼中的红棉袄承载着童年的幸福感，影片的观众却往往把物质的满足当成一种欲望。所以从形象学角度出发，《红棉袄》的意义是用来批判物欲横流的都市世界。《乌龙山剿匪记》中的小莲是被侮辱与被伤害的农家姑娘，被拐卖到外地，因而接触到外面世界的观念，当回到乌龙山碰见与自己相爱的"黑牛"时，她说："不想在保笼洞成亲，想去大上海……离开湘西，再也不回来了。细伢子，细妹子生一屋子。"黑牛也想出去见识传说中的大上海。影像叙事将湘西世界与代表中心文化圈的大上海做对比，从形象学角度看，影像表述的对象是湘西，但影像的背后是湘西之外的大世界，乌龙山只是电影人观照的对象，它只是一面镜子，电影真正关心的问题是中心文化圈的文化身份，相比湘西的野蛮，中心更为文明；相比湘西的乱世，大上海成为年轻人向往的地方；相比湘西人对湘西的绝望，大上海能成就自己的幸福。

整部湘西题材电影、电视剧的历史，就是一部女性文化形象的历史。1995年电影《烟雨长河》中的"媚娘"、"三三"、"土匪女大王"、"天天"等人物具有开创性价值；1996年电影《村妓》中，一位乡下女人结婚以后，就去城里的花船上做妓女讨生活，然后回来跟丈夫生孩子过"好日子"，五婶与老七对城乡有不同的想象，前者认为"女人有用处"、"城里比乡下好"，可以不用再吃糠渣稀饭，五婶来往于城里和乡下，从经济的角度肯定了城里的生活方式，"城里的人客气就像亲戚"，老七虽生活在花船上，但对自己的丈夫很忠贞，"生意归生意，心里向着你"；《边城汉子》中的姚岚儿从一位求学上进的学生到被卖为妓女，最后成为一个土匪婆子。此外，电影《阿桃》中的"阿桃"，2003年电影《追剿魔头》中的"田阿莓"，2005年电视剧《湘西往事》中的"向清莉"、"春娥"、"秋娥"，2011年电视剧《新乌龙山剿匪记》中的"阿西苗苗"、"田秀姑"，2009年电视剧《战士》中的"田桂英"等分别代表湘西女性不同的人生轨迹，这些多元女性形象为中心文化圈反思人性的问题提供参照。

（二）山水是塑造原生湘西的文化空间

首先，从地缘的角度看，山水地理成为影像来源的重要资源和创意源泉。山水影像是"原生湘西"塑造的基点：一是研究湘西山水影像的生产与再生产；二是注意全部电影、电视剧文本相互之间的互文性，有的作品选择在本地拍摄，有的作品选择异地拍摄，贴上"湘西山水"的标签。也有实地取景拍摄的，例如《连心坝》的拍摄地是湘西花垣县的茶峒镇，《边城》的拍摄地是茶峒镇和张家界森林公园，在茶峒拍摄端午节赛龙船和下河捉鸭子等群众场面，在凤凰古城拍摄石板街、山乡赶场和城墙，在湘西永顺县润雅乡麻阳村拍摄渡口的场景。电影《芙蓉镇》的拍摄地是湘西永顺县的王村镇，后来"王村"因此改名为"芙蓉镇"。电视剧《乌龙山剿匪记》的拍摄地是湘西土家族苗族自治州各个地方，《新乌龙山剿匪记》在浙江横店影视城、仙居、诸暨等地取景拍摄，作为浙江省最具实力的影视集团长城影视翻拍20世纪80年代经典电视剧《乌龙山剿匪记》，制片方长城影视传媒集团预计耗资五千万元，无论从制作、演员阵容到剧本内容上，都将突破和超越老版的《乌龙山剿匪记》。电影《湘西剿匪记》的拍摄地选择湖南省湘西州的不二门风景区，此地以石奇、温泉、石刻、观音朝拜为其特色，石灰岩溶蚀而成的不二石门、莲花池、八阵图被视为大自然的鬼斧神工，这里一年四季苍翠葱茏，梵声缭绕，是修身养性的好地方，《乌龙山剿匪记》也在此拍摄，在塑造原生湘西的过程中，奇、险、惊、神的湘西山水是导演青睐的对象，湘西地处武陵山与雪峰山的腹地，这种奇特的地形地貌与中心文化圈的黄河流域、长江流域等平原地区形成鲜明的参照。

例如，电影《湘女萧萧》的拍摄地是沅陵县沅陵镇馒头嘴村，电视剧《湘西往事》的拍摄地是张家界，电影《红棉袄》的拍摄地是湘西凤凰县腊尔山的苗寨，电视剧《血色湘西》的拍摄地是张家界市的老院子、吉首市的德夯苗寨、凤凰县的古城、古丈县的栖凤湖、龙山县的里耶镇；电视剧《战士》、《边城汉子》都是在贵州松桃苗王城影视剧拍摄基地拍摄，电视剧《拯救女兵司徒慧》的拍摄地是张家界，电视剧《龙腾湘西》的拍摄地是张家界市桑植县贺龙故居、洪家关、苦竹寨及张家界核心景区和市区等多个主要景点，对推广和展示张家界这块红色土地的绝世风光、推动张家界市的文化建设、挖掘和开发张家界市红色旅游文化资源、提高张家界的美誉度与知名度，具有积极的现实意义和深远的历史意义。电影《梯玛之子》是国内首部土家族原生态电影，该影片在享有"土家织锦之乡"美誉的龙山县苗儿滩镇捞车河村拍摄，电影《湘西尸王》的拍摄地是张家界，电影《郑培民》的拍摄地是湘西土家族苗族自治州各个地方。对于拍摄地的选择是电影人基于文化地理的考虑，拍摄地代表着表述者与被表述者的地理坐标，地理所承载的是表述的文化空间，这种空间的展现与都市文化空间具有很大的差异，湘西题材的影视剧将影像拉回到现代之前的"前现代"（杨春时语），"前现代"既具有时间意义又有空间定位，这就形成了"看"与"被看"，看的背后是人的思维，个人的思维背后是社会集体想象。这种"前现代"生活如果作为"批判的对象"就成为后进、野蛮的表现，如果作为"迷恋的对象"就成为否定都市秩序的审美乌托邦。

其次，影像中的山水是对现实山水的重构，取景与造境是影像的生成机制。"影像湘西"中同一表述物像可以具有不同的寓意，例如电影《边城》中的"碾房"是一位农民的劳动空间，是爷爷和老朋友谈心的场所，也是团总送给女儿的嫁妆，这是与翠翠家的"渡船"形成对立的文化意象，"碾房"、"渡船"代表不同的物质生活，它的分量与翠翠的爱情悲剧形成很强的张力关系。电影《湘女萧萧》中的"磨坊"是一个劳动场所，也是一个具有中性特征的公共空间，它为萧萧与长工花狗的雨后相遇提供了必要条件。《村妓》中的石碾坊是主人公老七辛苦劳作的场所，脚蹬石碾时的汗流浃背与城里"花船"上妓女的苦不堪言形成了相关性对照，两种不一样的"劳动"映射女性同样的凄苦生活。《湘西往事》中庹云飞与秋娥初次见面的场所是村里的碾坊，前者想以英雄救美的角色获得秋娥的芳心，最终却以失败收场。《老板哥与电妹子》中的磨坊具有多重意义，"古老的磨坊，慢慢吞吞的节奏，吱吱嘎嘎的声响，压抑、沉闷的色泽，它们构成了蒲叶溪人生的借调——因循守旧，迟滞僵化，贫困落后。它们像沉重的桎梏锁闭着我们民族的心理"①。与这一传统伦理相对立的是电力加工厂，"它（磨坊）象征着中国大地上新旧观念不可调和的剧烈冲突。有人要用'电'的力量加速'磨坊'里的节奏……有人暴跳如雷，竭力要恢复石滚木轴'悠扬'之声。当然，要拆除旧磨，引进机械还是容易的，可要拆除人们头脑中的'旧磨坊'，让新的思想节奏高速运转起来，却是很难很难的呀！"②磨坊既是一种物态的工具，也蒲叶溪人精神上的枷锁。《血色湘西》中田大有家的磨坊、榨油坊是穗穗父女劳作和生活的重要空间，展现抗战时期湘西人普通家庭的生活空间。《血鼓》中的磨坊是乾嘉苗民起兵议事的地方，它承担着社会公共文化场所的功能，又因其中供奉着傩神，充当了乡土信仰空间。

"渡船"也是湘西题材电影青睐的对象，香港电影《翠翠》中二老在船尾撑着小船，翠翠立在船头迎着徐徐凉风，这种影像表达主人公的自由快乐，月下的小船是二人的幸福世界，这一幸福世界相对荧屏后的大世界和观众所在的生活世界具有乌托邦的参照意义，电影《边城》中的"拉拉渡"小船是一个公共空间，固定的套索模式和线路代表着湘西人生活的重复性与规范性，同时也是联系外面世界和湘西世界的"道路"空间，最后小船被洪水卷走，通向外面世界的路被阻断，翠翠依靠的亲情世界就此破灭，翠翠守望的爱情世界遥遥无期。电影《湘女萧萧》中停靠在渡口的小船是萧萧想逃离婆家的救命之舟，代表萧萧的无助与可怜，"船"代表着萧萧所在的生活世界，是"载舟"还是"覆舟"具有很强的不确定性。《村妓》中的"花船"是老七和乡下女人讨生活的场所，这一生活空间联系着有钱的"爷"、有权势的"警察"、街上的赌徒，也是"三姐"守望情郎牛保的思念之地，牛保与"三姐"的感情悲剧象征着花船上女人的群体性悲剧。电视剧《乌龙山剿匪记》中的"拉拉渡"是联系解放世界和土匪世界的鸿沟，解放军战士田石头的牺牲、土匪的死亡和平民妇女的遭殃都在这一个小小的木排上发生，木排昭示着红色革命与土匪世界的对立和相互隔离，也同样表明解放军与土匪之间的武力与对抗，电影《阿桃》中的渡船联系着村寨和外面的世界，阿桃姐守望着寨子里的家人，怡兰向往着外面的大千世界，同在一条船上的两位年轻姑娘的期待视野和对生活的憧憬大不一样，生活在主体文化圈的人与身处边地文化圈的人的价值观具有很大的差异。《血色湘西》中石三怒所在的排帮中的水上木排、竹排是在水上讨生活的工具，水木排、竹排联系着过往客商，在抗战的危急关头，石三怒迎着滔天洪水，独撑竹排将急用药品送到了抗战医院，这条竹排拉近了石三怒与田穗穗之间的距离，这条水路联系着麻溪铺的"家"与处于危急存

---

①② 汪天云.别了，古老的磨房——评新片《老板哥和电妹子》[J].电影新作，1985（4）：82.

亡状态的"国"之间的联系。电影《湘西尸王》中的小船载着留学回来的两位年轻人完成了一段湘西历险，而后返回来时的路，从意象的角度看，渡船成为连接世界与湘西的纽带。

电影《湘女萧萧》中的吊脚楼和梯田是构成"湘西世界"的重要物像。电影《芙蓉镇》中的吊脚楼代表湘西山区的建筑和文化，吊脚楼具有民族地域特色。胡玉音家新建的砖瓦房开创镇上的新生活，新房子成为"文化大革命"期间受迫害的根源，最后以王秋赦所住吊脚楼的坍塌表明正义最终战胜邪恶。电视剧《湘西往事》中刘翠翠所住的吊脚楼阁楼是她歌唱自己爱情的地方，也是遭父母逼婚的独居之所。电视剧《战士》中封闭保守的六合寨是另一种世外桃源，寨主古若冲向儿子天相介绍寨子："左青龙，右白虎，山水自成一体，攻守浑然一体，祖上留下的宝地。"电影《湘女萧萧》以苗歌为背景，长镜头展现湘西山区的梯田、山林以及利用水力来舂米碾谷子的水碓磨，突出湘西相比都市的差异性特征，营造了湘西前现代的物像特征。

（三）本土的礼俗构成原生湘西中人与人的关系

大部分礼俗都有比较确定的文化意义，形成了一套表述湘西伦理的套话。套话是他者想象最为精练的表达，套话，"实际上是一个'基本的'信息。这个具象传播了一个基本的、第一和最后的、原始的'形象'"①。例如，《湘女萧萧》中的"沉潭"，这种私刑又被称作"沉江"，老百姓叫它"浸猪笼"，人被缚住双手双脚，塞进竹制的笼子，然后坠上重物沉入水中，影片中的萧萧长成大姑娘，渴望像女学生一样过自由自在的生活。她跟风趣的长工花狗暗中相爱，还怀了孩子。此时，村中寡妇巧秀娘与铁匠被人捉了奸，按照族规，铁匠被夹断双腿，巧秀娘被沉了潭。胆怯的花狗怕东窗事发不辞而别，想打胎却没成功的萧萧想逃跑又被抓了回来。编导以相当细致的文艺手法来表现这段封建悲剧，内容虽无新意，但颇能呈现出当地特殊的风俗民情。《乌龙山剿匪记》（1986 年）中田大榜对反抗自己的老百姓执行沉潭，残酷的手段凸显土匪的罪大恶极。形象学不追问湘西地区是否存在这种家族式的刑罚，而要追问"沉潭"为什么会作为一种"特色"进入《湘女萧萧》和《乌龙山剿匪记》等影视剧之中，因为它所体现出来的野蛮、残忍从反面确认了现代人追求自由、平等的现代精神。

一方面，某些礼俗为多部影视所共有。代表民俗伦理的婚庆仪典，电影《芙蓉镇》中秦书田为胡玉音和桂桂的婚庆创作的礼歌被认为是反动手笔，胡玉音也将生活的厄运归咎于"秦癫子"。婚庆典礼的影像在影片中多次出现，蕴含多重

---

① [法]达尼埃尔—亨利·巴柔. 形 [A]. 孟华译. 比较文学形象学 [M]. 北京：北京大学出版社，2001：159.

意义。电影《湘女萧萧》中萧萧在花轿里小便的情景突出了她野性的特征,花轿停靠婆家后,因小丈夫年幼哭闹,礼官主持萧萧与公鸡拜堂成亲,有关婚庆的影像具有原伦理的特征,与之相对的另一世界的婚姻是女学生的自由,"不用财礼,不用媒人,关键是喜欢谁"。这在萧萧心里烙印很深,这种爱情启蒙反遭婆婆的训斥,"长个子不长心"。这与现代都市婚姻仪式形成鲜明的对照。《血色湘西》中媒人在穗穗家和月月家提亲的客套话富有地域特色。《边城汉子》中的菊花和翠翠分别嫁给傻子表亲,婚庆的热闹、菊花的人性扭曲与翠翠的上吊自杀形成鲜明的对比。《战士》中英雄连长余大喜与张二妮的婚庆仪式很特别,"一拜毛主席,二拜团首长,三是夫妻对拜"。这就形成新时代婚姻礼典与旧风俗之间的对比,也是代表中心文化圈的解放区与代表匪患严重的湘西之间的支配与被支配的关系。

另一方面,某些礼俗为单部作品独有。电视剧《血色湘西》中的"锁环的成人仪典"和"天坑赌命",即女孩子满16周岁要去镇上的湘夫人庙戴上银锁,男孩子满18岁要戴上耳环,成年人60岁摘下来。"天坑赌命"是湘西传统社会处理危机事件的特殊方式,裁判是傩公,有问话、拜神、壮行酒儿道程序,第一轮竞逐双方赤手空拳捶牛,先制服牛者胜;第二轮是上刀梯所耗时间短者胜;第三轮是赤脚走过天坑上的独木桥,手臂上摆放灯盏,被对方火枪打掉少者胜;最后以胜局多者赢。天坑岭是前现代危机公关处理的生活空间,与现代社会讲求法律裁定的方式相对立,受过学堂教育的龙耀文对这种礼俗很愤恨:"太野蛮,太落后,太不人道。"他的评价代表着中心文化圈对"他者"的认识和对自身的反思。另外,新版电视剧《乌龙山剿匪记》中鞭刑是苗家山寨对罪人执行的"死缓",具有塑造"原生湘西"的特殊价值,小七犯罪后,采用负荆请罪的形式,恳求寨里每人抽自己一鞭子,就可以免除死刑。这种传统的习惯法与解放军的法律和政策有着天壤之别。电视剧《边城汉子》中翠翠的父母为了续香火,想出"借种"、"插秧"的法子,还有桉树寨保留的"填房"风俗,如果兄弟去世,嫂子就成为弟弟的妻子,这被称为肥水不流外人田。从中心文化圈的角度去看,湘西的一系列习俗与现代文明相对,是一种原始、朴实、落后的表征。

二、巫傩湘西

"原生湘西"展现的是湘西人与自然、人与人之间的关系,巫傩湘西形象呈现的是宗教伦理,处理湘西人与神之间的关系,关乎人的灵魂的问题,这就构成巫傩湘西与中心文化的儒道释信仰体系以及现代文明之间强烈的张力。

首先,通过影像呈现宗教信仰内容,"鬼神"是湘西题材电影中最为神秘的元素,《血色湘西》中傩神庙中傩公为年满16岁的女孩子祈签测运,傩公在麻溪镇的端午节庆、天坑赌命、抗日激战中扮演着重要的角色。《湘西往事》中的傩神庙会是青年男女对唱山歌的自由天地,主持神庙大会的傩神娘娘是一位慈祥的母亲。《拯救女兵司徒慧》中傩面成为丁立峰小队混在婚庆队伍接近武少卿的乔装道具。《血鼓》中的乾嘉苗民与清朝将领福康安部在山里对攻,戴着傩面的苗族战士英雄神武,如有神助,挫败了前来围剿的清兵。《湘女萧萧》中庙里的王母娘娘成为萧萧敬奉、诉说的对象,萧萧想出吞食香灰打胎的法子,庙成为弱女子最后的精神寄托。按照马克思在《政治经济学批判导言》中提出的意见,人类把握世界有艺术、实践、精神以及宗教四种方式,对湘西宗教的影像表达,有助于我们了解湘西人如何用宗教来把握世界、这种方式与中心文化圈的差别在何处。

其次,宗教信仰与现实生活紧密相连。赶尸、傩文化等鬼神宗教成为中心文化圈集体想象的重要对象。其中"赶尸造蛊"是一种特殊的风俗习惯,在影像中扮演重要的角色,《湘西往事》中的赶尸名义上是法师李上坡"代办运尸还乡",实际上是反共复兴基地的情报网;《湘西尸王》中导演用影像讲解了湘西赶尸的风俗的类别,如水上的漂尸、树林中的背尸、空中的飞尸、货运的缸尸,列出赶尸的四种套话,赶尸人还有口诀要领:"一二三四五,做鬼好辛苦,手要直直伸,腰要硬邦邦。双脚齐齐跳,两眼不得睁,哪个碰上我,吓掉你的魂。"影片通过两位从海外学医归来的年轻人的眼睛去透视这个风景很美但"有很多妖魔鬼怪"的湘西,镜头通过两位中心文化圈的人去看、去理解、去试错。最后是通过各种其他的故事来解剖赶尸的秘密,从东洋回来的阿勇陪着阿琴回家奔丧,喝了船老大的酒后的第一反应是"是不是在酒中放蛊"。各种人物之间的交流都是在理解与误解之间发生,故事情节也是在误会与谅解之间展开。

再次,宗教成为湘西人特殊荣耀的象征。湘西的巫傩与军事的勇武有着紧密的联系,电影《血鼓》展示了湘鄂川黔边界乾嘉苗民的反抗精神,苗民聚集在麻氏祖先的牌位之前,一群法师主持遴选苗王的仪式,法师吹起牛角,跪拜先祖,卜卦问吉,希望"天降苗王,蚩尤主神显灵,收复苗地显太平"。石三保跪在牌位前宣誓"参天所见,官府多田,逼我民反,蚩尤主神显灵,托我石三保为王……除流官,夺回田地保平安,救苦救难"。接着是各寨人歃血为盟,举旗抗清。巫不仅是一种宗教信仰也是一种尚武精神的体现,苗民义军攻下乾州以后,全寨人狂欢,苗鼓手精彩表演,老少齐跳茅古斯舞蹈,围观的乡亲们都参加了大联欢。"苗鼓"代表民俗中的娱乐生活,"血鼓"代表指挥作战的战鼓,影像中的血鼓成为一种反抗精神的象征。无事不鼓、无事不舞代表了宗教生活、军事活动、艺术表演,三者互为交融,是湘西苗族人特殊的生产生活方式。这一生存方式的影像价值为中心文化圈提供另一种参照系。

最后,宗教信仰还体现湘西人特殊的乐生情怀。影像中的节庆仪典具有广泛的民众基础,电视剧《血色湘西》中端午节前准备的1200斤米粽,还有祭礼用的丹砂、香烛，成群结队而来的龙队，怀着必胜的信心而来，"宁输三年田，不输一年船"。祭龙和炸龙的热闹场面，不仅是祭奠，而且是民众的狂欢。受汉文化的影响，影像中的端午节仪式按照请屈子、诵祭文、拜屈子进行。傩公的祭文表达边地对中心文化的守望，"三江的鱼龙，你莫食我大夫之体。九河的虾蟹，莫食我大夫的肉。大夫，大夫，楚之魂兮。大夫，大夫，魂归来兮"。如果宗教信仰走向异化，就会变成邪术，电影《湘西剿匪记》中指挥"神兵"的女巫口中念念有词，"刀砍不进，枪打不进"，拿着武器冲向解放军，神兵沦为匪首的帮凶。《阿桃》中阿秀婆手舞足蹈的口诀："遣你这个无常鬼，遣你这个烂肚子鬼，遣你这个饿肠鬼，遣你这个团㾭咯鬼，遣你这个伤鬼……遣你这个痘子鬼，遣你这个烂包袱鬼……所有的大鬼小鬼。"阿秀婆因为失去丈夫和孩子，精神受到刺激，出现了心理上的不正常。小朋友以为得罪她是要短命的，当小朋友们战战兢兢去阿秀婆家的时候，三桃教大家一套口诀："把手这样放在背后握紧，小声念，'金刚罩，金刚罩，不怕小妖和老妖'。"在传统社会，巫傩与主流文化圈的儒释道形成鲜明的对比，在现代社会，巫傩与现代文明形成很大的差异，这种差异在全球本土化时代是一种重要的文化资源。在湘西，巫傩是乡土社会把握世界的一种方式，这种方式能为现代性的困境提供一种参照与借鉴，这种借鉴能为中华民族的多元一体文化格局提供一种例证。

三、湘西土匪

从1986年电视剧《乌龙山剿匪记》的热映到2016年微电影《湘西土匪》的网络传播，30年间15部湘西匪片塑造了以反动派军队为代表的蒋匪、占山为王的土匪、被逼为匪的山民、接受解放军改编的土匪武装、为民族大义敢于献身的义士等形象。这些形象随着时代发展而转变，这种话语转换适应政治意识形态的需要、反思人性的需要以及商业符号传播的需要。在文艺创作从"高原"迈向"高峰"的背景下，湘西影像需要由匪片的复制性再生产向弘扬民族特色经典转变，从而发挥乡土智慧的价值引领力、民族凝聚力和精神推动力。

第一部湘西题材的电影是1953年由香港导演严俊执导，改编自沈从文小说《边城》的《翠翠》。截至2016年，湘西题材的影视剧作品近40部，主要题材涉及剿匪、人性书写、民俗风情、抗日历史剧等，其中"匪片"有15部，形成了自1986年以来影视剧中的"湘西土匪"现象。我们试着梳理影像中湘西土匪形象的类型，在归纳类型的基础上探讨形象背后的话语体系，在此基础上，以新时代"文艺精品"为背景，提出湘西匪片电影与电视剧的未来发展方向，为打造"思想精深、艺术精湛、制作精良"的影视精品指明路径。

第四章 湘西形象：文学、影视、表演

（一）影像湘西中的土匪类型

"匪"是指结成团伙的强盗或者行为如同盗匪的反动政治集团，由盗匪猖獗造成的祸患称为"匪患"。土匪通常指地方上以抢劫为业、坐地分赃、残害人民、危害社会的个人或集团，史书上亦称作"山贼"、"山寇"、"草寇"、"强人"等。"作为政府、民众的对立面，土匪一直都是以反社会的"[1]。从1949年9月中旬，解放军第38军由常德挺进湘西到1953年基本肃清，人民解放军和湘西人民作出了重大牺牲。湘西匪片剧本创作以及执导拍摄都以湘西剿匪的历史为原型，其类型主要包括以反动派军队为代表的蒋匪、占山为王的土匪、被迫为匪的山民、接受解放军改编的土匪武装、为民族大义敢于献身的义士等形象。

第一类是蒋匪，它代表土匪反政府、反人民的指挥中枢，在影视剧中，蒋匪构成湘西土匪的指挥中枢与中坚力量。1986年版《乌龙山剿匪记》中的女特务"四丫头"虽然是孤身一人来到湘西，但国民党反动派是她的后台，所以总能左右田大榜和钻山豹的反抗策略，剧中塑造了她残忍、泼辣的形象。1987年的《湘西剿匪记》中的匪首"瞿二十四"的女儿作为国民党的特派员，成为土匪联盟的实际操纵者，影片塑造了她残忍的女魔头形象。2006年的《湘西往事》中向永国被国民党授予"少将司令"军衔，暗中却受到白崇禧的亲信黄一虎和周满娇的监视。2010年的《拯救女兵司徒慧》中国民党军官武少卿成为左右司徒慧生死的人，剧中塑造了他以军人荣誉为天职、站在人民对立面的反动形象。2012年新版的《乌龙山剿匪记》中代表敌对势力的湖南省主席陈子贤是左右这场战争的主要人物，剧中塑造了他满口的仁义与道德，实则为自身利益置亲生女儿生死于不顾的冷血杀手。综观15部匪片，代表国民党反动势力的武装力量是土匪形象最为重要的组成部分，这类土匪形象真正构成对人民政府的挑战。

第二类是占山为王的土匪，构成与人民武装对抗的中坚力量，在解放战争之前，他们大多数在无政府状态下烧杀抢掠，解放战争打响之后，在国民党反动派的唆使之下负隅顽抗，"湘西土匪是帮会化的土匪，他人数多，集股分散活动，分布地域广，武装水平高，具有一定的战斗力，是民国湘西特有的社会、政治现象"[2]。1986年版《乌龙山剿匪记》中的匪首田大榜是老奸巨猾、心肠歹毒的典型代表，钻山豹是诡计多端、色厉内荏的代表，他甚至随意枪杀妇人背篓里的小娃娃。1987年《湘西剿匪记》中凤山县的匪首瞿天华，其家族已有24代的历史，美其名曰"瞿二十四"，善用阴谋诡计让人民军队付出惨重的代价。1993年的

---

[1] 孙静，刘嘉.浅析民国土匪赖以生存的社会关系——以湘西地区为例[J].山西师大学报，2008（1）：67.

[2] 彭先国.试论湘西土匪的帮会特点[J].湘潭大学社会科学学报，2002（3）：70.

《湘西大剿匪》中国民党军队的团长回到家乡，为了威逼哥哥叛变，居然故意杀人放火、枪杀共产党干部、强奸妇女，剧中他是人见人怕的"三阎王"。2003年的《追剿魔头》中的覃贵青是骚扰百姓、杀伤无辜并亲手杀害自己四个孩子的"魔头"。2010年《边城汉子》中的杨白狼，既是县里治安团的团长，晚上又脱掉警服扮成土匪，是大肆抢劫的罪犯，他成为一只名副其实的"狼"。

第三类是接受改编并为了民族大义作出牺牲成为英雄。1986年的《乌龙山剿匪记》中解放军战士由山上的土匪改编而来，坚持中国共产党的纪律与英勇善战，他与田秀姑的爱情更让其有立体感。2012年新版《乌龙山剿匪记》中的何山在追捕匪首陈子贤的战斗中壮烈牺牲。2005年的《边城汉子》中麻坡寨土匪首领山猫子从上山当土匪到下山擒杀日本兵，他谈到自己身份时说："别看我山猫子是土匪，在中国地盘上，轮不到日本强盗撒野。"2006年的《湘西往事》中云盘寨的寨主庹云飞从强抢民女做压寨夫人到向人民军队投诚，并在抗美援朝的战斗中壮烈牺牲，成为民族英雄。2007年热播的《血色湘西》中独霸水路的排帮在日军入侵麻溪铺时，在共产党员童莲的教育组织下，在石三怒的带领下誓死抗击日寇保家卫国，塑造了具有血性与爱国情怀的义士形象。2010年的《拯救女兵司徒慧》中的改邪归正的石三勇是解放军营救小分队的成员，为拯救司徒慧立下汗马功劳。

（二）镜头背后的话语与权利

如果说影像湘西中的土匪类型所探讨的是影视艺术中的土匪形象，"类型化生产的'湘西土匪剧'频出作为一种影视现象，折射出一种重要的文化心理，即他者视野下的湘西土匪形象"①。那么镜头背后的话语与权利追问的是为什么有这些土匪形象的出现。关于土匪形象的研究，我们从形象学的视角去考察，不追问土匪与湘西剿匪历史的事实符合度关系，而是追问镜头背后的那一颗"导演思维"为何要如此表述，表述的基本话语谱系以及背后的权利支配体系是什么。

一是政治意识形态的功能需求。剿匪成为湘西题材电影的主要内容，这是意识形态功能得以实现的需要。按照卡尔·曼海姆的意识形态与乌托邦的二元结构，前者是对当下秩序的肯定，后者是对当下秩序的否定。1949年10月，新中国的成立，国民党反动派的残余势力负隅顽抗，试图扼杀新中国的胜利果实，作为"化外之地"，对人民群众的生命财产安全造成极大的威胁，"据有关报刊载，1949年冬至1950年，中国人民解放军进军湘西，清剿湘西的武装势力，称为'湘西剿匪'，并将这一胜利谓之'肃清了百年匪患，消灭了百万土匪'，说明湘

---

① 庹继光，王炎龙. 他者视野下的"湘西土匪剧"及反拨 [J]. 当代文坛，2014（2）：135.

西'土匪'历史之长，聚众之多，居全国之首"①。"匪"作为当下政治意识形态的对立面，就形成了人民民主专政与国民党反动势力的对立，这种对立落实在剿匪影视剧中就是人民军队与国民党军队的斗争，是一种你死我活的斗争形势，所以在影片中形成了解放军与土匪军、人民与土匪、解放区与土匪山寨、新社会的幸福生活与土匪窝的残暴统治的二元叙事结构。例如，1986年和2012年的《乌龙山剿匪记》中刘玉堂的正直、善良、英勇与田大榜的奸诈、歹毒、猥琐构成鲜明的二元对立。2003年《追剿魔头》中的田阿莓在山下看到母亲与妹妹阿莲的幸福生活，这与自己和覃贵青沦为一对亡命鸳鸯形成鲜明的对比。这种对比对影像中的各种人物与生活世界做了确定性的价值判断，这种确定性价值判断对应着我们的现实生活。这种影像虚拟世界所构成的观念世界是对现实政治意识形态的反映。

二是创作者对艺术价值的诉求。每一部影视剧都是导演、编剧等电影人对湘西剿匪历史的理解和阐释，这种阐释随着时代问题的改变而转换。1986年首部湘西匪片《乌龙山剿匪记》中土匪的思想与行为绝对统一，解放军自身的思想与行为也是绝对统一，创作者所追求影像表达围绕人民民主专政的建立与维护，按照刘小枫的叙事伦理分类，前20年的湘西匪片侧重民族叙事伦理，个体命运的影像也在其中，但民族、国家、历史变得比个人命运更为重要。《乌龙山剿匪记》中的解放军队长东北虎刘玉堂、充满牺牲精神的何山、幽默乐观的刘喜、疾恶如仇的石头都以个体命运表述国家叙事与民族大叙事；在另一边，田大榜与钻山豹等全无人性的野兽，凶残、歹毒、奸诈，在民族大叙事的面前，剧中的人物各安其位。1987年的电影《湘西剿匪记》中吴波是骁勇善战、愈挫愈勇的解放军指战员，与之相反，瞿二十四与瞿湘玉是带领反政府武装试图攻占县政府的匪徒。2006年的湘西匪片《湘西往事》实现了从侧重国家叙事伦理到个人叙事伦理的转换，土匪头子向永国杀人如麻，但他会面对一块有记录的石碑忏悔，他的女儿向清莉"向往一个没有杀戮，没有争斗的世界。在那里，天很蓝，草很绿，水很清，那是个和平幸福的世界。没有恐怖只有欢笑，没有哭嚎只有歌唱，人们都像鸟儿一样在天空飞翔，自由自在"。这是一位女孩子对战乱生活的否定，对幸福生活的向往。另外，庹云飞实现了从独霸山寨到接受改编的转变，师毛子面临忠诚于自己的爱人与兑现对解放军的承诺之间的矛盾，被强迫做庹云飞夫人的秋娥面临跟随丈夫与劝诫丈夫投降的矛盾。人物个体的心理矛盾将个体的命运充分展示出来。另外，2007年《血色湘西》中田穗穗、石三怒等人物从内心到行动都面临爱情与家族的矛盾，在外敌入侵的背景下，如何化解个人的恩怨与共同抵御外

---

① 涂绍生，田荆贵.湘西"土匪"考辩［J］.湘潭师范学院学报，2007（4）：128.

侮的矛盾是人物形象具有生命力的关键。最近10年的匪片在民族叙事的大前提下，逐渐打开个人叙事的空间，充分展示出个体生命在爱恨、情仇、生死、家国语境中的变化，个人的生存境遇与人性善恶充分展示出来，"除却政治、经济、历史等原因，不同的自然地理环境带来了不同的生活状态，塑造了不同的人物性格，打造出不同的人文环境"。① 2016年的微电影《湘西土匪》是对民族叙事的完全解构，这种解构是为了传递"湘西土匪"的商业符号价值，是从游戏的角度展示湘西土匪。

三是接受者美学品格的转向。影视文化可以作为意识形态传播的大众传媒，也能充分体现影视创作者的艺术价值的诉求。但影视作品在没有被纳入接受者视野之前只能作为艺术作品而不能成为审美对象。艾布拉姆斯在提出作家、作品、世界、读者四要素时，读者是使产品成为审美对象的关键，1942年毛泽东同志在《在延安文艺座谈会上的讲话》（1942年5月）中提出"我们的文艺是为人民大众的"，习近平同志在《在文艺工作座谈会上的讲话》（2014年10月）中提出"人民的需要是文艺存在的根本价值所在"。在中国影视审美文化的大背景下，大众是影视作品的接受者，湘西匪片以电影、电视剧、微电影、广告等形式呈现，表现的内容包括自然风光、民俗风情、政治斗争、硝烟战火、个人的爱恨情仇等，从内容来看，15部匪片主要纳入战争片系列，因为剿匪本身就需要展现剿匪的历史，其政治斗争与战火硝烟在电影和电视剧的内容展示中占有最大篇幅，特别是以"剿匪"为题的几部电影和电视剧主要展现剿与被剿的过程，如1986年《乌龙山剿匪记》、1987年《湘西剿匪记》、1993年《湘西大剿匪》、2000年《武陵山剿匪记》、2003年《追剿魔头》等都主要是以政治意识形态的正反关系作为论述的框架，接受者被置于这样一个二元对立的框架之中，更多是从视觉传达中领会历史事件的发生、发展、结局，这种以创作者为中心的民族大叙事给个体接受者所留下的思考很有限，好坏、善恶、对错、敌我符号都已预先植入，接受者在这类影片中主要感受到的是沉浸、震撼、感动。2006年《湘西往事》标志着匪片开始对人物的多元立体性格进行展示，匪首向永国、特务周满娇、黄一虎等的性格特点呈现出多维与多层的立体结构。2007年《血色湘西》中的田穗穗、石三怒、龙耀文、龙耀武在剧中时刻面临行动与心理活动的张力，主要人物面临人生抉择时并不是非此即彼的两难，而是多重矛盾与冲突如期而至，极大地激发接受者的参与性思考。特别是2012年的《乌龙山剿匪记》虽然是对1986年版的重拍，但在影视文化产业背景下，将安以轩、秋瓷炫、吕良伟、申军谊等荧屏偶像

---

① 薛凌. 神话与寓言——中国西部电影与台湾乡土电影之"乡土性"比较[J]. 当代电影，2014（2）：170.

作为新剧的特色元素。2016年微电影《湘西土匪》将土匪形象作为商业广告宣传的一种传播媒介。这表明作为影像的多元土匪形象正在适应大众对个性、开放、特色文化产品的需要。

(三) 湘西匪类题材影视艺术精品路径

如果说镜头背后的话语与权利是追问为什么有这些土匪形象的出现，那么湘西匪类题材艺术精品路径是探讨艺术精品的未来发展路径，其中思想精深、艺术精湛、制作精良是判定艺术精品的三项重要指标。

1. 思想精深

由"他"的湘西到"我们"的湘西。湘西形象既包括中心文化圈民族对边地湘西的文化想象和"他者"表述，也包括湘西人的自我想象，前者叫作"镜像湘西"，后者称为"湘西自画像"，二者构成湘西形象的一体两面。镜像湘西重点研究注视者文化，该镜像由中心眼中的边地、礼邦眼中的蛮族、礼乐文明与现代文明眼中的巫楚形象组成；湘西自画像重点研究被注视者文化，该画像由边缘守望中心、民族重塑蛮族、圣地颠覆匪帮三维面组成。镜像与自画像之间的互动构成湘西形象的生产与再生产，其生产逻辑是：在前现代，边地的参照系价值主要通过夷夏之间的想象实现；在现代，湘西的边地参考价值在文化共同体内外逐步被发现。"乡土世界作为寄予思想与信念的重要载体，一直被创作使用与言说"[①]。在全球本土化的当下，湘西的参照系价值通过发明的方式来挖掘。湘西形象的生产与再生产研究将一国文学中所塑造或描述的异国形象渡入一国之内注视者、言说者、书写者对异地、异族形象的研究，是一国之内异地、异族形象研究的范型，是西方形象学理论的中国化。影像湘西是文本中湘西形象表述的重要维度，"匪"成为中心文化圈表述边地的重要话语，15部湘西匪片中，直接以"匪"作为影片题目的就有《湘西剿匪记》、《湘西大剿匪》、《武陵山剿匪记》、《追剿魔头》、1986年版《乌龙山剿匪记》、2011年版《乌龙山剿匪记》、2016年微电影《湘西土匪》，影视剧中"土匪"两个字的出现频率非常高，这些表述多数出自中心文化圈的编剧与导演，这种镜头语言的背后是湘西作为"他者"被打量和被观看，而且这种"湘西土匪"形象的产生是以中心文化圈的古典礼乐文明与现代性发生后的现代文明作为参照系。包括湘西匪片在内的近40部电影与电视剧主要是将湘西作为"他者"给予关照，在中华民族多元一体格局的背景下，作为地域文化拼盘的湘西文化或称武陵山文化需要增加自我表述的维度，在他者与自我的表述中呈现湘西形象的丰富性。所以相比前面列举的"匪"字号影视剧，《血色湘西》、《湘西往事》更能展现湘西人的家国情怀与人性的真善美，在某种程度上，

---

① 张莹.乡土情结在电影中的文化呈现[J].当代电影，2014（10）：168.

"匪"遮蔽了湘西形象的丰富性与圆满性,需要我们重新塑造。

2. 艺术精湛

从他塑的视角到自我重塑。从历史的角度看,最能体现他塑视角的是"二十五史",从《史记》到《清史稿》,从地缘的角度看,湘西作为中心眼中的边地;从亲缘的角度看,湘西作为礼乐文明汉族之外的"蛮夷",从神缘的角度看,湘西作为儒释道文明之外的巫傩文化的遗存。从传统艺术的角度看,从屈原笔下的"沅有芷兮澧有兰"到陶渊明笔下的"桃花源形象",唐朝的李白、杜甫、白居易,宋朝的王安石,元朝的赵孟頫,清朝的袁宏道三兄弟都表述过湘西,湘西要么是被表述为蛮夷之地,要么是被表述为乌托邦形象,在现代,这种表述还在继续,以影视文化为代表的大众传媒将湘西形象定义为"匪",匪的角度主要是以外部书写的角度表现湘西,匪构成对形象丰富形象的遮蔽,如果要完成对湘西形象的去蔽,那么就需要入乎其内、出乎其外的内外视角反复参照与打量。沈从文笔下的湘西世界是我们学习的对象,湘西题材的第一部电影就是依据其《边城》改编而成的《翠翠》,另外还有《湘女潇潇》、《村妓》等改编后的电影作品。因为沈从文是往返于湘西与湘西之外的表述者,这种内外视角是很值得镜头背后的"他"与"我"去观照与学习的,或者说沈从文的文学视角是对匪类湘西题材电影的补充与扩容,匪也许只是人性的一个维面而已。

3. 制作精良

从复制性生产到全球本土化。1986年《乌龙山剿匪记》的热播,取得很高的收视率,这种收视率的意义是形成了湘西之外的人对湘西的刻板印象,湘西形象的众多维面,例如"蛮"、"世外桃源"、"边地"、"巫傩"中,"匪"是重要的一环,甚至很多人会直接将"土匪"与湘西联系起来。这是因为现代性发生的机遇,艺术界、思想界自20世纪80年代的真理标准的大讨论、美学大讨论,思想趋于一个开放的境地,在思想与文化的传播中,广播、报纸杂志、电影电视等是重要的大众媒介,其中影视最具有大众审美文化的特征,在图像时代来临的当下,影像的传播力具有大众传媒的天生优势,从历史的角度看,湘西在新中国成立之初还属于"化外之地",这就成为中华文化圈的一个聚焦点,湘西剿匪历史为湘西土匪形象的表述埋下了伏笔,30年之后,又恰好在20世纪80年代诞生了《乌龙山剿匪记》,在影像资源匮乏的时代,具有特色的匪类题材首次进入大众的视野,影片中所建构的乌龙山剿匪与湘西的图式成为大众观照湘西、打量湘西、思考湘西的前提与框架,这就是何以形成湘西匪片热的逻辑起点。所以湘西之外的人谈起湘西,将其与土匪联系起来,那么讨论土匪也就将其与湘西联系起来。匪类题材的影视剧的关注对象非"湘西"莫属,这就形成湘西匪类题材自1986年以来长盛不衰。在全球本土化时代,匪不能代表湘西形象,在中华民族多元一体格局的背景下，匪不利于共同体的建立。"匪"遮蔽了湘西地域丰富的物质文化、非物质文化以及精神文化。所以在影视文化产业发展的今天，匪依然可以作为影视表现的对象，但匪之外的自然风光、非物质文化生活方式、湘西人在改革发展境遇中的故事、全球化背景下的本土化特色叙事等湘西问题与湘西经验理应成为艺术表现湘西形象的重要对象。

以1953年电影《翠翠》为起点，湘西题材的电影已经有60年的历史，自1986年诞生了第一部湘西匪类题材，影视文化中的湘西土匪形象的塑造也已有30年历史。纵观湘西形象史与湘西题材电影电视发展历史，我们可以发现，影视是表述湘西形象最为重要的方式之一，这种表述方式从以往单纯的他者表述方式向内外双重视角转型，在他者想象与自我重塑的过程中，湘西形象有了地域形象、少数民族形象、乡土智慧形象的立体感，湘西形象的立体感与丰富性也伴随着本土化"走出去"战略的实施而焕发出生命力。

第三节　表演湘西：从陈列到表演

表演湘西有两层含义，一是研究对象是表演艺术中的湘西形象，二是用人类表演学的方法研究文化产业中的湘西形象。其中，表演门类与文学文本、影视媒体、历史文本都同为研究湘西形象的语言库，如果以媒介的历史划分，相互之间有更迭也有叠加，历史文本和文学文本是文字和印刷时期表述湘西的典型媒介，影视文本是新时期表述湘西的大众传播媒介，表演文本是文化产业发展的产物。文化产业是我国国民经济发展的重要组成部分，根据国家统计局关于《文化及相关产业分类2012》的国家统计标准，文化及相关产业是指为社会公众提供文化产品和文化相关产品的生产活动的集合，其中"文物及非物质文化遗产保护"属于文化产业类别中的第一部分。文化产业视野中的表演的性质是一种文化产品，文化产品的价值在生产与消费的过程中实现，融入市场逻辑的表演产品因消费的需求而调整生产。表演文本以怎样的湘西形象来赢得观众的青睐，观众的审美期待来自何处？表演文本与文学文本、影像文本一样，需要满足观众的审美期待，这种审美期待就是中心文化圈在历史与想象中积淀的社会集体想象，"二十五史"中的湘西形象是作为国家意识形态的否定对象，"边"、"蛮"、"巫"是最主要的套话，文学文本中的"桃花源"与"边城"是湘西形象作为前现代对抗社会现代性的乌托邦。边城的"双城记"以湘西"皈依"现代而告终，湘西还能不能为中心文化圈提供参照系价值，这种参照系价值是在现实中存有还是从现实渡入审美领域之中，湘西形象的变化也代表中心文化圈社会集体想象的变化。相比文学中的审美现代性价值、影像中匪的意识形态的价值和红色记忆的乌托邦的价值，表演湘西提供了前现代的神秘记忆、"以美育代宗教"的魅力美学以及地方营销的示范价值。

本节的研究对象是大湘西地域旅游文化产业中的剧场演出，如《张家界·魅力湘西》《天门狐仙——新刘海砍樵》《武陵魂·梯玛神歌》《印象张家界》《烟雨张家界》《魅力张家界》《梦幻张家界》《西兰卡普》《烟雨凤凰》《烟雨洪江·沅水号子》等是研究的个案。

一、神秘湘西：遗产的前现代性

从古典到现代，湘西具有中心文化圈需要的差异性价值，差异性价值在古典想象的模式中以"蛮邦"和"桃花源"为结构张力，在现代想象中以"匪土"和"圣地"为结构张力。当湘西从偏远的蛮地完全成为中华文化版图一部分的时候（以湘西州、常德市、张家界市、怀化市行政单位的设定为标志），这种现实地缘的参考系价值减弱了；当湘西地域的民族从"蛮族"、"鬼方"的野蛮人成为土家族、苗族、瑶族、侗族、白族等少数民族的时候，这种族群间的对立参考系弱化了；当信仰自由成为公民的自由权利，《中华人民共和国宪法》第三十六条规定，"中华人民共和国公民有宗教信仰自由。任何国家机关、社会团体和个人不得强制公民信仰宗教或者不信仰宗教，不得歧视信仰宗教的公民和不信仰宗教的公民。国家保护正常的宗教活动。任何人不得利用宗教进行破坏社会秩序、损害公民身体健康、妨碍国家教育制度的活动。宗教团体和宗教事务不受外国势力的支配"，《非物质文化遗产保护法》等以保护民族文化遗产为目的的法律相继出台时，湘西形象的参考系有了和而不同的价值。

由此，地缘路径的打通，多元一体民族共同体的建立，信仰的自由受到保护，湘西的民族性和差异性的参照价值体现在何处？器物、制度、思想已经纳入中心文化的框架之中，中华文化圈内的政治、经济、文化之间的差异性依然存在，中央与地方、多个民族之间、多种民族信仰之间的差异依然保持，中心想象边地的动力依然存在，湘西的边地实践仍然有效，湘西经验同样具有中心文化圈需要的参考价值。基于大湘西地域的旅游文化产业是中心文化圈进入湘西的重要方式，在文化产业背景下，文化产业中的湘西形象是中心想象边地的重要方式，边地湘西的文化产品也以中心想象为大前提。以文化产业中的剧场演艺为例，我们可以归纳出湘西形象存在的三种方式：第一是前代性的形象惯性，湘西人将"非物质文化遗产"所代表的前现代的湘西作为展演的资源。第二是前现代资源的戏剧转场，将前现代的生产生活的田野空间搬上艺术的舞台，使乡土的原生态进入城市的文化产业领域。第三是艺术表演成为湘西人的自我表现，自我民族意识体现的营销策略，中心文化圈想象湘西的方式成为湘西人的自我想象，"拟态环境"中的文化成为湘西存在的方式，湘西的存在是以符号的品牌效应为旨归。

（一）非遗是保留神秘元素的载体

前现代的生产生活方式保留在湘西的非物质文化遗产所代表的生产生活方式之中。非物质文化遗产成为想象湘西的重要凭借，因为它是另一种差异性的文化样式，它是"现代"之前的"前现代"。

我们将剧场表演中的非物质文化遗产资源做集中考察，土家织锦技艺（第一批国家级非物质文化遗产，属于传统技艺，编号为Ⅷ-18）是原生态舞剧《西兰卡普》的主要素材来源，也是舞蹈诗《魅力张家界》第三章"女儿花"的主要表述对象。湘西土家族茅古斯舞（第一批国家级非物质文化遗产，属于传统舞蹈，编号为Ⅲ-31）是室内舞台剧《魅力湘西》、山水实景剧《天门狐仙》等的演出内容之一。苗族银饰锻制技艺（第一批国家级非物质文化遗产，属于传统技艺，编号为Ⅷ-40）是所列举的演出剧目中演员服饰的装饰元素。湘西苗族鼓舞（第一批国家级非物质文化遗产，属于传统舞蹈，编号为Ⅲ-30）是《魅力湘西》开场序舞"火鼓"、《烟雨凤凰》开场舞的创意来源。土家族梯玛歌（第二批国家级非物质文化遗产，属于民间文学，编号为Ⅰ-80）是《张家界梯玛神歌》演出的创意来源。澧水船工号子（第一批国家级非物质文化遗产，属于传统音乐，编号为Ⅱ-33）、酉水船工号子（第二批国家级非物质文化遗产，属于传统音乐，编号为Ⅱ-98）是《烟雨洪江·沅水号子》的创作来源。土家族哭嫁歌（第三批国家级非物质文化遗产，属于民间文学，编号为Ⅰ-112）是《魅力湘西》、《梦幻张家界》中的重要组成部分。土家族吊脚楼营造技艺（第三批国家级非物质文化遗产，属于传统技艺，编号为Ⅷ-211）是《天门狐仙》、《魅力湘西》、《梦幻张家界》等剧目的重要建筑背景。花鼓戏（第二批国家级非物质文化遗产，属于传统戏剧，编号为Ⅳ-112）是《天门狐仙》的蓝本。蓝印花布印染技艺（第二批国家级非物质文化遗产，属于传统美术，编号为Ⅷ-24）是《烟雨凤凰》的舞台布景元素。根据大湘西国家级非物质文化遗产名录的初步统计，大湘西地区现有国家级非物质文化遗产40项之多，这些非物质文化遗产是湘西地区少数民族生产生活方式的重要载体。

（二）非遗为观者提供文化体验的空间

以非物质文化遗产代表的民族民间文化形态是旅游者体验边地生产生活方式的重要媒介。史籍中的湘西形象是社会集体想象的历史集成，是认识湘西和想象湘西的遗产；文学中的湘西形象给读者提供一维的想象空间，这一意义空间的解读需要对符号意蕴进行阐释；影像湘西为大众提供信息传播的窗口，在二维影像的拟态环境中,湘西既是想象的"在场"又是现实的"缺席",视听语言的表述赋予观众"看"的选择和权利。旅游文化产业在塑造湘西形象的历程中提供了除以上各种方式之外的触觉体验。一维的文学借助读者的想象,二维的影像是视听语言的大众传播,旅游文化体验是在三维的空间中的自我体验,田野中的民俗文化与旅游者可以同时在场。田野里的非物质文化遗产提供了旅游者的原真性体验。我们可以从田野空间的角度论述非物质文化遗产代表的生产生活方式的原真性表现。

其一,非遗为体验者提供前现代的宗教空间。"土家族梯玛神歌"代表的是边地龙山、保靖、永顺、古丈等县乡民的生产生活空间,开天辟地的内容是古代乡民的天地观对天地空间的掌握,人类繁衍的内容是人对人情伦理的认识,是对人与人之间、人与社会空间的认识,民族祭祀是人为了解决自身问题的宗教信仰,土家族白虎神信仰、土司王的信仰是以歌舞的形式表现,民族迁徙是土家族、苗族等少数民族面对自然和战争的离乱的思考、对文化地理的表述;狩猎农耕及饮食起居关注现实生活中的物质生活和生产劳动,这些广泛的历史内容和社会生活内容,是人对物的认识,人对社会的思考,人对信仰的思考。大型山水实景歌舞剧《梯玛神歌》,表现土家族开天辟地、人类繁衍、民族祭祀、民族迁徙、狩猎农耕及饮食起居等广泛的社会生活与历史文化,被誉为研究土家族形象的百科全书。

前现代的空间在梯玛神歌的叙事中展现出来,而其现实土壤是土家族的生产生活的现实空间。所以"梯玛神歌"不仅仅是民间文学,而且是历史空间、艺术空间、信仰空间等的综合体。

其二,非遗为体验者提供前现代的伦理表达空间。"土家族哭嫁歌"是前现代和现代土家族女性生活空间的展现,是出嫁女的自我和群体的表达方式,其塑造的意义有三:一是人与人之间的情感的交流,出嫁就是女人走出自己家门去组建自己的家庭,很多婚姻是父母包办和媒妁之言的结果。哭嫁歌是表达亲情和控诉婚姻制度。二是以哭的形式表达一种民间伦理的秩序,"哭父"、"哭母"、"哭兄嫂"、"哭安席"等,是出嫁女在众多人物之前的表演,扮演一个社会角色,学会成年人的表述方式,学会独立地交往和表达。三是展现出嫁女的个人魅力,寨里的亲友每晚都会来陪哭,非亲非友的少女们也互相邀约,成群结队来"打坡"(土家语,即参加学哭嫁),这种哭也是一种语言的习得能力和才艺的体现。哭嫁是民间嫁娶伦理中重要的文化空间,在这种空间中,女性的行为意识、思想意识凸显出来。

其三，非遗为体验者提供民间艺术生活空间。我们以"土家族织锦技艺"、"桑植民歌"、"建筑工艺"为例，土家织锦是土家族的姑娘利用古老的木腰机，手工操作，采用"通经断纬"的挖花技术，以棉纱为经，以五彩线为纬而织成的布质艺术品，被誉为"高度浓缩了的土家文化"。土家织锦一是女性表达自我的重要媒介，从实用的空间来说，土家织锦是用布料织成的工艺品，具有实用的功能，也是女性在经济上在家庭中的一项重要经济价值的体现。二是礼俗空间的体现，在女性的嫁妆中占有重要的地位，除了作为经济地位的体现之外，还是女子智慧和教养的体现，土家女子出嫁时都有自己亲手编织的土花被面，新娘父母以精美的土花铺盖陪嫁为荣，娶媳之家也以此来判断新娘针线活的巧拙贤愚。三是审美空间，土家族没有自己的文字，但土家族人使用织布机的经纬线绘制的二维空间是重要的想象空间和情感投入空间。

"桑植民歌"是白族国家级非物质文化遗产，这种民歌的空间意义是劳动的生活实践与乐生情怀，代表性曲目如《板栗开花一条线》、《四季花儿开》是劳动生活中人与自然的生活空间；《门口挂盏灯》是桑植人民拥护红军的真实写照，挂灯的细节表述军民之间的鱼水之情；《冷水泡茶慢慢浓》、《马桑树儿搭灯台》前者是男女情感的比喻说法，后者是对爱情守望的忠贞。

《刘海砍樵传说》（常德武陵区申报国家非物质文化遗产，民间文学类别，编号为Ⅰ-8）这一故事的传说提供了山区的生活空间，大山里的生活，以砍柴为生的贫苦生活，这是小人物和底层劳动百姓的生活空间，物质的匮乏中又有善良的美好品质、正义的力量。

土家族吊脚楼营造技艺（第三批国家非物质文化遗产，传统技艺类别，编号为Ⅷ-211）是湘西人生活的建筑空间，建筑具有内空间，是人获得空间的重要样式，从器物的角度看，是最能体现地方特色的建筑物，文学湘西中有土家族吊脚楼的描绘，影像湘西中的吊脚楼是人物活动的主要空间，作为文化遗产，它是旅游者对地域文化空间的重要体验。

（三）非遗是原生态旅游发展的动力

在旅游文化产业的背景下，民间民俗的文化遗存为旅游者提供了视听之外的触觉、味觉、身体感觉等身体体验。史籍中的湘西是中心文化圈从意识形态角度想象湘西，文学想象是审美现代性的湘西对社会现代性的反抗，影像湘西中的匪帮与红色记忆是对新的国家秩序的肯定。表述者眼中的形象是从现实到想象，或者从想象到再创造的一个过程，当湘西已经完全成为一个旅游目的地，为旅游者提供了将历史、文学、影像还原为现实的一个机会，或者使社会集体想象中的湘西在现实中再确认，确认的对象就是原生态山水、民俗的呈现。这种想象与现实之间的张力推动了湘西地区甚至湖南地区旅游资源的开发和旅游精品路线的设立。

第一条旅游路径是张家界、湘西（凤凰、德夯）和怀化（侗寨）民族风情旅游线。第二条旅游路径是长沙、常德（桃花源）、张家界、湘西（猛洞河）山水风光旅游线。第三条旅游路径是长沙、益阳（桃江）、常德（夹山、城头山和壶瓶山）、湘西（猛洞河）田园风光旅游线。第四条旅游路径是长沙、娄底（紫娟界、波月洞）、邵阳（虎形山、崀山、南山）、怀化地质奇观旅游线。第五条旅游路径是怀化（通道）、邵阳（崀山）、娄底（曾国藩故居）、衡阳（衡山）、郴州（东江湖、莽山）山水文化旅游线。大湘西地域有可供旅行者体验自然山水的空间，张家界国家森林公园、天门山国家森林公园、雪峰山国家森林公园、桃花源国家风景名胜区、猛洞河国家风景名胜区、小溪国家级自然保护区等是山水体验的空间。大湘西地域可以为旅行者提供民族风情的体验空间，如凤凰古城、德夯、侗族文化村、黔城古镇等。大湘西地域可以为旅游者提供红色记忆的体验空间，如贺龙纪念馆、芷江抗日受降坊等。以上旅游路径是缘网结构中从古代到现代的器物、制度、思想路径，这种路径在旅游文化产业时代，成为旅行者"看"的对象，"边地湘西"的"边"的内涵有了拓展，旅游路径成为中心走向边缘的契机，这种路径的契机与史籍、文学、影像的路径构成现实与想象的互文关系。

原生态意义上的非物质文化遗产与旅游景点是中心想象边缘的方式。边地湘西是中华文化圈中的一部分，从蛮荒之地到国家扶贫攻坚的武陵山片区，从蛮族到少数民族，从巫傩信仰到国家非物质文化遗产的识别与认定。湘西形象因中心与边地之间的关系变化而进入新一轮的生产机制中。这种机制最集中的表现是世界文化遗产、世界自然遗产、国家非物质文化遗产的申报，风景名胜区地质公园等身份的认定。非物质文化遗产级别的认定，有国家级、省级、市级、县级，非物质文化遗产活动空间弱化的结果是国家对非物质文化遗产保护的强化："我国是历史悠久的文明古国，拥有丰富多彩的文化遗产。非物质文化遗产是文化遗产的重要组成部分，是我国历史的见证和中华文化的重要载体，蕴含着中华民族特有的精神价值、思维方式、想象力和文化意识，体现着中华民族的生命力和创造力。保护和利用好非物质文化遗产，对于继承和发扬民族优秀文化传统、增进民族团结和维护国家统一、增强民族自信心和凝聚力、促进社会主义精神文明建设都具有重要而深远的意义。各地区、各部门要按照《国务院关于加强文化遗产保护的通知》（国发〔2005〕42号）的精神和有关要求，认真贯彻'保护为主、抢救第一、合理利用、传承发展'的工作方针，切实做好非物质文化遗产的保护、管理和合理利用工作。"民俗文化活动的空间在田野，非物质文化遗产的价值在民族文化的评价体系之中，文化的自在状态成为文化管理的自觉的状态。这种自觉的评价体系将国家级、省级、市级、县级的文化遗产与湘西之间构成"能指"与"所指"间的关系，对非遗的民族体验就是对湘西生活的体验，非遗成为湘西形象最重要的来源。

附魅与神秘湘西。前现代的湘西是现代中国的一种社会集体想象,"总之,古代人认为世界是神秘的,认为存在人类理智所认识不了的奥秘从而存在非人力所能左右的力量,故他们或对自然心存敬畏,或对神心存敬畏。他们心目中的世界是附魅的世界,在实践中总是小心谨慎,生怕受到神秘力量的惩罚"[①]。非物质文化遗产与旅游景点中的湘西形象是前现代湘西的符号。前现代是与现代相对的概念,前现代的生产生活方式相比现代是一种过去式的文化样态,边地是跋山涉水才能到达的地方,边地民族的风俗与中心文化圈的差异、文化信仰差异成为现实关系的对立。古典湘西的荒蛮、野俗是现代人确认自身民主、文明、科学的"他者",前现代与现代在时间与空间之间距离产生巨大的差异,这种"悬殊感"不容易被理解,就形成解读的难度,湘西的前现代作为不可知、难以理解的社会存在,"神秘湘西"概念的出现是必然中的偶然。这种社会存在的现实生产生活方式已经退化,文化退化后的走向有两条路径,一种路径是任其发展走向消亡;另一种路径是采取新的文化去拯救,这就是蔡元培先生在现代性语境下提出的"以美育代宗教",用祛魅的审美样式去解析或者解构神秘湘西。

二、魅力湘西:现代性的美育代宗教

非遗在生产生活中角色和地位的改变,从族群、社区个人的生产生活空间转变为各演艺公司搭建的舞台上的演艺剧目。如果说前代的生产生活方式具有附魅的神秘,那么社会现代性对非遗采取"祛魅"的方式,这种祛魅的手段就是"代",其中对文艺领域影响最大的论断就是"以美育代宗教"的理念。这种"代"的理念和方式就是前现代的生存方式在现代语境的创造性转换,我们以摆手舞为例,探讨摆手舞由传统到现代的审美转变。

(一)摆手舞具有宗教、实践与审美的多维性

"摆手舞"土家语称为"舍巴日"、"舍巴"、"舍巴格痴"、"舍巴巴",是古"武舞"的活态遗存,入选第一批国家级非物质文化遗产名录。据《龙山县志》记载:"土民祭故土司神,有堂曰摆手堂,供土司某神位,陈牲醴。至期既夕,群男女并入,酬毕,披五花被,锦帕裹首,击鼓鸣钲,舞蹈唱歌,竟数夕乃止。其期或正月,或三月,或五月不等。歌时男女相携,翩跹进退,故谓之'摆手'。"

纵观摆手舞史,它是巫、武、舞三位一体的产物,既具有巫史文化传统的积淀,又有尚武精神的豪气及安贫乐舞的艺术精神。

[①] 卢风. 世界的附魅与祛魅[J]. 自然辩证法研究,1997(10):7.

首先，摆手舞中的巫、武、舞的关系考辨。

摆手舞兴于巫、立于武、成于舞。"摆手舞"是集崇巫、尚武、乐舞于一体的门类艺术。其中，"巫"是土家族对巴文化原始宗教的继承，处理人与图腾、祖先的关系；"武"是土家族用战争的方式处理与中央王朝或者其他民族之间的叛附关系，反思自身与他者、民族与国家之间的关系；"舞"是土家族在民族传统节日中的集体狂欢和群体体验，是族群中人与人、人与群之间的身份确认与情感认同，"在我们对世界的主观经验与脆弱的主体性得以形成的文化历史环境之间，身份提供了一种理解的方式"①。概言之，身体之舞蹈成为表征身份的舞蹈。

巫、武、舞之间有着会通性关联，"巫，祝也。女能事无形，以舞降神者也。象人两襃舞形。与工同意。古者巫咸初作巫。凡巫之属皆从巫"。觋，"能齐肃事神明也。在男曰觋，在女曰巫。从巫从见。徐锴曰，能见神也"②。巫、武、舞分别是祭祀性舞蹈中的主体、手段和对象，巫和觋皆为神职人员，"无形"即看不见的世界，"事"强调巫、觋与神沟通的能力，"襃"是表明巫的身份识别标志，"最初的袖并不是衣服上遮蔽臂膀部分及其自然延伸，而是'襃'——在'衣'中裹挟着'采'。'采'是'穗'的古字，也就是说，最初的'袖舞'（也是最初的'巫舞'）是手执谷穗（或黍）作为舞具而起舞。周代'六小舞'中的《人舞》，之所以不另用舞具而'以袖为仪'，是因为'袖'本来就是舞具。其二，'巫'手执谷穗起'舞'而事'无形'，实际上是把谷穗作为祭献物以求其所需。这大致暗示出'巫舞'是农耕（或'农耕'的初起阶段'采集'）文化的产物"③。"舞"是巫、觋与神明沟通的方式和媒介，舞常与祭祀活动密切相关，"雩，夏祭乐于赤帝以祈甘雨也……雩或从羽。羽，舞也"④。古代"武"与"舞"音义相同，《诗经》中有"象舞"，《礼记》中则有"象武"，"武，舞也，征伐动行，如物皷舞也。故《乐记》曰，发扬蹈厉，太公之志也"⑤。因此，从词源学考证，我们发现作为原始宗教的"巫"、作为实践智慧的"武"、作为艺术审美对象的"舞"之间有着会通性关联。

其次，摆手舞中的乐舞与武舞体现土家族人尚武豪气的艺术精神。

乐舞与武舞和而不同。摆手舞中的"武"代表土家族的实践智慧，即在战争

---

① Paul Gilroy, Diaspora and the Detours of Identity [A]. Identity and difference [C]. Ed.Kathryn Woodward, London: Sage Publications and Open University, 1997: 301.
② （汉）许慎. 说文解字·卷五上 [M]. 清文渊阁四库全书本，69.
③ 于平. 巫舞探源 [J]. 北京舞蹈学院学报，1994（1）：49.
④ （汉）许慎. 说文解字·卷十一下 [M]. 清文渊阁四库全书本，174.
⑤ （汉）刘熙. 释名·释名卷第四 [M]. 四部丛刊景明翻宋书棚本，12.

这种危机境遇中所表现出的执着、豪气与思想,"土家族的军事思想是土家族人民对战争和军事实践的认识和反映,是对土家族历史上军事活动的具体总结"①。"乐"代表土家族乐生的浪漫情怀,有一种安贫乐舞的民族自豪感。武舞主要体现在大摆中的抵御外患和古代战争,乐舞主要体现在大、小摆中的生产生活,前者体现土家人的豪气,后者是浪漫情怀。

摆手堂中声势浩大、庄严肃穆的场面俨然一个古战场,是土家族民族形象的表征,舞蹈甚至是一个民族性格的缩影,"刑天至此与帝争神,帝断其首,葬之常羊之山;乃以乳为目,以脐为口,操干戚以舞"②。面对生存的困境和生死存亡的关头,刑天拥有不可泯灭的民族意志,这与中华文化中生生不息的民族精神是一脉相承的,所以陶渊明有诗赞曰:"精卫衔微木,将以填沧海。刑天舞干戚,猛志故常在。同物既无虑,化去不复悔。徒设在昔心,良晨讵可待!"③干戚舞、巴渝舞、摆手舞有会通性关联,刑天是一种精神,既充满悲剧美的神性,又有人文特性的终极关怀。同理,舞蹈动作中耍刀弄枪的武术表演,持杆、越沟、翻坎的竞技活动体现了军事舞蹈的特色,也表现了土家人彪悍豪迈的民族性格。"若乃刚悍生其方,风谣尚其武。奋之则賨旅,玩之则渝舞。锐气剽于中叶,蹻容世于乐府"④。这虽然只是左思在《蜀都赋》中对巴渝舞风格的描述,但也是对楚巫文化圈民族性格的传神写照,是融地域性(其方)、艺术性(风谣)、军事观(尚其武)、民族性(锐气)、自豪感(蹻)于一炉的人学命题。

最后,"兴于舞,立于武,成于舞"是土家族摆手舞"树人"的总纲领。巫舞激励人的志向,启发人的情感,使人的生命充满了神性的意义,构筑土家族人的神性叙事话语。但巫教所兴起的情感必须在实践生存中得以应用,尚武的实践智慧培养人遵守行为规范的实践精神,然而尚武的实践精神是有目的的活动,人成了认识世界和改造世界的手段和工具,人的自由天性埋没在群体的一致性中,个人叙事得不到张扬,实践智慧滑向礼教的规矩。乐舞可以解礼教之弊,在更高的层次上回到情感品质上去,达到情感与理性的和谐统一,塑造一个理性的情感本体。

(二)由跳"摆手舞"看美育与宗教的博弈

讨论摆手舞与土家族人塑造自我形象的关系,不应局限于巫舞、武舞、乐舞之间的关系,更应生发土家族与乐舞、武舞、巫舞之间的关系,摆手舞成就了土

---

① 石亚洲. 论土家族军事思想[J]. 中央民族大学学报(哲学社会科学版),2003(3):70.
② (晋)郭璞. 山海经传·海外西经第七卷[M]. 四部丛刊景明成化本,50.
③ (晋)陶潜. 陶渊明集·陶渊明集第四卷[M]. 宋刻递修本.
④ (梁)萧统. 文选[M]. 中华书局,1977:77.

家族，让其拥有把握世界的多种方式。同理，我们谈论"以美育代宗教"在当代审美文化语境中是否可能和如何可能，不应局限于"美育"与"宗教"的关系是如何，将"人"排斥在论域之外。我们可以将命题做创造性转换，拓展人与美育、宗教之间关系应该如何。基于此，美育与宗教这两种把握世界的方式互补与共生，都因符合人的生存与发展需要拥有特定的人文特性，都应采取兼容并包的态度同等视之。

1. 有关中国有无宗教的争鸣

1917年，蔡元培在北京神州学会上发表演说，明确提出"以美育代宗教"，演说词先后刊载于《新青年》第3卷第6号和《学艺》杂志第1卷第2号，"美育者，应用美学之理论于教育，以陶养感情为目的也"①。命题立论的基本观点为："①美育是自由的，而宗教是强制的；②美育是进步的，而宗教是保守的；③美育是普遍的，而宗教是有限的。"② 1938年，蔡先生对美育的想法和意图做进一步的补充和发挥，"余在二十年前，发表过以美育代宗教一种主张，本欲专著一书，证成此议，所预拟的条目有五：①推寻宗教所自出的神话；②论宗教全盛时期，包办智育德育与美育；③论哲学，科学发展以后，宗教对于智育德育两方面逐渐减缩以至于全无势力，而其所把持，所利用的，惟有美育；④论附宗教的美育，渐受哲学科学的影响而演进为独立的美育；⑤论独立的美育，宜取宗教而代之。此五条目，时往来了余心，而人事牵制，历二十年之久而尚未成书，真实憾事"③。当代学者关于"以美育代宗教"的讨论都是在现代美育争鸣的基础上进行的，其中首先要面对的问题是"中国本土有无宗教？""评价有无的标准是什么？"

第一种看法是中国本土无宗教，"宗教"一词直到19世纪末期在才经翻译传到中国，以三大宗教作为参照系。宗教的必要条件包括四个层面，其一为宗教的思想观念及感情体验（教义），基督教的教义包含"十诫"、"三位一体"、"信原罪"等；伊斯兰教教义包括"信安拉"、"信使者"、信天使、信经典等；佛教的基本教义为缘起、法印、四谛、八正道、十二因缘、因果业报等。其二为宗教的崇拜行为及礼仪规范（教仪），教仪使教义的精神意趣得以推广和外化，教仪是规范化、程式化、机构化及制度化的，其内容包括祈祷、祭献、圣事、礼仪、修行及伦理规范。其三为宗教的教职制度及社会组织（教团）。宗教的教职制度及教团体系（如基督教的教会、牧区，佛教的僧伽），代表着宗教信仰体系的机构化及社会化，是宗教的最外壳，却又不可或缺，为宗教提供了活动空间和存在保

---

① 高叔平.蔡元培教育文选 [M].北京：人民教育出版社，1980：195.
② 蔡元培.蔡元培全集第5卷 [M].杭州：浙江教育出版社，1997：502.
③ 蔡元培.蔡元培全集第6卷 [M].北京：中华书局，1989：203.

障。其四是拥有神祇的偶像,基督教有上帝,伊斯兰教有穆罕默德,佛教有释迦牟尼;被信仰的神有系统的事迹、谱系信条,并且具有超凡救世的功能。将中华文化中的道教、儒教、原始宗教放在评判体系中,我们发现:道教是中国本土最成熟的宗教,拥有系统化的神灵等级和信徒的组织形式,道教对神仙的崇拜旨在去病驱邪、超度人生、获得极乐的永生,是一种救世的宗教。但道教的神灵过于虚幻,不少文字艰深隐晦,非本道高人不能领会其意,不能成为大众国民的宗教。儒家在中国几千年历史中大多时间或隐或显高居正统之位。参照宗教的基本要求,儒教没有至高无上的神灵及其教仪、教团,孔子敬畏天命对形而上的天地之灵表示虚幻的态度,孔子认定人性的力量,季路问事鬼神。子曰:"未能事人,焉能事鬼?"曰:"敢问死。"曰:"未知生,焉知死?"①儒教只是一种具有宗教色彩的思想与教育体系。宗教的要素在于超人的鬼神力量,另外,中国本土的原始宗教(神话、占卜、祭祀等)实质上是一种朴素的敬祖和崇拜自然的表现,没有至高无上的造物主,没有系统教义、教仪、教团,因而也不是严格意义上的宗教。

第二种看法是中国本土有宗教,宗教是人类从远古社会流传至今的一种精神文明,建立在超自然力的力量之上,但神圣崇拜形式之中真正关怀的对象,是活生生的人而不是神,宗教的根本宗旨是对生命的整体关怀,真实面对人体生死存有的价值抉择,克服人类本能性的求生欲望与死亡恐惧,其目的是造一个神并借此超越自我的心灵。因此,宗教并不一定是信仰上帝或神,这种绝对的对象可以是上帝、是神,也可以是天、太极、净土,还可以是人化的佛。只要是一种超越自我的努力,并借助于超越相对而至绝对的对象返照自己的心灵。从这个意义出发,中国的儒教显然可以成为宗教。孔子虽然不问鬼神,却十分敬畏天命,儒教礼仪也继承了祭天地、祭祖宗的传统,把天道与人道、天理与人理融为一体,是人本与神本的合成,从而成为人的情感和生命的根本取向,并提供超越自我成为圣贤的方向和途径。到了后来,儒教将孔子奉为圣人而礼拜,其膜拜对象既不是先知也不是神秘主义者,在礼仪形式上也与其他宗教相差无几,可称为哲人宗教。"儒学(包括儒教)在中国社会中长期以来占据主导地位,成为社会统治阶层的后备力量,构成了影响中国文化的主流,上可以形成统治国家的方略和理念,下可以成为安世抚民的救世良方。至于圣人们的道德文章更发展到左右国人的文化之心的程度,并化为内在膜拜的典范,起到一种精神陶染作用"②。从原始图腾崇拜、民间的民俗风范,如祭天、敬祖、祭鬼神等多种仪式化表演看,中国

---

① (宋)蔡节. 论语集说卷六 [M]. 清文渊阁四库全书本, 67.
② 易存国. 由"观音菩萨"看"以美育代宗教" [J]. 艺苑, 2006 (1): 39.

2. 有关美育能否代宗教的争鸣

第一种，肯定回答，即宗教已经失去了它历史的积极功能，强调美育对现代人的人格完善。强调审美教育对现代人的人格完善、社会进步的意义，宗教已逐渐失去了它的历史的积极功能。有学者认同蔡元培先生"以美育代宗教"的论证逻辑，认可美育的当代意义，承担心灵家园建构的使命，"通过对'关于人本身'、'个性与共性'、'情感'、'理想境界'、'生存方式'等几个共同关注的话题的展开，探讨了'以美育代宗教'的现实意义"①。"美育不仅可以陶冶感情，而且可以促进德、智、体的发展。……通过以下方式完成：以美储善、以美启真、以美兴体"②。有学者认同蔡元培关于"以美育代宗教"的内在逻辑，"这种思想对我们今天健康精神家园的建构具有重要的启示和借鉴作用"③。

第二种，否定回答，即宗教的慰藉功能不可替代，宗教与美育各有其价值，不必厚此薄彼，强调人类精神的丰富复杂性。这是对"以美育代宗教"命题本身的否定。有学者认为"由于对西方理论的依赖，忽略了社会和历史背景，也使中国现代美学存在身份认同的混乱"④。有学者从精神文化的分工、人类文化格局的转型以及宗教和美育各自的功能出发，论证"以美育代宗教"的诸多未通之处，提出有关该命题的讨论可以休矣。"人类精神需求与活动之丰富性、当代社会的多元文化结构、人类的有限性决定了宗教仍有其生存之理由，审美与宗教各自独特的文化功能不能相互代替。"⑤ "'以美育代宗教'，20世纪中国美学成也在兹，败也在兹。新世纪中国美学必将从跨越'以美育代宗教'的失误开始，从而实现自身新的发展"⑥。

（三）摆手舞实现

1. "以美育代宗教"受到的质疑与批判

美育与宗教应互补与统一。

"以美育代宗教"针对的问题是传统文化法度的阙如和国民信仰的缺失，采用的解决方式是用审美文化的模式代替宗教实现中华文化的信仰体系建设，该命题自提起之日起就遭到诸多研究者的质疑，其旨在"审美救国"的方略，"审美

---

① 李丕显. "以美育代总教"的现代意义 [J]. 文史哲，2002（4）：59.
② 赵惠霞. 美育与心灵家园建构——论蔡元培"以美育代宗教说"的当代意义 [J]. 哲学研究，2002（9）：57.
③ 李清聚. 美育与人类健康精神家园的建构——"以美育代宗教"思想的当代价值探析 [J]. 社会科学家，2011（10）：55.
④ 王本朝. 以美育代宗教与中国现代美学的身份认同 [J]. 艺术百家，2011（5）：44.
⑤ 薛富兴. 再论"以美育代宗教"——兼与李丕显、赵惠霞先生商榷 [J]. 汕头大学学报，2004（5）：13.
⑥ 潘知常. "以美育代宗教"：中国美学的百年迷途 [J]. 学术月刊，2006（1）：116.

代宗教"实为方法论，与宗教文化建设和审美文化建设渐行渐远，"人"不在场引发的"代"与"不代"的争论不是真正的人学命题。

基于此，要实现"以美育代宗教"的创造性转换，需要将人放在美育、宗教、科学、道德、实践、精神等这些人类把握世界方式的舞台上，美育与宗教同为把握世界的两种方式，不是主动"代"或被动"被代"的关系，在树人的层面上二者是一种互动关系，只有这样人才是一个立体的大写的"人"。"浩生不害问曰：'乐正子，何人也？'孟子曰：'善人也，信人也。''何谓善？何谓信？'曰：'可欲之谓善，有诸己之谓信。充实之谓美，充实而有光辉之谓大，大而化之之谓圣，圣而不可知之之谓神。乐正子，二之中，四之下也'"①。孟子与浩生谈论完满人性时说明人性完满的多维性，点明美、大、圣、神四者的贯通关系，相互间是一种互补与统一的关系，人应当是充满神性、富有实践智慧、追求趣味人生的人。作为"人"，我们可以不是信教者，但不能没有崇高的信仰，我们可以拒绝崇巫尚神，但不能没有生命的神性，这正是孟夫子心中的美人、大人、圣人、神人、大美之人。

2. 以摆手舞为例，分析宗教与美育的融合

摆手舞在土家族历史上扮演了崇巫、尚武、乐舞的角色，构建了土家族乡民公共文化生活空间，其中摆手堂是交流互动的物理空间，摆手歌采用的神话、歌话、史话的叙事构造土家族的历史空间、神话空间、诗意空间；摆手舞（作为舞蹈的摆手舞）构造了群体交流的生活空间，另外梯玛是人神的中介，摆手舞实现了现实与虚幻、崇巫与乐舞、想象与迷惘、神性与人性等多元世界的会通。其中宗教（原始宗教）与美育（图腾美学、身体美学）各安其位，宗教的神性是人对超然世界把握的方式，人将人性的真、善、美集合而成一个异化的对象，然后对着其顶礼膜拜，显现了有限的人对无限的神的遵从，神成为人化的神，神成为人的本质力量的对象化的产物，神的遥不可及恰恰是人与神之间的审美距离。同理，美育的乐生精神，是人性的自由和想象的张扬，人固着于现实生存，又在现实的实践生活中把握了现实的存在，如摆手舞将土家族人飞土逐肉的渔猎生活、尚武豪气的征伐战事、躬耕田园的桃花源生活等全部纳入舞蹈之中，既是一种实践习得的把握方式，又是拉开时间距离、空间距离的对象化观照。其中身体成为土家族表达自身的手段和目的，摆手舞中的身体是人献给神的"礼"，礼仪显得"乐而不淫"，摆手堂中舞蹈的排列体制有着严格的规定，从祭祀礼仪到"百兽率舞"有严格的规矩，因为这是神的舞蹈，目的是达到"神人以和"。美育与宗教互补与统一所构造的是一种文化仪典，组织先民的节日生活，并且在群体交流

---

① （春秋战国）孟轲. 孟子卷十四 [M]. 四部丛刊景宋大字本，119.

和确证中提供了相互认同的观念、价值和思维模式,湖北省来凤县舍米湖村村民彭昌义谈到,"依我讲,摆手舞的动作跟我们做的活路、想的事有关。比方讲撒种、雄鹰展翅两个动作就好像我们在坡上种苞谷、撒豆子的样子。撒了种,怕雀子吃,当然要赶雀,雀子怕老鹰,我们就在土里插上笋壳叶的棍子。山上风多,笋壳叶被吹得飘来飘去的,好像老鹰飞来飞去的,就可以吓跑雀子。祖先们就跳出了雄鹰展翅的动作"①。摆手舞在节日的时段中凝聚家庭、宗族、族群。"在祭祀时摆手堂祭台上摆放着没有腿毛的猪头等,从土家人祭祀八部大王时杀猪不修毛,用不煺毛的生猪头和生猪血祭祖来看,土家祖先八部大王生活的时代应该是'茹毛饮血'的原始社会"②。精神生活的世界观,包括对于自然、社会的自我观念与思维方法、信仰与价值观,其中原欲性、审美性、原始宗教性是摆手舞艺术精神的核心。另外,摆手舞中"男女相携"连臂而舞或是出于娱神的目的或是出于生殖崇拜有利于氏族繁衍,这是原欲性生活的体现;永顺清代贡生彭施铎在《溪洲竹枝词》一诗中描写了当时土家族摆手舞欢腾起舞的盛况,"福石城中锦作窝,土王宫畔水生波。红灯万盏人千叠,一片缠绵摆手歌"③,体现了土家族人的乐生情怀。再者,摆手舞建构的公共文化空间超越"家"、"国"的概念,在传统帝制时代,帝王通过百官管理着天下王土,上与下之间缺乏真正意义上的公共文化空间,加之中国的自耕农式经济使家庭的生产方式形如一盘散沙,除了公共劳役、战争、徭役充当了阶段意义上的公共生活之外,节日活动成为乡民的公共生活,巫的神性、武的豪气、舞的身体美像一块磁铁将家庭基本单位的先民磁化,形成一个族群的共同体,不仅是一种全新的生活方式,更展现了一个神的世界、美的世界。

3. 美育与宗教的互补与统一是重要的人学命题

关于人性的单向异化抑或人性的多维圆融发展,本书选取"摆手舞"作为典型个案,讨论"以美育代宗教"不应局限于"美育"与"宗教"的关系,提出有关"美育代宗教"、"宗教代美育"、"经济代美育"等命题有失偏颇,仅仅讨论"代"、"不能代"的关系说都不能完成"以美育代宗教"的创造性转换。纵观摆手舞史,宗教与美育裹挟着其前进,一方面,宗教为人的生命注入神性,美育为人的体验提供审美的愉悦,二者之间是异质非对立的关系;另一方面,在摆手舞历史的某些阶段,宗教滑入宗教主义(此处的"主义"特指排他性的思想和行为主张)。一般来说,宗教主义是打着宗教旗号出现的一种极端主义,宗教成了隐

---

① 李伟. 土家族摆手舞的文化生态与文化传承 [J]. 中南民族大学学报,2007 (01):144.
② 陈廷亮,黄建新. 摆手舞非巴渝舞论 [J]. 中南民族大学学报,2006 (04):44.
③ 彭勃,彭继宽. 摆手歌 [M]. 长沙:岳麓书社,1989:1.

藏在权利背后的幽灵,用哄骗和诱导的方式认同和融入当下的社会秩序,审美文化因受排挤急剧萎缩,这就造成了"以宗教可以代美育"的假象,这时候的宗教成为伪宗教,宗教成为单向的异化力量,人性由圆融之域堕入单调之境。例如,土家族的原始宗教中有"人祭"的习俗,"廪君死,魂魄世为白虎,巴氏以虎饮人血,遂以人祠焉"①,这是原始宗教的神本位思想的极端表现。神是人的本质力量异化的对象,当神成了异端,非但不是人的依赖反而成为人心灵和肉体的枷锁。这正是蔡元培先生所极力反对的,摆手歌中有极端宗教主义的做法,"摆手没有白水牛(土家族摆手时,要杀白水牛做祭品),神不欢喜人也愁……几个哥哥心慌张,围拢悄悄大商量。把老十嘎巴捉来吧,把他当做白牛杀。刀子磨得快又快,端来脚盆好接血,老十嘎巴泪汪汪,老十嘎巴要遭殃,老娘看到哭啼啼,口喊皇天又叫地,八个兄弟笑嘻嘻,老娘劝告哪肯依。老十当成白水牛,哗哗鲜血往下流"②。八个哥哥杀死弟弟后笑嘻嘻,他们不仅没有丧失亲人的悲痛,反而沉浸在敬神娱神的欢乐之中。这种杀人祭祀在土家摆手舞中的梯玛主持活动中有遗存,梯玛用刀在自己的额头上切血口以示献祭给祖先或土司王。原始宗教中的迷狂状态导致人性群体关怀的缺失,疯狂的行为令人发指,非理性的群体狂欢成了非人性的伪宗教。"宗教是强制的"、"宗教是有限的"、"宗教是保守的",借用蔡元培先生批判宗教缺点的论断来批判宗教极端主义是恰如其分的,这也造成"宗教代美育"的假象。

美育与宗教这两种把握世界的方式都符合人的生存与发展,民族文化的生态是美育与宗教得以互补与统一的背景,特别地,社会文化系统的变迁或赋予宗教、审美文化内涵的更新和进化,或人为破坏文化生态环境造成民族传统文化的衰败甚至消亡,这也造成文化生态中人性的单向异化或者多维面的圆融。摆手舞的历史是土家族人文生态发展史,也是土家族人性单向异化或丰富的表征。"舞蹈表演程式和叙事策略,型塑了本民族的价值模式,对凝聚民族情感的文化结构产生了重要意义"③。

我们从摆手舞的历史发展阶段可以发现摆手舞文化生态所面临的挑战,第一个时期:清代改土归流后的摆手舞,由于清朝政府的破坏和禁止,强令禁止宗教祭祀活动,令土家族宗教传统文化严重损失,摆手舞严重挫伤和衰落。如清政府采取强制措施,强行废止与汉文化不符的土家族文化礼仪。"禁跳摆手舞,对于土家族这种男女相聚而歌的文化活动,清统治者认为是恶俗,有不可名言之事,

---

① (南北朝) 范晔. 后汉书卷八十六南蛮西南夷列传第七十六 [M]. 百衲本景宋绍熙刻本,1160.
② 彭勃,彭继宽. 摆手歌 [M]. 长沙:岳麓书社,1989:255.
③ 杨亭. 土家族摆手舞:文化焦点与审美表现 [J]. 艺术百家,2012 (06):179.

严禁以正风化。禁止土家族部分传统祭祀活动,禁止土家族的原始鬼神崇拜,土家人崇巫信鬼,土家地区巫风很盛,清政府加以禁止,规定:今既改流,凡一应陋俗俱宜禁绝。"(乾隆《永顺府志》檄示·卷11)[1]加之民国的社会动荡以及第二次世界大战的肆虐,土家族与摆手舞经历了挫伤与衰落。第二个时期:新中国成立后,1957年,土家族作为一个独立的少数民族被确立下来,衰落多年的摆手舞开始复苏,湖北来凤县、湖南龙山县、重庆酉阳县等乡村文艺会演将摆手舞搬上了舞台,摆手舞在武陵山区得到发扬。第三个时期:20世纪80年代以来,土家族摆手舞逐渐成为一种健身休闲的艺术生活方式,为民族体育和健身增添新的内容。第四个时期:进入21世纪,一方面,摆手舞在传统生产生活现代化的过程中面临传承的困境和转型;另一方面,随着民族原生态艺术在旅游文化产业价值的凸显以及非物质文化遗产项目申报,一系列文化保护政策在开展摆手舞保存、开发、研究的热潮的同时带来了文化权利的争夺,例如重庆酉阳县被誉为"中国摆手舞之乡"、湖北舍米湖打造"原生态摆手舞"、湖南龙山县被命名为"土家大摆手之乡"、重庆酉阳县酉酬镇大可乡也被誉为"原生态摆手舞之乡",文艺争鸣成了"文化权利的争夺",百花齐放成了经济利益的催化剂,"文化搭台、经济唱戏"打破了艺术文化的生态圈,艺术成为手段和工具,造成"经济利益可以代美育"的假象。作为宗教文化、艺术文化的摆手舞如何维护自律性,同时有如何在行政政策导向和民族文化保护以及经济利益浪潮的鼓荡中实现多维面的圆融发展是时代赋予我们的责任。

摆手舞是土家族数百年的文化遗存,集原始宗教、实践智慧、审美精神于一炉,这三种把握世界的方式在摆手舞的发展演变的历程中只有隐与显的差异,没有高下、优劣之分,同为土家族族群的身份认同和塑造民族形象的方式,"族群的边界自身是一种社会的产物,其所强调的可能各不相同,且会随着时光的流逝而发生变化"[2]。舞蹈艺术的历程是土家族的历史的身体表达,土家族历史是中华文化巫史文化的文脉的延续,巫史文化是中华文化多元一体格局的重要组成部分。我们选择摆手舞为个案,回答人与"美育"、"宗教"的关系应如何。美育与宗教这两种把握世界的方式互补与共生,都因符合人的生存与发展需要,拥有特定的人文特性,都应采取兼容并包的态度同等视之。

以美育代宗教在湘西形象中运用的结果是非物质文化遗产所代表的民间民俗成为一种湘西情调,这种异域情调与中心文化圈的差异性价值,我们概括为魅美。与经典美学理论的范畴,如悲剧、喜剧、崇高、优美等美学范畴不同,魅美

---

[1] 段超. 改土归流后汉文化在土家族地区的传播及影响[J]. 中南民族大学学报, 2004 (04): 43-44.
[2] Thomas Hylland Eriksen, Ethnicity and Nationalism [M]. London: Pluto Press, 2002: 38.

是一种具有否定性美学的特质，附魅是魅美的美学起点，祛魅是魅美的审美动因，返魅是魅美的审美体验的旨归，从"以美育代宗教"的视野，我们称演艺产业中的湘西形象的审美特质为"魅美"。所有的演出剧场都在进行一种"魅美"的概念实践，《魅力湘西》的表演是"快乐与浪漫、激情与狂野的大型歌舞篝火盛典"①。围绕这一话语组织编排节目，其歌舞节目的选择都是以体现激情、浪漫、狂野的艺术样式表现出来，"火•鼓"、"千古边城翠"、"追爱相思楼"、"狂野茅古斯"、"豪情合拢宴"、"英魂归故乡"是表演板块的拼贴模式，用最能反映湘西情调的内容板块去组合一场民间文化的"合拢宴"，我们可以称之为文化组合表演的"合拢宴"模式②。

"魅力湘西"是湘西形象的一个维面，"魅"是对前现代的生存方式的一种概况，其内涵是不可知的、神秘的、难以企及的生活方式。随着现代性的发生，祛魅就成了现代确认自身的方式，所以"美育代宗教"成为祛魅的一种手段。经过祛魅之后的文化遗产与非物质文化遗产的形式美有余，但生命的神性品格不足。

三、演艺湘西：表演营销

从作为族群、社区、个人生产生活总体的神秘湘西到演艺产业勃兴的文化产业示范基地，这是以美育代宗教的现代性思维在旅游文化中的产业实践，从民俗民间文化遗存到演艺产业的观演关系，前者是天地神人的在场，后者是抽离了生产生活本真性的符号实践。这种符号实践在旅游经济中占有重要地位，成为新的社会表演的神话。演艺产业是从现实到想象的美学实践，文化产业成为地方文化建设的重要品牌，这是从审美想象的演艺向社会实践生活的介入与参与。这种介入和参与有着审美主义特征的演艺乌托邦情调。演艺乌托邦是中心想象边缘与边地守望中心的另一种艺术表现形象，我们试着从"演艺中国"的论述进入"演艺湘西"的论述。

（一）从山水实景剧的视角，论述"演艺中国"

自2004年以来，山水实景剧成为诸多知名景区的重要旅游项目，以山水实景剧为代表的旅游演艺产品带来了旅游文化产业领域的一次"革命"。本书选取山水实景剧的代表作《印象•丽江》、《天门狐仙》、《印象•刘三姐》、《大宋•东京梦华》，从戏剧学和文化产业学的视角对其考察，提出并解决三个问题：第一，山

---

① 张家界海外国际旅行社. 魅力湘西剧场 [EB/OL]. http://www.zjjta.com/jingdian/yule-77283.html, 2014-10-27.

② 怀化日报. 侗族"合拢宴"的由来 [EB/OL]. http://www.0745news.cn/2009/0906/60208.html, 2009-09-06/2014-10-27.

水实景剧何谓？单一的戏剧要素——戏景能否作为综合性门类艺术的命名，寻找该戏剧形态的艺术规律。第二，山水实景剧的业态化生存？业余的民众、专业的演员、职业经理人、作为行业的公司、作为事业的政府行为、作为文化产业的示范基地等共同构成业态文化圈，从业态文化圈探讨山水实景剧的市场逻辑。第三，山水实景剧的成就与批判。肯定实景剧在戏剧形态学上的价值，但对实景剧以单一代整体，有损戏剧的综合性的消极异化现象给予审视。第四，本书最为关切的是文化产业视野中的公民的文化权利和演艺剧目中湘西形象的塑造。

1. 山水实景剧何谓？

子曰："智者乐水，仁者乐山；智者动，仁者静；智者乐，仁者寿。"山水是中国人情思中最为厚重的沉淀，游山玩水的大陆文化意识，以山为德、水为性的内在修为意识，山水成为人的对象化，对象化即人化，人化即文化，其中山水诗、山水画成为中国文化的精华。山水诗源于先秦两汉，产生于魏晋时期，并在南朝至晚唐随着中国诗歌发展与文学环境变迁而不断演变，山水诗的出现，不仅使山水成为独立的审美对象，为中国诗歌增加了一种题材，而且开启了南朝一代新的诗歌风貌，山水诗标志着人与自然进一步的沟通与和谐，标志着一种新的自然审美观念和审美趣味的产生。山水画简称"山水"，以山川自然景观为主要描写对象的中国画，形成于魏晋南北朝时期，但尚未从人物画中完全分离，隋唐时始独立，五代、北宋时趋于成熟，成为中国画的重要门类。

2004年，桂林《印象·刘三姐》正式上演，"山水实景剧"概念应运而生。作为戏剧要素之一的戏景能否作为戏剧子门类的命名需要慎重考量，亚里士多德在《诗学》中对戏景有着清楚的定位，"所有悲剧都具有六个要素，它们是：情节、性格、语言、思想、戏景和唱段。这些要素决定了一部悲剧的性质"[1]。这六个要素以重要性来排序，依次是情节、性格、思想、语言、唱段、戏景，这六个要素中某一项能不能作为戏剧分类的依据？循着亚里士多德的论述，另有理论家认为"既然戏剧是对行动中人的模仿，那么行动必须放在一个完整的故事情节之中，此其一；行动必须要有'性格的配合'，以展示人对事物抉择取舍的态度，此其二；行动应该有理性与智慧推动下的精神活动——思想，此其三。这样情节、性格、思想这三者便成为构成戏剧作品内容的三大要素……这三者在剧中的不同比重即剧情的不同构成方式，便造成了不同的戏剧类型"[2]。以第一要素情节划分的戏剧形态有传奇剧、通俗剧、佳构剧；以思想划分的戏剧形态有问题剧、政治剧、理念剧；另外，性格剧和心理剧也是分别以情节或思想作为剧情构成的重

---

[1] ［古希腊］亚里士多德.诗学［M］.郝久新译.北京：中国社会科学出版社，2009：17.
[2] 董健，马俊山.戏剧艺术十五讲［M］.北京：北京大学出版社，2006：245.

心。至于戏景能不能作为戏剧形态分类的依据，这在亚里士多德的理论中已经被否决。"毫无疑问，它（戏景）是能吸引观众的一个要素。但是，这个要素最不需要剧作家的技巧，与诗的艺术也没有太多关系"①。随着戏剧艺术的发展，戏剧形态演变规律逐渐凸显，正像砌墙的砖，后来者居上，戏景在戏剧中的地位发生了很大的改变，作为戏景的山水能体现这一变迁。

看"山"是山，在中国古典戏曲中，山水在戏剧中仅仅作为布景中的一种题材，它的出现往往借助演员的动作，"三五步走遍天下，六七人百万雄兵"，但布景中的山水有其重要的意义，戏景是布景，但不是背景，依靠观众与演员的契约，艺术的假定性保证了戏剧是想象的真实，观众时刻提醒自己，演员应在布景之中，而不是布景之前，但这一目的的实现依靠假定的有效性，一旦布景成为实景，就为布景向实景转化提供了发展空间。

看"山"不是山，山水实景剧中，山水能否代言，山水能否成为"表演者"？山水实景剧能否成立？

首先，从艺术逻辑上类推，对于以上两个问题的证明可以参照两个个案，第一为"望夫石"，望夫石系古迹名，各地多有，均属民间传说，谓妇人伫立望夫日久化而为石。这些故事传说之中，山表演了一出戏剧，表演者（山）扮演人物"现身说法"，"代"人物"言"，望夫石的存在甚至超越了人类戏剧史的范式。第二个是木偶戏，木偶戏由木偶、操纵演员、配音演员和乐队四部分组成，多用戏曲曲调演员，有的用对话或歌舞表演。在木偶戏中表演者的身份由木偶与其他三者共同分享。由此推论，因为艺术的虚构性——"即使公开承认其为假定仍不失效用的假定性"②使然，由山水表演戏剧在逻辑上有其合理性。

其次，古典戏剧中的写意山水转变为实景后，这将带来演员、剧场、观众三者在剧场中的巨变。观演方式发生改变，古典戏曲一般遵循"小舞台，大看区"。"戏曲需要什么样的剧场呢？从表演看，它动作夸张，化装浓艳，还有锣鼓伴奏，比较适合大型剧场。剧场太小，视听效果反而不好，这是一方面。另一方面，它还有砌末（道具）简单，群戏较少的特点，放在大舞台上，如果不用布景，就显得过于瘦小"③。舞台小，相对地，人物的形象更容易凸显，人物的表演更容易吸引观众，剧场中的演员与观众的交流显得"亲切"。山水实景剧呈现的是"大舞台，大看区"，例如《印象·刘三姐》剧场占地 1.654 平方公里水域、跨越 12 座著名山峰，《大宋·东京梦华》剧场占地 600 余亩，《天门狐仙》剧场占地面积 19880

---

① ［古希腊］亚里士多德. 诗学 [M]. 郝久新译. 北京：中国社会科学出版社，2009：20.
② 黄鸣奋. 互联网艺术产业 [M]. 上海：学林出版社，2008：3.
③ 董健：马俊山. 戏剧艺术十五讲 [M]. 北京：北京大学出版社，2006：237.

平方米。旷野式的剧场使得人物形象模糊，从头到尾仅仅成为演出的点缀，为了弥补人的场觉效应，采用加大演员阵容的办法，《印象·丽江》有500多位演职人员、《天门狐仙》有530多人、《印象·刘三姐》有600多人、《大宋·东京梦华》700多名，这样的弥补不啻为舞台增添生气，至于对"行动的模仿"反而更显薄弱。与此形成对照，山容易显现崇高感，水容易表现优美感，审美空间中，山水成了主角，山水不单单是再现环境和支持表演，更上升到解释剧情、揭示心灵、表现创意，具有最突出的表现力和审美价值。

最后，媒体的发展给山水实景剧提供了现实的契机。在舞台美术中，灯光与色彩是最有利的解释手段。灯光起初仅仅作为照明，后来随着灯具和调控技术的进步，人们逐渐认识到，灯光还可以用来创造环境、刻画人物、渲染气氛、解释剧情，在实景剧中灯光和色彩起到"显山露水"的作用，山水成为可供观照的对象，崇高、优美等审美关系出现了。

由此，情节、性格、思想、语言、唱段、戏景这六大要素中，在古典戏剧理论看来，前三者属于第一类要素，后三者属于第二类要素，但山水实景剧让我们见证了戏景可以成为第一类要素并且是第一要素，以单一的戏剧要素——戏景作为一门综合性门类艺术的命名得到了合法性证明。

2. 山水实景剧的业态化生存形态

按照《文化及相关产业分类（2012）》中文化及相关产业类别名称和行业代码，山水实景剧归属于第一部分即文化产品的生产中的文化艺术服务下的文艺创作与表演服务，其国民经济行业代码为8710，文化的发展纳入国民经济体系之中时，山水实景剧就像列车在市场逻辑和艺术逻辑的双轨上运行。

作为职业的戏剧，以古典戏曲发展为例，中国古代的职业种类中，从事戏剧行业者被放在三教九流中的"下九流"。谢枋得在《叠山集》中谈道："滑稽之雄，以儒者为戏曰：我大元典制，人有十等：一官、二吏；先之者，贵之也，谓其有益于国也；七匠、八娼、九儒、十丐，后之者，贱之也，谓其无益于国也。"这种评判虽不足为信，但也说明戏剧艺术的尴尬处境。特别地，在等级社会，公共剧场建设是深受排挤的，与欧洲中世纪近千年几乎没有公共剧场的情况类似，中国的勾栏瓦舍以及各种公共戏台，多数都被排挤到城市郊区或乡村野外。封建专制时代并不绝对排斥戏剧，而是想把戏剧变成维护统治阶级利益的御用工具，有时为了宣扬当权者的文治武功，还会豢养一批御用作家，扶持一些歌功颂德的剧目，造成保护戏剧的假象。唐玄宗李隆基被称为"梨园领袖"，《旧唐书·玄宗本纪》载道："玄宗于听政之暇，教太常乐工子弟三百人，为丝竹之戏，号为皇帝弟子，又云梨园弟子。以置院近于禁苑之梨园。"《新唐书·礼乐志》则有："玄宗既知音律，又酷爱法曲。选坐部伎子弟三百，教于梨园。声有误者，帝必觉而正之,号'皇帝梨园弟子'。宫女数百,也为梨园弟子,居宜春北院。梨园法部,更置小部音声三十余人。"清代的统治者,许多皇帝都称得上是戏迷,如乾隆、嘉庆、道光等,他们懂戏,爱戏,同时也怕戏,一面设立南府衙门,组织戏剧教学并编写连台大戏,乾隆还曾亲自登台演唱以自娱,嘉庆则多次降旨以示德政。另一面则严禁贵族官员和八旗子弟涉足剧场,以免失了身份,坏了心术。他们排斥公共剧场,目的是为了对付戏剧先天具有消解等级制度的文化功能。

作为文化事业的戏剧,以20世纪80年代中国文化建设的形态变化为例。新中国成立以后,随着经济领域中计划经济体制的全面建立,中国因循苏联的社会主义模式,也建立了与之相适应的国有和国办文化体制。虽然一定的以市场形态存在着的文化生产和文化消费活动依然存在,文化商品流通领域实际上也客观地存在着,以经济核算为单位存在的新华书店、电影发行公司客观上起着文化商品流通中介的作用,但是,由于在文化领域基本取消了其他非公成分的市场主体的存在,因此,所有关于文化商品的生产、消费和流通也都纳入了计划经济的统一模式之中,即国家生产什么,社会就消费什么和流通什么。文化生产并不是根据市场需要和消费的需要,而主要是根据政治任务的需要来安排,市场主体和消费主体没有自己自主的文化选择权。客观上存在着的文化市场,由于被纳入一种静止的计划状态,而无法在文化资源配置中发挥基础性作用。由于一切都是按计划进行的,因而也就不存在市场竞争。统销统购的供给性、福利性文化管理模式,使国家成为文化商品生产唯一的投资方、唯一的收益方。同时也是唯一的风险承担方。政府承担了文化商品生产和文化市场所有的成本与风险。一切关于文化的生产、流通、消费都是在文化事业的政策范围内被社会认知和运作,政府及其文化行政部门成为国家文化的唯一主体。

这一模式的极端表现就是戏剧领域中的"八个样板戏"。1967年5月23日纪念毛泽东《在延安文艺座谈会上的讲话》发表25周年时,样板戏在北京各剧场同时上演。毛泽东先后多次率政治局成员出席观看,以此给予强劲的政治支持,由于这些作品描写的都是中国人民在中国共产党领导下进行武装斗争和经济建设的现代生活,被赋予了更积极的政治意义:被纳入了与所谓帝王将相、才子佳人占领舞台相对立的革命文艺路线,被奉为工农兵占领文艺舞台、实行文化革命的典范。样板戏违反艺术样式的固有特点,写实布景削弱了想象空间,表演上过分强调体验人物与贴近生活,交响化伴奏使程序化唱腔变成了"京歌",用指挥替代鼓板以整合文武场。而从它们的创作中,总结、归纳出的塑造无产阶级英雄典型人物的根本任务,如三突出创作原则等,却被硬性确立为所有创作都必须遵循的经典规范。有学者指出,三突出塑造的高大全英雄呼唤的个人崇拜,蕴含着"文革"的精神基因。

作为文化产业的戏剧，进入20世纪80年代后，中国全面推进改革开放，不仅带来了国家政治和经济结构的巨大变革，而且也带来了中国文化形态的巨大变动，政府不再包揽中国文化建设的一切事物。思想文化的传播形态和传播机制、受众的接受方式和接受理念已不再是政府的统购统销的福利性的文化事业了。自主选择、市场导向、消费需求和利润目标，成为市场主体的动力机制，文化市场在文化资源配置中的基础性作用，已经成为中国文化建设与发展的全新的运动形态和存在方式。2000年10月，中共十五届五中全会通过的《中共中央关于"十五"规划的建议》第一次明确使用了文化产业的概念，国家统计局颁布了新修订的《文化及相关产业分类（2012）》标准。山水实景剧是创意产业中的一个新形式，产业的运作需要一个完整的产业链支撑。文化产业必须打造产业链，这样才能产生规模效应和互动效应。实景剧不仅是门票收入，而且是以山水实景剧为核心，将经济效益延伸辐射到景区城市的金融、配套设施以及旅游产品，对该地的城市形象有着积极的作用。

产业链的上游，优秀的创意团队、庞大的演职员构成了山水实景剧演出的核心。第一，山水实景剧的策源地。《印象·丽江》、《天门狐仙》、《印象·刘三姐》、《大宋·东京梦华》剧目所在的旅游城市分别是丽江的玉龙雪山、张家界的天门山、阳朔的漓江、开封的清明上河园。这样的选择是借助知名旅游城市的品牌，品牌是给拥有者带来溢价、产生增值的一种无形的资产，它的载体是用以和其他竞争者的产品或劳务相区分的名称、术语、象征、记号或者设计及其组合，增值的源泉来自消费者心智中形成的关于其载体的印象。剧目所选都是知名度、美誉度、认知度很高的主题，分别是玉龙雪山的传说、湖南花鼓戏《刘海砍樵》、歌仙刘三姐的故事、大宋文化。第二，策划阵容。例如，《印象·丽江》是由"铁三角"张艺谋、王潮歌、樊跃执导，在投资机构IDG的推动下，成立了北京创意艺术公司。公司负责和各地景区政府接洽、考察，选择合适的地域进行创作；整个演出从策划、创意到后期制作都由该团队完成，然后由北京印象创意艺术有限公司和招标的投资公司合资在当地设立一个独立的出品公司负责当地实景剧的商业运作。

产业链中游是山水实景剧对当地城市发展的带动。《印象·丽江》之后丽江没有再投资第二部大型演艺节目。《天门狐仙》从2009年3月登场开始，就受到了游客的追捧、广受追捧，获得首届中国国际文化旅游节"影响中国文化旅游的一部旅游演出"金奖。《印象·刘三姐》自2004年公演以来，半年的时间就获得了7900万元的票房收入。

产业链下游是消费类技术产品的普及和信息文化娱乐产品的大规模市场推广，以及大众流行文化艺术符号在传统产业的普遍应用，产业链的终端能产生附加值，通过衍生产品的再次传播，城市形象更加鲜明。例如，2010 年 7 月，《天门狐仙》的营销方与湖南卫视、新浪网等相关网站合作，在全球海选"狐仙主演"和"狐妃"演员，参选人员的国籍不限、民族不限、人种不限。获选的演员作为张家界旅游形象大使，向全世界宣传张家界和湖南。

3. 山水实景剧的戏剧学评价

山水实景剧具有戏剧形态学的价值。在回答"山水实景剧何谓"时，我们肯定了单一的戏剧要素——戏景作为一门综合性门类艺术的命名，在分析山水实景剧的业态化生存之后，业态文化圈探讨山水实景剧的市场逻辑，肯定了山水实景剧在文化业系统中的价值。作为文化产业门类中的文艺创作与表演服务，山水实景剧具有文化属性、经济属性及政治属性。同时，山水实景剧面临两项重大的困境：一是山水实景剧是否仅仅是表现手段的突破？戏景的片面发展是否有损戏剧的整体性和综合性，该戏剧形态是否是一种负面发展的消极异化？二是山水实景剧中实景的地位凸显，但剧目建设薄弱，仅仅依靠媒体的力量营造视觉盛宴是否会走晚清京剧和"文革"样板戏的老路？

山水实景剧中实景的地位凸显，但剧目建设薄弱，仅仅依靠媒体的力量营造视觉盛宴是否会走晚清京剧和"文革"样板戏的老路？参照晚清的中国戏曲，"由于戏曲多采用历史、神话或民间传说题材，观众对剧情和人物早就了然于心，劝善惩恶的大团圆结局也在意料之中，所以内容上已经没有多少新鲜东西可看，自然就把看点对准了演员的演艺，甚至色相。而戏曲表演又具有高度程式化、技艺化的特点，演员的好坏，剧种和流派的划分，也突出表现在技艺和程式特征上，因而演技倒为观众提供了更多看点①。同理，山水实景剧中，我们看到的是"印象"，印象即将没有逻辑关系的片段连接在一起，呈现碎片化的观演模式。

山水实景剧只有赏心悦目难有畅神，这就成了"只以目视而不以神遇"，神欲行而官知止。自 2004 年 3 月 20 日《印象·刘三姐》诞生起，全国已有山水实景剧 200 台，因为市场在文化资源调配上的作用，众多实景剧作为项目迅猛发展，起初的文化创意产业和戏剧形态的新探索，逐渐成为一种戏剧时尚，"关于高科技手段的运用，在山水实景演出中使用高科技手段提升演出内涵，这是我们目前正在研究的，或者说正在实践的课题。现在我有一个团队，专门帮我搜集全世界各种各样的高科技手段，以备运用到演出中"②。这样的论断值得商榷，"好的戏剧作品应该同时具有很强的文学性与舞台性。古今中外那些经典的戏剧作品，都是既经得起读，又经得起演的。只供阅读而不能演出的戏剧作品与只能演出而无

---

① 董健，马俊山. 戏剧艺术十五讲 [M]. 北京：北京大学出版社，2006：245.
② 梅帅元. 从《印象·刘三姐》到《天门狐仙》[M]. 中国文化报，2010-11-08.

文学性可言的戏剧作品，都是跛足的艺术"。如果山水实景剧仅仅是变现手段的突破，仅仅依靠技术创新不顾剧目的单一，造成人物角色模糊，我们认为，脱离舞台、远离人的精神的景观演艺难成经典戏剧。

（二）由演艺中国进入演艺湘西的论述

我们以《天门狐仙》等实景剧为例，详细解读演艺湘西的内容与形式。

《天门狐仙——新刘海砍樵》将作品的意义提升到对世界音乐的贡献，实景剧对天门山的生态维护造成一定的负面影响，但其提升了天门山国家森林公园的文化品位，促进旅游文化产业的增值。重铸演艺的乌托邦，将一部戏与"世界之最"紧密联系在一起，是在中心文化圈的文化范式下确认自身身份和获取文化自信的重要方式。

2009年9月13日晚，以张家界天门山为背景的大型山水实景人狐恋主题神话音乐剧《天门狐仙——新刘海砍樵》盛大公演。山水实景剧促进了当地旅游业的发展。因此，探索发扬本土文化与现代科技下创新发展的策略就显得很重要。

唐治元在《张家界旅游演艺项目现状及开发研究》一文中提出演艺项目的开发策略："首先做好前期策划来寻找卖点，然后加强制作过程中的市场运作和政府协助，最后加大营销力度"[①]。王磊磊在《从"印象刘三姐"来看文化在演艺活动中的作用》中指出："重视文化在演艺活动发展中的作用是成功的基石，文化创新是演艺活动不断发展的动力"[②]。市场营销策略固然重要，但是怎样挖掘本土文化，以及理清转换关系更是得出准确市场营销策略的前提。本书旨在对《刘海砍樵》这一民间故事如何发展为地方戏剧最后转换为现代山水实景剧进行探讨，并探索了三种不同形式转换成功的因素和规律。《天门狐仙——刘海砍樵》系列的形成是一个符合文化创新的过程，是顺应时代潮流的产物。

综述刘海砍樵的总体发展轨迹。经过时代的变迁，科技的发展，人民思想的转变，使《刘海砍樵》这一民间故事以越来越多的形式呈现在我们的面前。其总体的发展轨迹就是由民间故事到湖南花鼓戏再到山水实景剧的流变转换，也是民间故事逐渐平民化、世俗化的过程。

1. 民间故事"刘海砍樵"为实景剧《天门狐仙》打下观众基础

在常德武陵区一些老人流传着一个有关《刘海砍樵》传说，相传，常德城武陵区丝瓜井旁，住着刘海母子，其家中一贫如洗，而刘母更是因为思念亡夫而哭瞎了双眼。刘海非常的勤劳孝顺，经常上山砍柴，尽心奉养老母。在刘海砍柴的大高山、小高山一带，住着一只已经修炼多年的狐狸精，她炼成了一颗宝珠，含在

---

① 唐治元. 张家界旅游演艺现状及开发研究［J］. 产业与科技论坛，2009（6）.
② 王磊磊. 从"印象刘三姐"来看文化在演艺活动中的作用. 商业文化（学术版），2010（9）.

口中可化为人形。此时她已成半仙,倘若再修炼几百年,便可成仙。她非常敬佩刘海为人,就起了思凡之心,自取名胡秀英,执意要嫁给刘海。但是刘海憨厚朴实,怕连累胡秀英受苦,几番推辞后见胡秀英是一片真心,才答应与胡秀英成亲。回家后,刘海告诉了母亲,母亲也很喜欢,就同意了他们的婚事。刘海于是去位于城中心的鸡鹅巷置办结婚的东西。鸡鹅巷旁边有个小庙,庙里有十八个罗汉。其中十罗汉带着一群弟子(金蟾)也在暗中修炼。他已炼得一串金钱,也已成半仙,如能得到胡秀英的宝珠,便能即刻成仙升天。十罗汉见胡秀英和刘海成婚,遂起了歹心,他带领弟子抢走了胡秀英的宝珠。胡秀英失去宝珠就会现出原形,无奈之下只好把实情告诉了刘海。刘海知道后,没有怪胡秀英,他拿起家中砍柴的石斧去斗十罗汉,最终在斧头神和胡秀英众姐妹的帮助下,刘海打败了他们,拿到了宝珠。从此,他们过着男耕女织的幸福生活。

这就是有关《刘海砍樵》的民间故事,其本身就是对刘海追求幸福生活的一种赞扬,为劳动人民提供了一种榜样形象。而随着时代的变迁,劳动人民对生活的美好追求,使劳动人民把刘海砍樵的故事逐渐贴近实际、贴近生活、贴近群众。《刘海砍樵》这个故事的广泛流传,是人们对美好生活的憧憬,是使《刘海砍樵》由民间故事正式平民化的一个标志。而花鼓戏就是把劳动人民的这一美好愿望真实地演绎了出来。

《刘海砍樵》的传说在流传中逐渐平民化,使其不仅仅只是一个美丽的爱情传说,更具有着深刻的现实意义。刘海和胡秀英身上所体现的勤劳勇敢、正直善良、孝顺老人等美德,以及勇敢追求忠贞爱情和幸福生活的美好愿望,都深刻揭示了广大劳动人民向往真、善、美的和谐生活。由于传说中人物形象丰满个性鲜明,成为了湖南口头文学中的精品。而《刘海砍樵》更是湖南花鼓戏中的名篇,广为流传。本地人通过"刘海砍樵"的叙述与表演,塑造自己真善美的形象。

《天门狐仙——新刘海砍樵》山水实景剧取材于湖南的传统花鼓戏《刘海砍樵》,并以此为基础进行艺术再创造。新的故事梗概是:狐王选妃,选中了修炼千年的白狐仙。但狐仙向往人间的生活,并爱上贫穷但开朗乐观的樵夫刘海,两人在张家界的天门山不期而遇,一段感天动地的人狐之恋由此开始。魔界与凡间的抗衡、道与情的取舍、仙与俗的矛盾如同大山重重阻隔着两颗相爱的心。悲伤、欢乐、笑容、泪水交合成一个曲折动人的故事。山水剧中,山寨里吊脚楼的木门在晨曦中缓缓推开,辛勤劳作的汉子、打情骂俏的婆娘、快乐单纯的樵夫和猎人、动听的桑植民歌、美丽多情的洗衣少女,一幅男耕女织的幸福生活画面构成了一幅美丽湘西的风情画卷,使观众恍若身临其境,融入其中。整场演出以个性化的叙事结构使人感到亲近以及首尾呼应的完整感,整部剧在天门山下的峡谷中演出,俨如一个世外桃源。

山水实景剧《天门狐仙——新刘海砍樵》的出现是人物形象世俗化的表现，是时代高速发展的结果。它是世界上第一台以高山奇峰作为舞台背景，以山涧峡谷作为表演舞台的山水实景演出，更是目前世界第一台具有完整的故事情节的山水实景音乐歌舞剧。音乐剧《天门狐仙——新刘海砍樵》取材于中国经典的民间故事《刘海砍樵》，汲取了音乐界丰富的文化元素和表现形式，辅之以现代化高科技的舞台美术和特效技术，充分运用了多媒体特效、全息投影等高科技技术手段，是对世界音乐歌舞剧的一次成功的创新，为中国山水实景剧做出了划时代的巨大贡献。

《天门狐仙——新刘海砍樵》人物形象的世俗化，不是指小市民阶层的庸俗，也不是恶俗，而是指人民大众的平易通俗，契合了世俗的精神情感，符合观众的情感体验。世俗化的文艺作品更加贴近劳动人民的生活，符合其审美意识，从而更容易陶冶广大劳动人民的情操。

《刘海砍樵》由人民口口相传的民间故事，逐渐以花鼓戏、山水实景剧的形式表现出来，其实就是劳动人民的审美观念的不断转变，然后以各种艺术表现形式表达出劳动人民对美好生活的憧憬，并揭示了当代劳动人民生活的富足美好，和对更高精神生活的追求。《刘海砍樵》三个不同表演形式之间的转换，就是在时代的变迁过程中思想的转变，是一种积极的转型，是顺应时代发展潮流的转型，是社会发展的必然要求。

从民间故事到花鼓戏的转换，民间故事是劳动人民创作并传播，具有假想（或虚构）的内容和散文形式的文学作品，这是广义上的定义。而狭义上的民间故事是指神话、传说以外的那些富有幻想色彩和现实性较强的口头创作故事。《刘海砍樵》从狭义上说是一个民间故事，主要是以文本或者口口相传的形式来传播，是一种静态的文化传播。

根据民间故事改编的花鼓戏《刘海砍樵》既有生动的故事情节，又有优美的唱词和动听的音乐。改编后的花鼓戏《刘海砍樵》有四种腔调，包括采莲船调、西湖调、十字调和比古调。但流行最广泛的是根据"安童调"改编的比古调。比古调以其载歌载舞、通俗明快、幽默诙谐的艺术风格闻名于世，使《刘海砍樵》传遍大江南北。从表演形式上看，民间故事到花鼓戏的转换是一种单纯的口头讲述形式向演唱、音乐的转换过程，文学审美得到了进一步的提升；从表演艺术上看，是民间故事由传唱者一人扮多重身份向花鼓戏中不同的人扮演不同的角色转换，而且让扮演者进行简单的化妆，增加了艺术细胞，这样更加满足了劳动人民对自由爱情和美好生活的向往。

2. 花鼓戏《刘海砍樵》为实景剧《天门狐仙》准备了表演形式

花鼓戏的演出特征为民间故事"刘海砍樵"提供了广泛传播的媒介条件。花鼓戏源于民歌,并逐渐发展成为一旦一丑演唱的花鼓戏的初级形式。清嘉庆二十三年(1818年)刊行的《浏阳县志》中谈及当地元宵节玩龙灯的情况时说:"又以童子装丑旦剧唱,金鼓喧阗,自初旬起至是夜止"①。说明一旦一丑演唱的花鼓戏——地花鼓,最迟在清嘉庆年间就已形成。又据杨恩寿《坦园日记》清同治元年(1862年)记载,杨恩寿在湖南永兴观看的"花鼓词"(即花鼓戏)中,已有书生、书童、柳莺、柳莺婢四个角色,而且情节与表演都较生动,说明这时的花鼓戏不但已发展成"三小"(小旦、小丑、小生)戏,而且演出形式也具有一定规模。从声腔和剧目看,初期以民间小调和牌子曲演唱边歌边舞的生活小戏,如《打鸟》、《盘花》、《看相》、《送表妹》等。后来,"打锣腔"与"川调"传入,才逐渐出现故事性强的民间传说题材剧目。"打锣腔"的主要剧目有《清风亭》、《芦林会》、《八百里洞庭》、《雪梅教子》等,川调主要剧目有《刘海戏蟾》、《鞭打芦花》、《张光达上寿》、《赶子上路》等。这样,便形成了艺术上比较完整的地方剧种。

花鼓戏是中国戏曲剧种,是各个地方小戏花鼓及灯戏的总称,有湖北、湖南、江西、安徽、河南等省的花鼓戏,其中以湖南花鼓戏的影响最大。花鼓戏是由当地农村的劳动山歌、灯舞、民间小调、对子戏及地方花鼓发展而来的,具有浓厚的地方色彩,洋溢着浓厚的乡土气息,深受农民喜爱。

花鼓戏的曲调优美动听、活泼流畅,语言通俗易懂,剧情简洁明快;形式生动活泼,表演艺术朴实、明快,行当仍以小丑、小旦、小生的表演最具特色,很好地反映了现实生活。传统剧目约有400个,以反映民间生活为主,多以生产劳动、男女爱情、家庭矛盾为题材,语言生动活泼,清新可亲。

花鼓戏取得成功的价值意义。花鼓戏的表演艺术朴实、活泼、明快,行当仍以小丑、小旦、小生的表演最具特色。多以表现劳动生活为主,具有极其浓厚的乡土气息。花鼓戏从劳动人民群众中来,又返回来娱乐了劳动群众的生活,极大地丰富了劳动人民的精神生活,使劳动人民在农闲时的生活更加丰富。所以"刘海砍樵"的故事内容与花鼓戏的戏剧形式之间达到完美的统一。

花鼓戏《刘海砍樵》的形成历经了由常德洞庭湖地区逐步走进省城长沙,再从湖南流传全国,从中国逐步走向世界,逐渐推广了湖湘文化的过程,也体现出了地方文艺由传统逐步走向现代、不断创新发展的特点。其系列的形成与广泛传播对地方文艺的传承与发展具有一定的启示与借鉴意义,并在一定程度上对宣传和保护我国的非物质文化遗产做出了贡献。

《刘海砍樵》系列的形成还对我国现代文化演艺事业有着重要的启示作用,

---

① 王汝惺修/(清)郑焌杰纂.浏阳县志[M].清同治十二年刻本、清嘉庆二十三年.

为未来演艺节目的发展提供了依据和经验,同时对国外的实景剧亦有着一定的启示作用,在文化的发展历史上起着重大的转折性作用。

从民间故事与花鼓戏到山水实景剧的转换。科学技术的发展,非物质文化遗产的没落,都告诉人们文化遗产的传承与发扬需要新的方法,需要走创新之路。而《刘海砍樵》这一民间故事顺应着发展的要求,促使了山水实景剧《天门狐仙——新刘海砍樵》的出现。

3. "狐仙"为实景剧《天门狐仙》树立新的人物形象

"狐精"的流变。在中国各种神话精怪的传说中,"狐精"的故事可谓源远流长。其起始于《山海经》,光大于《搜神记》,唐传奇愈加精细,至清可谓为大观,《聊斋志异》中涉及狐精的就有80多篇,而后《子不语》、《阅微草堂笔记》中更是不乏有关狐精的篇章。在朝代的更迭中,人民寄予狐精的寓意也在不断地变化。

最初在秦汉时期,狐精是有自然属性的,拥有超越人类的异能,对人类而言属于异类,是被人类所崇拜或惧怕的异类。在魏晋时期,正如日本的内田道夫在《中国小说世界》中所说:"六朝以前志怪小说的鬼……被认为带有恐惧性,但那种恐惧性的中心,可以说是对不可思议的事物,不明原因之物的恐惧"①。唐后,"这些一旦成了帮助佛教传播的佛教说话,则极其不可思议的怪异的事物,就被认为是佛教的法力或报应……鬼的意味变得非常淡薄了"②。由此可见,狐精依然是自然属性的异类,多数人认为狐精以博学、机智见长,但大多认为狐精主要还是蛊惑人类、害人修炼、具有一定异能的精怪异类。魏晋志怪小说时期是妖性狐时期。在唐代,狐精的异类观念已经逐渐浅化,人形化和人性化的特点逐渐凸显,更是有了人狐相恋的故事,体现了狐精勇敢追求爱情的思想,唐时期就是妖性狐逐渐向人性狐转变的一个过渡时期。到了清朝时期,狐精的形象转化已经基本完成,狐精的身上作为人的性格越来越明显化,但也并未完全失去其为狐的本性。

现代科技下的舞台剧。音乐剧《天门狐仙——新刘海砍樵》取材于中国经典的民间故事《刘海砍樵》,汲取了音乐界丰富的文化元素和表现形式,辅之以现代化高科技的舞台美术和特效技术,充分地运用了多媒体特效、全息投影等高科技技术手段,是对世界音乐歌舞剧的一次成功的创新,为中国山水实景剧做出了划时代的巨大贡献。

《天门狐仙——新刘海砍樵》的音乐剧选址在张家界天门山风景区山门口内至天门山顶的整条峡谷。主舞台建于山门口内的峡谷下端,整条峡谷的两侧有数

---

① 内田道夫. 中国小说世界 [J]. 上海:上海古籍出版社,1992 (7).
② 弗莱. 批评的剖析 [M]. 天津:百花文艺出版社,1998:56.

十座奇峰峻岭及凌空高悬的天门洞,均为主舞台的纵深背景。主表演台与奇峰、峡谷、森林、溪流飞瀑融合在一起,形成了一个纵深数公里、横宽和高差均逾千米的超级大舞台。整个表演区包括:中心舞台、左侧的人间世界、右侧的狐狸世界、左前的歌队歌台、后演区梯田与木桥实景五个演区。

该剧由中国山水实景演出创始人梅帅元任总策划和总导演,由享誉世界的音乐大师、上海世博会文化大使谭盾任音乐艺术总监,体现了湖湘文化的深厚积淀,充满了浓郁的民族文化特色,展现潇湘大地多彩风情的艺术盛宴从此横空出世。宏大的场面以及强烈震撼的视觉冲击,还有美轮美奂的音乐舞蹈都使得现场观众如痴如醉。该剧取材于湖南家喻户晓的民间故事《刘海砍樵》,汲取了张家界独特的民歌、舞蹈元素,在此基础上进行艺术再创造,用悲伤、欢乐、笑容和泪水交合成一个跨越人间仙界的动人爱情故事。

该剧视觉特效独树一帜,横跨峡谷 60 米的高空飞桥、奇幻美丽的人造月亮、逼真的浸天大雪等场景令观众惊叹。特别是剧情达到高潮部分时天门群峰瞬间被灯光照亮,其恢宏、壮观的场景令人震撼。120 位身着苗家银饰的盛装少女所组成的民族歌队声如天籁,120 个美艳少女化身的小狐仙舞姿曼妙,舞台效果美不胜收。剧中大型交响乐与国家非物质文化遗产桑植民歌和谐交融,一段段歌曲优美无比,令人沉醉。山水实景剧中各种高科技技术的应用,灯光效果的应用,使音乐剧的场面越加独树一帜。

《天门狐仙——新刘海砍樵》音乐剧的诞生,是张家界以文化提升旅游,建设世界旅游精品的重要标志,也是中国传统文化与世界经典艺术完美结合的产物,还将成为向世界展示中国文化和湖湘文化的瑰丽名片,更使大型实景剧在世界范围内产生深远影响。

《天门狐仙——新刘海砍樵》的诞生,是张家界文化提升旅游,建设世界旅游精品的具体体现。张家界有土家族、苗族、白族等 33 个少数民族,少数民族人口占其总人口的 77%,具有丰富独特的民族文化。桑植民歌《马桑树儿搭灯台》被宋祖英唱到了维也纳的金色大厅,还多次到世界各国进行交流。桑植民歌、土家摆手舞、茅古斯舞、土家织锦技艺还入选了全国首批非物质文化遗产。鬼谷硬气功、白族仗鼓舞、梯玛神歌和有"地方民族戏剧活化石"之称的傩戏等,都具有古老的传奇色彩。以文化提升旅游,实现旅游向休闲度假、商务会展的转型,建设世界旅游精品,已经成为张家界的共识。目前,以《天门狐仙——新刘海砍樵》为代表的具有民族特色的演艺产品,正逐渐形成品牌,使全市的文化产品增加值占 GDP 的 8%,张家界也由此成为了全国旅游文化示范基地。据专家预测,经过一定时间的品牌传播和市场培育,《天门狐仙——新刘海砍樵》还将为张家界和湖南旅游每年多吸引 100 万名游客。《天门狐仙——新刘海砍樵》的成功转型带给我们很多启示。

4. 实景剧《天门狐仙》对艺术产业的启示

启示一，独特的民族文化资源是艺术产业发展的基础。所谓转型，是指事物的结构形态及运转模型与人们观念的根本性转变的过程。不同的转型主体的状态与其客观环境的适应程度有关，决定了其转型内容和方向的多样性。转型是指主动求新求变的一个过程，也是一个创新的过程。

由文本到舞台剧的转型，也是一个求新求变的过程，更是创新的过程。现在处于信息高速发展的时代，科学技术迅猛发展，技术的不断创新，推动着政治经济文化的发展，使艺术的表现方式不断创新，促使着艺术由文本到舞台剧的发展。

在信息高速化的现代社会，人民对精神文明生活的要求日益增高，对其质量要求的增高，也促使着转型的势在必行。民间故事在人们之中相互流传并逐渐发展，不论是花鼓戏，还是山水实景剧，都是丰富劳动人民生活，体现劳动人民对美好生活的展望的一种形式，只是更加平民化、世俗化。

近些年来我国对非物质文化遗产日趋重视，随着市场经济的不断发展，非物质文化遗产的传承与发展面临着更多的机遇与挑战。有三种方式可以对非物质文化进行保护与发展，分别为非物质文化遗产博物馆、非物质文化遗产主题公园、实景舞台剧。其中，非物质文化遗产博物馆以静态展示为主，相对较好地维护着非物质文化遗产的原真性；非物质文化遗产主题公园则是以非物质文化遗产的原真性的重建与虚拟体验空间的形式，实现遗产景观的载体化；而实景舞台剧是以人的表演活动而活化的非物质文化遗产，是非物质文化遗产转型中最具有创意的一种模式。所以，转型还需要符合现实的要求和可实施性。实践还表明，这种转型必须要遵从非物质文化遗产的原真性，必须与天然的物质景观相交融、相呼应，从而形成天然的自然物质景观与非物质文化遗产的有机融合，才有保持可持续发展的活力。

启示二，协同创新是艺术产业发展的关键。《天门狐仙——新刘海砍樵》系列的形成是一个符合文化创新的过程，创新是一个民族进步的灵魂，是一个国家兴旺发达的不竭动力，也是一种文化永葆生机的源泉，时代的快速迅猛发展需要动力的支持，而创新是科技发展的动力，科技的发展推动了文化形式的转变，说明文化艺术的转型离不开创新。《天门狐仙——新刘海砍樵》系列的形成更是告诉我们创新也是一个民族文化进步的动力，是一个必不可少的手段。《天门狐仙——新刘海砍樵》山水实景剧的推出极大满足了人民的文化需求、精神需求。并且作为对非物质文化遗产的传承与发扬，大型的实景舞台剧为其转型提供了重要的载体形式，是非物质文化遗产转型的创新模式。这就揭示了一种事物的出现及其发展是要符合人民群众的意愿的。

从《天门狐仙——新刘海砍樵》的成功实践中，可以知道成功的转型需要清晰的转型目标，并且转型的领导团队要定期观察并及时调整细节，彻底贯彻转型的意图。还需要各个层次人员的相互支持，使转型的观念深入人心，人员之间要注重沟通，必须在机构内部提高转型计划的透明度，促进频繁的反馈以及快捷的信息传达。只有全体工作人员团结一心，坚持转型的目标，领导与工作人员上下一心，各部门协调合作，跨职能整合加强团队之间的联系，避免各自为政，才能更好地执行计划。

《天门狐仙——新刘海砍樵》的成功转型表明，项目框架需要将目标跟踪与日常管理区分开来，突出转型的重点和方向，把基本的转型目标置于首要地位。执行者需要合理地解决转型需要与日常管理需要之间的冲突，使资源的分配达到最佳状态，对转型的情况需要清晰的评估标准，及时调整资源分配，既使转型的需要得到满足，又不会影响日常管理的需求。

《天门狐仙——新刘海砍樵》的成功转型是一个值得我们借鉴的实例，它的成功对我国和世界上的大型实景剧都具有深远影响，对世界非物质文化遗产的传承提供了一个具有创新思维的进步性方法。更是在文化的创新上为我们提供了方向，指引了明确的目标，为我们扫除了前进道路上的障碍。

从文本到舞台剧的转型，以《天门狐仙——新刘海砍樵》为例，可以发现《刘海砍樵》由民间故事转变为花鼓戏再转变为山水实景剧的过程，就是民间故事平民化、世俗化的转变。这是一种文化创新的过程，是时代发展的一个必然要求，也是在信息高速发展的过程中，对我国非物质文化遗产的传承与发扬方法的一个尝试，在实践中找寻方法。其转型的成功，不仅有利于我国非物质文化遗产的传承与发扬，还对开拓我国现代演艺事业有着重要的启示作用。

启示三，通过演艺塑造城市文化品牌是产业可持续发展的路径。戏剧属于表演艺术，表演艺术融音乐、舞蹈、影像、文学、建筑、服饰、设计等艺术为一体，表演内容囊括物种文化、物质文化和精神文化，"演艺湘西"中的十多部实景剧通过表演充分展示山、水、城、寨、人、鬼、神、怪等奇异文化，充分满足观众对湘西的想象与体验。演艺湘西作为湘西形象的重要表现方式，实现了剧场想象与本土文化的完美结合，实景剧《烟雨张家界》推销张家界的民俗风情，"以唯美的歌舞画面，利用现代声、光、电科技手段，部分视频使用了时下流行的3D技术（红蓝3D），以及观众区的投影仪投出与舞台视频完美融合的影像，征服了在场所有观众的感官细胞，让人产生出身临其境的效果，向世人展示出了魅力、梦幻的张家界风情"①。将一出戏与一座城市联系起来,其宣传语是"寻前世情缘与烟雨相约,一段流芳千古的爱情故事,一曲烟雨梦幻的山寨欢歌,一次3D技术与舞台艺术的完美融合,在世界唯一的生态剧场倾情演绎"②,将一出戏的演出与一座城与世界的地位联系起来。《烟雨凤凰》与大湘西文化旅游产业发展之间积极互动,"《烟雨》系列带动大湘西发展。大湘西地区位于武陵山区腹地,区内旅游资源总量占到湖南全省的41%,其中世界级和国家级旅游资源达70余处。2013年10月27日,大湘西文化旅游产业融合发展推进会在张家界召开,会上提出了张家界、怀化、湘西三市州共同推进文化旅游产业融合发展步伐的要求,《烟雨凤凰》剧场成为了大湘西文化旅游产业融合发展2014年度省重点项目。"③一出投资过亿元的舞台剧目是地方旅游产业的增值极。"《烟雨洪江·沅江号子》原生态文艺演出项目由湖南洪江古商城文化旅游产业投资股份有限公司悉心打造,是洪江古商城提升旅游品质、未来发展蓝图的一个开始,今后无论是从考古价值、学术价值、研究价值,还是在旅游价值方面,都将本着商道文化为核心内容,致力于把洪江古商城打造成盛享独特商业特质的国内著名古商道文化旅游目的地,让游客如同穿越明清,行走在'清明上河图'中,体验市井百态。按照规划,未来的洪江古商城将结合湖湘文化、五溪文化、市井文化等契机,以'商道文化'为主线,围绕'做好景区、做大产业、做亮文化'三大核心任务,采用'集中一片,打亮一点'的快速升级策略,全力建设一个本土文化突出、商旅互动机制完善、文化体验功能齐备的怀化古城旅游主体功能区,发挥洪江古商城的'旅游主体作用',整体策划、分步实施,最终将洪江古商城建设成为怀化古城文化旅游基地、国内商道文化体验胜地"④。古商城文化在一个固定的时间与空间中,通过演艺的方式得到充分的展现。

剧场效应是观演关系中的假定性、虚构性、憧憬性构筑的形象世界,这只在审美领域有效,但随着文化的产业性介入,产业主导文化演出的方向和价值,艺术从想象领域进入都市社会的现实,构筑族群、社区、个人身份认同的新基础和新构件。例如,张家界市人民政府凭借发展中的演艺产业的发展,提出"张家界欲打造中国演艺之都"的口号,使表演成为现实都市的品牌的最高价值。"据张家界市委常委、宣传部长余怀民介绍,张家界旅游演艺产品主要分剧院类、实景

---

①② 张家界海外国际旅行社. 烟雨张家界 [EB/OL]. http://www.zjjta.com/jingdian/yule-772101.html,2014-10-24/2014-10-24.

③ 杨烊. 大型民俗情景剧《烟雨凤凰》首演还原绝美凤凰 [EB/OL]. http://hn.rednet.cn/c/2014/03/31/3311048.htm, 2014-03-31/2014-10-27.

④ 刘路文."沅江号子"响彻洪江古商城 逢周六可免费欣赏 [EB/OL]. http://tour.rednet.cn/c/2012/07/02/2664071.htm, 2012-07-02/2014-10-27.

类和景区综合类，总体呈现出立足本土、雅俗共赏、室内外相结合和名家担纲四大鲜明特色，目前共有演艺剧场11个，座位1.2万个，演艺节目8台。其中最具代表性的节目有《张家界·魅力湘西》、《天门狐仙——新刘海砍樵》和《武陵魂·梯玛神歌》，2011年张家界旅游演艺业总产值超过4亿元，接待观众200万人，慕'戏'而来重游张家界的'回头客'占游客总数的30.5%。目前张家界演艺业已完全融入旅游，丰富文化生活，延伸产业链条，助推旅游经济发展，成为张家界旅游的'另一道风景'，也成为湖南文化产业发展的新亮点和国内有影响、有市场的文化演艺品牌。据悉，张家界将从制定产业发展规划、加强宏观指导、整合现有资源、拓展本土文化、扩大对外交流、健全行业协会、打造演艺品牌等方面入手，力争早日将张家界建设成为'中国演艺之都'"[①]。剧场表演进入社会表演领域，是一种有着审美意义的演艺乌托邦，这是前现代附魅经过祛魅之后的"返魅"，这种返回不是回到前现代，而是基于经济利益与文化效益驱使的"审美过剩"。一方面，这一乌托邦具有想象的审美空间，其构建的核心是艺术的虚构与假定性，是指向过去、当下或者未来的情调生存。另一方面，这一乌托邦具有现实的虚幻性质，因为这一乌托邦与产业之间是共谋关系，没有审美现代性的批判功能，一旦进入市场逻辑之中，就面临着失去自由与独立精神，成为产业价值评价体系的附庸。

　　文学湘西是精英审美文化中的湘西形象的表述，影像湘西是大众传媒时代的湘西形象的表述，表演湘西是文化产业时代湘西形象的表述，第一种门类艺术的表述空间是一维空间中的符码解读，第二种门类艺术的表述空间是观众通过荧屏媒介的视听体验，第三种门类艺术的表述空间是旅游者除视觉、听觉、触觉的沉浸消费。文字印刷媒介中的湘西形象富有审美的超越性，演艺剧场中的湘西形象更具现实的固着性，这一系列类型形象都处于前现代的蛮邦与桃花源、现代的匪土与圣地的原型结构的张力之中。

---

① 向国生，廖声田.白天看风景 晚上赏大戏 张家界欲打造中国演艺之都［EB/OL］．http：//epaper.voc.com.cn/hnrb/html/2012-05/20/content_502450.htm，2012-05-19/2014-10-27.

第五章　形象重塑：湘西人的自我想象

"湘西形象"研究的对象是湘西，研究的问题是中心文化圈所面临的文化困境，从华夏族、汉族到中华民族的共同体，湘西形象的研究不关注中心想象边缘与现实湘西的符合问题，而是研究中心是如何想象边地，这种想象的社会集体想象物是什么，这种社会集体想象物的话语模式如何产生，产生的话语模式的原型、类型、形象之间的生产关系是什么，这种套话的套娃方式在文学文本、影像文本、剧场关系中是如何运作的。湘西形象的原型、类型、文本形象是湘西形象研究的主体工程，谱系的建立意味着湘西形象研究的阶段性任务的完成。阶段性任务的完成提示问题和领域的重新开展及发现，湘西形象研究将一国文化中的异国形象研究渡入中华文化圈内的异域形象研究，从形象学的角度重新理解中华文化圈多元一体格局的形成，多元之中有中心与边缘两种文化单位，这就是中心想象边缘的基点，多元文化之间的融汇与差异促进了中华文化的融合，这种融合就是相互之间你中有我，我中有你的交互关系。我们可以继续追问中心的边缘想象对边缘的文化身份和情感认同有怎样的影响。中心想象边缘的形象已成为中心文化圈的社会集体想象物，这种社会集体想象物需要我们进行话语反思与批判，这种边缘情结与湘西人的自我想象是什么关系？湘西人的自我想象不关注自我想象与现实的符合关系，而关注湘西人为什么这样想象，这种"自画像"在湘西文化实践中扮演什么样的角色；这种文化实践为当今和而不同的文化主体建设具有什么样的启示，这是本章研究的话题。

第一节　"自画像"：边缘的中心守望

中心想象边缘的社会集体想象物，我们称为"湘西形象"，这一社会集体意识对边地湘西的文化主体性具有怎样的影响？我们接着讨论湘西人的自我想象，关于"镜像湘西"和"湘西自画像"，镜像湘西是"我"（中心文化圈）眼中的湘西，湘西自画像是"我们"的湘西，湘西形象为湘西自画像提供了前提和动力，形象的重塑为湘西形象提供了走出"自我"的路径，从"我"到"我们"，形象学的研究从主体性的思维模式转向主体间性的思维模式。

一、边缘守望中心

"边缘"是中心从地缘的角度想象湘西的方式。中心文化圈对边地的想象反而成为边地的自我认同，这种自我认同的表现就是边地对中心的守望。我们从常德、张家界、怀化、湘西州（所列行政区划的顺序是由东到西）的政府门户网站去了解湘西人的自我想象。

（一）常德守望中心的自我表述

常德从中心文化圈获得自身的位置，从官方的表述中，我们发现，常德地处中国的中南部，湖南西北部。东边是洞庭，西边连接湖北和贵州，南通长沙，位于泛长江三角洲与泛珠江三角洲结合部，是东部发达地区产业向中西部转移的黄金地段。先从经纬度找到全球中的地理地位，从中心确认自身的中南方向、长江的中游以及湖南西北部的区位，并将这种靠近中心文化圈的方位视为一种区域发展的优势，东西南北的地理与行政区域都具有举足轻重的地位，并将山脉和水系视为边地通向中心的器物、制度、文化路径。从历史表述中找到自我的中心位置，并通过考古学、历史学、人类学、地理学研究为常德成为历史文化名城寻求例证。常德从历史的角度证明自身是多元文化一体化格局中的一员，这一历史性话语为常德获取文化的自由自信起到很大的推动作用。

（二）张家界守望中心的自我表述

张家界将中心的边缘视为自身发展的优势，张家界将自己定位为处在东经110°和北纬30°的交叉地带，东经110°是中国东西部的分界线，北端起自包头，南边海南岛的曾母暗沙，这条子午经线途经张家界市区，有一条马路叫做子午路；北纬30°是世界奇观的分布线。借助这条纬度和经线，历史上的野地成为旅游经济发展的热土，张家界将自己与地处北纬30°的埃及金字塔、中东北海、百慕大三角、雅鲁藏布大峡谷、喜马拉雅山同列为世界文明的奇葩。张家界位于武陵山片区，是武陵山和雪峰山的腹地。在古代，张家界主要通过澧水和沅水与外界沟通交流。到了现代，公路、水路、铁路、民航的建设开通，张家界为中心走向边缘与边缘走向中心提供了便利路径。随着器物、制度、文化路径的打通，张家界极力展示自己在现代社会发展中的自信心。

（三）怀化守望中心的自我表述

怀化因其交通枢纽的地位，交通路径是构建经济、政治、文化网络的节点，怀化将大西南桥头堡、生态植物园、建筑博物馆、多民族文化村、杂交水稻发祥地、芷江抗战受降地等作为自我表述的话语。基于现实交通系统的发达的自我表述，通过湘黔、枝柳、渝怀、长昆铁路的交汇，通过芷江机场的全面改建，逐步塑造自身滇黔门户、全楚咽喉的城市形象。边地怀化从古代的僻远到现代路径的打通，现实生产生活的实践实现了边地守望中心的可能。这种现实可能性更加促进了边地对中心文化的认同。

（四）湘西州守望中心的自我表述

湘西土家族苗族自治州是大湘西地域中的"小湘西"，属于武陵山和巫山之间的峡谷地带，从交通路径的视野看，是中心文化眼中湖南的最偏远的地方。湘西从地缘的视野对自己有着清楚的定位，在表述的话语中，湘西州位于湘鄂渝黔边区，是国家扶贫攻坚的主战场。湘西地区属于地形结构中第二阶梯向第三阶梯的过渡阶段，特殊地理环境形成独特生产方式，这种生产生活塑造了当地的历史文化、民族文化、政治文化、经济文化。从历史的角度看，湘西属地处边远的武陵山腹地；从民族的角度看，湘西是土家族、苗族等少数民族世居之地；从政治的角度看，湘西人从被称为蛮夷到被认定为少数民族地区；从经济的角度看，这里是连片贫困地区。老、少、边、穷的定位决定了该地域成为西部大开发和扶贫攻坚的主战场，从中心文化圈的角度将湘西的扶贫攻坚定义为国家的战略与民族的事业。

二、民族重塑蛮族

从史籍中的蛮夷、西南夷、土司等形象可知，湘西的族群作为"异类"存在，在传统社会，湘西与中心文化圈是一种叛离或者依附的关系，中心文化圈对边地湘西采用征讨或者羁縻的管理模式，"异类"具有人种学意义上的差异问题，有亲缘角度上的亲疏关系，有文化心理上的同化或者异化倾向。

（一）"异"是中心表述边地蛮族的套话

形象学中的形象具有多重含义。"形象属于对一种文化或一个社会的想象，因为就使形象学在两个层次上都大大超出了文学本来意义上的范畴。从传统的意义而言，对一个异国形象的研究势必要涉及'人学'的全部内容：从异国人的长相、肤色、体态这些人种学特征，到服饰、饮食、习俗，再到政治、制度、观念……所有这一切，无一不是异国形象的有机组成成分。"[①] 种族视野中的"异"类形象是一种形象人类学方法，从人类学的视野去研究他者的想象和表述方式。

一是人种之异形，是从人类学中体制人类学的视野去看待，先秦时期，中原华夏为中心，东、西、南、北边的部族分别称为"东夷"、"西戎"、"南蛮"、"北狄"，蛮夷是与中心强势文化相对的弱势文化群体。汉文献中的四方之地的形象，

---

① 陈平原. 中国文学中的西方人形象 [M]. 合肥：安徽教育出版社，2006：11.

最初表现为人种学意义上的划分,《山海经》中描绘有"蛮"和《诗经》中的"锦蛮黄鸟",蛮虽然是一种漂亮的鸟,但代表了其他物种的指称。《说文解字》中关于"蛮夷"的解释是:"蛮,蛇种,狄,犬种,不同物也","夷,平也。从大从弓。东方之也。"《艺文志》中有《铜柱歌》,"蛮烟瘴雨溪州路,溪边桃李花如雾……盘瓠丑类至今存,神武常垂不杀恩"。中心文化圈将中心之外的边地人群视为基于人物与动物之间的特殊物种,特别地,"东夷"、"西戎"、"南蛮"、"北狄"已成为多元一体格局之外的一种集体无意识。

二是族群之异类,是群体与群体之间的差异。湘西地区在汉代以前被囊括在南蛮之中,有"楚蛮"、"荆蛮"、"苗氏"、"三苗"、"有苗"等称呼,汉代之后,有"苗蛮"、"土蛮"、"盘瓠蛮"、"五溪蛮"、"武陵蛮"等称谓,《山海经》中对苗氏首领驩兜有描述,"人面鸟喙啄,有翼,仗翼而行"。孟子说:"南蛮鴃舌之人,非先王之道。"《述异记》中描绘苗族首领蚩尤,"耳鬓如剑,头有角,与轩辕斗,以角抵人,人不能向"。清代的《湘西方志》中有:"苗民黧黑,语言不通","苗蛮乡居野处之民,类皆鄙恶,蓝缕帕首束腰,状貌不可近人,故历代以化外例之"。从"蛮"、"苗"、"土"等话语的表述,在多元一体文化格局真正确立之前,边地的族群被视为文明圈外的野蛮人。

三是属民之异心。对此,有较为中肯的正面描述,先前《大戴礼》中,"南辟之民曰蛮,朴以信"。清代所修方志中对湘西的鄙夷态度很明显,"旧时之苗,不读书识字,蠢然如鹿豕","曰生苗,以其强悍不通声教","苗本豺狼,难责以人道","苗性犬羊,何知信义","苗性贪残,不知法纪,杀人夺货,视为泛常","自古苗民逆命,叛服无常","犬羊之性,固不可测"。明清时期,中央政府加强对边地湘西的控制,"军事对抗"与"种族隔离"成为治边的重要策略,"苗"成为反、叛、逆的代词,边地湘西成为中央集权政府妖魔化的对象。

中心想象边地族群的历史套话是"蛮族",随着清朝的改土归流,边地湘西完全纳入中华文化的行政版图,特别是新时期的解放战争,从阶级成分划定民、匪并对阶级的敌人实行围剿。新中国成立之后,经过人类学和民族学专家的民族识别工作,湘西成为一个土家族、苗族、瑶族、侗族、白族等少数民族居住的聚集地区。汉族和少数民族共同构成本地区的亲缘关系。这种中心对边地的社会集体想象同样影响边地湘西的自我想象。湘西人通过自己的表述守望中心世界,其最为有效的方法是寻找和挖掘本土中往返于边缘与中心的引渡人,这些个人是湘西族群确认自身的重要人物符号。

(二)湘西用音乐重塑自身的文化解读

少数民族有自己的代言人,少数民族有自己的表述方式。我们以大湘西中最靠西北的湘西土家族苗族自治州为例,湘西人通过自己的表述,用文化的民族改写以往荒野的蛮族形象。湘西人对其文化的魅力有一个说明:"(湘西)在沈从文的书里,在黄永玉的画里,在宋祖英的歌里"①。魅力湘西的主题曲是:"都说湘西很美丽,都说湘西很神秘,朋友啊你可知道,湘西在哪里?湘西在哪里,我来告诉你,她在古老的山寨里,她在那吊脚楼里,她在阿公的故事里,她在那妹娃的酒窝里,她在古老的山寨里。她在那吊脚楼里,她在阿公的故事里,她在那妹娃的酒窝里,魅力湘西,魅力湘西,美丽的湘西你在哪里?她在我的梦里……"②这首歌是张家界武陵源景区的大型室内舞台剧《魅力湘西》的主题曲,这首曲子一方面是针对中心文化圈的旅游者的舞台演绎;另一方面也是湘西人的自我表述,湘西人用这首歌重塑自我形象,这种歌具有"冰山型"叙事伦理结构,浮在表面的只是湘西自我表述的小部分,其背后有着湘西人的"湘西意识"。关于湘西在哪里的发问,是想为中心文化圈的来者提供一种指南,湘西的魅力与神秘是中心文化圈表述湘西的社会集体想象物,"美丽"是一种自然生态视野,"神秘"是因为湘西文化相比汉文化具有很大的差异性。

湘西在哪里的第一层面的回答是山寨、吊脚楼、阿公的故事和阿妹的酒窝,山寨和吊脚楼是湘西生产生活的空间,这里有两重空间,第一空间是自然空间的山寨,山寨是人化的自然地理空间,这种空间可以是世外桃源的一种理解,也可以是匪类题材中反动势力的最后靠山;第二空间是湘西地域有别于其他地域的建筑艺术空间,吊脚楼作为建筑艺术成为国家非物质文化遗产,这种遗产一方面作为乡民生活的现代遗存;另一方面作为边地湘西自我展示的空间,湘西地域的旅游景点以吊脚楼为装饰,具有实用与审美的双重功能,一是作为纯粹的剧场表演空间。阿公的故事和阿妹的酒窝采用一种文学想象,这种表述的深层含义是湘西有自己的叙事,湘西有自己的人性的真善美。歌词充满了浪漫主义的异域情调,是中心文化圈所希望看到和听到的旅游体验,但阿公的故事又是湘西少数民族的口头非物质文化遗产,阿公的故事也可以是以沈从文、黄永玉为代表的湘西人的文学表述,这种经典艺术的表演使得他们成为湘西的代言人。"种族"、"阶级"、"性别"是文化研究的三驾马车,在边地湘西的中心想象中,古典想象的湘西是蛮族,蛮族中的湘西人用"蛮"类套话表述。现代想象的湘西中湘西人有了特指,女性的浪漫与男性野蛮之间有着很强的美学张力,阿妹的酒窝是一种浪漫情调的图像化呈现。如果这种"阿妹"性别的表述在于展示异域风情,那么这种表

---

① 张湘河. 鼓声,回荡在幽深的山谷——湖南民族民间文艺博览会暨湘西文化生态保护艺术节述评 [EB/OL]. http://hunan.voc.com.cn/gb/content/2004-10/30/content_2515313.htm,2004-10-30/2014-10-28.

② 宋祖英. 魅力湘西主题曲 [EB/OL]. http://www.china-zhangjiajie.com/shange/mg/2012/0220/11310.html,2012-02-20/2014-10-28.

演就仅具有文化产业的价值，如果"阿妹"的叙事具有人性的展现，将湘西女性的"人"的品位凸显出来，这就是沈从文笔下的"翠翠"、"萧萧"、"三三"、"老七"等人性的书写，不单单是浪漫情调的"酒窝"展示，在其更深处是湘西人生活的戏剧与悲剧性呈现，湘西地区的少数民族在中华民族的历史融合中有了文化认同与自我确证感。

湘西在哪里的第二层面的回答是，湘西在沈从文的书里、黄永玉的画里和宋祖英的歌里。湘西人需要自己的代言人，这种表述有着媒介时代的发展程序，沈从文时代是印刷媒介发展的勃兴时代，后又有影视媒介发展，沈从文有了从边城走向世界的大众传播条件；黄永玉现象代表着图像文化的勃兴，图像成为人的生存方式，各大场馆都有黄永玉先生的题字，例如吉首大学的"黄永玉艺术博物馆"、《魅力湘西》大剧场的题字、《烟雨张家界》剧场"哈利路亚大厅"的题字、《烟雨凤凰》的题字，黄永玉作为一个艺术符号，也作为湘西文化的符号、湘西守望中心文化的符号而存在。宋祖英是大众传媒时代的艺术家，"1990年，在中央电视台春节联欢晚会上，宋祖英又以一曲《小背篓》征服亿万电视观众……2004年11月23日晚，历史悠久的维也纳金色大厅回荡起了宋祖英动人的歌声。这是中国民族歌唱家第一次在这里举办个人音乐会，也是素有世界'音乐之都'美称的维也纳金色大厅第一次迎接中国民族声乐的歌唱家"[①]。非物质文化遗产作为民族文化的母型被挖掘、保护、传承下来，湘西地区成为非物质文化的宝库，数十项非物质文化遗产入选国家级非物质文化遗产名录，有荣获"全国工艺美术大师"称号的土家人叶玉翠。1979年11月，叶玉翠出席全国工艺美术、创作设计人员代表大会，受到国家领导人接见，标志着土家族的工艺从边地走向中心，边地艺术的差异性特点受到学院派艺术家和设计师的关注。其标志着湘西从精神上的荒野走向多元一体格局的平台。另外，湘西第一代苗鼓王龙英棠，著名的民间歌手、土家山歌王田茂忠等都是湘西地区文化人物的杰出代表。关于湘西在哪里的追问，从古典的史籍到现代的大众传媒，"蛮"的叙事是历史主流，随着边地湘西逐渐融入中华文化圈，"蛮"的叙事逐渐在改写和重塑，湘西的自我表述的目的是改变湘西的文化形象，这种文化形象的塑造落在知名人士的身上，这种名人的符号具有器物、制度、文化的多维价值。这种价值为湘西能够获得生存资源，这种生存资源会带动湘西人的身份认同。

（三）湘西用建筑重塑特色的文化解读

面对西方化的文化语境，"全球本土化"话语是非西方文化圈应对西方化的

---

① 湘西土家族苗族自治州. 宋祖英[EB/OL]. http://www.xxz.gov.cn/zjxx/xxmr/201109/t20110906_12604.html, 2011-09-06/2014-10-30.

策略，所以中华文化圈内部的多元文化能为我们提供确认自身的文化资源。湘西地区蕴藏着丰富的多元文化资源。湘西形象的重塑从代言人形象的塑造向群体形象重塑、地域形象重塑转变。

"民间艺术是华夏艺术的母型"[1]，我们以土家族对少数民族特色形象的塑造为例，阐述边缘对中心文化的守望，由湘西捞车河村的民居建筑看土家族形象的自我塑造。湘西捞车河村寨位于湖南省龙山县苗儿滩镇境内，由梁家寨、惹巴拉、捞车三个自然村寨组成，北距龙山县城75千米，南距中国历史文化名镇里耶镇32千米，距离苗儿滩乡政府6.5千米，该村因捞车河闻名，东邻比寨村、西邻新民村、北靠算比村、南倚六合村，全村总面积为43800多亩，古村落占地面积为200亩，是典型的少数民族特色村寨，村内现有住户477户，人口1788人，少数民族人口比例高，其中土家族占95%，苗族3%，汉族2%，村民自称"毕兹卡"（意为讲土家话的人），该村保留了传统的农业生产生活方式，少数民族文化特征比较明显，特别是该村较为完整地保存了土家族的民居建筑，传统的民俗文化活动传承至今。

捞车河村民居建筑的特色由三部分组成，一是民居建筑的环境特色，三水绕三山，三河交汇形成Y字形，山水与盆地自然构成"八卦"形；二是土家冲天楼的营造法式，冲天楼融转角楼、吊脚楼、四水屋、窨子屋的建筑形制于一体，采用抬梁、穿斗、雕刻、镶砌等核心工艺，既实现了对传统建筑工艺的传承与创新，又提升了村寨景观的审美品格；三是摆手堂是村寨的公共空间，公共空间中的民俗文化活动增强了土家族人的民族认同感与民族自豪感。捞车河村民依据自然的地形与气候特征，选择冲天楼、吊脚楼、摆手堂作为村寨的主体建筑，建筑充分考虑面向生产生活需求，遵循效法自然的设计伦理，承载着土家族的生态观念与生存智慧。

1. 建筑所处地理环境的文化解读

地域特色与选址规划。捞车河村所在的湖南省龙山县位于武陵山腹地，该村与外界的交通主要靠从龙山县城到苗儿滩镇的公路，公路两旁地形以谷地居多，当公路延伸到捞车河村地域，相比他处，此地显得格外空旷，犹如陶渊明笔下的桃花源，"土地平旷，屋舍俨然，有良田美池桑竹之属。阡陌交通，鸡犬相闻"。从寨外的公路上远望，该村的地理特征一览无遗，三座山套三条河，三条河流在盆地的中间交汇，形成动态的"八卦"阵。从东边发源的靛房河向南与从北发源的洗车河流经捞车村后合二为一交汇而成捞车河，势若转轮，形成一个"Y"字形。整体景观由三重空间构成，第一层空间是群山环抱，村寨西邻笔架山、东南

---

[1] 易存国. 民间艺术：华夏艺术的母型[J]. 文艺研究，2003（6）：151.

靠董补山、东北靠比寨山，西南方向相对平缓。山上多林木，全村森林覆盖率达到67%，楠木、枫杨、柞木、金弹子等均为珍稀植物，植被保护良好；第二层空间是山脚下与河岸边被古树掩映的村寨和成片的农田；第三层空间是Y字形河流从村寨穿过，最终注入沅江的支流酉水。河边的柳树、楠木、黄松、山矾、枫杨、朴树、黄连木、柞木、金弹子等树种郁郁葱葱，对堤岸形成了自然的生态防护，河道的非渠化顺应河道自然的变化，为少数民族地区河流治理与生态保护提供了一种典范。河西的惹巴拉村以彭姓为主，河东的捞车村以向姓为主，梁家寨以梁姓居多，三个村寨呈三足鼎立之势，至今仍保留着聚族而居的乡土遗风。

因地制宜，顺应天时。"捞车"一词的含义体现了土家先民天人合一的思想，"捞车"是典型的土家语汇，其音译为"劳尺"，原义是"太阳"的意思。"车"为"泽"的变音。"泽"是"河"的意思，土家语中称东方为"捞尺住那碧"，"捞车河"的意思即土家人心中的太阳河。土家先民为何把村寨设在山环水抱的武陵山腹地，一是相比湘西的其他地方，捞车河流域的地势相对平坦，河流冲积而成的沙坝有利于居住与发展农业生产。土家族古歌《盘歌·盘地》记载"养女要送小溪坡（古村别名），小溪坡上板栗多。捞车是个鲤鱼形，有田有土有山林。要吃蛮蛮（饭）涨劲崩（做），桐子茶子爱死人"，山林的动植物资源是先民赖以生存的基础，河流冲积形成的坝子是农耕生产的物质条件，"只有从人与人，人与产品，人与环境的交互中挖掘本质需求，在一个更大的产品生态圈中解决人们生活中的问题，才能充分发挥公共服务的作用，取得最佳的社会效益"[①]。二是村寨邻近河流，满足了生活用水与农田灌溉的需要，建在河边的水车也是碾坊、油坊的主要动力来源，在传统社会，捞车河、洗车河、靛房河还是村寨沟通外界的重要路径，沿河两岸的商船将本地的织锦、烟草、桐油、蚕茧、药材等土特产运往保靖、沅陵、常德，进入长江的汉口，常德的酱油、保靖的皮蛋、进入长江的盐巴等生活必需品随船逆流而上进入捞车村。

2. 湘西村民通过三种建筑样式塑造村寨形象

捞车河村的民居建筑主要分布在河岸边与山脚下，传统建筑面积为35800平方米，该村现有民居建筑287栋，其中明代建筑为5栋，清朝建筑有58栋，民国建筑有34栋，建于明末清初的彭家大院、建于清朝的刘家大屋、建于民国的向家大院是土家族传统建筑的代表。其中，捞车河、冲天楼是土家族民居建筑的集大成者，这种建筑形制在龙山县苗儿滩镇传承了370多年。

第一是冲天楼与特色村寨形象的塑造。冲天楼以苗儿滩镇树比村的土家族冲

---

① 吴琼. 信息时代的社会理论[J]. 装饰, 2012（10）：35.

天楼为蓝本，由土家族艺人王仕辉设计，在众多当地木工艺人倾力配合下，经过历时两年的修建，于 2013 年 8 月竣工。按照经济学规律，冲天楼最能体现一个村落的经济形态与兴衰历史，捞车河流域流传着"你屋雄（土家族方语，意思是富有）你屋雄，你屋没起（修建）冲天楼"和"你屋雄你屋雄，你屋没起转角楼"的古谚语，揭示了冲天楼在土家古村寨人心中的位置，这种建筑从选址到工艺需要投入大量的人力、物力和时间。捞车河村的冲天楼坐北朝南，背靠绵延的群山，左右的群山呈环抱之势，楼前是大片农田，地势平坦，农田之外是 Y 字形的河流交汇处，这种地形地貌被捞车河人视为风水宝地，与当地的风水观念"前朱雀，后玄武，左青龙，右白虎"的布局不谋而合。基于这种风水观念建成的冲天楼一年四季沐浴在阳光中，让观楼的人与站在楼上欣赏风景的游人视野开阔，心情舒畅。其工艺流程与一般的民居建筑有差异，例如选材、刨料、画墨、凿眼、清枋、号字、排扇、起扇、砍梁、上梁、钉椽皮、上瓦、装屋等程序更为讲究，构件众多，工程浩大，竣工后还需举办大型的上梁仪式，这种富有特色的营造习俗流传至今。

相比周边的民居建筑，冲天楼具有三大特色，一是对高度与体量的追求，整体建筑占地 3300 平方米，楼体高达 22 米，分为上下五层，形成典型的空中楼阁。前屋俗称堂屋，后屋为厅堂，正屋后称为拖步，左右侧称为偏刹，正屋左右配有转角楼。其周边的民居大多的建制相对简单，正面的三间房一般为一层建筑，转角楼仅采用两层设计，整体的立柱结构以穿斗式为主，冲天楼在秉承传统建制的同时，又结合抬梁式的建筑形制，更利于建筑物向高空开拓。二是冲天楼全部采用原木材料，采用传统手工技法与匠人工具，沉重的斗拱构件不用一颗铁钉，完全靠榫卯结构交接咬合等核心技术建成。冲天楼在往上发展的同时又兼顾楼体的横向与向外延展，楼体的横向发展体现在正屋左右的转角楼，转角楼与正屋形成的围合空间富有庄重与敦实感，这与第四层、第五层楼阁造型的轻盈形成鲜明的对比，相互构成美的张力关系。楼体的向外发展主要体现在第二、第三楼层的吊脚，普通的民居仅在二楼建吊脚，冲天楼既有左右方向的吊脚，又有上下双层吊脚，楼道向外挑空既增加了楼体空间又能保持与当地土家民居群的和谐相融。三是冲天楼的外观审美效果的凸显。楼体的构架以穿斗式为主，从第一层到第五层，墙体与窗户都不参与承重，所以隔扇、栏杆做得轻盈通透，特别是门与窗中的木雕是冲天楼的重点装饰所在，镂空木雕的设计既增加了楼内的采光效果又便于室内外景观的互动，除了增添冲天楼的壮观气势外，吸气排浊、赏景纳凉也是它的主要功能，这是建筑与雕刻艺术的完美结合。这种开放性的建筑模式是对传统保守性板壁屋形制的突破，特别是屋顶的设计将朴素的硬山顶与造型感强的歇山顶完美结合，既继承了传统民居的屋顶样式，鳞次栉比的造型又让冲天楼具有雕塑艺术美。另外，为了保护楼体的木材质料，采用经过熬制的桐油粉刷立柱、墙体、窗花以及外露的柱枋、挑、檐、檩、梁、椽等构件，这种纯天然的环保材料既增加了木材的光洁度，也有很好的防虫、防腐、防潮等效果。受汉文化的影响，土家族也敬奉国家和祖先，在一楼堂屋后墙正中的位置上，要专门建造一个供奉天、地、君、亲、师和列祖列宗牌位的神龛，神龛左右挂匾，内容多为户主的身世、宗族的荣显及亲朋好友的祝愿等。条件稍好的民居外建有围墙，配有朝门，当地有"千斤朝门四两屋"的说法，朝门一般呈"内八字"形状，不正对堂屋，可以对着厢房或转角楼，寓意财不外露。

第二是吊脚楼与特色村寨形象的塑造。相比冲天楼的稀有，吊脚楼是捞车河古村最普遍的民居样式，这一建筑形制是南方史前"巢居"建筑的遗存，尤以转角楼为代表，当地的山歌有云"山歌好唱难起头，木匠难起转角楼"。吊脚楼大多分布在寨子的山脚下与河岸两旁，其基本构件是基座、穿斗式构架、悬山式屋顶等，少数民居的屋顶采用重檐。当地俗语有"天无三日晴，地无三寸平"，搭建吊脚楼的原因一方面是土家族村民考虑到本地的亚热带山地气候，常年降雨量大、湿气重、多云雾，基于气候与天气的原由，又因宅基地窄小，往往向外悬挑来扩大空间，依山就势，顺应自然，在山脚和河岸边建造接触地面少的房子，形成"天平地不平，借天不借地"的建筑理念。这种干栏式的木质建筑一般分两层，上层干燥、通风、防潮，适合人居住，下层空间用来堆放杂物或驯养牲畜。另一方面为了处理人畜粪便和生活垃圾的排放，多数民居内都建有沼气池，这种生态资源的利用不仅节约能源，杜绝了寨内生活污水直接向捞车河排放，沼气池中的有机化肥还能有效节约化肥和农药，更利于农业生产。坐落在捞车河两岸的吊脚楼以群山为背景，以沙滩作衬托，在河岸边参天大树的映衬下，显得愈加古朴淡雅，这种空中楼阁建筑成为古村落建筑的一大奇观，有力地促进了村寨的生态文明建设。

第三是摆手堂与特色村寨形象的塑造。摆手堂与民族认同感。摆手堂是土家族人祭祀祖先和举行大型民俗活动的场所，由神堂与露天坪场构成，摆手堂的内空间是供神居住的场所，神堂中供奉土家先祖彭公爵主、向老官人和田好汉塑像，神堂外坪场是土家族人用来跳摆手舞、茅古斯舞的舞场，所以土家人把这种跳集体舞蹈的地方称为"摆手堂"。这种集体舞蹈，不分男女老少，人人都会跳，跳舞时，以神堂为中心，舞队行进线路类似画同心圆，队伍的最前面是土家族的梯玛（巫师），这种舞蹈是古代巫舞中娱神的传统与现代娱人的完美结合，这种舞蹈充分体现土家族人的凝聚力，相比其他土家族摆手堂，捞车河的摆手堂旁边专门空出一块地用于建设非物质文化遗产传承基地，一是作为土家织锦技艺传承保护基地，二是村民自发组织学习织锦技艺，三是为研究者和旅游者举办民俗文化的展览。摆手堂位于村寨的中心位置，供奉的神堂有利于提升土家族的民族认同感，神堂边的传习代表传统文化的现代转换，是土家族人自发塑造民族特色的举动，有利于提升民族文化的自觉。"生活在一定文化历史圈子中的人对其文化有自知之明，并对其发展历程和未来有充分的认识。换言之，文化自觉是文化的自我觉醒，自我反省，自我创建"①。如果说以民居建筑为代表的物质文化体现了土家族顺应自然、效法自然的设计伦理，那么以摆手堂为代表的非物质文化空间，体现了土家族保护传统文化、村民塑造自我形象的文化自觉。

在旅游文化产业蓬勃发展的今天，摆手堂逐渐成为捞车河村的地标，2015年2月16日至20日，湖南卫视"新春走基层直播惹巴"之摆手狂欢活动就在这座摆手堂举行，直播活动将捞车河村的建筑工艺、织锦技艺、民歌风俗、摆手舞狂欢等活动通过大众传媒向全国直播，传统的祭祀宗教活动成为大众文化时代的审美活动，丰富了当地村民和电视观众的文化生活，提升了捞车古村的知名度、美誉度。

3. 民居建筑塑造特色村寨的价值

捞车河古村民居建筑设计的总体特征是在自然风景方面追求野趣的底色，在精神文化方面保留少数民族的文化特色。古村土家人的建筑工艺、审美范式、宗教信仰等民俗观念，通过顺应自然、效法自然的思想建构民居建筑文化的审美价值系统。第一，捞车河村民居建筑具备较为完整的工艺美术价值体系，建筑中的选材、画墨、凿眼、清枋、排扇、砍梁、上梁、上瓦等制作和细部装饰工艺非常精湛，为土家族的民居建筑保留了诸多设计语言和特色元素。其中风雨桥、摆手堂是村寨建筑的典型代表，这笔建筑文化遗产为国家保护土家族建筑艺术奉献了实物见证。第二，捞车河村的特色形象的建构是通过建筑艺术、木雕艺术、石雕艺术、书法艺术、园林艺术、彩绘等多个门类艺术共同塑造，具有完整的艺术价值体系，例如，风雨桥细节装饰包括墙、梁、柱、天花板、屋脊、门窗上的浮雕、镂空雕、彩绘艺术，装饰的内容包括传统典故、生产生活情节、梅兰竹菊、琴棋书画等题材，表达村民对幸福生活的向往。第三，作为少数民族特色村寨，捞车河村具备连续的古村落历史价值体系，民居建筑是土家文化的载体、容器，从该地的民居与建筑可以看到该地各个历史阶段文化艺术水平以及政治、经济、文化的发展状况。如今，这些居住在古村民居建筑中的人们依然保留着传统的生产生活方式，土家族的语言、节庆礼仪、衣食住行等非物质文化遗产完整体现了土家人的价值追求和道德体系信仰观念。作为国家级少数民族特色村寨，捞车河

---

① 费孝通. 费孝通论文化与文化自觉 [M]. 北京：群言出版社，2007：232.

村具有不可替代的文献价值、美学价值和文化意义。

三、圣地颠覆匪帮

辛亥革命圣地。辛亥革命涌现了一批先行者,"宋教仁,汉族,湖南常德市桃源人。伟大的民主革命先行者、中华民国的主要缔造者,民国初期第一位倡导内阁制的政治家。中华民国临时政府唐绍仪内阁的农林部总长、国民党的主要筹建人。1913年被暗杀于上海,终年三十一岁"①。辛亥革命中的湘西人不是单个人,而是一个群体,"蒋翊武,汉族,湖南澧州(今澧县)人。辛亥革命前夕曾任武汉文学社社长,主办《大江报》等报刊。1913年,蒋翊武在广西进行反对袁世凯的活动时,被亲袁的广西军阀逮捕并杀害。是中国近代杰出的民主革命活动家、辛亥革命武昌起义的主要组织者和领导者,被孙中山誉为中华民国'开国元勋'"②。林修梅、刘复基等都是辛亥革命的烈士代表,对这些烈士的表述不仅是历史性表述,也是形象重塑的重要载体。

红色革命圣地。红色革命中涌现了以贺龙元帅为代表的中国共产党人,从"贺龙的主要活动",我们可以寻找到贺龙在湖南湘西的红色记忆,1914年贺龙参加孙中山领导的中华革命党,从事反帝反封建的武装斗争;1915年12月组织"桑植讨袁护国军";1926年率部参加北伐战争;1928年春,贺龙发动桑植起义,建立了湘鄂边革命根据地;1935年2月至8月,贺龙与任弼时指挥红二、六军团粉碎了10万国民党军队的"围剿",开辟了湘鄂川黔边革命根据地。

大湘西地区常德市属的各区都列有专门的篇章纪念烈士,表述的方式是常德的革命人为中华民族的重大牺牲和贡献。根据《常德民政志》、《澧县英列》、《常德人物谱》、《常德地区党史概况》、《三湘英烈传》、《湖南省常德市革命烈士英名录》、《湖南省常德县革命烈士英名录》等主要的历史资料记载,常德的武陵区自1840年至2007年就有革命烈士156人;常德的鼎城区自1840年至2007年有革命烈士327人;常德桃源县自1840年至2007年有革命烈士574人。烈士、战争、和平、牺牲、革命、常德等话语共同建构了革命圣地形象。各种红色革命的表述确认了红色常德的身份认同,这种身份将自身纳入中国革命的大浪潮之中,进入时代的主流。常德市革命烈士事迹(石门县篇)、常德市革命烈士事迹(临澧县篇)、常德市革命烈士事迹(澧县篇)、常德市革命烈士事迹(汉寿县篇)、常德市革命烈士事迹(安乡县篇)、常德市革命烈士事迹(津市市篇)都有从本土的

---

① 常德市人民政府. 宋教仁 [EB/OL]. http://www.changde.gov.cn/art/2014/9/30/art_79432_1541953.html, 2014-09-30/2014-10-29.

② 常德市人民政府. 蒋翊武 [EB/OL]. http://www.changde.gov.cn/art/2014/9/30/art_79432_1541951.html, 2014-09-30/2014-10-29.

革命人与国家的革命事业之间的关系去进行历史表述。

社会主义建设的新时期,在湘西涌现了一批为少数民族事业发展做出贡献的杰出人物。

"培民书记"。1983年6月至1992年10月,郑培民先后担任湘潭市委副书记、书记,湘西自治州委书记。在市、州工作的近10年里,他兢兢业业,夙兴夜寐,访贫问苦,体察民情,以出色的领导艺术和才能,带领广大干部群众大力推进改革,发展经济,促进了湘潭市和湘西自治州的两个文明建设。电影《郑培民》讲述刚刚出任湘西自治州州委书记的郑培民,在全州最贫困的乡村火龙坪村村民期盼的目光中郑重许下承诺,一定要帮助火龙坪村修建一条连通山外世界的公路,让山里的世界和山外的世界息息相通。从此郑培民的生命就和这条山路、这块土地联系在了一起。这条路百姓称之为"培民公路"。

扶贫司令。彭楚政,男,土家族,1943年10月18日出生在古丈县断龙山乡杨家河村。作为一名土生土长的湘西人,从一名优秀的"五好战士"到湖南省军区副司令员;从一位"全国民族团结进步模范"到全国人大代表,荣誉的背后是他为贫困山区打水井、修水渠、建蓄水池、盖新房、建学校、植树造林,成就"扶贫司令"的形象。彭楚政成为湘西人甘当人民公仆的代表。

模范公务员。龙清秀,湖南省古丈县默戎镇桐木村人,苗族。生前是湖南省发展计划委员会以工代赈办公室主任、湖南省西部开发办公室副主任。2001年2月因积劳成疾,不幸病逝。2001年6月,国家人社部、国家发展计划委员会追授龙清秀同志"模范公务员"的荣誉称号,使之成为全省第一个获此殊荣的优秀民族干部。湘西的党员干部重塑了湘西人的自我形象。

湘西形象是中心对边地的社会集体想象,形象的重塑是对古典湘西形象的改写与重写,形象的重塑是湘西人的自画像,这种自画像在镜像湘西的参照下进行塑造。从地缘的角度,湘西形象的"边"与形象的重塑中的"边地守望中心"之间构成第一层张力关系;从亲缘的角度,湘西形象的"蛮"族与形象的重塑中的"民族"共同体之间构成第二层张力关系;从文化的角度,湘西形象的"匪"与形象重塑中的"圣地"之间构成第三层张力关系。

第二节 形象湘西的实践

湘西自画像是湘西人的自我想象,自我想象的参照对象是中心对边地的社会集体想象物,边地与中心、蛮族与民族、匪帮与圣地之间构成湘西形象与形象重塑之间的张力关系。湘西形象会影响中心文化圈对湘西的情感态度和现实行动，形象的重塑同样会影响湘西守望中心文化身份的态度和方式。这种态度和方式决定了湘西人塑造文化形象的实践活动。

一、官方门户：形象名片

形象名片代表了文化主体（一个城市、一个地方）的整体文化形象、主体文化形象、特色文化形象、标志文化形象。我们以大湘西地域常德地区作为案例分析。

常德市人民政府门户网站的背景就是图文并茂的"常德桃花源"，这是桃花源形象的基调。今天的常德已成为中国中等城市建设的典范。先后荣获全国文明城市、中国优秀旅游城市、国家卫生城市、国家园林城市、中国首届魅力城市、国际花园城市、全国交通管理模范城市、国家环境保护模范城市、中华诗词之市的称号。

桃花源与圣地的自我形象的塑造浓缩成一种城市"名片"，这种名片确认了城市自我的身份。第一张名片是"全国文明城市"。现代社会，文明成为评判个人、团体、城市甚至国家的价值尺度。特别是地处中西部地区的中小城市更需要重塑自身的形象，这种形象需要政治、经济、文化、社会的发展指标。2011年，常德荣获全国文明城市，这是边地城市守望文化中心的最好回报，这种回报就是常德对自身身份的确证感。荣誉符号成为地域形象重塑自身的话语原点。

第二张名片是"桃花源里的城市"。桃花源出自陶渊明的《桃花源记》，之后桃花源为许多文人墨客复述与转述，从李白、刘禹锡、柳宗元到宋代的苏轼、王安石，再到清代袁宏道、袁中道兄弟都对桃花源有过表述。桃花源对现实社会秩序具有乌托邦意义、具有普适性价值。常德将汉文学史所传颂的"世外桃源"落实在现代城市中，想象物成为实际的存在物，这种存在是一种从无到有的设计过程。

水文化成为常德人重塑自身形象的重要载体。常德的水文化具有一体三维性。一是湖水文化，湖水为常德提供了丰足的物质文化，在这一经济基础之上才会有独具智慧的精神文化；二是江水文化，江为常德提供对外贯通的水路交通，互通有无，形成文化开放之城；三是山水，即山水之间相映成趣，形成一个优雅有情趣的地方。山水形象的塑造与当地杰出人物的印证，塑造了一个地灵人杰的常德形象。澧水与沅水不仅是自然景观意义上的河流，这条路径还承载着文化的传承，从屈原笔下的常德到袁宏道笔下的常德，还有沈从文、黄永玉眼中的常德，常德俨如一个现实版的世外桃源。

第三张名片是"全国卫生城市"。现代城市的发展伴随着城市病的产生，大气污染、水污染、食品污染、垃圾排放等对人的宜居提出挑战。作为现代城市的文明程度体现，卫生条件是城市素质、城市文化品位及政府管理水平的集中体现。作为现实版的桃花源，卫生是城市发展和市民生活的需要。"卫生"是现代文明城市的重要指标，所以从卫生的角度塑造现代常德的形象表现了地方对现代城市发展的渴望。

第四张名片是"全国优秀旅游城市"。现代旅游伴随现代社会发展而发展，旅游地为旅游者提供另一种生存体验。这种生存体验可以让体验者生活在别一个国度里，这种体验是对城市异化生活的调节，自然风光与人文历史条件优越的常德可以满足旅游者"吃、住、行、游、购、娱"的消费需要，这种旅游消费是现代健康生活的标志。

第五张名片是"国家园林城市"。常德依托得天独厚的自然条件，以悠久的历史文化与洞庭水乡文化为特色，对城市进行系统规划设计，将自然环境、人文历史生态城市融为一体，形成"国家园林城市"的形象。在物质文明、政治文明、精神文明建设的基础之上，构建生态文明是以人与自然、人与人、人与社会和谐共生、良性循环、全面发展、持续繁荣为基本宗旨的社会形态。常德地处武陵山向洞庭湖平原的过渡地带，融合山林、田园、水域景观为一体，在生态文明话语的指导下，园林城市的形象应运而生。

第六张名片是"中华诗词之市"。常德是一座历史文化名城，从古至今文人骚客纷至沓来，每一位寓湘文化名人都有自己眼中的常德形象，源远流长的中华诗词卷中就有常德形象的脉络，所以常德人兴建了"名邦首创"、"中华一绝"的"中国常德诗墙"，成为名副其实的"中华诗词之市"。现代城市向多个方向发展，一是全球化背景之下的现代方向，第一、二、三产业成为衡量现代城市的重要指标；二是本土化语境之下的历史文化方向，所以文人与艺术家眼中的常德形象成为挖掘整理的着力点。从该市市长接受"诗词之市"的牌匾到1万多名诗社成员的参与，"诗词常德"形象逐步树立起来。

常德人自我形象的塑造是六张形象名片的组合，这种组合是一种肯定当下社会秩序的构建，这种构建直指当下的社会主义文化、政治、经济建设[①]。所以说，现实的文化行为与文化的自我想象之间互为支撑。

---

① 常德市人民政府.我市召开智慧常德建设指挥部办公室工作调度会 [EB/OL]. http：//www.changde.gov.cn/art/2014/9/1/art_75795_1530200.html，2013-09-01/2014-10-30.

二、精英视窗：形象领袖

（一）古今文学家塑造的湘西形象

"形象领袖"一词的本意来源于传播效果研究中的"意见领袖"，是拉扎斯菲尔德在《人民的选择》中提出的概念，"我们每个人都生活在一定的人际传播网络中。人际传播的目的，不仅仅是为了社会交际，同时也是为了交流信息、交换意见和相互影响。在传播学中，活跃在人际传播网络中，经常为他人提供信息、观点或建议并对他人施加个人影响的人物，称为'意见领袖'"[①]。我们认为的形象领袖是在湘西人自我想象的过程中，能够对湘西人造成很大影响的角色，有名望的艺术家、政治家、革命家往往对湘西人的自我想象构成影响。我们所列举的案例从湘西想象的古典想象到形象重塑的自画像之间存在断裂与联系。例如，屈原是塑造沅澧形象的大诗人，在本土学者的眼中"屈原成为张家界人"并成为互联网上炒作的话题；古华的小说《芙蓉镇》拍成电影，拍摄地湘西州的永顺县王村镇因此改名为芙蓉镇；沈从文的小说《边城》前后两次被拍成电影，沈从文笔下的花垣县茶洞镇因此改名为边城镇等构成一种特殊的"改弦易辙"的文化现象。

精英的视野具有创生性。屈原的《离骚》、《九歌》、《九章》中对沅澧形象的建构是屈原上下求索之路的一种人生驿站，这一形象是屈原屈骚文化传统的一部分。古华的《芙蓉镇》是对"文革"中人性的善恶的历史反思，其本意是对"文革"反思的诸多问题采用现象学意义上的写法，虚构一种边地的生活空间叫芙蓉镇。沈从文《边城》中的"双城记"是现代性作家用审美现代性反思社会现代性的范型。精英审美文化与政治意识形态之间有着强大的张力，如果说意识形态是社会集体的主流意识，那么精英的视窗是对主流意识的反思甚至反抗，这就是精英意识的创生性。随着历史的发展，精英的创生形象发生了转变与断裂，在湘西人的自我想象中，这种创生性的形象在湘西人的形象学实践中成了现实，精英的视窗本来是为我们打开观察世界的一种方式，这种方式便于人们更清楚地认识世界和人本身，最后的结局是，湘西人的自我想象的问题是把他者的想象或者审美偏见当成了自身的正解。例如，张家界本土学者金克剑先生根据屈原作品中涉及的山水文化、巫傩文化，将作品中的审美对象与现实地理空间一一比对，最后总结为十大佐证，提出"屈原是张家界人"的结论[②]。从研究方法的角度去看，这是一种历史学的研究方法，采用考据、历史比较法、统计方法、计量方法，站在

[①] 郭庆光. 传播学教程 [M]. 北京：人民大学出版社，2011：189.
[②] 张家界政府公众信息网.金克剑谈"屈原与天门" [EB/OL]. http://www.zjj.gov.cn/website/main/498/499/201007087026.shtml，2008-07-30/2015-03-01.

历史的角度对历史事件给予较客观、公正的评价，在此基础上，我们采用形象学的研究方法去追问历史文化学者为什么就"屈原"与"张家界"下一个肯定性判断。这与文化的自我认同与文化身份的确认不无关系。关系的背后是"屈原"成为一种话语与文化资源被利用，将追问"屈原是不是某一地方的人"转而研究为什么对屈原形象的塑造如火如荼，这与全球本土时代到来之际，文化身份的自我确认有紧密的联系。

（二）屈原、沈从文、古华成为湘西重塑自身的资源

屈原构建的沅澧形象是楚巫文化的一部分，屈骚文化的最大功绩是长江中上游文化系列的遗存，长江中游的新时期文化以江汉平原为中心，南边是洞庭湖平原，西边到三峡，其文化序列大体是大溪文化（前4400~前3300年）、屈家岭文化（前3000~前2000年）、青龙泉文化（前2400年）。这一文化的遗存与黄河中游的文化序列构成参照系，黄河中游的新石器文化的序列是前仰韶文化（前6000~前5400年）、仰韶文化（前5000~前3000年）、河南龙山文化（前2900~前2000年），最后的结局是公元前223年，王翦、蒙武兵临孤城寿春，破楚都，俘王负刍，亡楚国，再降越。屈原投汨罗江象征着他向上求索的绝望，从王权的控制角度，黄河流域的政权征服了长江流域的政权。

古华的小说《芙蓉镇》是将作者对"文革"的反思放在一个边城小镇空间去思考，影片导演选择的拍摄地是湘西土家族苗族自治州的永顺县王村镇。《芙蓉镇》是作家古华的文学作品，是作者对"文革"的反思和批判的集中体现。它具有类似桃花源的乌托邦意义，20世纪80年代，谢晋将其改编为电影《芙蓉镇》，导演将拍摄地放在王村，其代表乌托邦的现实着陆，而人们对乌托邦的追求是无止境的，王村势必在大众传媒时代成为看的焦点，而将无闻的王村改名为芙蓉镇也就在情理之中。例如影像当中的"芙蓉仙子"胡玉音卖米豆腐成为芙蓉镇旅游观光的看点，这是形象"翻转"的典型个案，作品《芙蓉镇》中的人物、事件、环境、细节在文学和影视中有自身的独立空间，人、事、物都有自身的自足性。现实生活场景的王村也有自己的生活逻辑，但当虚拟空间中的"胡玉音卖米豆腐"引渡到现实空间时，空间的翻转实现了表演学意义中的"第四堵墙"，现实与虚拟空间需要重新审视。边城小镇的空间是电影空间的创作来源，边城小镇因电影而知名，现在的芙蓉镇上有真实的"刘晓庆米豆腐店"，这是电影与城市之间互塑的结果，是城市与电影互动的典型个案。

沈从文先生的中篇小说《边城》曾两度被拍成电影，1953年严俊执导的《翠翠》在香港拍摄完成，富有诗情画意的异域情调，1987年凌子风执导的《边城》是忠实于原著的诗电影。花垣县的茶洞镇与重庆秀山的洪安镇争夺边城镇的头衔，与边城县有同样意义的空间还有理想国、乌托邦、香格里拉、桃花源等想象空间，这些想象对现实社会秩序具有指涉意义，但没有现实的空间与之对应，因为它们需要与现实空间保持相当的心理距离，才能符合乌托邦价值导向。但现实的情况是，与其虚无缥缈去守望还不如去塑造一个国度，这一国度会引发人们对之的追求。在旅游发展的今天，人源成为财源，具有超现实意义的边城成为人们争夺的资本和品牌。文学家所建构的边城形象是为读者提供观照世界的一扇窗，这种视窗是一种无目的的审美形象，在旅游文化产业的驱动下，将理想中的乌托邦还原为一种现实的边地是一种产业经济发展的冲动，艺术逻辑与产业逻辑是两种把握世界的不同方式，艺术是用审美现代性对抗社会现代性，产业逻辑是用社会现代性收编审美现代性。

三、大众指南：形象路径

大众指南讨论的是大众传播时代形象重塑的自我塑造与对外传播。这里的大众传播是指"专业化的媒介组织运用先进的传播技术和产业化手段，以社会上一般大众为对象而进行的大规模的信息生产和传播活动"①，是湘西人的自我形象与对外形象的塑造。湘西的自我想象如何实现自我的确证，这种自我确证得到"外来者"的确认，这就形成自我与对象之间的互证。在大众传播时代，我们可以从讨论大众传播媒介入手，我们可以选择大众报刊、电报、影视、广播、互联网等大众传播的媒介作为研究的对象，研究大众传播机制如何成为大众理解湘西的路径。我们以大湘西地区最靠西的地区湘西土家族苗族自治州人民政府的门户网站进行内容分析，谈论湘西人如何借助互联网打通边地与世界的路径。

湘西土家族苗族自治州人民政府的门户网站分八大栏目，对外的形象指南主要集中在八个栏目（州政府、走进湘西、信息公开、网上办事、公用服务、政民互动、湘西经济、湘西旅游）中的两个子栏目"走进湘西"、"湘西旅游"。

第一条路径，"走进湘西"栏目采用一种东道主迎接客人的口吻展开进入湘西的指南。走进湘西的第一个子栏目是湘西概况，即湘西人的"自我介绍"，分别是行政区划、社会事业、地域环境、历史沿革、经济发展、湘西交通、自然资源，这一系列物质文明、精神文明、政治文明、生态文明建设的成就。物质文明中的特色，"典型的'老、少、边、山、库、穷'地区，是国家西部大开发、武陵山片区区域发展与扶贫攻坚先行先试地区，是湖南省唯一的少数民族自治州、省湘西地区开发重点地区和扶贫攻坚主战场"②。这一扶贫攻坚的战场在社会主义

---

① 郭庆光. 传播学教程 [M]. 北京：人民大学出版社，2011：99.
② 湘西土家族苗族自治州人民政府. 行政区划 [EB/OL]. http：//www.xxz.gov.cn/zjxx1/xxgk/xxqh/201409/t20140901_133825.html，2014-10-27/2014-10-31.

事业的发展征途中取得长足进步,根据《湘西州2012年国民经济和社会发展统计公报》,一是基础设施显著改善;二是特色产业加快形成;三是生态环境不断优化;四是民生事业长足发展;五是民主法制建设得到加强。该公报特别指出,"贯彻实施民族政策法规作出了统筹规划,制定了五年(2013~2017年)立法规划,出台了《关于进一步加强民族工作的意见》,有力推进了民族区域自治法及其配套法规的贯彻实施"①。经济发展的成就,包括:基础设施继续改善;产业结构加快调整;城乡面貌有新变化;民生改善力度加大;改革开放不断深化。②州情介绍中的行政区划、社会事业、地域环境、历史沿革、经济发展、湘西交通、自然资源等栏目自我塑造了"四个湘西"的形象,"绿色、文化、开放、和谐'四个湘西'是湘西州委、州政府全面贯彻落实中共十七届六中全会'文化大发展大繁荣'精神和中共十八大'大力推进生态文明建设'目标,结合湘西州实际提出的'美丽湘西'建设愿景和发展方向,也是湘西州实现两个率先、推动五大建设和实施文化强州战略的基础。用文化旅游再造'四个湘西',既要政府'牵引',更要民众'跟帖'。绿色是文化的屏障,文化是开放的平台,开放是和谐的音符,四者唇齿相依、环环相扣"③。文化产业发展是"走进湘西"和"湘西旅游"栏目的落脚点,"文化旅游产业发展迅速。坚持把文化旅游产业作为战略性支柱产业来抓,突出景区景点建设、基础设施配套、环境整治和品牌营销,凤凰旅游龙头和芙蓉镇、乾州古城、里耶古城旅游四大板块基本形成,'神秘湘西'旅游品牌不断提升。2013年,全州接待国内外游客2323万人次,旅游总收入145亿元,分别是2005年的4.1倍、7.2倍,年均增长19.3%、27.9%"④。古典湘西形象更多是作为社会的集体想象物而存在,该地地处武陵山与雪峰山腹地,自然环境很复杂,行政管理体系难以企及,身处该地的"蛮族"与"文明人"少有交流往来,所以湘西可能成为中心文化圈确认自己或者否定自身的对象。在现代社会,湘西的经济、政治、文化属于多元一体格局中的一员,外来者能够轻松进入湘西,湘西的地缘文化、亲缘文化、神缘文化或能成为外来者观照自身的一面镜子,因为人只有经过"他者"才能确认自身的存在。

---

① 湘西土家族苗族自治州人民政府.湘西州2012年国民经济和社会发展统计公报[EB/OL]. http://www.xxz.gov.cn/zjxx1/xxgk/shss/201409/t20140901_133838.html,2014-10-27/2014-10-31.

② 湘西土家族苗族自治州人民政府.经济发展[EB/OL]. http://www.xxz.gov.cn/zjxx1/xxgk/shss/2014/09/t20140901_133838.html,2013-06-06/2014-10-31.

③ 向松.用"四个湘西"托起"美丽湘西"新梦想[EB/OL]. http://www.chinadaily.com.cn/dfpd/2013/10/12/content_17028032.htm,2013-10-12/2014-10-31.

④ 湘西土家族苗族自治州人民政府.湘西州2012年国民经济和社会发展统计公报[EB/OL]. http://www.xxz.gov.cn/zjxx1/xxgk/shss/201409/t20140901_133838.html,2014-10-27/2014-10-31.

第二条路径是视听影像路径。"走进湘西"栏目中的"视觉湘西"融合视听觉于一体，通过文字、图片、声音、影像、动画等符号形式，给受众强力的目击感、现场感，给受众提供一种"麻醉作用"（拉扎斯菲尔德语）的审美效应。"麻醉作用"理论认为，"过度沉溺于媒介提供的表层信息和通俗娱乐中，就会不知不觉失去社会行动力，而满足于'被动的知识积累'"①。"图片湘西"中自然风光有赏心悦目的数码照片，主要的自然专题摄影有"酉水河风光"、"十八湾风光"、"德夯风光"、"边城翠翠岛"、"泸溪沅水风光"等，民族专题有"苗族服饰"、"打糍粑"、"芙蓉镇景点"等。图片的展示之外还有视频湘西子栏目，通过超文本的链接方式，可以选择山水实景剧的主题曲《烟雨凤凰》，"天上宫阙，人间凤凰，千年烟雨，今世汉唐"的题记，歌词中"秦时明月映沱江，烟雨落凤凰"将凤凰的边城风貌，山、水、人物通过MV展现出来，塑造了一种"荧屏乌托邦"，这种拟态环境将沈从文笔下的边城想象还原为现实。《太阳鼓》中的苗族人与鼓之间的故事，鼓是湘西人表述自己的一种方式，这种乐舞塑造湘西乐生情怀，"天地人和"召唤着客人的到来。宋祖英演唱的《古丈茶歌》中有"小城古镇迎远客，乡情溶进古丈茶"。任求林作曲，乐之乐演唱的《翠翠》将小说的边城中文学中的翠翠形象视听影像化，"回来吧，回到故乡的怀抱；回来吧，回到翠翠的渡船"。《走进里耶》中"看不完的民族画卷"中的秦简诠释秦代历史。视频湘西栏目还有CCTV 9《行走餐桌》中的"湘西味道"，片中外国籍记者翠花所体验的就是罗荣光将军喜欢吃的"乾州板鸭"等美食。《高高吊脚楼》是谢晋导演寻找的《芙蓉镇》的拍摄空间，这一拍摄空间陆续成为《血色湘西》、《借问英雄何处》、《菊花醉》等影视剧的拍摄场地，湘西芙蓉镇成为影视拍摄基地。共计40个视频用歌舞的形式表现湘西的地理视野的自然风光，民族视野的民俗文化，文化视野的神秘、魅力湘西都是影像中所集中表现的地方。图像已经成为人们的生存方式，德国哲学家海德格尔提出的"世界的图像时代"，提出将对象图像化是人类把握世界的一种方式，所以，湘西的山水、人物、事件借助图像完成对外传播，观者也是通过图像的方式去认识和理解，通过图像去认识湘西已经没有真实与虚幻之分，只有蓝本与摹本的区别。在认识湘西的过程中，"它"展示出来的就是我们需要的，这种图像的生存方式容易让人堕入主体对客体的控制之中。

第三条路径是"湘西名人"提供的认识途径，沈从文与他的"湘西世界"是一个世外桃源，将陶渊明笔下的桃花源从常德左移到湘西地域。宋祖英、何纪光的歌声提供了浪漫湘西的情调，黄永玉将湘西形象定格在画卷之中，党和人民的好干部龙清秀、彭楚政、郑培民是人民的公仆，湘西人为党和国家的事业兢兢业

---

① 郭庆光.传播学教程［M］.北京：人民大学出版社，2011：103.

业。罗荣光、郑国鸿为抗击外侮而血染沙场；叶玉翠、龙英棠、田茂忠是国家非物质文化遗产的传人。湘西国家民族英雄、党的好干部、人民的艺术家守望中心世界，湘西是文化共同体的一部分，湘西人是中华民族的重要一员，名人的价值是人民所敬仰的对象，名人的路径是从边缘走向中心，"走进湘西"栏目的设置是希望湘西之外的客人从中心来到边地。

　　第四条路径是旅游指南。用 flash 动画制作组图，这种交互式动画设计工具，将音乐、声效、动画以及富有新意的界面融合在一起，各大景点的照片富有动态效果。茶洞：沈从文笔下的边城；猛洞河：天下第一漂；矮寨：世界第一公路；凤凰古城：中国最美的小城；乾州古城：武陵山片区最大的非物质文化遗产园；小溪：天然绿色基因库；红石林：5亿年前的海底世界；德夯：栖居在峡谷中的苗家山寨。在每个网页图片的链接中，有这些景点的简介、游记、特产、预订。这就实现了互联网相较于影视等媒体在大众传播领域的优势，如实时性、多媒体性、便利性、交互性、全球性等。作为大众传播媒介的互联网和移动互联网为大众提供了交互式平台，如著名旅游城市张家界市的政府门户网站，除了对内传播以外，还采用繁体、法语、英语、韩文等语言的网页版本。"张家界国际旅游网"采用英语、日语、韩语、俄语、德语、法语对外传播，将张家界市的旅游定位在世界知名旅游城市的行列。该网站有景点介绍、特产预订、酒店预订、旅行社预订、交通导游等，采用图文并茂的形式，专设驴友问答和投诉建议，这种交互式平台中的路径向大众开放。友情链接中的各个专业服务网站为大众提供便捷的旅游指南，张家界的网站与友情链接的网站共同构建了一个旅游互联网空间，张家界市将未来旅游发展定位在世界知名旅游城市的行列。世界知名旅游城市的构建需要湘西从路径的角度对外开放，从地理交通的角度看，高速公路、高速铁路、航空、航运是边地进入中心的路径，也是边地走向世界的路径，从信息交通看，互联网与移动互联网为边地进入中心的视界提供了契机；从文化的角度看，湘西需要为中心文化圈甚至世界奉献自己在城市建设以及乡土重建过程中获得的智慧。这些智慧能够为自己和他人提供必要的现代性经验。

第三节　湘西经验

　　湘西经验有三个层面，一是对湘西形象与形象湘西的原型、类型、形象的反思和批判。二是对"我"与"他"建构形象的主体形象思维模式的批判，这种批判直接将思考的主体形象模式导向主体间性形象模式，主体需要走出自我。三是我们所提到的主体是处于网络结构中的主体，不是等级式的上下关系，不是包含与被包含的关系，主体走出自身走向网络模式中的交互主体性，"路径"的开放是我们关心的问题与领域。本节的第一层面是"我"的形象要进入"我们"的形象；第二层面是文化路径的开放，为文化的转型提供新的动力和创新的机会；第三层面是以"天门山"形象的塑造为例，讨论"民族的"成为"世界的"是否可能和如何可能。

一、主体：从"我"到"我们"

从"我"到"我们"是一种思考湘西形象和形象重塑的理念，"在试图描述一个小共同体的世界观时，局外人应把自己关于整体系统化的意见悬置起来，直至听到本地人的声音。局外人应耐心等待。他要听听一个或很多当地人是否有自己对整体秩序的看法。这是他们的秩序，他们的分类，他们对于这个部分的强调，而不是学者期待着听到的那一部分"①。走出自我实现"面对面"的倾听与俯察，"悬置"是走出主体性思维的主控性，获得对整体秩序的看法，对湘西形象的认识要达到"多元"和"全面"。

（一）中心的"我"与边缘的"我"

第一个"我"是指处于中心位置的我，这个"我"通过史籍、文学、影像、演艺文本，将湘西形象塑造为"边"、"蛮"、"巫"、"匪"，这种中心与边缘的文化阶层化模式是由于中华文化圈差序格局造成的，文化形象产生的背后是作为主体的社会集体想象，边地的文化处于被漠视的地位，人文关怀的超越性受到阻塞。如果这个"我"不检讨和反思容易形成文化中心主义，这对文化的流动性和创造力的发展极为不利。第二个"我"是指湘西人自我想象中的"自我"，湘西人的"自画像"容易成为"镜像湘西"的复制品、中心想象边缘的化身。我们继续追问湘西形象应如何？如果我们设定一个目标，我们认为湘西形象应该具有面对时代重大问题的参考系价值，例如在经济发展中，湘西能够为国家连片贫困的扶贫攻坚计划的实施提供策略与例证；在政治发展中，湘西的少数民族自治经验能够为中华民族"多元一体文化格局"的形成提供支撑；在文化发展中，湘西的自然遗产、非物质文化遗产、文化遗产的保护与可持续发展战略能够为我国文化资源的保护与发展提供一种可参照的"湘西模式"。

（二）中心的"我"走向边地

从古典到现代，中心逐渐走出自身而走向边缘，《史记》中记载尧五月到南方

---

① The little Community, Viewpoints of the study of a human whole, University of Chicago Press, 1955, p.88. 转引自 [英] 齐格蒙特·鲍曼. 作为实践的文化 [M]. 郑莉译. 北京：北京大学出版社，2009：72.

视察，舜南巡狩，崩于苍梧，苍梧是指湖南省南部、广西东北部和广东省西北部。善卷是中心文化圈的人，来到沅水流域的常德。这是尧舜禹时代"圣人"走出自我的区域和走进边地的开端。中心走出自我文化圈的集大成者是禹，治水实际上是开通路径，用开放的方式实现中心与边缘之间的打通，治水的路径依次是冀州、兖州、青州、徐州、扬州、荆州、豫州、梁州、雍州，禹最后死于巡游的途中。秦始皇统一六国，巡游全国，封禅泰山，"使刑徒三千人皆伐湘山树，赭其山。上自南郡由武关归"[①]。王权体制之下中心的帝王走出自我、走向边地时采用的是一种"君临"（萨义德语）的态度，从中心文化圈放逐的"罪人"身上，我们可以看出中心对边地的俯视和鄙夷。流放边地与罪臣联系起来，中心统治集团放逐共工、骦兜、鲧、三苗分别去了北狄、南蛮、西戎、东夷，这是一种以夷制夷的方略，代表中心文化圈的人走出自我同时也区隔了"我"与他者，罪臣处于"我"与"他"的区隔之中，从地缘的视野来看，中心是以不一样的方式走出自我，君主的君临、罪臣的放逐都是走出自我的一种方式。接着是屈原被放逐沅澧流域，贾谊流放长沙，我们逐渐可以看出中心走出自我的路线，从北向南，从黄河流域向长江流域的地理路径，尧、舜、禹、秦始皇、西汉孝武帝等巡游君代表，"出走"路径从东到西，屈原是在洞庭湖流域，属于长江干流文化圈，对洞庭湖以西的沅澧也仅仅是涉足，屈原、贾谊的流放之地是在洞庭湖流域，是黄河流域文化圈走出自我后，开拓的第二中心文化圈，就是江汉流域文化圈，所以从大禹治水的路径开拓，到秦始皇的郡县制统一第三阶梯，再到屈原的放逐，中心实现了自我的外向型扩展。

从屈原、贾谊到陶渊明，中心走出自我的路径再次由洞庭湖流域的长江干流西移到长江的支流沅江流域，陶渊明乌托邦化的桃花源成为常德市的桃源县，在上一章我们已经讨论过唐朝的李白、宋朝的苏轼、元朝的元好问、明朝的朱熹、清朝的袁宏道继续在现实与想象之中寻找桃花源。刘禹锡成为朗州司马，在桃花源叙事中占有重要的地位，同时，我们发现，在《桃花源志略》中有很多本土的诗人参与桃花源的叙事，从"湖南省古代著名的文学家、书法家分布"中可知，隋唐的李群玉就是湘西地区常德人的代表。从屈原、贾谊的路径到陶渊明的桃花源，中心文化已经从洞庭湖的右岸到达左岸的常德。

由洞庭的左岸进入雪峰山，地形的第三阶梯进入第二阶梯，这就是王昌龄被贬的龙标地区。从诗歌中发现历史，王昌龄已经到了龙标，"王昌龄，字少伯，京兆人。登开元十五年进士第，补秘书郎。二十二年，中宏词科，调汜水尉，迁

[①] 王利器. 史记注译（一）·史记卷六·秦始皇本纪第六[M]. 西安：三秦出版社，1988：127.

江宁丞。晚节不护细行，贬龙标尉卒"①。李白写有《闻王昌龄左迁龙标遥有此寄》；王昌龄写有《龙标野宴》，"沅溪夏晚足凉风，春酒相携就竹丛。莫道弦歌愁远谪，青山明月不曾空"②。龙标，湖南黔阳，一说在今湖南省黔阳县黔城镇，一说在怀化市洪江古商城。王昌龄是中心走出自我进入湘西的一种象征符号。从湖南省部分古代书院分布图③中我们发现常德、张家界、怀化、湘西州地区的书院分别有8座、7座、17座、8座，中心走出自我，边缘也在文化上走出自我，守望中心的文化传统。

（三）边缘的"我"走向中心

从古代到近代，近代史上的诸多人物中抗击外侮的有罗荣光、郑国鸿等，辛亥革命中的宋教仁、蒋翊武等，红色革命中的贺龙、粟裕等是建立现代民族国家中的知名人物，这些人物提供了边地如何走出自我的一种视窗。其中，沈从文先生笔下的湘西形象是走出"自我"的一种范型。古典文人的走出到达湘西地域（王昌龄等），伴随辛亥革命的濡染，新文化运动的启蒙现代性的发生，使边地的湘西人从思想上走出自身。沈从文作为边地守望中心的现代性作家，从沅水的干流到达沅水的支流沱江，沈从文是从凤凰走出的"引渡人"，如果说李群玉代表着前现代的湘西人走出自我，那么沈从文是现代人走出自我的代表，而且这种走出自我的边城书写在中华文化圈中是浓墨重彩的一笔。

新时期改革开放以来，边地湘西成为老少边穷地区，也成为武陵山片区扶贫攻坚的主战场，湘西成为汉族、土家族、苗族、瑶族、白族、侗族共同生活的地区，民族区域实现自治，改变了"蛮族"身份。文化的蛮荒之地、罪臣放逐的边地成为人民公仆实现人生理想的地方。驩兜放逐于崇山、屈原、贾谊、刘禹锡、王昌龄都是作为王权政府贬谪的对象，如今的边地成为郑培民、彭楚政、龙秀清等人民的好干部为人民服务的地方。中华文化圈多元一体格局的确定是以中心走出自我、走进边地，边地也要学会走出自身融入中心文化圈，实现中心文化与边地文化的交流。

二、形象走廊：从行政区划到文化区域

行政区划的政府是形象实践的实际主体，常德市、张家界市、怀化市、湘西土家族苗族自治州是形象重塑的现实实践者。从各政府的门户网站，我们可以发现表述的主体都是以行政区划为中心，这就形成了条块分割模式，与此同时，文

---

① （清）曹寅.全唐诗·卷一百四十 [M].清文渊阁四库全书本，841.
② （唐）王昌龄.龙标野宴，[清] 曹寅.全唐诗·卷一百四十三 [M].清文渊阁四库全书本，858.
③ 湖南省教育科学研究院.湖南地方文化常识地图册 [M].北京：星球地图出版社，2008：34.

化区域的形象塑造模式试图超越和整合区域文化的资源。这就是区域内部的行政主体同样需要走出自我,这种走出自我是否可能和如何可能的关节点就是文化走廊的建设。

(一)第一层:山水走廊与文化地理

大湘西区域是我国地形阶梯中第二、第三阶梯的过渡地域,山水是大湘西网络结构的地理结构,地理中的山脉从西北至东南依次排列为巫山、武陵山、雪峰山,其中武陵山与雪峰山之间夹着沅江和澧水。从"洞庭湖水系"图中,我们可以了解到沅江和澧水的流域面积分别为9万平方千米、1.8万平方千米①。这就形成了武陵山、五峰山等山脉文化圈与沅水、澧水水系文化带的格局。山脉与水系的地理资源可区别第三阶梯的平原生态与第一阶梯的高原自然生态,自然生态的结构中山水的汇合和交叉地带是地域文化的中心,沅水流域的常德、沅陵、泸溪、辰溪、洪江、麻阳,澧水流域的澧县、石门、张家界、桑植是地理交通的枢纽,在这一过渡地带的地理坐标系上形成了山地、水域文化,这一文化中的器物、制度、思想正是文化多样性的基础。由此,在这一山水走廊之上的行政区划(常德市、张家界市、怀化市、湘西州及湘鄂渝黔边区的县市)是同一山脉和水系之上的大湘西文化共同体,这一共同体的特征是"山同脉,水同源,地同性,人同根,同属一个区域经济板块,同属老、少、边、穷地区"②。地理网络给我们的启示是:形象的自我塑造需要一种整合理念、行为、标志。这是一种形象的设计工程,需要用文化区域的概念打破传统的行政区划的概念,其中"沅澧"与"雪武"是构成地域文化的路径,地理山水与交通网络要提高到文化走廊的格局上去认识,我们可称之为"沅澧走廊"、"雪武走廊",这两条走廊是我们理解湘西形象和形象重塑的地缘基础。

(二)第二层:在山水走廊之上的交通走廊

交通走廊是实现物质、精神生产的内外交流系统。从湖南省水运图③中我们发现,建立在水系之上的水运网络系统,沅水和澧水流域有100万吨级以上的盐关港,沅水的中下游属于优质的四级航道,酉水以五级航道居多,澧水流域以七级航道居多。在湖南省交通图④中我们发现,交通网络是对地理网络的丰富和补充,二者之间构成网际关系,交通网络的基本结构为铁路—一纵两横(焦柳线、黔张常线、湘黔线),公路两纵三横(209国道、207国道、319国道等),从湖南

---

① 湖南省教育科学研究院.湖南地方文化常识地图册 [M].北京:星球地图出版社,2008:8.
② 李勇.山同脉、水同源、地同性、人同根 [EB/OL]. http://news.hexun.com/2011-03-04/127705726.html,2011-03-04/2014-11-02.
③ 湖南省教育科学研究院.湖南地方文化常识地图册 [M].北京:星球地图出版社,2008:21.
④ 湖南省教育科学研究院.湖南地方文化常识地图册 [M].北京:星球地图出版社,2008:19.

省民用航空图①上可以了解到湖南省内有荷花机场（张家界市）、桃花源机场（常德市）、芷江机场（怀化市）、花垣机场（湘西州）构成国内外的航空体系。在交通网络的结构中大湘西地域的文化跨界实现的可能，也为来湘的客人提供了进入和走出的便利路径。

（三）第三层：自然旅游资源与文化旅游资源的网络结构

行政区划的官方主体需要走出本土，构建区域文化形象圈。有学者从旅游管理学角度进行湘西旅游走廊的旅游产品设计：

（1）地貌观光科考游：张家界武陵源地貌——吉首喀斯特地貌——崀山丹霞地貌——杜林山水岩溶地貌。

（2）漂流探险激情游：壶瓶山渫水漂流（湖南屋脊漂流）——桑植溇水漂流——张家界茅岩河漂流——永顺猛洞河漂流。

（3）洞穴探险科考专项游：龙王洞——九天洞——玉皇洞（石窟）——黄龙洞——阴阳神风洞——穿洞——大龙洞——堂乐洞。

（4）民俗民风体验游：桑植（白族）——张家界（苗族、土家族）——永顺（土家族）——吉首（土家族、苗族）——凤凰（苗族）——麻阳（苗族）——芷江（侗族）——靖州（苗族、侗族）——通道（侗族）。

（5）国家公园生态旅游专项游：河㳇山——花溪岩——夹山——壶瓶山——八大公山——张家界——天门山——不二门——南华山——梵净山。

（6）世外桃源回归游：桃花源——武陵源——永顺——凤凰。

（7）居民古建探知游：桃花源（秦人村）——张家界（苗寨、吊脚楼）——永顺（王村、老司城）——吉首（乾州古城、德夯矮寨）——凤凰（凤凰古城、黄丝桥古城、南方长城）——芷江（侗寨）。

（8）宗教朝觐专项游：夹山寺——普光寺——芷江抗日受降纪念坊②。

湘西文化旅游走廊的研究侧重旅游管理学领域，从文化产业的角度去讨论旅游经济发展的模式。以行政为单位的地区政府试图去整合资源发展经济，这是采用打通文化路径去共同发展的方式，这种地域的跨界模式与经济发展只是我们研究的现象，湘西旅游形象的自我塑造通过旅游产业实践体现出来。

（四）第四层：思想走廊

从武陵山、雪峰山的山脉文化圈到沅江、澧水的文化带，器物、制度、思想在地缘网络中开始传递，地理的路径成为古典的文化路径，从屈原主要生平图③可

---

① 湖南省教育科学研究院.湖南地方文化常识地图册［M］.北京：星球地图出版社，2008：20.
② 郑群明.湘西旅游走廊的开发构想［J］.湖南师范大学社会科学学报，2001（05）：71-72.
③ 湖南省教育科学研究院.湖南地方文化常识地图册［M］.北京：星球地图出版社，2008：31.

知，屈原流落江南的路线就在洞庭湖、沅江、芷江、湘江一带。各个时期的历史人物都是从地理的路径走出湘西走向中心文化圈。从中心文化圈君主的巡游、宦游人的流放到湘西的宋教仁、沈从文、贺龙等人的走出，自然路径的畅通、交通网络的通畅、文化思想的开放才是湘西走廊的三个维面，器物在路径中的流动、制度在路径中的往返、思想在路径中的传播是湘西文化走廊的三个层面。2012年春节期间，吉茶（吉首到茶洞）高速路段的湘西矮寨大桥竣工，矮寨大桥的建设得到了当地各族同胞的大力支持，应他们的要求，矮寨大桥在春节期间曾短暂开放，每天有上万名群众来参观，场面十分热闹。"矮寨大桥是湖南吉首至茶洞高速公路跨越矮寨大峡谷的一座特大型桥梁，该桥为钢桁加劲梁单跨悬索桥，主跨1176米，桥面宽度为24.5米，桥面距峡谷底部高度达350米。在建设过程中，矮寨大桥创造了四个'世界第一'，即大桥主跨1176米，跨峡谷悬索桥创世界第一；首次采用塔、梁完全分离的结构设计方案，创世界第一；首次采用岩锚吊索结构，并用碳纤维作为预应力筋材，创世界第一；首次采用'轨索滑移法'架设钢桁梁，创世界第一。"[①] 我们通过百度引擎以关键词"矮寨大桥"搜索获得8050000个结果，这种关注度是社会集体想象物的一种符号化表现，矮寨大桥作为一种现实的交通事业，从形象学视野可以作为一种隐喻，人对文化路径的渴望，象征湘西地域的楚巫文化与巴蜀文化的近距离沟通。打开湘西地域的版图，湘西形象就在走廊文化的网络之中，其中走廊的主线是长江走廊、湖湘走廊、巴蜀走廊、湘西走廊、沅澧走廊等，走廊的封闭或开放可以成为讨论形象重塑研究的阿基米德之点。

三、营销：从地方到全球

营销是文化主体如何发现、创造和交付价值以满足一定目标市场的需求，同时获取经济效益和文化效益的行为。我们以世界知名旅游城市张家界为例解析边地如何塑造自我的形象，完成文化形象的对外输出。

（一）张家界形象由无闻到知名

张家界属于武陵山片区内的边地，张家界从边地走向知名旅游城市采取了主流话语塑造自身的形象。张家界确立"旅游立市"的城市发展理念，"'山水经典，诗画之源'……张家界因旅游建市，是国内重点旅游城市。武陵源风景名胜区拥有世界罕见的石英砂岩峰林峡谷地貌，由中国第一个国家森林公园——张家界国家森林公园和天子山自然保护区、索溪峪自然保护区、杨家界四大景区组

[①] 章尧，曾小颖. 矮寨大桥竣工成为湘西一景 春节开放每天万人参观 [EB/OL]. http://hn.rednet.cn/c/2012/02/04/2506900.htm，2012-02-04/2014-11-02.

成,风景游览区面积264.6平方公里,是中国首批入选的世界自然遗产、世界首批地质公园、国家首批5A级旅游景区。'武陵之魂'天门山国家森林公园、'世界罕见的物种基因库'八大公山国家级自然保护区、道教圣地'南武当'五雷山、'百里画廊'茅岩河、万福温泉等景区也是景色秀美、风光独特。贺龙故居、湘鄂川黔革命根据地省委旧址是全国重点文物保护单位,普光禅寺、玉皇洞石窟群、老院子等8处人文古迹是省级重点文物保护单位。土家风情园、秀华山馆等民族风情景点和魅力湘西等演艺节目,全面展现了土家族、白族、苗族等少数民族传统习俗和民族文化。全市已建成国家等级旅游区点12处,其中5A级1处,4A级5处,旅游交通和旅游接待服务设施日趋完善,旅游日接待能力可达3.62万人"[1]。天门山是张家界市旅游形象板块中的重要组成部分。关于湘西形象与形象的重塑都在中华文化圈内讨论,中华文化圈之外的世界是形象生产场的外围,但这一外围同样是湘西形象与形象重塑的外延。张家界市的门户网站是大湘西地域唯一使用中文、中文繁体、英文、法文、韩文、日文、俄文等门户宣传的官方网站。湘西人的自我想象的大前提是什么能构成中心对自己的想象,如何使得中心聚焦湘西。其最有效的途径是湘西拿出被中华文化圈和世界文化圈认可的文化。以张家界天门山国家森林公园为例,张家界拿出了"悠久"的历史文化、"厚重"的宗教文化、"世界级"的艺术文化,我们称这三种文化为天门山文化传奇的三维面:历史文化、宗教文化、艺术文化。特别地,这些文化的价值与真实性与否不是我们讨论的重心,我们是从形象学意义上讨论文化的自我想象与话语谱系。

首先是通过历史建构文化形象。天门山具有悠久的历史文化,天门山原名"嵩梁山",据《水经注》记载,"澧水又东迳澧阳县南,南临澧水,晋太康四年立,天门郡治也。(会贞按:《宋志》,澧阳令晋太康四年立。晋为天门郡治,宋、齐、梁因。即今石门县治。)吴永安六年,武陵郡嵩梁山,高峰孤竦,素壁千寻,望之苕亭,有似香炉。其山洞开玄朗如门,高三百丈,广二百丈,门角上各生一竹,倒垂下指,谓之天帚。孙休以为嘉祥,分武陵,置天门郡。(守敬按:《吴志·孙休传》但言永安六年分武陵为天门郡。)"[2] 天门山借助《水经注》、《宋志》、《吴志》等史籍塑造天门悠久的历史文化,通过天门翻水、天门转向、鬼谷显影、野拂藏宝、天门瑞兽等传说塑造天门的神秘形象。

其次是通过宗教建构文化形象。天门山试着将自身塑造成佛教文化的圣地,

---

[1] 张家界市委宣传部.张家界市情介绍 [EB/OL]. http://www.zjj.gov.cn/user/newsred/001002-001002010.html, 2013-07-24/2014-10-28.

[2] (北魏)郦道元.水经注全译(下)[O].陈桥驿,叶光庭,叶扬译注.贵阳:贵州人民出版社,2008,921.

第五章　形象重塑：湘西人的自我想象

天门山寺位于张家界中心城区南侧之天门山顶，旧名录泉院，始建于唐代，明代改为现在的名字。明末清初，李自成部将野拂在天门山寺担任住持数年，扩建寺宇。现在重修的天门山寺，占地面积1万余平方米，采用清代宫式风格，由山门、钟鼓楼、天王殿、大雄宝殿、观音阁、藏经阁、法堂等建筑组成。① 天门山寺不仅是佛教文化的象征，也试着从佛教文化的对外交流中去积淀宗教文化内涵，"2009年6月8日下午，修葺一新的湖南省张家界市天门山寺，庄重嘹亮的号声响彻山间，法乐回荡四方，中国佛教界首次组团前往佛教创始人释迦牟尼故乡——尼泊尔蓝毗尼迎请的舍利，正式安放此间。佛舍利是指佛教祖师释迦牟尼佛圆寂火化后留下的遗骨和珠状宝石样生成物。两千五百年前释迦牟尼涅槃，弟子们在火化他的遗体时从灰烬中得到了一块头顶骨、两块肩胛骨、四颗牙齿、一节中指指骨舍利和八万四千颗珠状真身舍利子。佛祖的这些遗留物被信众视为圣物，争相供奉"②。天门山寺安放佛祖舍利的目的是想成为佛教的圣地，这种圣地形象是通过天门山的历史、古老的寺庙、佛祖舍利、李娜出家等一系列话语完成的整体塑造。我们分别以"张家界天门山"和"张家界天门山寺"为关键词在百度搜索引擎中搜索，分别获得15000000个、685000个结果，从统计学上去考量，一座寺庙对天门山国际森林公园形象的塑造具有重要地位。

　　再次是通过艺术建构文化形象。从常德的花鼓戏《刘海砍樵》到张家界《新刘海砍樵——天门狐仙》再到网络海选"最美狐仙"活动。"刘海砍樵"是一种口头传说的民间故事③。1982年5月李愚导演，长沙花鼓戏老艺人何冬保、肖重珪主演长沙花鼓戏《刘海砍樵》（川调）④；1999年4月，李佐、叶红主演湖南花鼓戏《刘海砍樵》⑤。2006年，湖南省常德市武陵区以《刘海砍樵传说》申报湖南省非物质文化遗产，遗产类别为民间文学，遗产编号为Ⅰ-8，"刘海砍樵"成为"爱神"的象征，爱神成为常德市的文化符号……一篇《桃花源记》，让常德拥有了'世外桃源'、'福地洞天'的美誉，常德因此拥有了一个美丽的名字——桃花源里的城市。一则'善卷让王'的典故，使'常德德山山有德'的民谣千古流

---

　　① 罗长江.张家界读书[M].湖南人民出版社，2009：167.
　　② 湖南张家界旅游网.张家界天门山寺[EB/OL]. http://www.china-zhangjiajie.com/lyxz/lyyj/2011/0818/8745.html，2011-08-18/2014-11-03.
　　③ 中国非物质文化遗产数据库.刘海砍樵传说详细介绍[EB/OL]. http://fy.folkw.com/view.asp?id=1353，2006/2014-10-24.
　　④ 剧场表演的影像可参看何冬保、肖重珪主演的湖南花鼓戏《刘海砍樵》，人民音乐出版社，1997年9月[EB/OL]. http://v.ku6.com/show/n3l1QM0fIRBZY_sk69_U0A...html，2014年11月3日访问。
　　⑤ 剧场表演影响可参看李佐、叶红主演湖南花鼓戏《刘海砍樵》，湖南文化音像出版社，1999年4月[EB/OL]. http://v.youku.com/v_show/id_XMTEyOTIyMzE2.html?tpa=dW5pb25faWQ9MTAyMjEzXzEwMDAw-Ml8wMV8wMQ，2014年11月3日访问。

传，常德因此被誉为中华民族道德文化发祥地。一个'刘海砍樵'的传说，把常德'爱神'追求幸福生活、美好爱情的壮举代代颂扬，常德因此成为一片多情的热土"①。天门山将常德地区"刘海砍樵"的故事、苗族的服饰、土家族的吊脚楼、广西的"印象刘三姐"等元素熔为一炉，创作出一部美学品位颇高的音乐实景剧，通过剧场演出，张家界完成了对外文化输出，文化输出的背后是张家界的文化竞争力的提高和演艺产业经济效益的上升。

2009年9月17日，"随着省委常委、省委宣传部部长路建平宣布：'张家界大型山水实景音乐剧《天门狐仙——新刘海砍樵》正式开演'，世界第一台大型山水实景音乐剧正式与国内外观众见面"②。幕后的团队是文化产业中的重要人物。总导演：梅帅元（中国实景演出创始人）；作曲：张骁（青年作曲家，为多部实景演出创作音乐）；音乐总监：谭盾（享誉世界的中国作曲家，曾获得奥斯卡奖、格莱美奖）；编剧：张仁胜（国家一级编剧，作品多次荣获中宣部"五个一"工程奖暨国家文化部文华剧作奖）；执行导演及编导：闵锐（广西艺术学院舞蹈学院副院长，国家二级编导，奥运会开幕式、闭幕式执行编导之一）；舞美总设计：严文龙（国家话剧院一级舞美设计师，上海特奥会开幕式等大型演出舞美总设计）；数字视频制作：北京水晶石数字科技有限公司（北京2008年奥运会图像设计服务供应商，伦敦2012年奥运会数字图像服务供应商）。我们以"天门狐仙"为关键词在百度搜索引擎中获得的结果为667000个结果，具有很高的知名度和美誉度。2010年5月14日，《天门狐仙——新刘海砍樵》的运营方与湖南卫视国际频道现场签署了合作协议，将在全球海选"狐仙"主演和"狐妃"演员，获选的演员也将作为张家界旅游形象大使，向全世界宣传张家界、宣传湖南③。从常德的民间故事"刘海砍樵"到花鼓戏《刘海砍樵》，从花鼓戏到张家界的音乐实景剧《天门狐仙》，从山水实景剧到全球海选"狐仙"的营销策划活动，作为非物质文化遗产的民间传说"刘海砍樵"实现了形象的生产与再生产。

（二）张家界形象由知名到品牌模式的形成

张家界市政府将演艺产业在文化产业领域取得的成功视为"张家界模式"，"市委副书记、市长赵小明认为，'旅游营销三分在资源与品质，七分在于宣传。张家界作为世界级的风景板块，有资格，也应该在营销中间去创造一些世界级的

---

① 常德市人民政府.常德简介［EB/OL］.http：//www.changde.gov.cn/art/2013/10/23/art_66_7521.html，2013-10-23/2014-11-03.
② 张家界日报.《天门狐仙——新刘海砍樵》昨晚首演［EB/OL］.http：//www.zjj.gov.cn/website/main/498/499/2010070910706.shtml，2009-09-18/2014-11-03.
③ 张家界旅游网.《天门狐仙——新刘海砍樵》全球海选"狐仙"主演和"狐妃"演员［EB/OL］.http：//www.zjjok.com/news/2010516938181730.html，2010-05-16/2014-11-03.

事件，吸引更多的旅游者，来促进旅游产业的发展。'2009年4月，新疆达瓦孜传人成功挑战世界最大坡度走钢丝极限；同年5月，成功举办国际乡村音乐周；6月，佛祖释迦牟尼舍利"安家"天门山寺；2010年，'阿凡达悬浮山事件'开始炒作、上海世界博览会上张家界'空气妹妹'卖空气、3亿元巨资投保导游……张家界人再次发挥了其在旅游活动策划上的聪明才智。在一系列'噱头'留给游客深刻的'张家界印象'之后，游客接待量陡增，张家界人适时抛出了又一个新产品——旅游文化演艺。2009年，当投资1.3亿元的大型山水实景音乐剧《天门狐仙——新刘海砍樵》正式公演后产生轰动效应，当年就与《张家界·魅力湘西》、《武陵魂·梯玛神歌》两台大戏构成张家界旅游文化演艺市场三足鼎立之势。白天看山，晚上看戏的全新旅游产品结构初步形成。但这不是简单的旅游产品数量的增加，据统计，如今每四个在市区过夜的游客就会有一个去看《天门狐仙——新刘海砍樵》，每两个在武陵源过夜游客也会有一个去看《张家界·魅力湘西》或《武陵魂·梯玛神歌》。这一产业直接带动就业岗位3.2万个，产业增加值达19.5亿元，一跃成为张家界旅游的新增长极"[①]。张家界欲打造"中国演艺之都"，不论是"中国演艺之都"还是"世界著名旅游城市"等城市发展定位，都体现了张家界对自我形象塑造的焦虑与渴望。

  张家界的天门山通过一系列的事件营销，提高自身的知名度。这类事件营销具有人类表演学意义上的表演色彩。"所谓事件营销，是指营销者在真实和不损害公众利益的前提下，有计划地策划、组织和利用具有新闻价值的活动，通过制造'热点新闻效应'的事件，引起媒体和社会公众的注意和兴趣，以达到提高社会知名度，塑造企业良好形象和最终促进产品（服务）销售的目的"[②]。天门山国家森林公园采用事件营销收到的品牌广告效应，诸多事件的本质就是"表演性"，这种表演性是对剧场效应与生活事件之间的界限突破，按照亚里士多德在《诗学》中对诗（戏剧）的定义是对行动的模仿，行动就是人的自我本质的呈现，观与演就是动作的现象学呈现。如果用人类表演学视野去看待事件就是生活中的表演，这种表演就是行动（being），生活的本质在表演的事件中逐渐呈现，人也是自观照自己与他人的行动来实现自我意识。由此，艺术与社会之间有了相互转化和融合的可能，事件与戏剧之间有了跨界共生的基础。谢克纳为"环境戏剧"总结出六条原则：①戏剧事件是一整套相关的事物，包括观众、演员、剧情说明或剧本、表演文本、情感刺激、建筑附属物或空间划分、制作设备或剧场工作人

---

① 张家界旅游网.力创"张家界模式"建设成世界旅游精品［EB/OL］.http://www.zjjvip.com/news/2011823921354995.html,2011-08-23/2014-11-03.

② 廖以臣.论事件营销及其流程再造［J］.求索,2004（02）：18.

员。戏剧事件的连续统一性跨越从"不纯的""生活"到"纯的""艺术"的整个领域。②所有的空间都为表演所用。街头、村庄、寺庙，观演关系灵活多变，观看与表演的空间可以相互转换，没有"只表演"的空间，也没有"只观看"的空间。③戏剧事件可以发生在一个完全改变了的空间里或一个"发现的空间"里。环境戏剧可以改变空间并创造环境，也可以与特定环境"协商"并进行布景对话，甚至丝毫不改变空间而只是突然发现特定空间的特殊意义。④戏剧焦点是灵活的、可变的，传统戏剧只有单一焦点，但环境戏剧可以采取多焦点，它更像一座城市，可以多角度感受，灯光闪亮、交通往来、人声隐约。⑤所有制作组成部分都述说它们自己的语言，不必为了突出演员的表演而压抑其他剧场因素。⑥剧本可有可无。剧本既不是演出作品的出发点，也不是终点目标，剧场事件可能根本没有剧本。①天门山的一系列实践都是为了展示的目的而生发的行动，其中最具代表性的人类表演学意义上的事件如："1999 年 12 月 11 日，来自美、法、俄、德等国家的 13 名世界特技飞行大师先后驾机 21 次安全穿越海拔 1261 米之上高 131.5 米、宽 57 米、最窄处仅 28.3 米的天门洞。统计数据称三天时间现场观众达十多万人次，收看电视直播的观众达 8 亿多人次。天门山一举成名"②。天门山成为一个飞行表演者的空间，剧场的观众与大众传媒屏幕前的观众参与和见证了事件的发生过程。2006 年 3 月 17 日至 19 日，俄罗斯重型战斗机苏–27、苏–30 空军特技飞行表演在天门山上演，重新复制和生产了 1999 年的"穿越天门，飞向 21 世纪"。2007 年 11 月 18 日，法国"蜘蛛人"阿兰·罗伯特仅用 40 分钟，徒手登上了张家界天门洞。2008 年 10 月 18 日和 2009 年 4 月 25 日，赛买提两次在天门山景区峡谷高空挑战 39 度倾斜、跨度 700 米的钢绳，第一次失败，第二次挑战成功。2010 年 3 月 20 日，中国新疆达瓦孜传人赛买提·艾山与来自瑞士的弗雷迪·诺克在天门山索道展开了惊心动魄的高空走钢索极限挑战。③"2012 年 7 月 22 日，素有'轮滑变形金刚'之称的让伊夫·布朗杜身着自制的'蓝色盔甲'，成功挑战素有'天路'之称的湖南张家界天门山通天大道"④。2013 年 10 月 11 日至 13 日，第二届红牛翼装飞行世界锦标赛在中国张家界天门山举行，哥伦比亚选手乔纳森·弗德瑞兹（Jhonathan Florez）获得冠军⑤。湖南经

---

① [美] 理查德·谢克纳. 环境戏剧 [M]. 曹路生译. 北京：中国戏剧出版社，2001：1-35.
②③ 张家界诚信旅游网. 张家界天门山旅游重大事件 [EB/OL]. http://www.zjjdv.com/news/shengnei_754_774.html，2010-04-06/2014-11-03.
④ 匡滢. "轮滑变形金刚" 布朗杜成功挑战张家界天门山 [EB/OL]. http://news.163.com/12/0723/19/874CTKAQ00014JB6.html，2012-07-23/2014-11-03.
⑤ 张家界在线. 乔纳森获第二届翼装飞行世锦赛冠军 [EB/OL]. http://www.zjjzx.cn/news/szyw/295153.html，2013-10-13/2014-11-03.

视频道、张家界本地网站"张家界在线"对赛事进行直播,大众传播媒介有着重大广告推动作用。

表演的内涵与外延发生了扩容,人类表演学实现了剧场与生活之间的跨界,这种跨界不是否定戏剧,而是戏剧对社会生活的人文关怀,"第四堵墙"两边的演员与观众没了距离,戏剧学研究走向社会表演学,从艺术研究转换为文化研究。表演是行动,行动就是表述,"表演"的定义可以从四个方面来考察,即存在(being),行动(doing),展示行动(showing doing),对展示行动的解释(explaining showing doing)。① 其中展示行动是现象学意义上的直观表现,行动的解释是一种概念实践。由此,表演成为社会文化研究的方法,正是在表演中,人通过观照行动认识自己。

(三) 大湘西形象由无闻走向知名

中国的湘西抑或世界的湘西？我们从大湘西地域的四个地级行政单位的门户网站"中国·常德"、"中国·张家界"、"中国·怀化"、"中国·湘西"分析全球本土形象的塑造,在地级市(州)之下的县级行政单位的门户网站的命名为"中国·石门"、"中国·桑植"、"中国·沅陵"、"中国·龙山"等县级行政单位。地级、县级行政单位绕开省级行政单位表现了地域的自我定位,一方面是地方对国家共同体的身份认同；另一方面是地域文化主体性的彰显。地方对国家共同体的认识经过器物、制度、思想的路径开放,这就是中华民族多元一体格局的形成过程。多元一体的结构不仅是包含与被包含的关系,而且应当是地缘、亲缘、神缘构成的网络关系,每一个地域都是作为主体生存在网络之中,自然、交通、思想的路径构成网络之间的链接,这就形成了互为主体结构的文化中华的网络圈。随着全球本土化的进程,全球本土化(Glocalization 由 globalization 和 localization 组合而成)的本义是指"全球化的思想,本土化的操作"(think globally and act locally)的个人、团体、机构等。全球本土化不仅是一种营销策略,也是全球经济日益全球化和一体化背景下出现的一种新的理论和思潮。2002 年 11 月 26 日,社会学家罗兰·罗伯森(Roland Robertson)在清华大学发表题为"Globality. A Mainly Westem View"的演讲,使用"'全球性'(Globality)和'全球本土化'(Glocalization)这样的包容性术语来讨论社会和文化问题,这再一次包含了人类概念的丰富,并广泛和具体拓展了关于全球多样性的各种观点"②。"全球本土化"描述了本土条件对全球化的反馈作用,全球本土化意味着普遍化与特殊化趋势的融

---

① [美] 理查德·谢克纳. 什么是人类表演学——理查德·谢克纳教授在上海戏剧学院的讲演 [A]. 孙惠柱译,孙惠柱. 人类表演学系列:谢克纳专辑,北京:文化艺术出版社,2010:5.
② 转引自王宁."全球本土化"语境下的后现代、后殖民与新儒学重建 [J]. 南京大学学报,2008(01):71.

合,两者共同起着作用。

从"走进"湘西到"走出"湘西。"走进"是中心想象边缘的思路,"走出"是湘西人自我想象的思路,走进与走出构成形象的重塑与形象的内外交流系统。这一内外交流系统有三个阶段,第一个阶段是以史籍代表的官方意识形态系统"走进"湘西,湘西形象的主体风貌在"二十五史"中一览无遗,中心文化圈是表述的主体,湘西是被打量的"客体",这种客体是中心文化圈之外的异地、异族、异文化。第二个阶段是以屈原的沅澧形象、陶渊明的桃花源形象为代表,大致的时间段是秦统一之后直到中国近代史,新文化运动是转折点,湘西成为中心文化圈"主我"的"客我","主我"(I)与"客我"(me)是美国社会心理学家 G. H. 米德在研究人的自我意识提出的传播学中"人内传播"的概念,米德在研究人的内省活动时发现,"自我意识对人的行为决策有着重要的影响。自我可以分解成相互联系相互作用的两个方面:一方是作为意愿和行为主体的'主我'(I),它通过这个人围绕对象事物从事的行为和反应具体体现出来;另一方是作为他人的社会评价和社会期待值代表的'客我'(me),它是自我意识的社会关系性的体现。换句话说,人的自我是在'主我'和'客我'的互动中形成的,又是这种互动关系的体现"①。第三个阶段是自沈从文的边城形象的塑造,"边城"或称"湘西世界",成为湘西人自我想象的标的。湘西形象与湘西形象的重塑构成一种主体间性的思维,前两个阶段是中心文化圈走出自我,中心在器物、制度、思想的流动系统占有主导力量,在第三阶段,湘西人的自我想象与社会实践因为路径的开放(自然路径、交通路径、思想路径)得以实现自我主体性的表现,这就是我们说的"走出"。三个阶段完成之后应该是去"中心"与去"边缘"的反思与批判阶段,多元一体的共同体中的文化体都是网络中的节点,湘西与网络的关系与意义何在,湘西形象是否能为现代性中华文化圈的问题提供"实验经验",湘西人的自我想象是湘西人如何提供时代问题、分析时代问题、解决时代重大问题的勇气和力量。

在第一章中,我们已经讨论"路径"是缘网的动力能力,这种动力的价值体系怎样确立。"进入"与"走出"的价值是什么?在多元一体的缘网中,中心文化圈进入湘西是想寻找自身现代发展的参考系,所需求的是中心文化问题的湘西实践,湘西的实践能否为中心确认文化、确认自身提供参照系,如果有参照价值(意识形态的价值或者乌托邦的价值),前者是肯定自身的价值,后者是否定自身的价值,有价值就是湘西形象的价值。那么,形象重塑的重塑价值何在?这涉及湘西文化转型问题,形象的重塑是试着再造一个"表演"的乌托邦,是一种没有

---

① 郭庆光. 传播学教程 [M]. 北京:中国人民大学出版社,2011:65-66.

意识形态与乌托邦张力的诗意田园，其价值要经受考验。但可以肯定的是湘西文化或者湘西人的自我想象需要转型，转型的关键是湘西人的文化自觉。费孝通先生认为，"'文化自觉'这个概念从小见大，从人口较少的民族看到中华民族以至全人类的共同问题。其意义在于生活在一定文化中的人对其文化要有'自知之明'，明白它的来历、形成的过程，所具有的特色和它的发展的趋向，自知之明是为了加强对文化转型的自主能力，取得适应新环境、新时代文化选择的自主地位"①。文化自觉的现实文化标准是什么？经济的发展？政治的发展？文化的发展？我们认为应该是"人为本位"。"中国的和平崛起不仅仅是经济问题、政治问题，中国的文化想象力需有面对本土生活的热诚，我们民族的文化应在广泛融合和吸收世界文化氛围的基础上，利用传统的文化资源，关注民族的社会人生，社会人生中的生命、生存、幸福、信仰等问题都需要文化的关怀，民为贵、人的尊严为贵、人的幸福为贵。中华文化既要精英文化引领，又要全体国民的体认，既要植根于民族传统，又要置身于世界之中，这样，中华文化美其名曰黑格尔的'这一个'，中华文化就能在'文化全球本土化'的舞台上演奏'第一小提琴'"②。

在全球本土化时代，中国的城市、乡镇、村寨等各级区域单位，如何制定和实施地方的战略性营销规划，如何吸引投资、产业、旅游和居住者是发展的要义。从形象学的视野去观察，湘西是"地球村"中的一员，我们需要分析湘西人面对市场的新课题所表现的愿景，这种愿景对外的吸引力是什么，为什么会有这种吸引力，被吸引者的出发点在何处；湘西人构建这一特色与吸引力的核心价值是什么，是发展的理想王国还是审美意义上的乌托邦。解决这些问题的关键是寻找问题的场域与形象学的路径。湘西问题的"场域"是湘西形象的历史场域，需要将问题放在整体的中华文化历史圈中去考量，湘西问题的"路径"是中心"进入"湘西的"路径"与湘西"走向"中心的"路径"二者间平行与交叉的关系，湘西人试图通过现代重塑的"自画像"与中心文化圈表述的"镜像湘西"进行博弈，博弈的内容有器物文化的流动、制度文化的交流以及精神文化的濡染。

---

① 费孝通. 文化自觉与社会发展（笔谈）[J]. 文史哲，2003（03）：15.
② 胡显斌. 由马克思的世界文学观看文化的全球本土化 [J]. 马克思主义美学研究，2014（01）：37.

第六章　文化逻辑：湘西形象的生产与再生产

　　本章研究"再"的问题，"再"为中心的边缘想象与边缘的中心守望注入"历史维度"，所使用的方法是用"时间"弥补结构主义研究方法的不足。不管是"中心想象边缘"还是"边缘守望中心"都是采用形象学研究方法中提出问题、分析问题、解决问题的知识框架，这种框架具有宏观性和确定性，但它的流动性与包容性还需要进一步优化。因为中心与边缘的概念还是没有逃脱二元对立的思考模式，所以"再"为"中心表述边缘"以及"边缘守望中心"注入了一种时间流，既保留了知识框架的确定性也拓展了研究视野。所以本章与前面几章共同构成湘西形象研究的五个板块。其中，湘西观的研究为我们提供研究的问题与领域，展开这一领域的问题是中华文化圈的中心对边缘的想象，这种想象性话语的历史脉络是什么？边缘对中心的守望与前者构成可以交流与对话的互动网络，这一网络中的问题节点在何处？湘西形象的原型、类型、形象研究是对湘西形象的结构进行研究，这种结构不是现实的湘西的创生、发展、转变，而是我们研究者所进行的概念实践，试着用一种主控叙事的模式去把握问题与知识框架。湘西形象在文学、影视、表演场域中的生产与分配是我们研究的主要内容，文本研究是对模式研究的材料支撑与逻辑性确证。重塑研究的重点是湘西人的自我形象，我们称之为"湘西自画像"，是与中心想象边缘的"镜像湘西"相对的概念，这一对概念体现了中心与边缘在器物、制度、思想之间的互动，这种互动在观念领域的丰富性得到较为充分的展现。以上关于湘西形象领域的问题研究是从结构的角度切入，但湘西形象的创生、流变、转变、断裂之间的"连续统"需要进一步补充论证。

　　研究湘西形象的结构是"中心想象边缘"与"边缘守望中心"之间的互动，这一结构的流动性需要更进一步的论述，要不然很容易陷入僵化的结构主义决定论模式，"布尔迪厄不仅通过反对阿尔都塞的马克思主义来发展他的实践理论，并且也反对列维—斯特劳斯的结构主义。在列维—斯特劳斯的结构主义人类学中，社会科学家发展出深层结构规则的形式模式，并认为这种规则规约着亲属关系、社会仪式以及神话。布尔迪厄采用'策略'的概念，通过强调结构主义框架中能动性的重要性使自己区别于僵化的结构主义决定论模式"①。在湘西形象与形象重塑研究的过程中，如要规避阿尔都塞、列维—斯特劳斯的结构主义的模式化问题，我们需要展现原型、类型、形象在历时中自我显现的过程，历史时间的引入是我们所使用的策略（布尔迪厄语），布尔迪厄写道："用'策略'取代'规则'，也就是重新引入时间，相应地引入时间的节奏、时间的定向、时间的不可逆性"②。时间是我们研究行动者策略的切入点，布尔迪厄在讨论列维—斯特劳斯关于经典的礼物交换理论时指出，对于礼物交换的恰当的理论必须超越礼物给予与接收互惠的形式化原则。布氏认为，关于礼物的流动，"行动者不是作为互惠原则的有意识的甚或无意识的遵奉者，而是作为通过时间作出回应的策略者，参与礼物交换的社会互动。因而，行为是策略性的而不是对于规则或规范的遵从"③。本章引入时间维度是为了解析湘西形象与形象重塑相互间的互动如何可能的问题，将问题还给时间本身，这就是湘西形象的"生产"与"再生产"的生成过程，"再"就是形象在时间过程中的自我呈现，也是湘西形象的裂变、转变的问题的出发点。按照中心与边缘之间的空间距离与心理距离的划分，我们区分出想象湘西、发现湘西、发明湘西三个重要生产阶段，三个阶段之间又互相衔接，第一层面是从地理的生产到文化空间生产，从中华文化圈内的文化空间的生产到现代性世界格局中的形象生产，其线索简化为地理空间、中华文化空间、世界文化格局；第二层面是从王权的政治制度的宏大叙事到人性书写对意识形态的批判与颠覆，再从人性的书写到现代性中的文化全球本土化的问题，其线索简化为政治制度、文化反思、现代性反思；第三层面是从史籍的文化符号到艺术的话语空间，再到审美化的日常生活，其基本线索是史册、艺术、生活。特别地，每一个排序在后的层面都是对上层的再生产，这种再生产不仅有复制的再生产也有颠覆性的创造性生产。

第一节　权辨夷夏：想象湘西

中华文化圈的"多元一体格局"（费孝通语）是一个流动的谱系，这一谱系由地缘环境、政治制度、思想话语等方面构成。差异是流动的动力来源，形象学

---

① ［美］戴维·斯沃茨. 文化与权力：布尔迪厄的社会学［M］. 陶东风译，上海：上海译文出版社，2006：113.
②③ ［美］戴维·斯沃茨. 文化与权力：布尔迪厄的社会学［M］. 陶东风译，上海：上海译文出版社，2006：114.

第六章 文化逻辑：湘西形象的生产与再生产

需要追问为什么会有自我与他者，自我与他者的潜台词就是差异哲学所思考的问题。语言学领域的发现可为我们提供启发性意见，"符号学创始者索绪尔认为：能指与所指间没有固定的天然联系，语言中一切成分被联系起来，是由'差别'和'对立'来决定的。这一思想后来在本韦尼斯特那里得到了发展。他在《一般语言学问题》一书中提出：代词'我'或'你'，既不代表一种概念，也不代表一个个人。个体的'我'只有在一具体的话语语境中才能被鉴定出来。总之，A 只有与非 A 联系在一起时才能成立，才有意义，因而话语间人物的关系就是一种主体间关系（relations intersubjectives）。形象学由此受到启发：若将形象制作者称为 A，他者称为非 A，前者只有与后者组成一对关系后才有意义，因为两者是对立、互补、互为参照的。于是，在文学中的异国形象不再被看成是单纯对现实的复制式描写，而被放在了'自我'与'他者'，'本土'与'异域'的互动关系中来进行研究"①。本论题中的"我"是具有权力的"我"，是支配资源、分配资源的主体，即建立在农耕文明之上的宗法制度、封建制度的阶层化的权力体系。这一权力体系的维护政治、军事、文化力量的现实对比，在形象学领域中研究谁对话语的控制权，布尔迪厄在研究场域的过程中，其场域的最重要的特征是"斗争"，这种斗争构成支配与被支配、防卫与颠覆之间的关系。布尔迪厄在教育学研究领域的例子值得借鉴，"在教育场域中起作用的高雅/低俗的对立，它同时产生出社会阶级立场中的'社会歧视'。教师对学生的作业的评价是依据队里的术语——例如轻盈/笨拙——把书写风格加以区别，这种对立的术语同时也在具有不同数量的文化资本的学生之间作出区别"②。在想象湘西的场域中，中心与边缘的话语的博弈、文明与野蛮的话语的对立，礼乐文明与巫傩鬼方之间的对比，这种话语序列成为史册中的主控叙事，在想象湘西中，地理的生产、王权制度生产与历史文化生产之间具有异质的同构性。

一、地理：三阶梯与"三权分立"

（一）地理条件的差异促成生产方式的差异

中国的三大阶梯（实为包括近海大陆架的"第四级阶梯"，即浅海大陆架，从第三阶梯往东的辽阔海洋，水深一般不超过 200 米，海底是中国大陆向海洋自然延伸的部分）指的是中国的三种不同的地形区。第一阶梯：青藏高原、柴达木盆地。位于昆仑山、祁连山之南，横断山以西，喜马拉雅山以北，平均海拔

---

① 孟华. 比较文学形象学 [M]. 北京：北京大学出版社，2001：5.
② [美] 戴维·斯沃茨. 文化与权力：布尔迪厄的社会学 [M]. 陶东风译，上海：上海译文出版社，2006：152.

4500米以上。第一二阶梯分界线：昆仑山脉—阿尔金山—祁连山脉—横断山脉。第二阶梯：内蒙古高原、黄土高原、云贵高原；准噶尔盆地、四川盆地、塔里木盆地，平均海拔1000~2000米。第二三阶梯分界线：大兴安岭—太行山—巫山—雪峰山。第三阶梯：东北平原、华北平原、长江中下游平原；辽东丘陵、山东丘陵、东南丘陵，大部分海拔在500米以下。近海大陆架区的版图地位随着海洋意识与海权地位的重要性而逐渐凸显出来，2013年版《中华人民共和国全图》将以往横版地图中的右下角"南海诸岛"得到全面展示，新版地图将大陆中国与海洋中国的形象充分展示出来。传统的三级阶梯体现了中国是一个典型的大陆国家，新版地图展现了中国也是一个海洋大国，拥有近300万平方公里的海域与32000公里长的海岸线。海岸线分为大陆岸线与海岛岸线，其中大陆岸线为18000公里，其北部起始点为鸭绿江口，南方终点为北仑河口。中国地形板块的四级阶梯代表着传统的四种不同的生产方式，第一阶梯是海拔最高的青藏高原牧业地域；第二阶梯主要是以牧业为主，部分区域是农牧的过渡区域；第三阶梯是以黄河流域、长江流域为代表的农耕文明；第四阶梯代表着传统的渔业、盐业、开采业、海外贸易、军事等地域。

（二）生产方式的差异构成了器物文化、制度文化、思想文化之间的差异

差异是构成双方或者多方之间特殊关系的动力。以地缘为基础的生存资源是各个族群试图去支配的对象，差异的多元文化体，如农业、牧业、渔业或处于这几种方式之外的生产区域之间又需要对方为自己提供产品以满足物质文化与精神文化的需要。例如，费孝通先生在论述农业区与牧业区之间的互补性时谈到，"把游牧民族看成可以单独靠牧业生存的观点是不全面的。牧业并不是单纯以乳肉为食，以毛皮为衣。由于他们在游牧经济中不能定居，他们所需的粮食、纺织品、金属工具和茶及酒等饮料，除了他们在大小绿洲里建立一些农业基地和手工业据点外，主要是取给于农区。一个渠道是由中原政权的馈赠与互市，一个渠道是民间贸易"[1]。民间贸易之外地处农业区域的秦汉王朝与北方的匈奴之间的劫掠与战争是正史与方志记载的重要组成部分，事实上非官方的商业贸易与民间往来源远流长，代表生产生活的主流趋势。湘西地处第二与第三阶梯的过渡地带，与第一、第二阶梯的牧业经济差异很大，与第三阶梯的发达农业也有差异，该区域处于雪峰山、武陵山脉的狭长谷地之中，这种地理状态形成了该地域文化的自为状态，农业、牧业、林业、渔业等生产形态夹杂其中。该区域通过澧水、沅江与外界实现沟通，因为武陵山、雪峰山的天然阻隔，这里的地理环境和生产

---

[1] 费孝通. 中华民族的多元一体格局 [M]. 北京：中央民族大学出版社，1989：11.

状态一直未得到大的改变，这一区域的地理差异直接导向生产方式的差异，在资源生态链条中处于山地多，平地少，农耕、牧业不能完全展开，处于多种生产生活方式并行的状态，这种方式在众多非物质文化遗产中得以保存，如土家族摆手舞表现狩猎活动和模拟禽兽活动姿态，包括"赶猴子"、"拖野鸡尾巴"、"犀牛看月"、"磨鹰闪翅"、"跳蛤蟆"等十多个动作。农事舞主要表现土家人农事活动，有"挖土"、"撒种"、"纺棉花"、"砍火渣"、"烧灰积肥"、"织布"、"挽麻绳"、"插秧"、"种苞谷"等。这种基于地理条件之上的生产方式延续至今，边缘的农林小生产与中心文化圈的发达农业构成差异性参照。这种边缘生产方式的现代表述与武陵山片区的概念联系起来，就形成了一个连片贫困的地区，是国家扶贫攻坚的主战场。总之，自然地理的四级阶梯构成的地缘差异造成生存资源的差异，这种生存资源的差异形成生产方式的差异，这种差异性结构是族群之间的器物、制度、文化之间的力量差异的基础。这种差异因为生存资源的激烈竞争时而合作交流，时而出现对立斗争，也有因需要形成互补优势而出现民族之间的大融合。

二、王权：正统即正义

（一）农牧矛盾促成中央集权的产生

中华文化圈的地势三阶梯代表着多种生产方式得以成长的自然环境，生产方式的差异会带来对生存资源的支配方式的巨大差异，现代性发生以前，农业与牧业是最主要的生产生活方式，这两种方式引发了形而下之上的制度的差异性，"农业是离不开土地的，特别是发展了灌溉农业，水利的建设更加强了农民不能抛井离乡的黏着性。农民人口增长则开荒辟地，以一点为中心逐步扩大，由家而乡，仅仅牢守故土，难得背离，除非天灾人祸才发生远距移动"[1]。与此相反，"一般游牧不能长期在一个地方定居，必须随着季节的变化，在广阔的草原上转移。牧民有马匹作为行动的工具，所以他们的行动比较迅速，集散也比较容易。当双方的经济和人口发展到一定程度，农牧矛盾就会尖锐起来，牧民成为当时生活在农区的人的严重威胁。对这种威胁，个体小农是无法抗拒的，于是不能不依附于可以保卫他们的武力，以及可以动员和组织集体力量来建筑防御工程的权力。这也是促成中央集权政体的一个历史因素。长城表现了这个历史过程"[2]。从春秋战国到秦朝的长城，表现的是牧攻农守的情形；西汉开通河西走廊，是农攻牧守的情况。同一种生活空间，特别是同一种生产方式条件下容易形成中心集权，不同生产方式之间的交接就是边界，例如长城就是边界线，河西走廊也是边

---

[1][2] 费孝通.中华民族的多元一体格局 [M].北京：中央民族学院，1989：10.

界线。在边界线内部的文化圈形成了以黄河、长江流域为原点的物质、制度、思想的中心。在地理的生存资源与制度的文化建设之间形成了中心与边缘的二元结构,中心与边缘的区分也是权力的区分,"普天之下莫非王土,率土之滨莫非王臣"①。从春秋战国时期的《孟子》、《韩非子》到秦汉时期的《吕氏春秋》、《史记》、《汉书》,再到明朝时期的《明史》及清朝时期的《清史稿》,我们可以找到近400条有关"王土"与"天下观"的论述,这种表述形成了从原先观念到现在观念的复制与再生产,原观念在思想中往往作为不证自明的大前提使用。这种中心权力对整体资源的支配是形成天下观的现实基础,这就形成"宗法制"②与"封建制"③时代的国家资本。

(二) 中央政权管理湘西地区的两种方式

从文化地理到政治体制,在大一统的朝代,湘西地区被包容进共同体内,在朝代分裂时代,湘西往往被中心政权或地方政权"区隔"出去。王权对边地的生存资源的管理采用包容进来或者区隔出去的制度策略,这与权力的力量对比有很大的关系。我们列举夏、商、周、秦、汉、唐、宋、元、明、清等主要朝代时期的湘西在行政版图中的变化。

其一,湘西被纳入政权的势力范围。我们发现行政概念生产与再生产的过程,从夏商周时代的"三苗"、"濮"到战国时期的黔中郡,再到汉朝的荆州地

---

① (春秋战国) 韩非. 韩非子·卷七 [O]. 四部丛刊景清景宋钞校本.
② 由于材料缺乏,现在对夏朝是否存在宗法制还无法确定,但从理论上分析,理应存在。商朝后期已实行嫡长子继承法,甲骨文中"大示"(大宗)、"小示"(小宗)的区别,说明宗法已经出现,只是不如西周那样系统、严格。周人是带着氏族血缘关系的外壳进入阶级社会的。在阶级社会里,原来的血缘关系表现为宗族,而宗族间的不平等,促成了宗法制的产生和盛行。西周宗法制的主要特点是以血缘为基础的嫡长子继承制和余子分封制。在宗法制下,宗族分为大宗、小宗。周天子一般由嫡长子世袭,为天下大宗,是政治上的共主,其余诸子被分封为诸侯,是为小宗。诸侯对天子虽为小宗,但在其国则为大宗。诸侯以下大夫等各级贵族也都依次分别以长子为大宗,余子为小宗。宗法制也适用于异姓诸侯。姬姓王族与异姓诸侯之间通过婚姻结成甥舅关系,成为宗法制的重要组成部分。西周宗法制下的大宗和小宗的关系是一种等级从属关系,小宗必须服从大宗。从表面来看,宗法制是以血缘为主,但其实质则是通过血缘关系的亲疏来确定财产、权位的继承权。所以,宗法制既是贵族间解决财产、权位继承或分配的一种制度,又是团结同姓和异姓贵族,加强王室与封国联系的手段。它巧妙地将政权与族权结合起来,巩固了周王对天下的统治。西周时期的一般庶民没有明显的血缘关系,他们连同土地一同被逐级授予各级贵族,由此也被纳入宗法体系之中。春秋时期是宗族制度最为兴盛的时期,大夫作为世袭的宗族贵族,表现得异常活跃。但在此时,宗法制却开始解体。参见张弘扬,张为民. 简论中国古代宗族宗法制的演变与特征 [J]. 济南大学学报, 1999 (04): 74.
③ 中国专制主义中央集权制度始于战国,成于秦汉,取代了西周的奴隶制贵族政治一直延续到清朝,成为中国历史的一个特点。其基本特征是国家把一切政治权力集中到皇帝和他统率的各级官僚机构手上。其演化过程是从秦汉的三公九卿制到唐以后的三省六部制,总的趋势是日益强化,日益僵化,也显现出循环往复式的皇权与相权的矛盾和中央集权与地方分权的矛盾。专制主义中央集权制度的形成是战国时生产力发展和地主经济的需要,到明清,它成了生产力与新生产关系发展的桎梏,而又无法与无力因时变更,终于被历史摈弃。参见宁可. 中国封建社会的专制主义中央集权制度 [J]. 文史哲, 2009 (01): 89.

第六章 文化逻辑：湘西形象的生产与再生产

区、唐朝的黔中道、北宋的荆湖北路、元朝的湖广行省等，从历代的行政版图，我们发现湘西作为行政区划的生产与再生产。夏时期的中央集权主要在黄河流域，湘西所属的三苗文化圈处于中心权力控制的远方，洞庭湖流域的湖南、湖北地区所受的控制力很弱。商周的势力空间范围主要集中在黄河流域，但相比夏时期，很多地方已有明确的空间定位，南方很多部族的名称在正史中开始出现。春秋时期，沅水、澧水流域处于百濮国地域，洞庭湖以北的楚国强大起来，它是向南延伸的重要诸侯国，对沅、澧流域的湘西有重要的文化辐射力。战国时期原属于百濮控制区域的沅、澧流域，现在属于楚国的势力范围，百濮势力进一步向西转移，延伸至四川省境内。秦时期的版图中的沅水、澧水地区在秦时属于黔中郡，该郡涵盖今天的湘西自治州、张家界市、怀化市、常德市，还有湖北省西南恩施地区，重庆东部的黔江地区，贵州省东北小部分地域。郡内的主要河流为沅江（支流酉水、潕水）、澧水（支流溇水）、乌江流域、清江流域，郡部住所为沅江流域的沅陵。西汉时期武陵郡主要包括沅水流域（酉水、辰水、潕水）、澧水流域（溇水、溇水），包括现在的湘西州、张家界市、常德市、怀化地区，澧水领域的充县（桑植）、零阳（慈利），酉水上的酉阳和迁陵（保靖），酉水支流猛洞河上的永顺，辰水上的辰阳（怀化辰溪县），潕水上的潕阳（怀化芷江附近），义陵（怀化的溆浦）。唐朝开元二十九年（741年），全国共分为15个道，澧水流域的张家界市属于江南西道的澧州，沅水流域的武陵（常德地区）属于江南西道的朗州，沅水的支流酉水上游的龙山、永顺、保靖、古丈属于黔中道的溪州，花垣属于锦州；沅水中上游的沅陵、溆浦、怀化地区属于辰州。澧州、朗州、溪州、锦州、辰州的行政区划相当于沅水、澧水的流经区域。

北宋政和元年（1111年），沅澧流域的湘西地区属于荆湖北路中的澧州、鼎州、辰州、沅州、靖州。澧水流域的张家界地区、常德部分地区属于澧州，沅水下游的常德地区属于鼎州，"武陵"、"桃源"是其中的属地。沅水中上游的辰溪、溆浦，其支流酉溪流域的湘西地区属于辰州，沅江上游的怀化地区属于沅州，通道地区属于靖州。其中，辰州境内酉溪流域的州设立较多，有顺州、富州、上溪州、保靖州、永顺州、下溪州、溶州。元朝时期，至顺元年（1330年）沅澧流域的湘西地域大部分地区属于湖广行省的北部，小部分地区属于四川行省的东南部。澧水流域的张家界地区属于湖广行省的澧州路。沅江流域的常德地区属于常德路，沅陵、辰溪、吉首地区属于辰州路，怀化地区属于沅州路，通道地区属于靖州路。① 沅江支流酉水上游的永顺、龙山、保靖地区属于四川行省的永顺安抚司，该司相当于行省下辖的路或府。永顺安抚司下有保靖州、南渭州、腊惹洞、

---

① 谭其骧. 中国历史地图集第七册·元·明时期［M］. 香港：三联书店（香港）有限公司，1991：32-33.

胪迟洞、白崖等。明朝时期，沅澧流域的湘西地区属于湖广（相当于元朝的湖广行省）中的中西部地区，澧水流域的今张家界和常德石门和澧县属于岳州府，该州下设行政单位有澧水上游的永定卫、桑植安抚司、大庸所，支流溇水中的九溪卫、麻寮所，溇水上的添平所。沅水下游的常德地域属于常德府，中上游的今沅陵、吉首、怀化地区属于辰州府，上游的怀化通道属于靖州（相当于府的行政单位）。沅水的支流酉水流域属于永顺宣慰司和保靖宣慰司（与府为同一级别）。值得一提的是永顺宣慰司与岳州府的西部和与二者毗邻的施州卫（与府同一级别）都属于湖广，本区域下设安抚司、宣抚司、峒司若干。清朝时期，澧水流域的今张家界、常德的石门、澧县属于湖南省的澧州，沅江下游的常德地区属于常德府，沅江中上游的沅陵、辰溪地区属于辰州府，上游的怀化地区属于沅州府，通道属于靖州，沅水的支流酉水流域的龙山、永顺、保靖、古丈属于永顺府，花垣属于永绥厅，沅江的支流熊溪上游的吉首地区属于乾州厅，今凤凰单属于凤凰厅。

其二，湘西被官方政权区隔出去。与上述湘西被包容进共同体内部相反，"溪州铜柱"、"苗疆边墙"表现了中央集权对湘西边地的"区隔"与排挤。溪州铜柱无独有偶，是一种战伐盟约的产物，在历朝历代的正史与方志中时有记载，象征中央王权对边地的管理。溪州铜柱之前有"马援铜柱"。"马援铜柱，一统志云，汉马援既平交趾立铜柱为汉界，相传在廉州府钦州古森洞上有援誓云，'铜柱折，交趾灭'唐马总又建二铜柱镌著唐德以明其为伏波之裔今未详，所在日南郡西有西屠夷国，援尝经其地亦植二铜柱表汉界及北还留十余户于柱下，至隋乃有三百余户悉姓马按，《林邑记》，林邑大浦口有五铜柱，唐天宝中何履光伐云南收安宁城立援铜柱以定疆界亦未详所在"[①]。唐末五代的"溪州铜柱"是东汉时期"马援铜柱"的生产与再生产，"我烈祖照灵王，于汉建武十八年，平征侧于龙编，树铜柱于象浦"，也表达了马希范对先人马援的追忆和认同。唐末至五代时期，湖南地区被南楚王马殷所割据，彭瑊被马氏委任为溪州刺史，辖永顺、保靖、龙山等地。马希范继马殷南楚王之位，瑊之子彭仕愁袭任溪州刺史。后晋天福四年（939年），溪州、锦州、奖州的边地族群万余人反抗马希范的统治，由彭仕愁率领东出，取澄、辰二州。后彭士愁战败，南楚王马希范与土司彭仕愁订立罢兵的盟约。铜柱立于边陲，规定各自所辖地域，互不进犯，南楚王不得在土司所属诸州内任意拉夫派差、征收捐税、强买土特产等。从此，在中华文化圈内的主要政权经历后梁、后唐、后晋、后汉、后周和宋、元、明、清九个朝代变更，封闭自守的彭氏连续承袭28代，偏安一隅的代价换来800多年相对安定的

---

① （宋）朱熹.通鉴纲目卷三十六下 [O].清文渊阁四库全书本，2510.

生活，直至清雍正六年（1728年）"改土归流"，彭氏政权方告结束，终止了溪州的土司制度。

其三，湘西苗民与明清政权尖锐对立。从明清时期的行政版图，我们发现湘西地域的军政结构设置相当严密，这表示中央对地方的控制力逐步加强，因为生存资源的分配策略问题，明清官方政府与湘西苗族的矛盾异常激烈，由唐五代时期的溪州铜柱演变成明时期新建的"苗疆边墙"。在中国古籍书库（哲科、史地、艺文、综合类）中，我们用"苗疆"作为关键词检索的结果有2299条信息，以"苗疆"与"兵"为关键词搜索得到258条记录，说明苗疆实为明清"弹压"苗民的工具。苗疆在明、清的典籍中的话语表述中代表中央王朝对边地的治理。苗疆的边墙是中央对边地"荒蛮"军政治理的集中表现，其大体位于湖南省凤凰县，南起与铜仁交界的亭子关，北至吉首的喜鹊营，全长190公里左右，始建于明嘉靖三十三年（1554年），竣工于明天启三年（1622年），被称为"苗疆万里墙"。苗疆边墙又由于其为中国南方唯一的长城，所以又称"中国南长城"、"南方长城"，简称南长城，是中国历史上工程浩大的古建筑之一，其功能是禁止当时苗、汉之间的贸易和文化交往。北方的万里长城与中国南方长城体现了中央王权对化外之地的历史心性，中央集权中最为核心的部分是权力对于生存资源的占有和分配，万里长城是农牧之间为了获取生存资源突破自身的边界，长城的两边都形成了各自的中央集权政体，如秦汉的统一政权，唐宋之后强大起来的蒙古族政权。长城代表着一种自我认同和生存资源保存的策略。同理，湘西地区的溪州铜柱与南方长城都是中心治理边地的策略，相比之下，前者采用一种相对和平方式的双边策略，这种策略的盟约性质对双方都有约束力也具有弹性交往空间，朝贡是双边实现沟通的方式和途径之一。南方长城是明清两代王权对边地采用暴力区隔的方式，完全杜绝双边的往来，明朝设立的"边墙"生产出明朝时期在湘西地域的军政体制围墙中的人自然被冠名为"苗蛮"。从明朝时期的湖广行都司的版图上可以发现，施州卫、永顺宣慰司、保靖宣慰司、岳州府等湘西地域的军政单位之下的安抚司、卫所军政大小单位数十个，军政单位在清朝时期的苗疆管理体系中进一步加强，直接的后果是清朝时期的"乾嘉苗民起义"。

三、史册：话语与权力

表述"蛮夷"的话语与治蛮的策略在"二十五史"以及方志中反复生产与再生产，典籍之间有内在的趋同性叙述模式。在正史中心对边缘的表述完全从自身的角度去考虑，其结果是形成斗争的场域，"为什么各种形式的社会不平等没有遭到强有力的抵制而继续存在着？布尔迪厄认为答案在于文化的资源、实践与机构以何种方式发挥功能以维持不平等的社会关系"①。维持意识形态的权力话语，"从物理的强制到更加软性的社会控制形式的变化，加固了不平等的社会关系的再生产与合法化。"②观念领域的生产与现实领域的生产之间是一种交互关系，二者互为表里。

(一) 史书中表述蛮夷的话语演变

我们以《史记》卷一百一十六中《西南夷列传第五十六》、《汉书》卷九十五中的《西南夷两粤朝鲜列传第六十五》、《后汉书》卷八十六中的《南蛮西南夷列传第七十六》、《明史》卷三百一十中的《列传第一百九十八土司》、《清史稿》卷五百一十二中的《列传二百九十九湖广土司》的表述来论述"蛮"叙事在史册中的生产与再生产。

首先是《史记》表述蛮夷的话语。《史记》中对西南夷的表述是，"西南夷君长以什数，夜郎最大；其西靡莫之属以什数，滇最大；自滇以北君长以什数，邛都最大：此皆魋结，耕田，有邑聚。其外西自同师以东，北至楪榆，名为巂、昆明，皆编发，随畜迁徙，毋常处，毋君长，地方可数千里。自巂以东北，君长以什数，徙、筰都最大；自筰以东北，君长以什数，冄駹最大。其俗或土箸，或移徙，在蜀之西。自冄駹以东北，君长以什数，白马最大，皆氐类也。此皆巴蜀西南外蛮夷也"③。《史记》是蛮叙事的"集大成者"，之后的史书中的蛮叙是对其的复制性生产或者颠覆性再生产，成为其后正史与地方志书中的话语源泉。

其次是《汉书》表述蛮夷的话语。顺承《史记》对"西南夷列传"的叙事，《汉书》中对西南夷的表述就有"南夷君长以十数，夜郎最大……自駹以东北，君长以十数，白马最大，皆氐类也。此皆巴、蜀西南外蛮夷也"④。班固对西南夷的表述基本上只是对司马迁表述西南夷的沿用。

《后汉书》对西南夷的表述也不例外，"昔高辛氏有犬戎之寇，帝患其侵暴，而征伐不克。乃访募天下，有能得犬戎之将吴将军头者，购黄金千镒，邑万家，又妻以少女。时帝有畜狗，其毛五采，名曰槃瓠。下令之后，槃瓠遂衔人头造阙下，群臣怪而诊之，乃吴将军首也。帝大喜，而计槃瓠不可妻之以女……衣裳班兰，语言侏离，好入山壑，不乐平旷。帝顺其意，赐以名山广泽。其后滋蔓，号

---

①② [美] 戴维·斯沃茨.文化与权力：布尔迪厄的社会学 [M].陶东风译.上海：上海译文出版社，2006：320.
③ (西汉) 司马迁.史记·第九册·卷一百一十六·西南夷列传第五十六 [O].北京：中华书局，2011：2991.
④ (东汉) 班固.汉书·第一一册·卷九十五·西南夷两粤朝鲜传第六十五 [O].北京：中华书局，2011：3837.

曰蛮夷……今长沙武陵蛮是也"①。《后汉书》分别从地缘、亲缘、物缘的角度表述中心与蛮夷的差异，前者是平旷的君主所在地，后者是好山壑，前者是华夏的祖先高辛氏，代表着文明的祖先，后者只是高辛氏的名叫盘瓠的畜狗，代表着蛮夷的祖先。前者代表的是华夏礼仪之邦，后者是身穿五色服的奇装，进行山地劳作的异族。话语背后的中心观念与边地观念充分表现出来。

再次是明清正史表述蛮夷的话语。《明史》中对西南诸蛮的表述为，"西南诸蛮，有虞氏之苗，商之鬼方，西汉之夜郎、靡莫、邛、莋、僰、爨之属皆是也。自巴、夔以东及湖、湘、岭峤，盘踞数千里，种类殊别。历代以来，自相君长。原其为王朝役使，自周武王时孟津大会，而庸、蜀、羌、髳、微、卢、彭、濮诸蛮皆与焉。及楚庄跻王滇，而秦开五尺道，置吏，沿及汉武，置都尉县属，仍令自保，此即土官、土吏之所始欤"②。

《明史》中对西南夷的表述一方面延续先前正史对边缘与异族采用的差异性话语表述，例如"蛮"、"鬼"、"僰"、"爨"等，体现出差异与褒贬，但从另一方面又体现出中央王朝对边地的文化辐射力与控制性。例如，西南诸蛮参加了周武王时的孟津大会，还听从武王的差遣，后来楚国的庄跻在云南地区称王以及秦朝自北向南开通的五尺道都代表中心对边缘的控制，其中设置都尉县属以及派设官吏体现了中心控制边地的愿望以及边地逐渐融入中心的途径。

《清史稿》中对湖广土司的表述，"西南诸省，水复山重，草木蒙昧，云雾晦冥，人生其间，丛丛虱虱，言语饮食，迥殊华风，曰苗、曰蛮，史册屡纪，顾略有区别。无君长不相统属之谓苗，各长其部割据一方之谓蛮。若粤之僮、之黎，黔、楚之瑶，四川之僰僚、之生番，云南之野人，皆苗之类。若汉书：'南夷君长以十数……'在宋为羁縻州。在元为宣慰、宣抚、招讨、安抚、长官等土司……远者自汉、唐，近亦自宋、元，各君其君，各子其子，根柢深固，族姻互结。假我爵禄，宠之名号，乃易为统摄，故奔走惟命，皆蛮之类"③。

清朝史家一方面延续以往朝代对边地蛮夷的表述，例如从地缘的角度说西南诸省所处环境的恶劣，从文化的角度说该地民俗与主流文化圈有很大的差异；另一方面也厘清了历朝西南夷所处的生存环境以及中心文化圈对他们的支撑，从《清史稿》中对"苗"与"蛮"的区分，可以知晓，清政府对该地更为了解，其

---

① （宋）范晔撰. 后汉书·第一零册·卷八十六·南蛮西南夷列传第七十六 [O]. 北京：中华书局，2011：2829-2830.
② （清）张廷玉等撰. 明史·第二六册卷三百十·列传第一百九十八·土司 [O]. 北京：中华书局，2011：7981.
③ （清）赵尔巽等撰. 清史稿·第四十七册·卷五百十二·列传二百九十九·土司一·湖广 [O]. 北京：中华书局，1977：14203.

原因是清政府一改前朝的土司制度采用流官政策，从而从行政体制的角度加强了对该区域的控制，《清史稿》中的表述是这一史实的观念性印证。

最后是地方志书表述蛮夷的话语。"二十五史"的叙事结构进一步在地方志中完成再生产，例如何孝积在《湖南通志》的前言中对湖南的概况表述，"湖南，古三苗、百濮、扬越之地。夏、商、周时期属《禹贡》所称'九州'的荆州地区、春秋战国属楚、秦为黔中、长沙（据里耶出图秦简为武陵、洞庭）郡地。汉代湖南大部属荆州，小部属交州，西汉时境内封有长沙国"①。地方通志代表中央集权下地方政府的集体性观念，这种观念所形成的话语大多是对正史中表述的重复与具体化。从《湖南通志》的文本表述中我们可以发现，正史是提供表述的大前提与逻辑框架，这种框架的稳定性伴随在中华民族多元一体格局形成的过程之中。

（二）蛮夷话语为治蛮策略提供思想准备

蛮的主控话语是中心对边缘的认识与表述。这种表述为下一步中心治理"边缘"提供了知识准备与合理论证。从治蛮策略的生产与再生产，我们发现正史提供了治蛮话语的基因，后续的话语都是在这一话语基因的"遗传"下得以完成复制与再生产。从《史记》、《汉书》、《后汉书》、《明史》、《清史稿》的诸多表述中，我们可以清晰地看到中心治边的话语体系与复制性传承。

首先，治蛮策略是对蛮夷话语的回答。作为主控叙事的"蛮"话语为实际的治蛮策略提供了思想基础。其思想逻辑为：既然地处边地的蛮族是野蛮的、非人的、不驯服的，就需要对他们进行驯化和治理。所以正史中对湘西的控制与治理成为一套话语系列，治理性话语是控制性话语的进一步升华。例如，《史记》中中心对边地湘西的治理策略，"始楚威王时，使将军庄路跻，将兵循江上，略巴、黔中以西。庄跻者，故楚庄王苗裔也。跻至滇池，方三百里，旁平地，肥饶数千里，以兵威定属楚。欲归报，会秦击夺楚巴、黔中郡，道塞不通，因还，以其众王滇，变服，从其俗，以长之"。②这宗话语将军队、用兵、兵威、击夺等作为治理的核心用语。军事对抗是治理蛮邦的重要手段，通过对这种手段的描述，我们发现史家视其为正义、合理和有效。《汉书》中有关中心对边缘湘西控制的表述是对《史记》中话语的重复与补充，"始楚威王时，使将军庄跻将兵循江上，略巴、黔中以西。庄跻者，楚庄王苗裔也……秦时尝破，略通五尺道，诸此国颇置吏焉。十余岁，秦灭。及汉兴，皆弃此国而关蜀故徼。巴、蜀民或窃出商贾，取其

---

① （清）李瀚章，裕禄等编纂. 湖南通志（光绪）[O]. 长沙：湖湘文库编辑出版委员会，岳麓书社，2011：1.
② （西汉）司马迁. 史记·第九册·卷一百一十六·西南夷列传第五十六 [O]. 北京：中华书局，2011：2993.

莋马、僰僮、旄牛，以此巴、蜀殷富"①。《汉书》在《史记》的基础之上补充了商业贸易的流通是中心与边地交互的另一种形式。《后汉书》对治蛮策略的表述相比前两本史书更为客观，包括湘西在内的区域在上古时期是作为边缘的"要服"存在的，这一区域随着中心文化权力的减弱而成为"边患"，随着周朝的式微，"蛮遂侵暴上国"，直到秦朝的建立，"秦昭王使白起伐楚，略取蛮夷，始置黔中郡。汉兴，改为武陵。岁令大人输布一匹，小口二丈，是谓賨布。虽时为寇盗，而不足为郡国患"②。历朝中央集权的政府与边地湘西始终处于一种博弈的语境中，《后汉书》将湘西地区表述为"寇盗的形象"，还没有完全归附中心文化圈。

其次，明清史书对治蛮策略的表述最完整。《明史》与《清史稿》从话语上解决了历朝正史中遗留的问题。代表中央集权的正史从思想与现实的角度重新表述湘西，在制度方面，羁縻制度从元朝至今起到很重要的作用，"迨有明踵元故事，大为恢拓，分别司郡州县，额以赋役，听我驱调，而法始备矣。然其道在于。彼大姓相擅，世积威约，而必假我爵禄，宠之名号，乃易为统摄，故奔走惟命。然调遣日繁，急而生变，恃功怙过，侵扰益深，故历朝征发，利害各半。其要在于抚绥得人，恩威兼济，则得其死力而不足为患"③。行使这种制度的目的就是恩威并施，达到对边地湘西的控制，但这种控制又具有失控性，《明史》中提出的"侵扰"、"恃功怙过"等问题最终在《清史稿》中得到解决。"改土归流"成为解决问题的关键。湘鄂渝黔是土司制度体系的中心，改土归流的背后权力是中国封建社会中央集权达到顶峰，与之相对的拥有自主治理权力的土司王对集权构成严重的威胁。"至雍正初，而有改土归流之议。四年春，以鄂尔泰巡抚云南兼总督事，奏言：'云贵大患，无如苗蛮。欲安民必先制夷，欲制夷必改土归流。而苗疆多与邻省犬牙相错，又必归并事权，始可一劳永逸……其改流之法，计擒为上，兵剿次之。令其自首为上，勒献次之。惟制夷必先练兵，练兵必先选将。诚能赏罚严明，将士用命，先治内，后攘外，必能所向奏效，实云贵边防百世之利'"④。在改土归流政策的行使过程中，归附的力量与对抗的力量并存，将敌对的力量与"蛮"、"夷"、"大患"联系起来，"计擒为上，兵剿次之"应运而生。

---

① （东汉）班固. 汉书·第一一册·卷九十五·西南夷两粤朝鲜传第六十五 [O]. 北京：中华书局，2011：3838.
② （宋）范晔撰. 后汉书·第一零册·卷八十六·南蛮西南夷列传第七十六 [O]. 北京：中华书局，2011：2830-2831.
③ （清）张廷玉等撰. 明史·第二六册卷三百十·列传第一百九十八·土司 [O]. 北京：中华书局，2011：7981-7982.
④ （清）赵尔巽等撰. 清史稿·第四十七册·卷五百十二·列传二百九十九·土司一·湖广 [O]. 北京：中华书局，1977：14204-14205.

再次,"改土归流"标志着治蛮话语的终结。改土归流的问题一旦解决,包括湘西在内的边地就完全隶属中央集权政府的管辖,关于南蛮的控制性与治理性话语就成为历史性话语。今人刘志盛在《凤凰厅志》中的前言中对湘西凤凰的表述,"凤凰厅位于湖南西部边境,其地上古三代为三苗之地,春秋战国属楚,秦为黔中郡,西汉为辰阳县第,属武陵郡,东汉因之;三国为辰阳县第,属武陵郡"①。这种治理的最为重要的表现形式就是"行政区划",清理属地关系一方面体现在话语的表述;另一方面就是实际的军事行动。刘昌发在《辰州府志》的前言中对辰州(沅陵、泸溪、辰溪、溆浦等地)的表述,"辰溪地处湖南西部……在上古唐、虞为荆州之地,夏、商、西周乃《禹贡》荆州之域,春秋时期属楚巫中地,战国属楚黔中地,秦属黔中郡。汉高祖五年(前202年)始置沅陵县,属武陵郡。东汉时,县属荆州武陵郡"②。从正史到地方志,湘西从政治、经济、文化、军事等方面成为多元一体文化格局中的一员。关于该地的属地关系的话语表述在正史、府志、厅志中就成为一种套话,这种套话成为思考其他问题的大前提。这一大前提遂成为中华文化圈的一体格局的集体无意识。

"文化资本的概念呼唤我们关注市场社会中文化资源的权力方面……通过对于语言、知识、文化风格塑造人际互动的细致而无所不在的方式的关注,这个概念促进了我们对于把社会背景效应转化为不平等的学校教育成绩以及随后的就业机会的过程的理解。在教育社会学中,这个概念使得人们能够细致地研究孩子从家庭中继承下来,并随后带到学校的文化资源如何影响学术成就。"③正史中关于湘西诸多观念的表述是一个层累与叠加的过程,这种过程加深了中心文化圈对边地湘西与湘西"蛮族"的固有观念,这种观念直接的影响是中心文化圈对边地的政治行为与文化策略。

第二节 礼求诸野:发现湘西

从先秦到明清,从传统到近现代的中国,中华文化圈如何思考制度危机和文化危机的?如果说想象湘西是意识形态领域中心对边地的想象,这种想象主要集

---

① (清)黄应培,孙均铨,黄元复修纂.凤凰厅志(道光),湖湘文库编辑出版委员会,岳麓书社,2011.
② (清)席绍葆,谢鸣谦修纂.辰州府志(一)(乾隆),湖湘文库编辑出版委员会,岳麓书社[O].北京:中华书局,2011:1.
③ (美)戴维·斯沃茨.文化与权力:布尔迪厄的社会学[M].陶东风译.上海:上海译文出版社,2006:322.

第六章 文化逻辑：湘西形象的生产与再生产

中在思想领域，那么发现湘西是中心文化圈的先行者将制度危机与文化危机等诸问题放在湘西进行的认识实践与改造社会的行为，传统的礼乐文明和封建制度在遇到文明冲突与文化危机之时，文化圈中的知识分子担负起思考时代问题的重任。这一类思想者有一个共同的语境，就是个体面对一个充满危机的社会集体秩序，例如2300多年前的屈原被楚国的当权放逐，楚国面临着被北方的强秦灭国的危机，陶渊明身处的东晋王朝动荡不安，唐朝刘禹锡被贬常德、王昌龄被贬怀化地区，直到沈从文等现代作家出现，发现湘西的历程是一部文学史、艺术史、文化史、思想史、民族史。我们列举历朝历代的文人骚客，看他们如何在边地去寻求社会危机的解决之道，他们如何面对自己的问题，他们如何为社会的危机寻找一种特殊的生存方式。

从屈原到沈从文笔下的湘西有三层含义，一是他们发现的湘西具有一种边地参照系的价值，这种价值的载体是超越现实的乌托邦空间。二是屈原、陶渊明、沈从文通过人性的书写表达对所处社会秩序的否定。三是"发现湘西"的表述是一套源远流长的话语谱系。

一、空间的再生产

发现湘西是一种文化空间的生产与再生产。在寻找湘西的过程中，为什么艺术家眼中的湘西最为厚重、传神和富有吸引力？因为艺术家笔下的湘西已成为一种话语体系。从语言层面来看，语言是共性的、静态的，而艺术家的艺术语言是具体、生动、个性的符号系统，这种符号系统与社会紧密联系就构成话语体系。这种话语体系囊括人们提出问题、分析问题、思考问题、解决问题的语境，甚至成为社会集体无意识传承至今。列斐伏尔强调"在我们原来的物理空间之外强调经验的空间，这个经验空间不一定是看到的空间，实际上每个居住在城市的居民与世界的联系，通过这个城市空间的可移动性，有相互关系。还有一个很重要的就是生产可生产物，空间是可以生产出来，不单是生产，还是再生产"[①]。所以，发现湘西的过程兼具持续性与节奏感、复制性与创新性的特征。既有器物文化的发现、制度文化的发现，也有思想文化的再发现。

（一）发现湘西的空间是从洞庭湖到沅澧流域

屈原是从洞庭湖的中心地带来到了洞庭湖左岸的沅澧流域，陶渊明将桃花源安放在洞庭湖的左岸，他之后的唐宋元明清的文人将桃花源落实在常德市的桃源县，这就形成了文化人对边地湘西的"发现"与"再发现"。唐朝的刘禹锡就是一位主动将桃花源落实在朗州（常德）地区的士大夫，发现湘西的视点由洞庭湖

---

① 张英进等.上海文化空间生产与再生产[J].上海采风月刊，2012（03）：24.

的右岸抵达洞庭湖的左岸。王昌龄来到龙标（湘西怀化）地区，于是发现湘西的空间再一次由洞庭湖的左岸穿过雪峰山进入武陵山腹地。这是湘西之外的文人发现湘西的过程，随着传统文化空间的濡染，本土人的自我发现在现代逐步表现出来，特别是新文化运动思潮的影响之下，沈从文的边城形象与前现代人的发现方式不同，沈从文具有本土身份，我们可以认为中心文化圈为了寻找解决问题的参考系，从洞庭湖，循着沅澧路径，抵达洞庭湖的左岸的桃花源，跋山涉水进入雪峰山与武陵山。从单个的历史事件来看，屈原、贾谊被放逐，陶渊明主动归隐，刘禹锡、王昌龄被贬边地，唐末的本土诗人李群玉有着兼济天下的抱负，沈从文不得已的"出走"都具有偶然性，但我们以"发现湘西"这一主线去看，认真梳理从传统士大夫到现代知识分子的文脉，发现湘西的过程又具有必然性，这条文脉面对中华文化圈的问题生产与再生产（不单单指对社会集体想象物的复制再生产，也包括颠覆性的再创造）出我们的文化。

（二）屈原、陶渊明、沈从文发现湘西的路径一脉相承

发现湘西的原点是屈原笔下的湘西形象。第一是屈原提出中心文化圈面临的问题。《离骚》中"夏桀之常违兮，乃遂焉而逢殃。后辛之菹醢兮，殷宗用而不长。汤、禹俨而祗敬兮，周论道而莫差。举贤才而授能兮，循绳墨而不颇。皇天无私阿兮，览民德焉错辅。夫维圣哲以茂行兮，苟得用此下土"。[①]他提出的问题就是楚国即将面临失国的险境。第二是屈原身处边地不忘对问题的求索。《九歌》中"沅有芷兮澧有兰，思公子兮未敢言。荒忽兮远望，观流水兮潺湲"。[②]第三是屈原笔下的湘西是一个逐步被展现出来的过程。《涉江》中"乘舲船余上沅兮，齐吴榜以击汰。船容与而不进兮，淹回水而疑滞。朝发枉渚兮，夕宿辰阳。苟余心其端直兮，虽僻远之何伤。入溆浦余僮徊兮，迷不知吾所如"。[③]发现湘西并不能一蹴而就，而是在上下、往返、内外、缓急等差异性的视野中逐步发现参照系的价值。第四是屈原的发现与求索具有悲剧色彩。《惜往日》中"惭光景之诚信兮，身幽隐而备之。临沅湘之玄渊兮，遂自忍而沉流。卒没身而绝名兮，惜壅君之不昭。君无度而弗察兮，使芳草为薮幽"。[④]问题的症结是君无度而不查，作为文人的屈原已经无力去试探和解决这一问题，试图将芳草鲜美的乌托邦落实在心中的楚国，这就成为一种幻象。屈原笔下的湘西形象仍然具有思想上的参照系价值，这种芳草鲜美的沅澧世界在陶渊明笔下成为世外桃源，在沈从文笔下成为田园牧歌。

从屈原、陶渊明到沈从文的"湘行空间"是一种文脉的传承。我们可以对比

---

① （汉）王逸. 楚辞·卷一·九歌章句第一离骚 [O]. 四部丛刊景明翻宋本：16-19.
② （汉）王逸. 楚辞·卷二·九歌章句第二离骚 [O]. 四部丛刊景明翻宋本：47.
③④ （汉）王逸. 楚辞·卷四·九歌章句第四离骚 [O]. 四部丛刊景明翻宋本：101-102.

第六章　文化逻辑：湘西形象的生产与再生产

"屈原主要生平活动"中的"屈原流落江南路线图"①与沈从文创作《湘行书简》中沅水的路线图②，发现这种同一空间中的古代和现代意义的生产与再生产。首先我们看屈原的游历路线，屈原出生在楚国的郢，屈原的第一条游历路线是青年时期辞官北上的路线，从长江进入汉水流域。第二条路线是作为达者的屈原北上联齐路线，屈原从长江流域来到黄河流域。第三条路线是作为穷者的屈原在沅澧流域的上下求索寻找化解国家危机的答案最后投汨罗江。屈原从洞庭湖进入沅江和澧水。最主要的路线是从常德、桃源、沅陵、辰溪再转到资水、湘江，最后大约在楚顷襄王十五年（前286年）投汨罗江③。屈原的《九歌》、《九章》、《离骚》等重要的作品都是在放逐沅澧流域而完成的，屈原将人生和国家遇到的问题放在边地进行思索，其实质是对楚国政治秩序的留恋，这种爱国（肯定当下的政治秩序）的动力结构贯穿屈原文学思想的始终，最后的人生悲剧也因楚国的灭亡而突发。沅澧是产生文化思想的空间，沈从文在《滩上挣扎》中点出了河的空间与人生之间的互动关系，"我总是想，一条河对于人太有用处了。人笨，在创作上是毫无希望可言的。海虽俨然很大，给人的幻想也宽，但那种无变化的庞大，对于一个作家灵魂的陶冶无多益处可言。黄河则沿河都市人口不对称，地宽人少，也不能教训我们什么。长江还好，但到了下游，对于人的兴感也仿佛无什么特殊处。我赞美我这故乡的河，正因为它同都市相隔绝，一切极朴野，一切不普遍化，生活形式、生活态度皆有点原人意味，对于一个作者的教训太好了。我倘若还有什么成就，我常想，教给我思索人生，教给我体念人生，教给我智慧同品德，不是某一个人，却实实在在是一条河"④。沈从文从1934年1月12日到达桃源县，13日登船开始上行，正如屈原的"路漫漫其修远兮，吾将上下而求索"。1月13日晚到达曾家河，1月14日晚到达兴隆街，1月15日到达洞庭溪，1月16日到达丫㜑围，1月17日到达杨家潭，1月18日到达辰州，1月19日到达泸溪，1月20日到达浦市，2月1日自辰州下行，2月2日到达桃源。另外，湘西的凤凰是沈从文的故乡，北京是沈从文的事业和家庭的所在地。屈原在沅水、澧水流域寄托自我的情怀，这种情怀是以屈原被自身所在的中心文化圈放逐，但他依然思考中心的问题，守望着中心世界。沈从文是通过家书的形式，往返中心与边地之间，如果说屈原在湘西发现了"离"的生存方式与"骚人"的情感，那么

---

①③ 湖南省教育科学研究院.湖南地方文化常识地图册[M].北京：星球地图出版社，2008：31.
② 1934年1月，沈从文回湘探望母病。在沅水自桃源乘小船上行，行程八天，到达浦市，再改由陆路回凤凰。此图根据糜华菱先生和日本福家道信先生文章用图核对改绘而成。标注了《湘行书简》中描述的沿河所见主要地点（校核绘图龙朱2005年）。参看沈从文.湘行散记[M].武汉：长江文艺出版社，2012：228.
④ 沈从文.湘行散记[M].武汉：长江文艺出版社，2012：70.

沈从文就是发现了湘西普通人的人性，这就完成了沅澧空间中文化的生产与创造性再生产。

（三）沈从文笔下的屈原形象与陶渊明形象

沈从文在《桃源与沅州》中实现了对屈原与陶渊明桃花源形象的重写与颠覆。沈从文眼中的屈原形象，"在这条河（沅江）里在这种小船上作乘客，最先见于记载的一个，应当是那疯疯癫癫的楚逐臣屈原。在他自己的文章里，他就说道：'朝发枉渚兮，夕宿辰阳。'如果他那文章还值得称引，我们尚可以就'沅有芷兮澧有兰'与'乘舲船余上沅兮'这些话，估想他当年或许就坐了这种小船，溯流而上，到过出产香草香花的沅州……若没有这种地方（白燕溪），屈原便再疯一点，据我想来他文章未必就能写得那么美丽"①。相比屈原原本的生活空间，湘西的文化空间有一种差异性禀赋，这种禀赋可以成为观照中心文化圈以及自身的"一面镜子"。经过屈原、沈从文之后，还有更多的人乘船来沅州，文化形成了再生产，"甚么人看了我这个记载，若神往于香草香花的沅州，居然从桃源包了小船，过沅州去，希望实地研究解决《楚辞》上几个草木问题"②。沈从文是从文学与现实的关系去探讨屈原笔下的香花、仙草的真实性问题，形象学所研究的不是追问表述与现实的真实符合性问题，而是探讨表述什么、如何表述、表述的话语谱系是什么。

沈从文在《桃源与沅州》中表述陶渊明与桃花源形象。沈从文的第一步是解构桃花源的虚幻性。"全中国的读书人，大概从唐朝以来，命运中注定了应读一篇《桃花源记》，因此把桃源当成一个洞天福地。人人皆知道那地方是武陵渔人发现的，有桃花夹岸，芳草鲜美。远客来到，乡下人就杀鸡温酒，表示欢迎……千余年来读书人对于桃源的印象，既不怎么改变，所以每当国体衰弱发生变乱时，想做遗民的人必多，这文章也就增加了许多人的幻想，增加了许多人的酒量。至于住在那儿的人呢，却无人自以为是遗民或神仙，也从不会有人遇着遗民或神仙。"③文中指出了为什么会出现桃花源，并不是实实在在有一个世外桃源的存在，而是乱世中的人民都向往遗民的生活，在中国的农耕文化的语境中，隐居山林、男耕女织、自给自足的生活方式无疑是难以企及的乌托邦，不是某地是世外桃源，而是某地在乱世的历史语境中被当成了桃花源，成为社会意识的存在。沈从文的第二步是还原桃源的真实性。"桃源县城则与长江中部各小县城差不多，一入城门最触目的是推行印花税与某种公债的布告。城中有棺材铺官药铺，有茶馆酒馆，有米行脚行，有和尚道士，有经纪媒婆庙宇祠堂多数为军队驻防，门外

---

①② 沈从文. 湘行散记［M］. 武汉：长江文艺出版社，2012：137-138.
③ 沈从文. 湘行散记［M］. 武汉：长江文艺出版社，2012：132.

必有个武装同志站岗。土栈烟馆照章纳税，就受当地军警保护……另外还有个名为'后江'的地方，住下无数公私不分的妓女，很认真经营她们的业务……这些妇女使用她们的下体，安慰军政各界，且征服了往还沅水流域的烟贩、木商、船主，以及种种因公出差的过路人。挖空了每个顾客的钱包，维持许多人的生活，促进地方的繁荣"①。第三步是借桃源彻底批判"风雅人"形象。"桃源是个有名的地方，每年自然就有许多'风雅'人，心慕古桃源之名，二三月里携了《陶靖节集》与《诗韵集成》等参考资料和文房四宝，来到桃源县访幽探胜。这些人往桃源洞赋诗前后，必尚有机会过后江走走。由朋友或专家引导，这家那家坐坐，烧烟盒，喝杯茶。看中意某一个女人时，问问行市，花个三元五元，便在那万人用过的花板床上，压着那可怜妇人的胸膛放荡一夜"②。

桃花源的复制还在继续生产中，电视剧《湘西往事》中主人公说桃花源就在营盘寨的东边，天晴无云的时候可以看见，营盘寨里师生讨论唐伯虎的《桃花庵歌》，教书先生诵读"桃花坞里桃花庵，桃花庵下桃花仙。桃花仙人种桃树，又摘桃花换酒钱。酒醒只在花前坐，酒醉还来花下眠。半醉半醒日复日，花落花开年复年。但愿老死花酒间，不愿鞠躬车马前。车尘马足显者事，酒盏花枝隐士缘。若将显者比隐士，一在平地一在天。若将花酒比车马，彼何碌碌我何闲。世人笑我太疯癫，我笑他人看不穿。不见五陵豪杰墓，无花无酒锄作田"。诗人笔下的桃花世界与偏安一隅的营盘寨互为镜像。《桃花源记》里世外桃源中的人不知有魏晋等中心文化圈，营盘寨的寨主也不知道"张恨水"是何许人，文学中渔人是忽逢桃花林，电视剧中营盘寨与外面的通道是一个滑轮吊篮和鲜为人知的地下通道，教书先生通过这条唯一的路进入营盘寨授课、花鼓戏班进入寨里表演，最后是解放军攻上寨子，实现了剿匪的重要一环，剿匪的成功是对号称"世外桃源"的营盘寨的否定。

二、人性：从人到大写的人

在屈原、陶渊明等文人之前对湘西的表述是基于王权的考虑，肯定或者否定意识形态是想象湘西的动力，当文人士大夫作为放逐的对象来到边地之后，他们游离于体制之外，人生的境遇使他们（例如屈原、陶渊明）的身份认同处于一种张力结构之中。屈原是从自身出发去守望中心，屈骚文化传统展现出屈原作为一位"引渡人"的人格，即将中心文化圈的问题带到边地，从这种诗人的为文与做人之中我们发现了中心世界，但发现问题的机遇是在作为边地的沅澧流域。陶渊明用笔下的世外桃源否定身处的现实世界，用乌托邦的动力去解决现实问题。自

---

①② 沈从文. 湘行散记 [M]. 武汉：长江文艺出版社，2012：133.

明清对湘西的军政管理体制加强之后，特别经过清雍正时期的改土归流，湘西成为方属，每一位中华文化圈内的人都有成为引渡人的可能性。

（一）沈从文发现都市人性与乡土人性

沈从文沿着古典湘西形象的道路，是从人性角度发现湘西的第一人。"我们的小船已停泊在两只船旁边，上个小石滩就是我最欢喜的吊脚楼河街了……这种河街我见得太多了，它告我许多知识，我大部提到水上的文章，是从河街认识人物的。我爱这种地方、这些人物。他们生活的单纯，使我永远有点忧郁。我同他们那么'熟'——一个中国人对他们发生特别兴味，我以为我可以算第一位！但同时我又与他们那么'陌生'，永远无法同他们过日子，真古怪！我多爱他们，'五四'以来用他们作对象我还是唯一的一人！"[1]沈从文的发现同时改变了自我的观念，"除了风景以外，人事却使我增加无量智慧。这里的人同城市中人相去太远，城市中人同下面都市中人又相去太远了，这种人事上的距离，使我明白了些说不分明的东西，此后关于说到军人，说到劳动者，在文章上我的观念或与往日完全不同了"[2]。沈从文从都市与乡土"互为镜像"的视角去考量，将骂野话的水手与城里人对比，"看到他们我总感动得要命。我们在大城里住，遇到的人即或有学问，有知识，有礼貌，有地位，不知怎么的，总好像这人缺少了点成为一个人的东西。真正缺少了些什么又说不出。但看看这些人，就明白城里人实实在在缺少了点人的味儿了。我现在正想起应当如何来写个较长的作品，对于他们的做人可敬可爱处，也许让人多知道些，对于他们悲惨处，也许在另一时多有些人来注意。但这里一般的生活皆差不多是这样子，便反而使我们哑口了"[3]。沈从文提出城市与乡土的人性之间的互补，他采用现象学的写作方式去呈现水上的水手，将人性与生存状态展示出来，"他们也常大笑大乐，为了顺风扯篷，为了吃酒吃肉，为了说点粗糙的关于女人的故事。他们也是个人，但与我们都市上的所谓'人'却相离多远！一看到这些人说话，一同到这些人接近，就使我想起一件事，我想好好的来写他们一次。我相信若我动手来写，一定写得很好。但是我总还嫌力量不及，因为本来这些人就太大了……最活泼有趣勇敢耐劳的为麻阳籍水手，不多数皆会唱会闹，做事一股劲儿，带点憨气，且野得很可爱。麻阳人划船成为专业。一条辰河至少就应当有二十万麻阳船夫。这些人的好处简直不是一个人用口说得尽，你若来，你只需用眼睛一看就相信我的话了"[4]。沈从文在谈到印选集的想法时，全都是围绕"人"展开论述，"你（张兆和）已为我抄了好些

---

[1] 沈从文. 湘行散记 [M]. 武汉：长江文艺出版社，2012：27.
[2] 沈从文. 湘行散记 [M]. 武汉：长江文艺出版社，2012：114.
[3] 沈从文. 湘行散记 [M]. 武汉：长江文艺出版社，2012：69.
[4] 沈从文. 湘行散记 [M]. 武汉：长江文艺出版社，2012：23.

第六章 文化逻辑：湘西形象的生产与再生产

篇文章，我预备选的仅照我记忆到的，有下面几篇：柏子、丈夫、夫妇、会明（全是以乡村平凡人物为主格的，写他们最人性的一面的作品）、龙朱、月下小景（全是以异族青年恋爱为主格，写他们生活中的一片，全篇贯穿以透明的智慧，交织了诗情与画意的作品）都市一妇人、虎雏（以一个性格强的人为主格，有毒的放光的人格描写）、黑夜（写革命者的一片段生活）、爱欲（写故事，用天方夜谭风格写成的作品），应当还有不少文章还可用的，但我却想至多只许选十五篇"①。沈从文通过文字将湘西人的众生相展现出来，其隐含的读者是地处中心的城市人，"城市病"正是沈从文为文的出发点。

（二）沈从文发现人性的偶然机遇与逻辑必然

使中心文化圈逐渐从黄河流域向长江流域扩展。湘西地处武陵山与雪峰山腹地，屈原、陶渊明为了探索自身的人生问题和身负社会问题的使命去发现，用文艺去发现问题和人性——其文化意义远远在文艺之上，沈从文相比前二者从外而内的视角，从边城走向世界，寻找自己需要的和乡土社会需要的参考系，在人生的实践中不断变换自己的发现视野和角度，"一个人的生活前后太不相同，记忆的积累，分量可太重了。不管是曹雪芹那么先前的豪华，死后落寞，也不管像我那么小时孤独，近来幸福，但境遇的两重，对于一个人实在太惨了。我直到如今，总还是为过去一切灾难感到一点忧郁。便是你（张兆和）在我身边，那些死去的事，死去了的人，也仍然常常不速而至的临近我心头，使我十分惆怅"。②作家深感自己的责任，真切感受到自己的使命，化解人在乡土、都市的生存困境，触及人在现代社会的生存问题。从偶然的角度看，沈从文发现了湘西形象，从必然的角度看，新文化运动启蒙的中国人发现了边地中华的文明，"历史对于他们俨然毫无意义，然而提到他们这点千年不变无可记载的历史，却使人引起无言的哀戚"③。乡土文明的价值可以为现代中国的前进提供实践的经验价值，"听他们谈了很久，我心中有点忧郁起来了。这些不辜负自然的人，与自然妥协，对历史毫无担负，活在这无人知道的地方"④。边地文化在中华文化中的参考系价值理应得到关注，笔者从边地发现中国的历史与寻求问题的参考系，这正是沈从文笔下湘西形象的价值所在。

（三）"发现湘西"成为文艺思潮

顺承前现代的文学表达，发现湘西成为现代性文学与艺术的表达对象。视觉是从想象湘西的远看到近观。顺接前现代的桃花源热，发现湘西形成了文艺思潮

---

① 沈从文. 湘行散记 [M]. 武汉：长江文艺出版社，2012：80.
② 沈从文. 沈从文别集·湘行集·泊杨家岨 [M]. 长沙：岳麓书社出版社，1992：86.
③ 沈从文. 沈从文别集·湘行集·一九三四年一月二十八 [M]. 长沙：岳麓书社出版社，1992：186.
④ 沈从文. 沈从文全集（第11卷）·老伴 [M]. 太原：北岳文艺出版社，2002：139.

中的沈从文热。沈从文文学是湘西热的第一阶段，第二阶段是影像湘西的影视剧热。一系列匪片打破湘西的桃花源形象，这里是日军、国军、解放军的角逐之地，桃花源成为虚妄。或者是对古典蛮夷想象的再现，由蛮夷到匪夷。"八十年代宏观影坛弥散的思想变革氛围，和在开放潮流中涌入的新的电影美学思潮，推动了中国电影本体意识的觉醒，中国电影开始了对于电影本体的探索。这种探索不是对传统迅速的全面爆破，而是在多项探索中对电影本体的逐步逼近，从纵向的形态演变来看，这一时期的中国电影以电影语言变革为先导，经历了纪实性电影、散文化电影、探索电影和娱乐电影等既有重心，又有错落的发展阶段。"[1] 电影的多元形态的发展为发现湘西提供了多元视角的可能，这种可能性探索就是对中心文化圈问题的回答。

本土湘西人不能发现湘西，《血色湘西》中龙德霖开始时听说日本军攻占常德并不觉得麻溪铺危如累卵，"他们打他们的，我们赛（端午赛龙船）我们的……天远蛮荒之地，请他们来，他们也不会来的"。相比之下，从外面世界回来的耀文、穗穗和中美联合空军的外国士兵发现了湘西，穗穗说："麻溪铺、栖凤河一切都没有变，还是我梦里的样子。"美国军人说："这是人间吗？真美呀！这可以肯定就是传说中的伊甸园，太美了，我今天真正懂得了美丽的含义。"乡亲们看见外面世界的人，意识到内外世界的差异性，看见美国兵的反应是"怎么有这样的人，鼻子是不是假的。眼睛的颜色好古怪"。看见穿军装的穗穗的感觉是"好威武、漂亮、神气，像戏里头的穆桂英"。观者在内外世界的相互观照中逐渐发现湘西，麻西铺十七寨有传统的屯兵制度，各寨都有传递战书的"床弩大器"，通过射出的火箭传达信息，童老师与美国军人聊天时说："湘西人彪悍、尚武、血性、倔强，打死不认输，碰到认定的敌人要拼个鱼死网破，不搞赢绝不散场"。这与后来全寨人誓死保卫"雷达站"是相互参照的产物，床弩大器代表冷兵器时代的遗产，雷达站代表现代战争的信息科技。麻溪铺人的发现与行动，全寨人同意雷达站建在祖坟山，挨家挨户主动迁坟并且为保护雷达站视死如归。全国抗战的洗礼让大家明白覆巢之下岂有完卵，麻溪铺世外桃源势必会走向幻灭。

（四）"发现湘西"的动力是新文化运动

新文化运动是发现湘西的原动力，中心文化圈所需要解答的问题其实就是如何把握世界的问题。对人与自然、人与社会、人与神的发问，新文化运动以科学、民主、美育来解决这三问，问题的解决代表中国全面进入现代社会，现代社会的总体特征被称为"现代性"，现代性具有两面性，现代性的问题即思考者站在理性现代性和审美现代性的对立面进行思考。沈从文作品构建的湘西形象具有

---

[1] 任仲伦. 新时期电影论［M］. 上海：上海文艺出版社，1992：60.

穿透力,"你们能欣赏我故事的清新,照例作品背后蕴藏的热情却被忽略了。你们能欣赏文字的朴实,照例那作品背后的隐状的痛苦也被忽略了"①。新文化运动以全新的科学观看待人与自然,以全新的民主思想看待人与社会,以全新的宗教观看人与灵魂的问题。"从中国的现代化历史看,新文化运动是政治变革完成之后的一场思想文化补课;从中国与世界文明主流的关系看,新文化运动是一场中国文化的世界化运动,也是中国与世界文明主流全面接轨的运动,从新文化运动的价值选择与努力方向看,它是一场人的解放运动,又是争取人的独立、自由与权利的运动"②。新文化运动有三个维面:以人与自然的关系引入科学、以人与社会的关系引入民主、以人与灵魂的关系引入以美育代宗教,这是认知、伦理与信仰领域的三大问题,奠定了文化和历史问题的大前提。建立现代民族国家是一种文化事业形态,美育代宗教、科学代宗教、审美救国论,是一种思潮和运动,也是一种群体性或者阶层性的思考,并且这种历史的脉络更为清晰,意识形态的属性更为明显,指向更为丰富,湘西成为文化地理的大发现,也更为多元。例如,沈从文的小说《边城》与香港电影《翠翠》,艺术家在自足的艺术空间中发现了"人"。沈从文发现了湘西人,鲁迅发现了狂人、具有独立人格和自由意志的人,沈从文的原人是有"精气神"的湘西人,学会追问我们从哪里来、我们到哪里去、我们是谁,思考湘西形象的现代性的价值和参考意义。

三、艺术:"沈从文"的再生产

(一) 反思与批判现实秩序是艺术生产的动因

发现湘西是对想象湘西的再确认。想象湘西是基于地理空间的身份认同与个人情感,我们可以从生产生活方式的差异与融汇中找到中心与边缘互为镜像的现实根据。想象湘西的动力来源于意识形态的一体格局思想,中心与边地构成斗争的场域,场域之间的力量对比决定着想象湘西的方式,这种方式从古典到现代一脉相承,正统思想代表着正义的力量。想象湘西的表述主要是在史籍之中,从国家文化资本体现的二十五史到地方史志的复制性再生产,想象湘西在地理的基础、意识形态的动力、国家叙事工程的表述模式中获得确认。与肯定意识形态力量相对的力量是引渡人(屈原、陶渊明、沈从文等)对中心文化的反思与批判,这就是与意识形态(王权)相对的乌托邦(沅澧、桃花源、边城)颠覆力量,意识形态的资源基础是地理之上的农牧业资源,乌托邦是非现实的空间,"乌托邦最不规则的形式,当它'在一个向人间的球内'运动时,仍然是一个失望的企

---

① 沈从文.沈从文全集(第4卷)·一个女人[M].太原:北岳文艺出版社,2002:305.
② 李新宇.什么是"新文化运动"?[J].社会科学战线,2004(03):90.

图,以表现人类本质上是在乌托邦照耀之下的"①。所以屈原上下求索,思想处在一种守望与绝望之间,桃花源是前现代的理想世界,沈从文书写的是都市与乡土的"双城记"。想象湘西的动力来自一体格局的正统话语,这种正统话语在传统社会上是"大一统",在现代社会是"多元一体格局"。"普天之下莫非王土",中心在王权的主导之下秩序化,这种秩序化进一步在地理空间上扩容,从秦朝统一第三阶梯到汉朝开通河西走廊,从第三阶梯进入第二甚至第一阶梯,这就奠定了中华文化圈的版图。这种中心文化圈的王权制度,从西周时期的分封制到清末才结束的封建制都是传统中国的国家制度,从制度到思想的转换过程就是表述的系统化进程,其中儒释道思想是王权依托的话语力量,二十五史更是将国家意识形态的思想传承下来,实现其复制性再生产。与意识形态动力相反的动力是乌托邦,这就是屈原、陶渊明、沈从文重新借用乌托邦化的湘西来完成对意识形态的批判。艺术家的批判力量主要是在艺术空间领域,这种虚构空间与现实秩序之间有着强有力的张力。

(二)从沈从文的文学热到沈从文作品的影像改编热

沈从文热代表湘西形象的对外输出,沈从文文学作品的影像改编热是文学热的继续,影片《翠翠》、《边城》、《萧萧》、《烟雨长河》、《村妓》均根据沈从文文学作品改编,在其他湘西题材的电影与电视剧中,沈从文经常作为湘西元素而出镜,例如电视剧《湘西往事》中解放军女记者最喜欢的文学作品是《边城》,营盘寨的军师徐海和春娥讨论沈从文的《湘行散记》到底是散文还是小说,徐海指出作品有故事和人物,说它是小说也是对的。教书先生为草儿和春娥讲授沈从文的《五个军官与一个煤矿工人》,相互讨论军官和工人与社会的关系。

从作家个人的发现到社会集体的发现,导演的背后是电影制片机构的话语体系,电影制片厂是从广大观众的社会集体想象的需要去发现。相比作家,影像的动力是社会。沈从文认为"从一般记载和传说,对湘西有如下几种片段印象或想象:一、湘西是个苗区,同时又是个匪区。妇女多会放蛊,男子特别喜欢杀人。二、公路极坏,路极险,人极蛮……三、地方险有险的好处,车过武陵,就是《桃花源记》上所说的渔人本家……四、地方文化水准极地,土地贫瘠,人们蛮横而又十分愚蠢"②。导演也发现了沈从文的价值和湘西形象的意义。在工具理性主导下,一种田园牧歌的生活方式即将失去,当然这种发现是一种间接的生命体验,香港电影《翠翠》的摄制组没有进入湘西取景,全部的拍摄过程在香港完成,

---

① 保尔·利科.在话语和行动中的想象[A].孟华译.比较文学形象学[M].北京:北京大学出版社,2001:61.

② 沈从文.沈从文别集·凤凰集·湘西引子[M].长沙:岳麓书社出版社,1992:101-102.

湘西边城的形象与香港形象融合而成电影中的翠翠形象。

我们可以追问港片《翠翠》中的边城到底是香港还是湘西，我们将其看作是现代香港对湘西的想象，在影像湘西中思考香港面临的现代性问题。《血色湘西》中外来的童老师用相机拍下湘西的人物和记录端午节盛况，童老师开始是一种探秘和理解的态度去塑造湘西形象，后来为了完成运送抗战物资的需求，对麻溪铺采取启蒙的态度，将保家卫国的理念带给当地，从思想上影响镇上人，她的发现，代表着湘西之外的中心文化圈的发现，影像中专设一段画外音，"从烽火硝烟中，一步走进这片古老的山野。身边的山、脚下的水和眼前淳朴得仿佛盘古开天起就不变的人，都是那样纯真美丽如梦幻。几乎令我要忘记了外面的血与火，忘记了我在这里的目的，然而我却不能忘记，不能忘记在这片宁静和恬美之外，血还在流，火还在烧。不能忘记我是一名共产党员，我的身上还肩负着开辟抗日物资运输线的任务，肩负着党的嘱托"，点出世外桃源的存在感与幻灭感，理想与现实之间有着强烈的冲突。相比之下龙耀文是一位引渡人，进学堂，身着中山装，讨厌戴耳环，敢于与阿公理论，"男人戴耳环，落后的习俗"。耀文是从中心文化圈的视角反观边地湘西的人与事物，其发表意见的背后是现代优于古代、文明优于落后、中心优于边缘的话语逻辑。

第三节　协和万邦：发明湘西

想象湘西的空间在地理版图中实现，发现湘西的空间在现实之上的理想世界，发明湘西是在全球本土化背景下湘西人的"策略"（布尔迪厄语）。"全球本土化"是现代性的产物，器物的路径、制度的路径、思想的路径是跨国性通道，在传统中国社会，国家的地理格局是中心与边地的关系，民族关系是汉族与少数民族的关系，思想是礼乐文明与巫鬼蛮夷的相对关系。从传统以农业为主体的国家向现代工业国家的转型，从中国的"天下观"[1]到全球的本土化的转变，中国成为现实与想象的共同体，一是版图统一的共同体，二是中华民族的共同体，三是中华文化的共同体。

我们研究湘西形象问题的背景不仅是传统文化受到挑战，更是现代中国如何

---

[1] 关于"天下观"，费孝通先生认为是当今中华民族的生存空间，"这个地区在古代居民的概念里是人类得以生息的、唯一的一块土地，称之为天下，又以为四面环海所以称四海之内。这种概念固然已经过时，但是不会过时的却是这一片地理上自成单元的土地一直是中华民族的生存空间"。参见费孝通. 中华民族的多元一体格局 [M]. 北京：中央民族大学出版社，1989：2.

汲取传统的文化资源面对时代重大问题，其中协和万邦的思想就是处理各种矛盾场域的重要文化资源。在中国古籍书库（哲科、史地、艺文、综合类）中，我们用"天下"作为关键词搜索得到 1008673 条信息，以"海内"为关键词检索得到 57309 条信息，以"万邦"作为关键词检索的结果有 12698 条信息，以"万国"为关键词搜索得到 24680 条记录，以"和谐"为关键词搜索得到 1205 条信息，以"和协"为关键词得到 1325 条信息，以"协和"为关键词搜索得到 3571 条信息，以"谐和"为关键词搜索得到 967 条信息，以"协和万邦"为关键词得到 577 条信息，以"和而不同"为关键词搜索获得 811 条信息。从统计学意义上，我们发现，古人思考一国之内的异地、异族问题的频率很高，这种问题的解决方案中"协和万邦"是儒家的智慧。《尚书》的《尧典》开篇就是关于德治天下的总结，"日若稽古，帝尧曰放勋，钦明文思安安，允恭克让，光被四表，格于上下。克明俊德，以亲九族。九族既睦，平章百姓，百姓昭明，协和万邦，黎民于变时雍"①。其大意是我们考查古代往事，帝尧的名字叫放勋。他敬事节俭，明照四方，善治天地，道德纯备，温和宽容。他诚实尽职，又能让贤，光辉普照四方，以至于天上地下。他能发扬大德，使家族亲密团结。家族亲密和睦了，又明察其他各族的政事。众族的政事辨明了，又协调万邦诸侯，天下民众也随着变化而友善和睦起来。在这个框架下，湘西成为两重边缘，古典中华文化圈的边缘，全球本土化的边缘。"中国上古时代部落众多，所谓'诸侯万国'、'天下万邦'。只要有人群的地方，就免不了有矛盾和斗争。有那么多的人口，分成那么多的部落，并且相对集中地生活在一定的区域中，这就不可避免地产生许多部族矛盾和社会矛盾。那么，古代中国人是怎样解决这些矛盾，从而决定古代中国文明走向的呢？《尚书》以《尧典》开篇，开始即讲尧的德行，而尧的德行之大者，在于能'协和万邦'。这是中国文化的整体和谐观的表现。从一个大的时段来看，由上古的天下万邦，到春秋时代的数十诸侯国，再到战国七雄，最后由秦国统一天下。统一是中华民族发展的历史趋势。但在如何统一的问题上，却一直有两种路线：一种是'以德服人'，一种是'以力服人'。前者主要依靠涵化融合的方法；后者则主要通过战争兼并的方法。而作为中国文化主流的儒家的价值观，肯定'以德服人'的路线，而否定'以力服人'的路线。中国文化的整体和谐观不仅体现为先贤的哲学理念，更主要的是体现在上古以来的历史发展过程中，它作为一种民族精神、文化传统存续着，而不仅是某家某派的哲学观点而已"②。人类社会从原始氏族发展为部落、部落联盟、酋邦、国家、世界共同体，只要存在生存资源

---

① （汉）孔安国. 尚书卷一·尧典第一·虞书 [O]. 四部丛刊景宋本，1.
② 姜广辉. 中国文化"协和万邦"思想的基本准则 [N]. 光明日报，2000 年 10 月 10 日，第 B03 版.

的竞争与占有，就会有我与他之间的区隔与矛盾，这一矛盾所引发的是个人、族群、国家的身份认同以及个人的情感认同，"和而不同"成为现实与思想的事实。我们就是在这一背景下讨论发明湘西。

一、跨界：环球网域格局

关于环球网域格局的探讨，马克思的世界文学观与文化的全球化观点能为我们提供参照。

（一）跳出"湘西"看"湘西"

马克思的"世界文学观"关注文化在国与国之间、民族与民族之间的流动、作用与影响。我们将马克思的"世界文学观"放在世界文化史中考察，发现其有三种模式：西方为主体的跨文化模式；西方与非西方文化交互模式；间性文化共同体模式。马克思的"世界文学观"对传统文脉采取批判性继承，对异国文化采用开放式借鉴，文化全球化与文化本土化处在两种张力（普遍性与特殊性的张力、"东方从属于西方"的张力）结构之中，处于两种张力中的文化主体面临文化招损和文化受益的价值抉择。中华文化既受惠于世界文化又要为世界文化做出贡献，中华文化的伟大复兴是否可能和如何可能是文化"全球本土化"的中国实践。

马克思的"世界文学观"是一个流动的谱系，其中"'文学'一词德文是'Literatur'，这里泛指科学、艺术、哲学、政治等等方面的著作"[1]。这就形成一个狭义的文化概念，是对歌德"世界文学"遗产的批判性继承，后者是一个纯文学概念，前者是一个文化的知识谱系，如果将其放在马克思主义哲学谱系中，更见其系统性。根据《政治经济学批判·序言》关于"社会的一般发展"之三规律（生产力和生产关系、经济基础和上层建筑、社会存在和社会意识对立统一规律）、四层次（生产力、生产关系、政治上层建筑、社会意识形态）的理论，文学是系统中的重要一环，是人的本质力量的对象化，是人把握世界的一种方式，所以，"世界文学观"是马克思艺术哲学的重要组成部分。

歌德、别林斯基、马克思与"世界文学观"。1927 年，德国文学家歌德（Johann Wolfgangvon Goethe，1749~1832）正式提出"世界文学"（Weltliteratur），"我愈来愈深信，诗是人类共同的财富……民族文学在现代算不了很大的一回事，世界文学的时代已快来临了。现在每个人都应该出力促使它早日来临"[2]。他还通过信件、谈话录、著述普及这一概念，但其文化观念的局限性也一目了然，"我们不应该认为中国人、塞尔维亚人、卡尔德隆或尼伯龙根就可以作为模范。如果需

---

[1] 马克思恩格斯选集（第 1 卷）[M]. 北京：人民出版社，2012：404.
[2] 艾克曼著. 歌德谈话录，[M]. 朱光潜译. 北京：人民文学出版社，2000：111.

要模范,我们就要经常回到古希腊人那里去找,他们的作品所描绘的美好的人。其他一切文学我们都应只用历史眼光去看。碰到好的作品,只要它还有可取之处,就把它吸收过来"①。歌德心中的文学典范是古希腊文学,其他民族的文学仅作为"其他"归类,这属于前"世界文学观"。1841年,别林斯基(V.G. Belinskiy, 1811~1848)在《文学一词的一般意义》中谈到世界文学概念,"除了这一个或者那一个民族的文学之外,还有着总的、人类的、全世界的文学"②。关于这种文学的历史发展,别氏认为这种文学是历史发展既定过程中的文学,历史必然要沿着统一、分离、再在更高阶段上统一的道路前进,所以经历了初级统一阶段而分化开来的民族文学,也肯定会重新汇合而成统一的世界文学。富有历史感的世界文学理念是马克思"世界文学观"的重要资源。

1848年,马克思在《共产党宣言》中肯定了"世界文学"的形成和存在,"资产阶级,由于开拓了世界市场,使一切国家的生产和消费都成为世界性的……过去那种地方和民族自给自足和闭关自守状态,被各民族的各方面的互相往来和各方面的互相依赖所代替了。物质的生产如此,精神的生产也是如此,各民族的精神产品成了公共的财产。民族的片面性和局限性日益成为不可能,于是由许多种民族的和地方的文学形成了一种世界的文学"③。从歌德的世界文学概念到马克思的"世界文学观",人类通过文化把握世界方式发生了改变,从民族文学向世界文学的转型,从纯文学的讨论到文化领域的拓展,从区域意识到世界意识的延伸,从局部观念到整体观念的诞生,正如马克思称自己是"世界的公民",开始用世界视野来思考人类发展。

根据马克思赋予这一概念的含义以及当代语境对其含义的拓展,我们将该"世界文学观"放在世界文化史中考察并发现其三种模式:

1. 西方为主体跨文化(Trans-culture)模式(16世纪至20世纪中叶)

西方强势文化向世界每个角落单向渗透,民族文学开始向世界文学转型。这种模式之中的主动者是马克思笔下的"资产阶级",形成世界文学的动力来自"生产的跨国性",以加工与原料、生产与消费为标志的资本主义生产方式开启了世界史的征程。15世纪地理大发现,欧洲人开始冲出地中海,走向世界;16世纪属于资本主义原始积累阶段,早期的葡萄牙和西班牙通过殖民掠夺和侵略扩张实现大量财富的聚集;17世纪,英国、荷兰、法国等后起的殖民国家开始商品贸易和货币交易来实现基本的积累;18世纪产业革命,资产阶级开始缔造真正

---

① 艾克曼著. 歌德谈话录, [M]. 朱光潜译. 北京: 人民文学出版社, 2000: 111-112.
② 别林斯基. 别林斯基选集第3卷 [M]. 满涛译. 上海: 上海译文出版社, 1980: 128-129.
③ 马克思恩格斯选集(第1卷)[M]. 北京: 人民出版社, 2012: 404.

的世界市场。近五个世纪中,西方是整个文化版图中的主体。

2. 西方与非西方文化交互(Cross-culture)模式(20世纪中叶以来)

随着世界范围内第三次科技革命浪潮兴起,世界文学的格局基本形成,西方文化为主体,非西方文化价值得到一定程度承认;世界文学的空间格局已经成型,相对于信仰基督教、实行代议制民主的西方文化(西欧、北美和澳大利亚),非西方文化区域初具雏形,历史上属儒家文化圈,成功现代化的日本和韩国,具有欧亚文化和东正教文化传统以及社会主义历史的俄罗斯文化圈,华夏文化、印度文化、伊斯兰文化等融合的东南亚区,受印度文化影响的南亚文化区,格兰德沙漠以南,信奉天主教的拉丁美洲区等共同构成文化网络,每一个区域都是世界文学网络中的节点,各自拥有文化的自我意识和文化形象,各个区域中的主权国家都捍卫自身的文化主权,从文化帝国时代唯西方马首是瞻到制定文化战略来保护世界文学文化生态的多样,非西方的文化价值得到一定程度的认可。

3. 间性文化共同体(Inter-culture)模式

这是人类解放后形成的"自由人联合体"[①]时代的文学观,各种文化互为主体,共享一个更大的体系而不丧失自我特性,融合个性,是共享同中存异价值理念的共同体。马克思在《共产党宣言》中提出世界文学的范畴,提出各民族分享精神产品是否可能和如何可能。首先,马克思肯定资产阶级在不到一百年的统治中创造的生产力,解放了生产力,摧毁了封建所有制,但资产阶级时代的世界文学观恰恰是需要解放的对象,根据《政治经济学批判·序言》和《共产党宣言》可以看出,马克思对于"世界文学"的未来解放提供的是革命的手段,但革命这一手段是否会导致"世界统一的文学",这是否有悖"世界文学观"本身的逻辑同样是值得思考的话题。

(二)开通"路径"认识"自身"

在研究湘西形象的过程中,湘西只是我们研究的对象,研究的空间需要拓展到湘西之外的文化空间。边地湘西的三重空间,第一重空间是地理空间,地理空间承载农业、林业、牧业等生产方式,空间上资源的分配与王权制度是一种互动关系,前者是王权的支配对象,后者是从空间上划分中心与边地的动力来源,基于王权对地理资源与人力资源的话语表述就是史册。第二重空间是人对地理之上的艺术空间的发现,这是边地湘西的文化空间,最典型的代表是沅澧空间、桃花源空间、边城空间,这一系列空间是边地对于中心的价值空间,边地的某些参照满足了中心文化圈的需要。第三重空间是对前两重空间的进一步扩容,前两重空

---

① 中共中央马克思恩格斯列宁斯大林著作编译局. 马克思恩格斯选集(第1卷)[M]. 北京:人民出版社,2012:126.

间是在中华文化圈的内部，湘西作为异地、异族形象被讨论，边地与中心是被包含与包含的关系，行政区域效应大于文化区域效应。第三重空间是现代性发生之后产生的中西文化空间，湘西处于传统与现代、中国与全球文化圈的网络结构之中，边地处于中华文化圈的边缘与西方文化的边缘，湘西处于两重边缘的境地。边地湘西如何凸显自我的文化力，这种文化力的来源是现代性的张力，湘西文化能够面对时代重大问题发出自己的声音，例如面对现代性中理性现代性，湘西的回应是什么，湘西做了什么，湘西的经验是什么，湘西的教训是什么？面对审美现代性的反思和批判，湘西在后沈从文时代能否有普适意义的文化思考能力？

关于前现代的湘西形象的讨论在中心与边缘的框架中进行，现代湘西形象讨论增加了全球与本土的维度，前现代是从中心到边缘的包含关系中讨论湘西形象，这种讨论隐含的话语是阶序化的表述方式，现代性话语试图打破行政的中心与边地话语，边地、中心都是网络场域中的节点，将边地文化身份放在全球多元文化的大格局中，湘西想象的研究从"湖南的湘西"到"中国的湘西"，从"东方的湘西"到"世界的湘西"，我们称之为"环球网域"格局中的边地湘西。我们可以从交通路径的打通、中外友好城市的建设、外籍游客三个方面来讨论湘西走向世界的是否可能和如何可能。

首先，交通路径的打通。从湖南省交通的版图上[1]，我们发现湘西的交通网络日趋发展，公路、铁路、飞机覆盖全省，2014年新建的黔张常铁路已经破土动工，黔张常铁路将湘西北最偏僻的黔江、咸丰、来凤、龙山、桑植纳入铁路网络系统之中，经过路径的开通，实现边缘走向中心的可能。这种交通路径的打通的一个重要标志是湘西处于澧水、沅水、武陵山、雪峰山文化圈，左靠巴蜀文化圈的中心地带，路径的开放对湘西文化形象、巴蜀文化形象、湖湘文化都具有积极作用，这对我们建构湘西学提供了现实依据，因为路径之上的器物、制度、思想实现了无障碍的流动。湘西腹地拥有荷花国际机场，已开通澳门、曼谷、首尔、大阪、釜山、汉城的国际航班，这种交通路径为文化的跨界与对话提供了基础。

其次，信息路径的开通是互联网革命所带来的新媒体革命，湘西地区的张家界人民政府网站中的子网页"张家界国际旅游网"采用英语、法语、俄语、日语、汉语、德语网页版面[2]，提供旅游地的景观、旅游日志、旅游计划、旅游俱乐部、联系方式等，为各国的游客提供旅游的咨询与便利。常德市、怀化市、湘西土家族苗族自治州都建有政府门户网站，门户网站中专设旅游栏目，在大众传

---

[1] 湖南省教育科学研究院.湖南地方文化常识地图册［M］.北京：星球地图出版社，2008，19.
[2] 英语版的张家界国际旅游网可以访问成功，其他语种的网页访问未成功，网址为 http://www.zhangjiajie.com.cn/templates/new/images/top.jpg，2014-11-16日访问。

媒时代的跨界传播中具有重要的作用,但各门户网站主要作为信息发布的平台,在与网友之间的互动平台的建设方面需要进一步加强。"2004年到2008年,五年累计接待游客7955万人次,其中国外游客达579.5万人次,共实现旅游收入373.52亿元,分别为前5年总和的2.7倍、4.5倍和3.1倍。"① 境外游客来到湘西持续升温,"境外游客接待量、旅游外汇收入连创新高,2011年分别达到182万人次和3.47亿美元,分别是2008年的1.72倍和1.73倍"②。张家界在对外友好城市交流方面与韩国、法国等国城市开展点对点的合作与交流,张家界与韩国的河东郡在公务研修、旅游发展、文化教育等领域开展友好合作③。张家界与美国、加拿大等国的城市互访,"人民政府友好城市访问团对张家界市友好城市美国圣塔菲市和意向中的友好城市加拿大威士拿市进行了为期10天的正式访问"④。张家界与法国佩皮里昂市开展友好城市建设⑤;张家界市与美国圣塔菲市结成友好城市⑥;张家界市与安道尔公国卡尼略市政府签署合作框架协议,双方从经济、政治、文化、科技、教育、人才培训等方面开展深入合作,这是张家界提质成为世界著名旅游城市的具体表现。政府、民间交流打开相互之间制度与思想的路径是地方文化彰显自身能力的前提。

二、发展:全球本土化策略

关于"全球本土化策略"的探讨,马克思的全球化观点能为我们提供参照。马克思"世界文学观"中文化主体对现代文化与传统之间的文脉采用纵向批判继承的策略,对本土与异域文化的关系采取的是横向借鉴的方法论,这体现了马克思"世界文学观"的理论深度和方法论指导意义,这对边地湘西的全球本土化策略提供借鉴。

(一)全球本土化策略

全球本土化(Glocalization 由 Globalization 和 Localization 组合而成)的本义是

---

① 张家界市政府新闻办.张家界出台提振旅游措施游客可获直接让利[EB/OL]. http://www.zjj.gov.cn/website/main/498/499/201007088589.shtml,2009-01-21/2014-11-16.
② 张家界市人民政府.张家界国民经济与社会发展[EB/OL]. http://www.zjj.gov.cn/user/newsred/001002-001002011.html,2013-06-06/2014-11-16.
③ 田育才.田华玉会见河东郡前郡守曹由幸一行[EB/OL]. http://www.zjj.gov.cn/website/main/498/499/20141021119819.shtml,2014-10-21/2014-11-16.
④ 周泽猛,侯永康.张家界市政府代表团成功访问美国、加拿大友好城市,http://www.zjj.gov.cn/website/szzt/2013042387952.shtml,2013-01-22/2014-11-16.
⑤ 河岚.法国佩皮里昂市政府代表团考察武陵源[EB/OL]. http://www.zjj.gov.cn/website/main/498/500/500/2012071275234.shtml,2012-07-12/2014-11-16.
⑥ 张家界政府公众信息网.张家界市与美国圣塔菲市结成友好城市[EB/OL]. http://www.zjj.gov.cn/website/main/498/499/201007087797.shtml,2008-10-17/2014-11-16.

指"全球化的思想,本土化的操作"(Think globally and act locally)的个人、团体、机构等。全球本土化不仅是一种营销策略,也是全球经济日益全球化和一体化背景下出现的一种新的理论和思潮。2002年11月26日,社会学家罗兰·罗伯森(Roland Robertson)在清华大学发表题为"Globality: A Mainly Western View"的演讲,使用"'全球性'(Globality)和'全球本土化'(Glocalization)……这样的包容性术语来讨论社会和文化问题"①。"全球本土化"描述了本土条件对全球化的反馈作用,全球本土化意味着普遍化与特殊化趋势的融合,两者共同起着作用。

个人或者群体需要深入理解国内外的优秀文化,只有在多元文化语境中才能获得全球化的视野,才能制定本土化的策略。马克思精读过希腊文学和拉丁文学,经常高声朗诵《伊里亚特》和《奥德赛》,对索福克勒斯、修昔底德斯、柏拉图、西塞罗、维吉尔和塔西托等人的原著如数家珍,1865年,马克思在一份征询表上填写说自己最喜爱的诗人是莎士比亚、埃斯库罗斯和歌德。这为其进行文化研究打下了坚实基础,只有全身心地投入文化事业,才能对世界文学的领域有宏观的把握。马克思最喜爱的诗人之一歌德同样是博闻强识的代表,"他涉猎古典文学(希腊和罗马文学)、古典神话和埃及神话、《圣经》、中世纪诗歌、但丁作品、意大利文艺复兴、德国文艺复兴、莎士比亚作品、法国古典主义和西班牙黄金时代(均为17世纪),以及18世纪和19世纪早期英、法、德等国的所有欧洲小说、戏剧和歌剧形式。他翻译、改写、戏仿以及用这些作品的风格写作,或者把它们搬上舞台"②。其次,"世界文学观"寓理论研究于批评实践之中,1859年4月19日,马克思在《致斐迪南·拉萨尔》中,要求《弗兰茨·冯·济金根》的作者借鉴莎翁的戏剧艺术,"你就得更加莎士比亚化,而我认为,你的最大的缺点就是席勒式地把个人变成时代精神的单纯的传声筒"③。同理,1888年4月初,恩格斯在《致玛格丽特·哈克奈斯》中,劝导《城市姑娘》的作者学习巴尔扎克的艺术,"您的小说也许还不够现实主义。据我看来,现实主义的意思是,除细节的真实外,还要真实地再现典型环境中的典型人物"④。从阅读《马克思恩格斯选集》第4卷中102封书信中,我们可以发现,马克思的"世界文学观"以"武器的批判"为基础。最后,"世界文学观"对传统采取批判继承的态度。世界市场

---

① 王宁."全球本土化"语境下的后现代、后殖民与新儒学重建[J].南京大学学报,2008(1).
② 简·布朗.歌德与"世界文学"[J].学术月刊,2007(6).
③ 中共中央马克思恩格斯列宁斯大林著作编译局.马克思恩格斯选集(第4卷)[M].北京:人民出版社,2012:437.
④ 中共中央马克思恩格斯列宁斯大林著作编译局.马克思恩格斯选集(第4卷)[M].北京:人民出版社,2012:590.

第六章　文化逻辑：湘西形象的生产与再生产

"把一切民族甚至最野蛮的民族都卷到文明中来了，它的商品的低廉价格，是它用来摧毁一切万里长城、征服野蛮人最顽强的仇外心理的重炮。它迫使一切民族——如果它们不想灭亡的话——采用资产阶级的生产方式"①。面对"他人所欲施于己"的文化植入方式，非西方文化主体该做如何选择？

所以湘西地域产生的文化与艺术不仅属于湘西，更是属于中华文化圈，甚至需要用全球观的视野去看待。"文学全球观"形成的标志是文化主体具有世界文化的版图意识，国别与世界的网络结构关系，包含民族国家与异域国家之间的文化交流，某种文化是否值得借鉴、是否具有魅力有三条标准：第一，拥有自我的"民族精神"；第二，这种精神有深刻的内涵；第三，这种精神有出彩的形式。纵观世界史的发展，很多民族国家提供了横向借鉴别国文化的经验。歌德说："我们德国的文学大部分就是从英国文学来的！我们从哪里得到我们的小说和戏剧？还不是从哥尔斯密、菲尔丁和莎士比亚那些英国作家得来的？"②歌德的表述充分显示了德国文学界的谦逊，自己的文学创作同样富有世界意识，"歌德敢于冒险，更进一步，他在朋友赫德（Johann Gottfried Herder）的带领下，对世界各地的民歌产生兴趣。即使在生命的后期，他也继续热情地关注新收集到的欧洲主流之外的作品，如塞尔维亚民歌。《浮士德》序言之一就是以公元 5 世纪印度戏剧《沙恭达罗》（Sakuntala）为基础的"③。从屈原到沈从文笔下的湘西形象，是从湘西研究走向世界的研究，关注湘西之外特别是中华文化圈之外的文化研究能为我们提供全新的视野。

马克思、恩格斯将莎士比亚的作品放在人类文化历史的长河中考察，在比较莎士比亚作品与德国文学和戏剧中谈到，"单是《风流娘儿们》的第一幕就比全部德国戏剧包含更多的生活气息和现实性"④。恩格斯将 1870 年迅速崛起的挪威文学与其他国家的文学成就比较后发现，"挪威在最近 20 年中所出现的文学繁荣，在这一时期除了俄国以外没有一个国家能与之媲美"⑤，并对易卜生的成就给予充分肯定，"反映了一个虽然是中小资产阶级的，但与德国相比却有天渊之别的世界；在这个世界里，人们还有自己的性格以及首创精神，并且独立地行动，尽

---

① 中共中央马克思恩格斯列宁斯大林著作编译局. 马克思恩格斯选集（第 1 卷）[M]. 北京：人民出版社，2012：404.
② 艾克曼. 歌德谈话录 [M]. 朱光潜译. 北京：人民文学出版社，2000：47.
③ 简·布朗. 歌德与"世界文学"[J]. 学术月刊，2007（6）.
④ 中共中央马克思恩格斯列宁斯大林著作编译局. 马克思恩格斯全集（第 33 卷）[M]. 北京：人民出版社，1973：108.
⑤ 中共中央马克思恩格斯列宁斯大林著作编译局. 马克思恩格斯选集（第 4 卷）[M]. 北京：人民出版社，2012：596.

管在外国人看来往往有些奇怪"①。马克思、恩格斯更进一步追问19世纪的挪威在经济上远远落后于西欧其他国家却产生了易卜生的伟大戏剧之间的矛盾,"关于艺术,大家知道,它的一定的繁盛时期决不是同社会的一般发展成比例的,因而也决不是同仿佛是社会组织的骨骼的物质基础的一般发展成比例的"②,提出"艺术生产和物质生产发展的不平衡关系"的理论命题。

另外,非西方的东方国家印度借鉴西方经验也是一种典型代表。18世纪中叶印度沦为英国的殖民地,因没有皇权的制约,印度的"世界文学观"表现出"全盘西化"的趋势,英语取代了梵语,200多年的印度英语文学成为印度文学史的重要组成部分,印度借鉴西方文化的方式充分证明文化主体之间的借鉴具有"不对等性",物质生产与发达的国家和民族文化相比总是主动,更多地施加影响于落后的国家和民族文化,这是后发达国家民族性文学向世界性文学转型中体现出的集体表征——"被动"。

综观马克思"世界文学观"的三种模式,即主体跨文化(Trans-culture)模式、主客体交互(Cross-culture)模式、间性(Inter-culture)共同体模式,由马克思的"世界文学观"看"文化全球本土化",我们可以发现文化全球化与文化本土化处在两种张力结构之中——普遍性与特殊性的张力、"东方从属于西方"的张力,两种张力之中的文化主体面临文化招损和文化受益的价值抉择。纵观"文化全球本土化"的历程,中华文化既受惠于世界文化又要为其做贡献,我们提出中华文化的伟大复兴是否可能和如何可能并给出解答。

全球本土化(Glocalization)是全球化和本土化的组合,意在强调全球化与本土化的辩证关系,普遍化与特殊化的融合。马克思"世界文学观"坚持辩证法思想,普遍性和特殊性之间的融合成为典型,"如果我要提出什么批评的话,那就是,您的小说也许还不够现实主义。据我看来,现实主义的意思是,除细节的真实外,还要真实地再现典型环境中的典型人物。您的人物,就他们本身而言,是够典型的;但是环绕着这些人物并促使他们行动的环境,也许就不是那样典型了……工人阶级对他们四周的压迫环境所进行的叛逆的反抗,他们为恢复自己做人的地位所作的极度的努力——半自觉的或自觉的,都属于历史,因而也应当有权在现实主义领域内要求占有一席之地"③。人物塑造与文化的个性和共性一样,近代史上中

---

① 中共中央马克思恩格斯列宁斯大林著作编译局.马克思恩格斯选集(第4卷)[M].北京:人民出版社,2012:597.

② 中共中央马克思恩格斯列宁斯大林著作编译局.马克思恩格斯选集(第2卷)[M].北京:人民出版社,2012:710.

③ 中共中央马克思恩格斯列宁斯大林著作编译局.马克思恩格斯选集(第1卷)[M].北京:人民出版社,2012:590.

国和日本同在世界市场形成后开始现代化的进程，但在全球化的语境中本土化的过程各有特点，双方承接的都是以基督教文明加启蒙哲学、民主政治、资本主义经济为文化特征的西方，双方在历史上同属于东亚汉字——儒家文化圈，但现代化的过程和结果大相径庭。19世纪五六十年代，日本还是一个封建国家，1858年，由于西方的入侵被迫与美、俄、荷、英、法签订通商条约实行门户开放政策，1868年，日本开始实行明治维新，仅用30年时间成为世界强国，"同欧洲列强立于同等水平上，并且比俄国还先进得多。它彻底消除了亚洲是不可挽救地、无望地落后于欧洲的信念。他使欧洲的一切进步相形之下显得是缓慢和暂时的"①。1840年开始，中国自1862年至1901年先后与列强签订七个不平等条约，1895年中日甲午战争以中国战败告终，1898年戊戌变法开始，历时仅一百零三天变法失败。而日本是以皇权已完成体制内改革的征程，两个国家的现代化进程存在着西学东渐的普遍性与本土化绩效的特殊性。

"东方从属于西方"的张力。文化的全球本土化是由西方发达国家推动和主导的，是由经济全球化到"文化全球本土化"的发展，"资产阶级使农村屈服于城市的统治。它创立了巨大的城市，使城市人口比农村人口大大增加起来，因而使很大一部分居民脱离了农村生活的愚昧状态。正像它使农村从属于城市一样，它使未开化和半开化的国家从属于文明的国家，使农民的民族从属于资产阶级的民族，使东方从属于西方"②。在文化主动与受动之间，文化主体的反思体现出这种紧张感，这种"非领土扩张化"打破了传统赖以依存的领土与文化的一一对应结构，异域文化的新体验将冲击本土文化的认同感。一种态度是认清文化现状的事实，对文化全球本土化给予肯定，歌德的预见值得借鉴，"我们重复一句：问题并不在于各民族都应按照一个方式去思想，而在于他们应该互相认识，互相了解；假如他们不肯互相喜爱，至少也要学会互相宽容"③。戴维·赫尔德等在《全球大变革》中指出对文化全球化影响的三种意见：极端主义者认为，西方消费文化特别是美国大众文化带来世界文化的同质性；怀疑论者针锋相对，认为民族文化相对全球文化虚无，又由于地缘政治的隔阂，文化的差异和冲突继续得以保留；变革论者认为人口与文化的相互融合将产生多元文化的全球文化网络。由于当代电信、广播和交通模式的广泛传播，文化交流在全球范围的覆盖和影响都是空前的。④

一体两面：文化招损与文化受益。由西方资本主导，经过世界市场的形成，

---

① H.G.韦尔斯.世界史纲[M].吴文藻等译.北京：人民出版社，1982：1107.
② 中共中央马克思恩格斯列宁斯大林著作编译局.马克思恩格斯选集（第1卷）[M].北京：人民出版社，2012：405.
③ 彼得·伯尔纳.歌德[M].关慧文等译.北京：人民文学出版社，1986：78.
④ 戴维·赫尔德等.全球大变革[M].杨雪冬等译.北京：社会科学文献出版社，2001：456.

马克思世界文学观的三种模式是一个历时发展过程，民族文化逐渐纳入世界文化版图之中，这种历史体现在文化主体身上就是价值体现，这种价值规律由文化招损和文化受益组成。

张力结构视野中的西方文化主体。马克思的"世界文学观"肯定西方文化主体的价值贡献，"资产阶级在它的不到一百年的阶级统治中所创造的生产力，比过去一切时代创造的全部生产力还要多，还要大。自然力的征服，机器的采用，化学在工作和农业中的应用，轮船的行驶，铁路的通行，电报的使用……"[1] 经济的全球化是"文化全球本土化"的前提和动力，一方面，民族文学向世界文学转型，生产力的发展特别是第三次科技革命的未来愿景（电报的使用），使得人类把握世界的方式超越历史的隔阂和空间的阻隔，文化与固着的经济基础相比显得无比轻灵；另一方面，经济文化化、文化经济化，资本实现了自由，在人还没摆脱异化生存方式的语境中，以人为本成为手段，而以人为资本成为目的，"在资产阶级社会里，资本具有独立性和个性，而活动着的人却没有独立性和个性"[2]。在"世界市场"的时代，处在中世纪的民族例如中国和印度，中国选择融入世界市场的洪流，在生产力和生产方式的革命中获得新生，印度选择将自己尘封在博物馆里，全盘接受西方的馈赠，成为资本的奴隶。处于非西方文化主体地位的国家如何应对文化全球本土化的必然？首先就是对"文化全球本土化"的判断，它打破了国家民族之间的相互阻隔，克服民族文化的局限与片面，正如马克思在《共产党宣言》中的描述，是"各民族的精神产品成了公共的财产"[3]。

张力结构视野中的非西方文化主体。非西方文化主体如何在文化全球化语境中规避文化招损收获文化的益处，在不同历史阶段，文化主体的抉择可能大相径庭。近代史上遭受外来凌辱的国家和民族容易产生崇洋或排外的民族心理，改革开放之前，中国对西方文化采取排外和拒斥，对外国的文化一概否定，愚昧无知的态度必然导致作茧自缚和夜郎自大的文化结局，既没有得到"世界文学"的益处，又对世界文化没有任何贡献。相反，改革开放之后，我们唯西方文化马首是瞻，文化领域又以获得诺贝尔奖和奥斯卡奖为目标，迎合西方人的胃口，中国的文化形象用来满足西方文化霸权的确证。纵观好莱坞电影与中国本土电影市场的博弈就能知晓文化全球化与本土化的起承转合。20世纪前半叶，好莱坞影片大

---

[1] 中共中央马克思恩格斯列宁斯大林著作编译局. 马克思恩格斯选集（第1卷）[M]. 北京：人民出版社，2012：405.

[2] 中共中央马克思恩格斯列宁斯大林著作编译局. 马克思恩格斯选集（第1卷）[M]. 北京：人民出版社，2012：415.

[3] 中共中央马克思恩格斯列宁斯大林著作编译局. 马克思恩格斯选集（第1卷）[M]. 北京：人民出版社，2012：404.

量进入中国，但据当时的票房纪录，20世纪30年代最卖座的影片是《渔光曲》，40年代票房纪录保持者是《一江春水向东流》，1946年11月，"中美商约"签订，好莱坞"米高梅"等八大电影公司试图垄断中国电影市场，进入中国市场的电影量多达200多部；1949年后至70年代末，美国电影完全被拒之国门之外，之后好莱坞电影重新进入中国市场；1994年开始，中国允许按照分账发行方式进口"大片"，尽管国产片数量上占据绝对优势，但进口影片（多数为美国电影）在中国各大城市却几乎占有电影票房的60%以上。[①] 2001年11月10日，中国加入世贸组织，每年有近20部美国电影进入中国市场，随着市场的逐步放开，美国电影是否会彻底摧毁中国的民族电影工业是值得我们关注的问题。好莱坞电影的长驱直入是美国国家力量以及美国电影工业机制的强势背景下发生的，身处文化产业竞争弱势地位的中国采取种种行政措施支持国产电影并通过流通限制和控制进口电影的数量和传播，采用制作、发行、放映的体制变革和走集团化的战略来与外来电影抗衡以期获得文化自主性，中国电影试图通过国际化策略扩展电影的生存空间，本土文化面临世界空间中的生存权。

协和万邦为我们回答中华文化的伟大复兴是否可能和如何可能提供借鉴。"世界文学观"是世界市场在精神文化产品中的表现，上文中的第一、第二种模式既是文化现实也是文化症候，第三种模式是对前两种模式问题的解答，文化全球本土化步入第三种模式需要每个文化的主体积极参与与探索，基于此，中国处于全球文化生态中的何种位置，中华文化的伟大复兴是否可能和如何可能值得深入探讨。

中华文化的伟大复兴是否可能？首先，中华文化有着悠久灿烂的文明，中华文明亦称华夏文明，是世界上最古老的文明之一，也是世界上持续时间最长的文明。中华民族有"三十万年的民族根系、一万年的文明史、五千年的国家史"，华夏文明是世界上最古老的文明之一，是包括埃及文明、美索不达米亚文明、印度文明在内的最古老文明中仅存并持续时间最长的文明。传统文明基础是现代中国实现文化复兴的必要条件，甚至全世界优秀的文化资源都应是我们汲取的养分。鲁迅先生面对异域文化所持的兼容并包的态度值得弘扬，"汉唐虽然也有边患，但魄力究竟雄大，人民具有不至于为异族奴隶的自信心，或者竟毫无想到，凡取用外来事物的时候，就如将彼俘来一样，自由驱使，绝不介怀"[②]。兼容并包、海纳百川在中华文化对外交流中具有方法论意义。

其次，中华文化业已证明其高度的整合能力，以佛教本土化过程为例，佛教自

---

① 尹鸿. 全球化、好莱坞与民族电影 [J]. 文艺研究，2000 (6).
② 鲁迅. 鲁迅全集（第1卷）[M]. 北京：人民文学出版社，2005：209.

东汉传入中国以后，千余年来一直是中国人民的主要信仰之一，其间经历代高僧弘扬提倡，帝王卿相、饱学之士也相继加入该行列，佛教遂深入社会各阶层，而佛教的哲理部分又与儒、道等相结合、相激荡、相融会，然后汇入中华文化源远流长的大海里，形成了中华文化的主流。如何寻回中华文化的创新能力是文化建设的要义，马克思考察社会有机体的历史能为我们提供思想资源，"有机体制本身作为一个总体有自己的各种前提，而它向总体的发展过程就在于：使社会的一切要素从属于自己，或者把自己还缺乏的器官从社会中创造出来。有机体制在历史上就是这样生成为总体的"①。文化整合力有两条准则：一是各文化要素的有机组合是以文化主体本身为前提；二是文化需要创造，谁掌握文化规律谁就能促成新文化的产生，这对全球化、本土化的背景下的文化整合和文化冲突有指导性意义。

再次，中华文化业已证明的文化魅力，有历史上属于东亚汉字—儒家文化圈，该文化圈的覆盖地域包括中国、越南、朝鲜半岛、新加坡等地，还包括世界各地保留着中华文化传统的华人世界。可现如今呢？一方面我们对传统的理解出现"失语症"，"长期以来，中国现当代文艺理论基本上是借用西方的一整套话语，长期处于文论表达、沟通和解读的'失语'状态"②。东施效颦的后果必然让人贻笑大方，文化的想象力苍白无力。另一方面我们的文化话语没有自己鲜明的特点，原创精神匮乏，对西方话语的沿袭是我们泱泱大国的思维高度吗？存在主义、后殖民理论、后结构主义、女权主义、接受美学等基本都是西方的话语，如今的文化所获得的成绩不容抹杀，但创新能力尚为薄弱，中国文化的整合能力业已为先人证明，在当下文化语境中，需要当代的中国人证明。

中华文化的伟大复兴如何可能？首先，从非孤立的文化主体与独立的文化自觉性来看，我们强调文化的主权意识和规避文化交流的孤立行为，越是民族的越是世界的，辩证地把握文化宽容问题是根除唯我、独我文化意识的关键，鲁迅先生对文化沙文主义（Chauvinism）给予深刻批评，"特别未必订是好……譬如一个人，脸上长了一个瘤，额上肿出一颗疮，的确是与众不同，显出他特别的样子，可以算他的'粹'。然而据我看来，还不如将'粹'割去了，同别人一样的好"③。其他如小脚、长辫、三纲五常都是民族的也是世界的文化吗？

其次，从文化安全与文化战略来看。战略的实现可改变国家是商品生产唯一的投资方、唯一的受益方、唯一的风险承担方的局限，逐渐还公共文化权利于民，中国文化事业和文化的进程就是一个渐进式发展的过程。新中国成立以后，

---

① 中共中央马克思恩格斯列宁斯大林著作编译局. 马克思恩格斯全集（第 30 卷）[M]. 北京：人民出版社，1995：237.

② 曹顺庆. 文论失语症与文化病态 [J]. 文艺争鸣，1996（2）.

③ 鲁迅. 鲁迅全集（第 1 卷）[M]. 北京：人民文学出版社，2005：321.

随着经济领域里计划经济体制的全面建立，中国因循苏联的社会主义模式，也建立了与之相适应的国有和国办文化体制。虽然，一定的以市场形态存在着的文化生产和文化消费活动依然存在，文化商品流通领域实际上也客观地存在着，但由于在文化领域基本取消了其他非公成分的市场主体的存在，所有关于文化商品的生产、消费和流通也都纳入了计划经济的统一模式之中，市场主体和消费主体没有自己自主的文化选择权。政府及其文化行政部门成为国家文化的唯一主体。进入20世纪80年代后，中国全面推进改革开放，带来国家政治和经济结构的巨大变革，政府不再包揽中国文化建设的一切事务。受众的接受方式和接受理念按照自主选择、市场导向、消费需求和利润目标，成为市场主体的动力机制，文化市场在文化资源配置中的基础性作用，已经成为中国文化建设与发展的全新的运动形态和存在方式。2000年10月，中共中央十五届五中全会通过的《中共中央关于"十五"规划的建议》第一次明确使用了文化产业的概念，国家统计局颁布《文化及相关产业分类（2012）》标准，文化产业的制定有利于文化大繁荣和大发展。

文化的对外战略是建立在对经济全球化给国家安全所带来的挑战的体认，"目前，美国控制了世界75%的电视节目的生产和制作，每年向国外发行的电视节目总量达30万小时，许多国家的电视节目中美国节目往往占有60%~70%，有的占有80%以上，而美国自己的电视节目中，外国节目仅占1%~2%"[①]。文化全球化成了美国本土文化的输出，重塑人们的文化经验、文化认同和思维方式，这种美国文化的强势扩张对文化东道主国家构成挑战和威胁，对文化全球本土化的多元文化生态造成威胁。基于此，许多国家加强和维护国家文化安全的创举值得我们借鉴，例如，法国、加拿大利用"文化例外"原则构建本国文化产业发展的理性规划，这是一种为了保护本国的文化不被其他文化侵袭而制定的政策，其中法国以"文化例外"为由，坚决反对美国自由贸易政策，将"文化例外"演变为"文化多元化"原则，针对法国政府规定，本国电视和广播节目至少保证40%的时间使用法语，规定4500家影院放映的好莱坞影片不可多于25%。加拿大为了扭转电影、电视剧、书刊市场全面被美国产品所控制的局面，于1995年将美国"乡村音乐电视台"赶出本土，1999年颁布实施的C-55法案规定，加拿大企业不得在本国发行的外国期刊上刊登广告，否则给予高额罚款，以此来切断美国期刊的财源，保护本国的文化产业。法国、加拿大、英国等强调文化产品不同于一般商品的"文化"属性，美国强调文化产品、销售的高度市场化和政府干预，前者眼中的后者使得地方文化与个性变化失去了表达自己的权利，美国的多元化实

---

① 刘伟胜. 文化霸权概论［M］. 石家庄：河北人民出版社，2002：57-58.

质是美国文化的同质化，后者眼中的前者是想以贸易保护主义为借口，这损害了美国的利益。"西方国家都在加强文化战略的研究。面对西方文化的巨大威胁，发展中国家自然不能熟视无睹，应该通过研究，制定出一套既能积极推进本国文化建设，又能同外来文化相互作用、积极抗衡的文化战略，这是维护文化主权，保证民族文化顺利发展的一项极为重要的任务。"① 针对两种文化产业的模式，我们一方面要保护文化安全和文化利益不受侵犯，在 WTO 承诺开放期限到来之前组建自己的文化集团，确保我国大型文化品牌的国际竞争力；另一方面为促进市场竞争的活力，提高文化产业的可持续发展能力，要逐步开放文化市场，强调本土内容所占比例的同时应将面向世界、面向未来的创新精神放在首位。

再次，从文化的人文精神诉求来看。我们的民族文学既受惠于"世界文学"，也应对世界文化有所贡献，中华文化理应积极参与全球本土化的进程，把全球的优秀文化资源拿来，把我们优秀的文化送出去。"文化与文明的出现在很大程度上是一个渐进的过程，它由自然生发的因素出发，逐渐发展为某种自觉的创作阶段，由起初的各自为限，渐渐地通过交流、沟通、对话、互纳，直至达到不同文化圈的彼此认同和交汇。因此，我们在探讨文化的传播方式时，所谓'西学东渐'换一个角度来理解，不也正好是东学西纳吗？文化的流转与更新是一个双向共通的过程。"② 用民族的视角思考"世界文学"的当代问题，用民族的形式表现世界的内容，用世界的形式表现民族的精神，中华民族融合的历史在世界史上堪称典范。《尚书》以《尧典》开篇，称赞尧的德行，在于能"协和万邦"，这是中国文化的整体和谐观的表现，通观人类发展史，人类由原始氏族发展为部落、部落联盟、酋邦、国家，是不断融合发展的。中国文化的"协和万邦"的理念有利于民族的涵化、融合和"大一统"国家的建立。正如恩格斯所认为的，文化创造需要对时代重大问题做出回应，1888 年，恩格斯在《致玛格丽特·哈克奈斯》中对哈克奈斯的《城市姑娘》中消极群众没有时代问题意识给予批评，"工人阶级是以消极群众的形象出现……如果说这种描写在 1800 年前后或 1810 年前后，即在圣西门和罗伯特·欧文时代是恰如其分的，那么，在 1887 年，在一个有幸参加了战斗无产阶级的大部分斗争差不多 50 年之久的人看来，就不可能是恰如其分的了"③。诚然，中华文化能否对当代文明的共存作出贡献，"儒家的仁学为文明的共存提供了有积极意义的资源"④，"道家的'道论'能为防止'文明冲突'提供有意义的资源"⑤。

---

① 丰子义. 全球化与民族文化的发展 [J]. 哲学研究，2001 (3).
② 易存国. 固着与超越：中国审美文化论 [M]. 合肥：安徽文艺出版社，2000：43.
③ 马克思恩格斯选集（第 4 卷）[M]. 北京：人民出版社，2012：590.
④⑤ 汤一介. "文明的冲突"与"文明的共存" [J]. 北京大学学报，2004 (6).

第六章　文化逻辑：湘西形象的生产与再生产

中国的和平崛起不仅仅是经济问题、政治问题，中国的文化想象力需有面对本土生活的热诚，我们民族的文化应在广泛融合和吸收世界文化氛围的基础上，利用传统的文化资源，关注民族的社会人生。社会人生中的生命、生存、幸福、信仰等问题都需要文化的关怀，民为贵、人的尊严为贵、人的幸福为贵。中华文化既要精英文化引领，又要全体国民体认，既要植根于民族传统，又要置身于世界之中，这样，中华文化美其名曰黑格尔的"这一个"，中华文化就能在"文化全球本土化"的舞台上演奏"第一小提琴"。[①]所以湘西形象的研究，研究的对象是湘西，但研究的问题是中华文化圈甚至全球本土化问题。

（二）湘西城市形象的本土策略

中华文化圈在进入21世纪以前已产生的变化中重要的一点是，"中国开始走上工业化和现代的道路。开放和改革成了基本国策，闭关锁国的局面已一去不能复返，从'以农立国'转变到工业化的过程中，对各民族的发展提出了新的问题……依靠农业上的优势而得到壮大起来的汉族首先遭到了必须改变经济结构的挑战"[②]，实现了从农业到第二产业工业、第三产业的现代性转换[③]。

关于湘西地区各行政区划的经济结构，我们以常德市、张家界市、怀化市、湘西州的经济贡献与经济问题为例，解析生产方式的转变带来的文化现代转型，主体性的自我表述完全是现代性的话语。用经济、发展、数据来表述地方文明的进步。

1. 三座边地城市塑造形象的策略

城市形象通过一系列的数据与指标得到完美塑造。常德市的经济结构。"全市经济保持平稳健康发展，社会事业全面进步，民生状况继续改善，为提前全面建成小康社会打下良好基础。初步核算，2012 年全市……第三产业完成增加值727.6 亿元，增长 13.5%，对经济增长的贡献率为 39.2%。人均地区生产总值达到35475 元。三次产业结构由上年的 16.3∶49.1∶34.6 调整为 14.8∶49.5∶35.7。年末城镇登记失业率 3.87%。"[④] 同时经济结构中的现代性问题也很突出，"当前国

---

① 中共中央马克恩恩格斯列宁斯大林著作编译局. 马克思恩格斯文集（第 10 卷）[M]. 北京：人民出版社，2009：599.

② 费孝通. 中华民族的多元一体格局 [M]. 北京：中央民族大学出版社，1989：34.

③ 产品直接取自自然界的部门称为第一产业，即农业，包括种植业、林业、牧业和渔业；对初级产品进行再加工的部门称为第二产业，即工业（包括采掘工业、制造业、自来水、电力蒸汽、热水、煤气）和建筑业；为生产和消费提供各种服务的部门称为第三产业，即除第一、第二产业以外的其他各业。根据我国的实际情况，第三产业可以分为两大部门：一是流通部门；二是服务部门。当代划分产业部门的一种分类方法，第一产业是指直接作用于自然界生产初级产品的产业；第二产业是把初级产品加工成为满足人类生产生活进一步需要的物质资料的产业；第三产业则是提供满足人类基本物质资料需要以外的进一步需要的产品和服务的部门，亦称第一次产业、第二次产业、第三次产业。

④ 常德市人民政府. 常德概况·经济结构 [EB/OL]. http://www.changde.gov.cn/art/2013/7/8/art_66_1365333.html，2013-07-08/2014-10-14.

民经济和社会发展中存在的主要问题有：发展要素制约明显，经济持续保持高速发展后劲不足；居民增收、物价调控、就业社保等方面压力较大"①。这是城市从经济发展的角度塑造平稳发展的小康形象。

张家界市的经济结构。"农业和农村经济平稳发展，2011年，全市实现农林牧渔业增加值38.73亿元，是2008年的1.14倍，年均增长4.3%……新型工业快速成长，2011年，全市实现工业增加值63.89亿元，是2008年的1.7倍，年均增长19.3%；工业增加值占全市GDP的比重达到21%，比2008年提高2.3个百分点……旅游业连创新高，全市景点游客接待量连续突破2000万、3000万人次，2011年达到3041万人次，比2008年增长81.1%；旅游总收入相继迈上100亿元、125亿元台阶，2011年达到155.84亿元，比2008年翻了一番……交通运输业快速增长……消费品市场持续繁荣……固定资产投资规模不断扩大……城乡居民生活和社会保障水平不断提高……改革开放步伐加快……生态建设和环境保护不断加强。"②发展成为城市塑造自身形象的标的。在发展的话语支配下，每一座城市都是从发展的角度塑造自身的现代形象。

怀化市的经济结构。农业方面，"2013年，现代农业加快推进。全面落实强农惠农政策。完成粮食播面484万亩，总产177.03万吨。杂交水稻制种面积扩大到10.3万亩，成为全国三大杂交水稻制种基地之一"③。工业方面，"2013年，工业化迈出新步伐。新增规模工业企业12家，规模工业增加值增长10.5%。完成重点工业项目投资75亿元，增长23%。安江水电站并网发电，洪源农林、顺泰科技、金坤碳素、金麦源食品建成投产，金益环保、建南电子、大自然化工、小微企业孵化园等11个亿元以上项目开工建设，本业农机、农网改造等项目进展顺利。怀化工业园、怀化经开区和辰溪、新晃、中方、洪江区工业集中区加快建设，沅陵、会同、靖州、洪江市工业集中区获省规划批复。实施技术创新项目31项，省级企业技术中心增加到6家，开发新产品新技术34项，新增数字企业30家。万元规模工业增加值能耗下降15%，全面完成年度减排目标。2014年，以优化结构为主线，加速发展新型工业调整优化产业结构"④。第三产业的发展，"2013年，三次产业结构调整为13.5∶44.1∶42.4。第三产业蓬勃发展。实施重

---

① 常德市人民政府.常德概况·经济结构［EB/OL］. http://www.changde.gov.cn/art/2013/7/8/art_66_1365333.html，2013-07-08/2014-10-14.
② 张家界市人民政府.张家界国民经济和社会发展［EB/OL］. http://www.zjj.gov.cn/user/newsred/001002-001002011.html，2013-06-06/2014-11-14.
③ 怀化市人民政府.农业发展［EB/OL］. http://www.huaihua.gov.cn/hhgk/zgsl/nyfz/30291.htm，2014-02-21/2014-11-14.
④ 怀化市人民政府.工业发展［EB/OL］. http://www.huaihua.gov.cn/hhgk/zgsl/gyfz/30290.htm，204-02-21/2014-11-14.

点商贸物流项目32个，完成投资42亿元。佳惠物流配送中心一期、怀化粮食现代物流中心一期和现代农机物流中心、英泰商城、通程百货建成运营。中国丘陵山区首届现代农机·机械展销会、湖南西部首届国际汽博会取得成功。洪江古商城文化旅游区开工建设，黔阳古城获批国家4A景区，靖州飞山和地笋苗寨获批3A景区，通道成功创建全国休闲农业与乡村旅游示范县。举办文化旅游节会活动20余项，实现旅游总收入140亿元，增长26%"①。现代的重要标志是以生产力的发展为重要目标，而量化这一目标的指标体系就是产业指标，现代工业、农业、旅游业、文化产业成为指标体系中的重点表述对象。

湘西土家族苗族自治州的经济结构。"产业结构加快调整。矿业整治整合成果得到巩固提升，东方矿业、三立集团、太丰集团、丰达科技、金天铝业等一批企业扩能项目加快实施。园区经济开始发力，湘西经开区发展来势好，吉首、泸溪、花垣、保靖等园区建设扎实推进，龙山、凤凰、古丈园区晋升省级工业集中区。生产要素协调服务得到加强……凤凰被列入全省特色县域经济重点县，平稳完成门票制度改革，凤凰旅游提质项目进展顺利。矮寨大桥上榜世界十大非去不可新地标，矮寨吉斗寨游客服务中心、谷韵绿道1号线对外开放，乾州古城品位不断提升。芙蓉镇、边城茶峒、里耶古城等景点加快建设，芙蓉镇景点圈经营管理体制进一步理顺。矮寨奇观、红石林晋升国家4A级景区，老司城被确定为2015年中国申报世界文化遗产唯一项目。举办了吉首国际鼓文化节、首届凤凰边城音乐节、中国凤凰第六届世界围棋巅峰对决赛等重大节庆活动，神秘湘西旅游品牌不断提升。"②湘西围绕"神秘"构建自身的话语体系，所以在湘西各地的旅游景区中，神秘成为构建旅游文化形象的关键词，一系列的物质文化、非物质文化、精神文化遗产都以此为目标。

2. 对城市形象发展的肯定态度

边地湘西纳入发展的战略之中。"资本主义世界经济的多次扩展，间歇但持续地进行，从17世纪开始一直到19世纪。到了19世纪末，地球上已没有一个地区处于国家体系之外。如果仍有一些地区未纳入构成资本主义经济运作的商品链的话，数量也不多了；到了第二次世界大战时期，其余的也都并入进去了。"③民族地区面临的现代化对传统文化是一种挑战和冲击，文化是否走向一种现代

---

① 怀化市人民政府.第三产业 [EB/OL]. http://www.huaihua.gov.cn/hhgk/zgsl/dscy/30293.htm，2014-02-21/2014-11-14.

② 湘西土家族苗族自治州.经济发展 [EB/OL]. http://www.xxz.gov.cn/zjxx1/xxgk/jjfz/201409/t20140901_133843.html，2013-06-06/2014-11-14.

③ [美] 沃勒斯坦.发展是指路明灯还是幻想 [A].黄燕堃译.发展的幻想 [M].北京：中央编译出版社，2001：5.

性所引发的趋同性,如果说中华文化是一种多元一体格局,那么现代性是否导向一体而削弱多元呢?一种回答是积极的态度,"一个社会越是富裕,这个社会里的成员发展其个性的机会也越多;相反,一个社会越是贫困,其成员可以选择的生存方式也越有限、如果这个规律同样可以用到民族领域的话,经济越发展,亦即越是现代化,各民族间凭各自的优势去发展民族特点的机会也越大。在工业化(产业结构调整合理),各民族间凭各自的优势去发展民族特点的机会也越大"①。发展成为中国这个发展中国家的"指路明灯"(沃勒斯坦语),费孝通先生以一种迎接挑战和文化自信的视角去看待发展,"在现代化的过程中,通过发挥各民族团结互助的精神达到共同繁荣的目的,继续在多元一体的格局中发展到更高的层次。在这层次里,用个比喻来说,中华民族将是一个百花争艳的大园圃"②。言下之意,确认中华民族的文化形象,不是某一民族去塑造,而是各民族共同塑造与表达,这种多元化的表达方式实现了从主体性的表达方式向主体间性表达方式的转变。

3. 对城市形象发展的否定态度

发展的话语与表述成为质疑的对象,"环顾当今世界,不论左派右派如何界定,它们的区分不在于发展经济与否,而在于谁的方针能给此目标的实现带来更大的希望"③。沃勒斯坦特别提到中国、苏联、非洲对发展的渴望与焦虑心态,"在中国、苏联、非洲、美国或西欧,却没有一个人质疑将发展定位目标的可取和可行性"④。沃氏认为发展的动力是人的欲望,这种欲望的最后结局是一种幻想,"获得'更多',就是发展,这是普罗米修斯式的神话,是一切欲望的实现,是享乐与权势的结合,也可说是两者的融合……'积累,再积累!'是资本主义的主旨,事实上,在这个资本主义体系中,科学—技术成果创造了人皆可见、因庞大积累而产生的壮观景象,让世界人口10%~20%的人享受令人瞠目的消费水平。总之,实现无尽积累的梦想已经不仅合法化,而且在某种意义上貌似可行"⑤。发展的最后结局是什么,"那些消费多的人揭示了生命的蕴涵:不仅他们自己,他们所在的集团终有一天会'没落'。一句话,他们面临的是'文明及其

---

①② 费孝通. 中华民族的多元一体格局 [M]. 北京:中央民族大学出版社, 1989:35.

③ [美]沃勒斯坦. 发展是指路明灯还是幻想 [A]. 黄燕堃译. 发展的幻想 [M]. 北京:中央编译出版社, 2001:1.

④ [美]沃勒斯坦. 发展是指路明灯还是幻想 [A]. 黄燕堃译. 发展的幻想 [M]. 北京:中央编译出版社, 2001:2.

⑤ [美]沃勒斯坦. 发展是指路明灯还是幻想 [A]. 黄燕堃译. 发展的幻想 [M]. 北京:中央编译出版社, 2001:4-5.

失落'"①。沃勒斯坦提出了很好的问题：发展是指路明灯还是幻想？在资本主义社会，国家的发展是一种幻想，即"不平等的世界体系"②。发展成为指路明灯的可能性是"本地及局部要求更多的参与，要求提高实际收入，即生产的生产者在全球不受控制，就是政治上动员起来，经济上要求重新分配"③。这种对现代性的反思同样是在现代性的框架之内，解决问题的答案还是在平等、自由、民主的范式中去寻找，"生产者强调保留剩余，即强调更平等、更民主的参与，这绝不是乌托邦，而可能是极为有效的措施"④。这种要求是现代性自我的反思能力或者现代性自我的解构能力。

（三）湘西特色村寨形象的本土策略

城市是现代的重要标志，但乡土伦理的保存与转型是湘西自我想象与现实文化的重要动力。近年来，特色村寨的建设就是本土化策略的典型代表，我们认为少数民族特色村寨的发展成为建构"少数民族特色村寨"形象。

从多元文化一体格局发展的角度出发，少数民族特色村寨的发展值得肯定。少数民族特色村寨的保护与发展是国家为推进社会主义新农村、新牧区建设，统筹城乡发展及构建和谐社会的民族政策。新常态背景下，特色村寨的保护与发展呈现三种转向：由高速度的追求向高质量的回归，由文化的"显结构"的开发到"隐结构"的挖掘，由自上而下的政策驱动到官方、社会、民间的联动发展。面对机遇与挑战，特色村寨领域亟待创新驱动力——双层互动模式，即官方主导与村民主体间的互动、文化事业与文化产业间的互动、特色村寨与周边地区的互动。互动模式善于利用机会因素、充分发挥优势因素、逐步化解特色村寨的"特色危机"，从而实现我国少数民族特色村寨保护与可持续发展的"健康态"。

少数民族特色村寨是指少数民族人口相对聚居，且比例较高，生产生活功能较为完备，少数民族文化特征及其聚落特征明显的自然村或行政村。⑤国家民委与财政部于2009年9月8日联合下发《关于做好少数民族特色村寨保护与发展试点工作的指导意见》（以下简称《指导意见》），2012年12月5日，两部委又联合

---

① [美] 沃勒斯坦. 发展是指路明灯还是幻想 [A]. 黄燕堃译. 发展的幻想 [M]. 北京：中央编译出版社，2001：5.
② [美] 沃勒斯坦. 发展是指路明灯还是幻想 [A]. 黄燕堃译. 发展的幻想 [M]. 北京：中央编译出版社，2001：20.
③ [美] 沃勒斯坦. 发展是指路明灯还是幻想 [A]. 黄燕堃译. 发展的幻想 [M]. 北京：中央编译出版社，2001：20.
④ [美] 沃勒斯坦. 发展是指路明灯还是幻想 [A]. 黄燕堃译. 发展的幻想 [M]. 北京：中央编译出版社，2001：21.
⑤ 国家民委. 国家民委关于印发少数民族特色村寨保护与发展规划纲要（2011~2015年）的通知，http://www.seac.gov.cn/art/2012/12/10/art_149_172616.html2010-12-05/201-08-15.

出台《少数民族特色村寨保护与发展规划纲要（2011~2015）》（以下简称《规划纲要》），这两份纲领性文件为我国的少数民族特色村寨保护与发展奠定了理论研究与具体实施的依据。各级地方政府按照这两份文件的精神积极制定具体的方案与实施措施，这为改善村寨人居环境、提高贫困地区村民的收入、传承与保护民族文化、完善村寨的公共服务体系、促进民族关系的和谐、实现兴边富民具有时代性意义。

1. 特色村寨形象塑造的新常态

在国家在场的背景下讨论特色村寨形象的本土化策略具有典范意义，少数民族特色村寨的保护与发展成为自2009年以来学术界研究的热点问题，历年的研究文献逐年递增。对该领域的研究大体可分为四种，一是从宏观的视角对少数民族特色村寨的试点建设中的政策制定、具体执行与评估进行探讨；二是以省、自治区、直辖市范围内的特色村寨为研究对象，湖北、湖南、贵州、云南、广西地区的问题、经验、措施是研究者关注的重点；三是以地级市、县级单位作为研究对象，对域内的政府决策、社会参与、村民自觉等问题进行反思；四是以具体的特色村寨作为个案，以小见大，解析自下而上的村寨保护与发展的现状、问题、措施等。其中湖北、湖南的学者是特色村寨领域研究的主体，其他地区的研究力相对不够。在已有研究的基础上，在新常态背景下，我们将特色村寨的问题落实在探索少数民族地区的人民群众共享我国经济发展成果的重要路径，寻找少数民族地区扶贫攻坚的发展模式，为少数民族特色村寨的下一个规划提供借鉴。

特色村寨的外延建设。按照《规划纲要》，我国计划在"十二五"期间在全国建成1000个特色村寨，2014年9月25日，国家民委公布28个省、自治区、直辖市的340个村寨列入首批中国少数民族特色村寨命名挂牌名录，贵州省、广西壮族自治区、云南省分别以62个、59个、41个少数民族特色村寨位列第一、第二、第三。[①]入选的标准是少数民族人口相对聚居，所占人口比例不低于30%，整体户数不少于50户，所选的行政村或自然村是在物质文化方面具有民族特色的聚落，在文化空间上具有浓厚的民族文化特色。建成的试点村寨的基础设施基本完善，特色民居达80%以上，电视广播入户率达90%以上，饮用水和道路硬化率达100%，特色产业贡献率不低于60%，公共服务体系逐步完善，劳动人员的60%可以享受技能培训，适龄儿童的入学率达95%以上，社会保障率达100%。外延建设具有指示性、共性、抽象性等特征，内涵建设具有针对性、具体性、特

---

① 国家民委. 关于命名首批中国少数民族特色村寨的通知（民委发〔2014〕190号）[EB/OL]. http://jjfzs.seac.gov.cn/art/2014/9/25/art_3383_215105.html，2014-09-23/2015-08-20.

殊性等特征，这是检验特色村寨保护与发展成效的重要指标。

特色村寨形象的内涵建设。国家民委确认特色村寨的名录之后，特色村寨的保护与发展需要完成从量到质的转型，需要重新对每一个村寨的自然资源与文化资源的禀赋进行重估，对入选特色村寨名录的村寨进行内涵式评估，按照生态景观、民居风格、风俗礼仪、产业特色等资源条件和未来发展的方向进行再分类。按照禀赋的差异可以分为：一是以自然景观与民俗文化浓郁见长的文化生态村寨，例如贵州雷山县千户苗寨、云南迪庆藏族自治州维西傈僳族自治县叶枝镇同乐村、湖北鹤峰县的董家河村寨、湖北恩施市滚龙坝村寨、湖南湘西州德夯苗寨、依托梯田生态景观的云南元阳县箐口村；二是以历史文化价值著称的历史文化名村，湖北长阳县庄溪村武落钟离山，因《后汉书》中记载该地是土家先民巴人的发源地，遂成为清江百岛湖景区的核心景点，2012年"清江画廊"晋升为5A级景区，当年的旅游收入达到18.10亿元，以及古代运输茶、盐、油等物资的道路与驿站，或者具有移民、军屯、土司文化价值的古代建筑或遗址，如湖北利川柏杨坝镇大水井村寨、湖北建始县高坪镇石垭子老街村寨；三是以民族民俗文化与民间艺术为代表的民间艺术之乡，例如湖南龙山县苗儿滩镇捞车河村寨、湖北来凤县舍米湖村寨等；四是借助政府的行政能力与企业的市场开拓能力将已经消亡的村寨文化实现现代复苏的建构式村寨，这种村寨一方面是对传统的恢复；另一方面是对周边地区文化的移植或再造，这以湖北襄樊市王台回族村、湖北鹤峰县平山村、湖北宜昌市点军区车溪土家族村寨为代表，其中车溪特色村寨走出了一条"没文化移植文化"的路径，通过对周边的土家族地区文化的考察，建构自己的特色，通过打造土家族的特色民居、重建土家族文化艺术演出团队、新建农家博物馆的三部曲塑造国家4A级景区。

特色村寨文化的显结构文化向隐结构文化转型。显结构文化是村寨生产生活方式所依托的物质文化，这是特色村寨保护与发展的载体，主要是村寨的自然山水、村民的民居空间、民俗传统、生计方式等；隐结构文化是相对于显结构所划分的精神文化，主要是村民的生产生活理念、乡土思维以及村寨的传统智慧。显结构与隐结构二者共同构成村寨文化的一体两面，二者相对，前者主要侧重物的存在，后者更关注人的生存。两者之间的辩证关系主要体现在传统与现代、城市与农村之间的关系上。

传统与现代的张力。现代是全球化时代"西方化"的产物，以工具理性为发展动力，传统是与现代相对的"前现代"生产生活方式，在现代性危机出现的当下，传统作为重新反思现代的资源，具有重要的参照价值。特色村寨的保护与发展面临传统的地方性知识与现代话语之间的博弈。村寨作为文化共同体的基本单位，其面对发展环境的调适能力如何展现？在塑造特色村寨形象的过程中，话语与权力是形象塑造的核心,如国家的话语与权力,社会参与的权力,地方的自我形象塑造的权力,精英的文化批评视角,以"专家"的话语介入村寨的特色评估体系,最后是势力与权力最弱的民众如何完成话语的博弈。这五者之间的互动在现实的发生与观念的变迁中得以体现。湖北车溪土家族村寨通过文化移植实现对传统民族文化的"再地化"(re-localization)[1],有研究者对车溪的不同群体在旅游文化产业中面对环境的文化调适能力给予关注,特色村寨的建设目的不是物的建设,其核心目的是"树人",以文化差异与利益得失为标准,划分出参与村寨特色保护与开发的各级政府、参与现代旅游企业的本地村民、以个体参与旅游文化业的传统村民、有意向参与现代旅游但未能如愿的本地村民、没能参与也愿参与的传统村民、参与旅游公司的外地民间文化人、参与旅游公司的外地人,共同将一个没有土家文化元素的村寨逐渐转换成为一个具有土家族文化特色的村寨。对村寨的外在文化的研究深入到乡土中人的因素研究。[2]文化的本质是人化,特色村寨的保护与发展的宗旨是人的发展,发展的目标是乡土文明的实体建构与观念建立,乡土文明的建构面临现代文明的冲击,边地文明的发掘面临中心文化圈的介入,二者之间的张力伴随特色村寨保护与发展。

城市与农村的张力。城市的现代生活理念介入村寨的生活,这就构成了传统以农耕文明为脉络的乡土社会与以工具理性为中轴的现代文明社会之间的碰撞,农村的人向往城市的现代生活,城市的人对农村有着超越现实的乌托邦想象。按照文化进化论的观点,"将本质性的差异归因于发展阶段的不同,却忽略了具体文化的特有传统"。乡村相对城市是后进的文化空间,城市代表着现代、进步、发展,在这种观念的推动下,特色村寨的保护与发展容易滑入工具理性与资本主导的市场之中,特色资源成为供企业开发与利用的文化资本,这其实是用现代"规训"传统,这对不能产生经济与社会效益的稀缺民族文化资源构成冲击。按照相对论者的观点,"将带本质性的差异归因于特有的文化传统或称文化区,而不承认发展分阶段"[3]。按照这种理念,城市文明与乡土文明都有各自的传统,但割裂了乡土与城市文明的联系与可包容性,这对城市文明与乡土文明发展的相互融合认识不够。按照文化变迁论者的理解,不管是城市文明还是村寨的发展模式都是文化空间中的人对环境的调适,这种"调适"经过互动与磨合形成现实实体与观念结构。基于此,特色村寨的保护与发展不仅是为兴边富民探索模式,更是

---

[1] Thomas Philip. Conspicuous Construction: Houses' consumption and relocalization in Manambondro' Southeast Madagascar [J]. Journal of the Royal Anthropological institute, 1998, 4(3): 425-426.
[2] 曹大明等. 宜昌车溪少数民族特色村寨的"特色"建构及其社会变迁研究[J]. 黑龙江民族丛刊, 2011(4): 62-68.
[3] [美]朱利安·斯图尔德. 文化变迁论[M]. 谭卫华, 罗康隆译. 贵阳: 贵州人民出版社, 2013: 3.

为现代城市提供另一种可资借鉴的参考系,从发展人类学的角度,这为现代文明提供了宝贵的地方性知识,这种知识对人类文明具有普适意义。

由自上而下向上下联动转型。特色村寨概念的提出是政府以文件的形式自上而下的传达,这种传达从传播学意义上是单向模式,单向模式的优化是加入反馈机制,传达与反馈就构成官方文化、精英文化、大众文化之间的互动逻辑。

以官方文化为主导的互动。《规划纲要》指出各省区民(宗)委与财政厅所在的县为特色村寨做的行政编制,应报请国家民委经济发展司与财政部农业司备案。特色村寨获得批准后由县级行政单位把关,乡(镇)一级政府具体执行,最后是村寨的基层组织落实工作,从国家的顶层设计到基层的具体实践,各级政府之间需要完成各自的行政目标。最后需要按国家民委与财政部的规定对特色村寨实施中的资金管理进行监督、检查、验收。"国家部属单位、省、县委上层机构,负责村寨设计与规划决策。乡(镇)、村单位为下层机构,负责实现政策目标与贯彻执行政策意图的执行者。政策执行是上下层的互动过程,是由下而上的模式。"① 在政府的主导下,特色村寨的保护与发挥在取得巨大成绩的同时,我们看到运动式的文化事业存在的问题,"政府在推行试点过程中缺乏良好的发展心态,急于求成,急功近利,对民族地区开展特色村寨保护和发展工作的长期性、艰巨性认识不足"②。在开展特色村寨的保护与发展的过程中,多方参与能对村寨文化的整体性有全新的理解,湖北王台回族村在做村寨民居的建设规划时,在当地政府的主持下,聘请规划专家与村民一起商定新村建设的中长期发展规划,"针对不同户型、不同结构的民居,在总体风格一致的原则下,实行一户一个设计、一户一张图纸、统一组织施工,按照保护一批、修复、建设了一批带有民族特色的特色民居,形成了伊斯兰风格民族建筑群落"③。政府、专家、村民共建模式是对村寨化解"特色危机"的有益探索。

以精英文化为主导的互动。全国的科研院所、大中专院校的学者主动参与特色村寨的规划与建设。例如,有研究者针对少数民族特色村寨保护与发展工作的长期性、艰巨性、系统性、复杂性特征,提出"坚持依法、政府主导、多方参与、积极、人本、完整、保护与发展、尊重习惯"④ 八项宏观的基本原则,使特色村寨的建设与发展有章可循。有学者根据《规划纲要》的要求,采用 AHP 层次分析法,选取经济发展、人居环境、生活质量、社会发展、民主管理、民族文化

---

① 李允杰等. 政策执行与评估 [M]. 北京: 北京大学出版社, 2008: 11.
② 段超. 保护和发展少数民族特色村寨的思考 [J]. 中南民族大学学报(人文社会科学版), 2011 (5): 21.
③ 裴圣愚. 湖北宜城回族特色村寨保护发展的实践与思考 [J]. 中国穆斯林, 2015 (2): 20.
④ 张显伟. 少数民族特色村寨保护与发展的基本原则 [J]. 广西民族研究, 2014 (5): 91.

6项一级指标以及12项二级指标、32项三级指标构建特色村寨评价指标体系，为具体的评估体系的建立提供借鉴①。清华大学城市规划设计院为湖北咸丰县官坝村完成整体规划方案，湖北苗学会、湖北民族学院的学者为该村特色文化的挖掘与旅游文化的建设精心谋划，湖北车溪的《三峡车溪民俗旅游区总体规划》也是经过专家的综合评定之后才得以通过评审，这都是专家参与特色村寨保护与发展工作的典型案例。

　　以大众文化为主体的互动。村民是村寨的文化主体，村民参与村寨文化的保护与发展的过程本身就是传统文化基因具有现代生命力的体现，这种生命力在村民身上完成乡土文明的自觉。例如，广东省连水村通过民主管理组织，讨论并制定《连南县三排镇连水村移民新村卫生文明户考核方案》、《连水村墩龙瑶寨管理办法》，形成村民自我管理，展现乡土的文明风尚。湖北咸丰县麻柳溪村寨于2010年被评为"少数民族特色村寨"，政府的号召极大地调动了民众参与特色村寨建设的自觉性与积极性，村民自发组织修缮民居，特别是村民自愿组织歌舞表演队，自觉传承濒临失传的板凳龙、灯舞、九字鞭等非物质文化遗产。为了保证官方文化、精英文化、大众文化之间的互动，湖北"616"工程对口支援模式可供借鉴，其具体做法是由一位省政府领导牵头，六个省直单位（其中包括四个省直单位、一所科研院或高等院校、一个知名企业）共同合作，将一个民族县（市）作为对口支援的对象，每年计划完成六件惠民、利民工程。② 省领导的牵头有利于各部门、各单位的协调，有利于制度、资金的保障，省直单位能够为对口支援提供切实可行的规划与决策，其中高校与科研结构的专家能够提供有利于经济、社会、文化、生态发展的评估细则，知名企业有利于特色村寨获得特色产业培育的市场经验和招商引资的机遇。将"616"模式中的支援对象的范围精确到村寨，就成为了特色村寨对口支援的精准帮扶模式。

　　2. 特色村寨形象塑造的策略

　　第一种模式是官方与村民双层互动发展模式。其中，官方居于主导地位，2009年国家民委、财政部联合下发《指导意见》，在全国28个试点省、自治区、直辖区确认121个村寨作为试点项目。在特色村寨的评选、前期建设与后期评估环节，政府的行政权力能够实现制度、法律、资金保障。在特色村寨保护与发展的具体实施上，村民具有主体地位。贵州的千户苗寨与湖北的庄溪武落钟离山为我们提供了两种模式。贵州省黔东南苗族侗族自治州雷山县千户苗寨在旅游开发的

---

① 赵溢鑫等. 少数民族特色村寨评价指标体系实证研究 [J]. 贵州民族研究，2015（1）：128.
② 湖北省民宗委. 湖北"616"工程成为民族工作重要品牌 [EB/OL]. http：//www.seac.gov.cn/art/2010/8/13/art_2687_65800.html，2010-08-13/2015-08-19.

过程中，政府为保护西江苗族文化，专门出台《西江千户苗寨民族文化保护评级奖励办法》，规定门票收入的10%作为民族文化资源保护费，在提取费用不足以支付奖励经费的情况下，县财政给予保障性支持，在此举措之下，苗寨的特色民居、文化等物质文化遗产，服饰文化、民俗文化、节庆文化、语言文字等非物质文化遗产得到保护。另外，为了培养苗寨的特色产业，自2010年至2012年，政府对利用特色民居从事经营的户主和租户采用税收优惠办法，如果是户主自己经营，税收全额返还户主，如果是租给他人经营，户主与租户分别拿到返还金额的50%，在这些惠民政策的激励下，据统计苗寨中有92%的村民愿意积极参与村寨的经济开发。[①]少数民族村民的主动性、积极性、创造性本身就是特色村寨建设的要义。

  第一种模式中村民居于主体地位。村民是村寨"特色危机"的化解者。湖北省长阳县庄溪村武落钟离山为了整理清江画廊的旅游资源，县委、县政府推行"四个统一"（线路、价格、营销、核算）的"一票制"模式，成为特色村寨文化旅游的品牌模式。但高校的调研团队通过对群众就业问题与村民增收问题的调研，发现特色村寨的建设在取得成绩的同时暴露出四大问题：一是"一票制"的时间安排时间不合理，造成旅客资源的流失，村民的市场参与度低，没有发挥村寨主人翁的积极性。二是景区内部的村民收入差距大，前山因为便利的条件参与度高，后山的村民基本没有享受到旅游带来的经济效益。三是民族文化的开发不够深入，没有代表性的土家族吊脚楼建筑，没有代表清江流域的民族手工艺纪念品，没有形成特色产业，村寨的可持续发展动力不够，农民的就业与增收的后劲不足。四是没有成立村里统一的管理与组织机构，旅店与餐馆都是村民独立经营，内部竞争激烈、发展不平衡，部分旅店与设施的服务条件与卫生条件不尽如人意，特色村寨的反贫困路径遭遇瓶颈。有学者建议成立农民旅游协会充分发挥村民的自觉性、能动性，建立激励机制，还"特色村寨"的主体地位给村民，用村民的能力解决问题。[②]针对本地民族文化特色危机的问题，农民旅游协会鼓励成立地方戏曲剧团，为游客排练本地的民族民间歌舞节目。针对村民参与度低的问题，政府赋予村民决策、管理、参与的权利，通过有效的宣传，让村民享有知情权，通过合适的土地补偿，让村民享有资源的拥有权，公开、透明的规划与政策能树立政府的廉洁形象，也保证了民族内部的团结。"在传统社区，如

  [①] 陈莉莉等.少数民族特色村寨开发村民收益机制研究——以西江千户苗寨为例[J].民族论坛，2011（10）：66.
  [②] 李忠斌等.民族特色村寨建设中群众就业问题与对策——以长阳县庄溪村武落钟离山为例[J].民族论坛，2014（1）：88.

很多少数民族地区的传统社区，大量存在着传统的民间治理方式和现行制度的双轨并行"③。针对村寨的卫生条件与服务水平不尽如人意的问题，可以聘请专家与专门的机构加强对村民的业务水平的培训，带动村民收集、整理、挖掘本民族的文化资源，从而提供旅游的服务质量，逐步形成庄溪的特色产业。

村民是特色村寨形象的创作者，村民是乡土文化的传承者，在旅游文化产业的背景下，村寨的特色资源作为旅游市场中稀缺资源参与旅游产品与服务的大循环与大流通。作为弱势群体，村民理应获得文化资源的产权，这种产权的认定为贫困地区乡民获得产业受益的分配提供条件，一方面应有政府出台相关的法律法规；另一方面地方政府与村寨应组织相关的文化产权保护机构，真正实现村民作为主体参与特色村寨的保护与发展。

第二种模式是文化事业与文化产业的双层互动模式。文化事业与文化产业之间的互动。"保护"与"发展"构成建设特色村寨的两个维面，保护的对象是特色村寨所依赖的自然生态、民居空间与民俗文化，保护的目的是保存文化的载体。有了载体之后，特色村寨就具备了实现特色产业的发展与现代社区文化的现代转换的条件。保护属于特色村寨建设的前期阶段，具有高投入性与公益性质，其业态呈现是以文化事业的方式出现。在特色村寨完成前期的保护工作后，村寨要实现可持续发展就需要培育特色文化产业，在产业提供的经济基础上，现代社会文化的功能得以展现。

首先是文化事业为主导的生态特色建设。生态空间的建设需要政府与公益组织的无偿投入，例如生态环境的建设需要对植被、河流、空气的污染治理与防污设施的建设；村民的生活要实现传统粗放式生活向生态生活方式的转变，例如大部分的特色村寨需要实现生态能源的利用，大力发展太阳能、风能、沼气能；农业的生产要实现无害化管理，实现绿化、净化、美化、便利的宜居环境转换。

其次是文化事业为主导的民族文化的传承与生产性保护。面对村寨物质空间的自然消亡与人为破坏，在文化的全球本土化时代，依赖于传统农耕、农牧、农林生产生活方式的少数民族文化在现代性语境下逐渐式微或濒临消亡。官方、学界、民间需要投入人力、物力对已经失修与破损严重的民居进行"整旧如旧"式整修，整修的目的应该是围绕本村寨的民居特色彰显，例如土家族的吊脚楼、侗族的鼓楼、傣族的竹楼等需要防止被造价低廉的简易建筑所取代，造成民居特色的急速消失。湖北宜城市王台村以地方政府为主导，充分发挥回民的积极性，对承载伊斯兰文化的民居、寨门进行改造，成为回民村寨自我形象塑造的典型。湖

---

① 李松. 多民族地区村落文化保护与社会发展的思考——以贵州荔波水族村寨研究项目为例[J]. 民俗研究，2010（3）：54.

北恩施土家族苗族自治州芭蕉侗族乡高拱桥村枫香坡村寨以新修的寨门、花桥、鼓楼、文化陈列馆作为标志性建设，实现了村寨形象的视觉识别功能。

再次是文化产业主导的特色产业的培育。文化事业对村寨文化实现投入性的保护与建设，其根本目的是落实到广大村民的根本利益，实现村民的增产、增收，提高物质、精神文化水平。在经济发展的新常态背景下，每一个村寨都要利用自身资源的禀赋发展特色支柱产业，为村寨的循序渐进发展注入活力，所以生态旅游、文化旅游、特色种植养殖业、农业体验式观光、养生基地等项目成为地方村寨发展自身的重要参照资源。湖北恩施望城村以本地农户为主体，以经济联合社作为平台，形成"公司、合作社、农户"组成的"一社三体"经营管理模式，逐步形成集休闲、旅游、度假、种植、养殖、观光为一体的生态旅游文化基地[①]。湖北宜城市王台回族村寨以发展优质的无公害牛肉作为自身的支柱产业，实现村民的增收；湖北咸丰县官坝村以种茶、生猪无公害饲养作为支柱产业实现本村的脱贫致富，湖北恩施州的芭蕉枫香坡村与宜昌市车溪以发展旅游产业作为经济支柱，确实做到了经济发展的成果为底层的民众所共享，切实做到了利民、惠民。

最后是文化产业主导的新农村文化的发展。村寨的保护与发展的宗旨是人为本位，特色村寨的落脚点是实现新农村村民的文化自觉。通过自然环境的保护提升村民的科技意识、环境意识、卫生意识；通过对民居的保护提供村民保护文化遗产的意识，为文化遗产的保护提供智力支持与人力支持；通过特色产业的培育实现村民的增收，经济利益为村民分享，这对构建和谐的乡村，树立新农村的形象起到了良好的示范作用。

文化事业与文化产业之间的划分仅仅从生产关系的所有制形式入手，二者之间是一种互动关系，事业更强调保护，产业着重开发，事业倾向于适度原则，产业侧重于规模效应，二者之间的辩证关系是特色村寨可持续发展的重要推动力。

特色村寨与周边地区互动是形象得以塑造成功的重要方式。特色村寨的保护与发展的路径是探索农村利用自身资源禀赋与区位优势，促进少数民族地区经济的可持续发展。"一个民族，不论大小，要发展繁荣，就必须有一个坚定的经济基础；一个民族要在现代化进程中保持其民族特点，就必须善于利用自己特有的优势来发展经济，不然的话，这个民族是要走向衰亡的"[②]。不管是《规划纲要》中计划建成1000个特色村寨还是370个已经挂牌的特色村寨，都不足以涵盖所有的特色村寨，"挂牌村寨"是探索边区扶贫攻坚的一种模式，这些模式能够为

---

① 赵溢鑫等. 恩施州望城村民族特色村寨产业发展探索 [J]. 贵州民族研究，2014（8）：174–176.
② 费孝通. 致"兴边富民行动"领导小组的一封信 [A]. 赵显人.兴边富民行动（第一辑）[C]. 北京：民族出版社，2000：3.

国家的兴边富民提供智力支撑与实践经验，所以特色村寨的研究与实践的问题关系到整个新农村建设的主题，特别是中西部地区少数民族同胞的中国梦。

我国 55 个少数民族的分布具有"大杂居、小聚居"的特点，特色村寨建设需要处理居于主体地位的民族与居于客位的民族之间的关系。如果是单一民族的特色村寨则不存在民族关系的强化与弱化的问题，例如云南玉龙县纳西族所在的白沙乡玉湖村寨，其总人口是 1336 人，纳西族比例达到 99%；福建宁德市蕉城区畲族所在的上金贝村的村民民族成分全部是畲族。但全国大多数特色村寨村民的民族成分并非单一，湖北咸丰县高乐山镇官坝村有 5278 人，汉族人口占 30.3%，少数民族中以土家、苗、侗等民族占主体，其比例分别是 38.9%、24.2%、6.6%，在这种民族构成多元的地区，民族的特色建设应该是多元文化建设，不能实行民族差别对待而实行强化或者弱化。已经挂牌的特色村寨涵盖 28 个省、自治区、直辖市的 340 个特色村寨，还有部分省的村寨还没被确认为少数民族特色村寨，这些村寨可能是少数民族人口较少或者少数民族人口的比例不够高，但越是人口较少的民族、分布散居各地的民族，其民族文化的生态越发脆弱，而这种脆弱的文化对保护文化多样性的意义更重大。"2020 年，中国要实现全面建成小康社会的目标，广大民族地区，尤其是民族地区农村能否在最后五年里最大限度地减缓贫困现象，对于中国实现全面建成小康社会目标至关重要"[1]。从官方到民间，这些村寨的民族特色的危机更是刻不容缓，所以"十二五"规划中特色村寨的建设不应成为民族村寨保护与建设的终点，而是起点，其目标是能实现所有民族村寨对自身文化生态的保护与建设。

少数民族特色村寨的保护与发展的问题转换为我们提供了研究的新方向，质量与内涵的建设是对数量增长的进一步深化，隐结构文化与显在文化构成村寨特色文化的一体两面，村民主体地位的确立与社会各界的参与是对政府主导项目的巩固与发展。双层互动模式为"十三五"时期特色村寨的建设指明了方向，试着建立立体、多元、全面的创新动力体系，政府、社会、村民的共同参与构成村寨保护与发展的"特色文化"，文化事业与文化产业的辩证关系是政府职能转变与传统村寨现代建构的机会性因素，特色村寨与周边地区的联动发展是特色村寨获得新生后的文化辐射力的体现。总之，在经济发展的新常态背景下，在我国城镇化进行的过程中，特色村寨能够为现代"发展"提供一种地方性知识的参照，这种参照可以是现实的文化成果，也可能是乌托邦的文化想象。

---

[1] 刘小珉. 民族地区农村最低生活保障制度的反贫困效应研究 [J]. 民族研究，2015 (2)：41.

三、产业：跨文化表演

（一）人类表演学的启示

从戏剧的发展来看，剧场表演逐渐打破第四堵墙而实现了戏剧深入人类学领域，20世纪的西方剧场理论发展经历了四次转型："从幻觉剧场到反幻觉剧场、从剧本中心到表演中心、从艺术表演到文化仪式、从文化仪式到文化戏剧"[①]。边地湘西旅游文化表演的预设观众就是中外的游客，表演成为边地湘西实现文化输出的一种方式和可能，"从文化仪式到跨文化戏剧。全球化时代对所有艺术形式都提出了跨文化的问题。但有些艺术形式，如音乐、绘画等，本身就是跨文化的，节奏与旋律、色彩与图形本身也是跨文化的，不同民族国家的人都可以接受、领悟得到、文学这类语言艺术则必须通过翻译环节，才能实现跨文化的理想。现代戏剧超越了剧本中心的逻各斯中心主义，已经具备了跨文化的可能，因为表演中心的戏剧语言是身体，而身体语言是跨文化的"[②]。所以人类表演学的成果能为形象学的研究提供新的研究视角。

从自在的生存方式到自觉的设计生存，生产生活方式的所有方面都有着展示与表演的目的，这种目的指向生存资源的占有和分享、地域文化身份的认同以及个人情感的确认。我们所使用的表演是人类表演学意义上的表演，是用表演的思维方法去研究文化事件，"'存在'（being）、'行动'（doing）、'表演'（performing）和'表演研究'（studying performance）的区别我简要地解释一下。所有存在的东西都是存在那是整个宇宙。'行动'是存在中的运动状态。而'表演'是有意识地去行动。因此，如果我只是走出这扇门，我并不是在表演。但如果我说'我要走出这扇门了'，并能意识到自己正在走出这扇门，那么我就是在表演。'表演研究'则是研究这种表演的"[③]。格局指的是世界的格局，我们的讨论空间是在现代性的语境下讨论，这种讨论的方式是把湘西视为现代性发生的边缘地带，按照布尔迪厄的场域领域，中心与边地处于一个斗争的场域之中，这种斗争中，我们需要找出边地策略是否可能和如何可能。边地的主体性的彰显就是对民族性策略的利用。边地的策略如何展开，我们同样以湘西地域的地级行政单位常德市、张家界市、怀化市、湘西土家族苗族自治州的边地策略对全球本土化趋势的回应为例，这种边缘守望中心的策略是边地民族争取生存资源与身份认同的一种现代方式。

[①②] 周宁.西方戏剧理论：现代主义与后现代主义[A].周云龙.天地大舞台[C].厦门：厦门大学出版社，2011：337.
[③] 阚洁.跨文化戏剧与表演研究——与纽约大学人类表演学资深教授谢克纳博士的访谈[J].艺术百家，2012（02）：97.

（二）演艺产业的新常态与可持续发展

演艺产业已经成为跨区域、跨文化的重要表现模式和经济发展重要途径。演艺产业是文化产业的子门类，是国民经济的重要组成部分，在我国经济发展步入新常态的背景下，演艺产业呈现出"两高两低"的态势，即市场对艺术表演的文化产品及服务的需求增高，产业主体向市场投放的文化产品及服务的量增高；相比东部、中部地区，西部地区的艺术表演产业发展程度较低，相比城市，农村的艺术表演产业发展程度偏低。面对机遇与挑战，演艺产业领域亟待创新驱动力——双层互动模式，即文化事业与文化产业的互动、东中部与西部演艺产业的互动、城市演艺产业与农村演艺产业的互动。互动模式善于利用机会因素、充分发挥优势因素、逐步化解威胁因素，从而实现我国演艺产业的"健康态"。2014年5月，中共中央总书记习近平考察河南时提出："我国发展仍处于重要战略机遇期，我们要增强信心，从当前我国经济发展的阶段性特征出发，适应新常态，保持战略上的平常心态"[①]。这是党和国家决策者对我国现阶段经济发展形势的理性判断，包括演艺产业在内的文化产业的发展与研究都需建立在新常态的基础之上。演艺产业属于文化产业的核心层，其国民经济的代码为8710。"中国知网"文献数据库显示，演艺产业发展对演艺产业研究提出了定性研究与定量研究的要求。例如，采用蒙特卡洛模拟技术（MCS）、层次分析法（AHP）是文化产业实证研究的典范[②]。大数据显示，近15年的演艺产业研究热与演艺市场热并驾齐驱，研究的论题主要集中在演艺产业概念与特征、市场现状与发展策略、立足国情的政策与体制、演艺产业区域研究、演艺产业与相关产业关系以及"走出去"战略等，其中应用理论多于基础理论，演艺产业区域性研究多于整体研究，深层次的产业机制与产业运作模式还处于空白。本书立足演艺产业的相关数据，剖析演艺产业领域的创新驱动力问题，对长时段的演艺产业的发展态势做较全面的评估，在此基础上，提出发展我国演艺产业的三种模式。

两高两低态势：演艺产业的新常态。态势是事物发展的形势及状态。其中，"新"代表不同以往，"常"表明产业发展在一定时期内的稳定性。演艺产业的态势反映了该产业在经济、文化、政治大背景下在一定时段内的情形与综合境况。通过对演艺产业指标体系的考察，该产业呈现出"两高两低"的态势。"两高"是市场对演艺产品的需求量高，在需求的刺激下，各生产要素注入演艺产业领

[①] 苏秦. 人民网评：以积极心态迎接中国经济"新常态"［EB/OL］. 人民网，http://www.people.com.cn/n/2014/0811/c1003-25441622.html/2014-08-11/2015-07-20.

[②] 姜惠宸. 文化创意企业价值评估 MCS、AHP 应用探讨——以影视类企业为例［J］. 江淮论坛，2015（1）：166.

域，演艺产业生产值逐年飙升。在演艺产业热的背后，演艺产业的区域发展不平衡与城乡发展不协调的短板暴露出来。根据"短板理论"，演艺产业的经济与社会效益的体现，在现阶段取决于两低态势。两高态势为我国演艺产业的发展提供了机遇与动力，两低态势为我国演艺产业的发展提出了问题与挑战。

市场对演艺产品的需求量高。美国犹太裔人本主义心理学家亚伯拉罕·马斯洛提出著名的需要理论学说，将人类需求的层次从低到高分为五种，依次为生理需求、安全需求、社交需求、尊重需求和自我实现需求。① 这种具有梯级结构特征的需要理论模式叫"需要塔"。演艺产品具有文化属性、经济属性、政治属性，其中文化属性满足大众对审美的需要，表演艺术构建的憧憬性、虚构性、创意性的艺术空间，既有与现实生活的联系，又有对现实生活的超越，这种超越就实现了人的自我，这种自我具有自由与自觉的满足感。这种满足的典型就是"高峰体验"，即"以问题为中心、高度集中精力、献身行为，强烈的感官体验，对音乐或艺术的忘我、投入的欣赏，等等"②。包括自我实现在内的高级需要建立在低级需要满足的基础之上，一般地，相比高级需要，生理需要与安全需要最为迫切。

从我国城乡居民的恩格尔系数（Engel's Coefficient）逐年递减的趋势分析，我国城乡居民家庭中食物支出占消费总支出的比重逐年降低，介于30%~40%，精神文化逐渐成为居民满足自身需要的主要对象。在市场经济时代，精神文化是以商品作为载体来实现，这就形成了庞大的生产总值，根据近年来国内生产总值的数据，包括演艺产业在内的第三产业在国民经济中的比重逐年增高，2012~2014年，第三产业增加值占国内生产总值的比例分别为45.5%、46.9%、48.2%，2014年人均GDP约为7514美元，根据国际经验，当人均GDP超过5000美元，第三产业增加值占GDP的40%时，大众对文化消费的需求会迅速增加。

与演艺产业需求最为紧密的旅游业发展迅速，国内外游客量的逐年递增表明演艺产业如果能实现与旅游业的融合将带来这两种相关产业的繁荣。国内游客的剧增形成的旅游消费为演艺产业理论与实践指明未来的发展方向，演艺产业需要解决与旅游相关的产业协作问题，演艺产业在文化产业链中的发展定位与方向的问题，演艺产业与相关产业的竞争等问题。

演艺产业提供的产品量高。巨大的文化消费市场为包括演艺产业在内的文化产业发展提供原动力，相关的文化资源与生产要素流向文化产业领域，对比三次产业对GDP的贡献可以发现，我国逐渐由工业生产大国向文化产业大国转型，2012年第三产业的增加值首次超过第二产业增加值对GDP的贡献。

---

① [美] 马斯诺.动机与人格 [M].许金声译.北京：中国人民大学出版社，2007：18-29.
② [美] 马斯诺.动机与人格 [M].许金声译.北京：中国人民大学出版社，2007：73.

演艺产业成为文化产业发展的亮点。首先,演艺产业的主体性逐渐明确。演艺产业的主体主要包括演艺团体与演出场馆,据统计,2014年艺术表演团体的机构数达到8769个,从业人员人数约为26万人;艺术表演场馆机构数1338个。二者相比,演艺团体的发展空间大,演出场馆趋于平稳状态,其中艺术表演团体的流动与巡演的特征更契合演艺产业作为服务行业的特征。

以2013年为例,艺术团体的演出场次达到165万次,其中非国有与非集体的演出场次近130万次,充分体现了文化产业的经济属性与市场特征。艺术表演团体演出观众人次是900643000人,艺术表演场馆观众人次是77763500人,演艺产业的文化产品及其服务产品具有大众审美文化的特征,其大众性与通俗性的特征充分体现出来,随着我国经济的发展,城乡居民恩格尔系数的下降,演艺产业拥有更为广阔的发展空间。

西部演艺产业的发展程度低。我国东、中、西部经济发展呈现出不平衡的发展特征,这种发展模式制约国民经济的整体发展。演艺产业作为国民经济的重要部门也呈现出中部、西部的发展水平较东部地区发展程度低。西部地区演艺产业发展程度低是基于两个指标的判断,第一是西部地区文化产业增加值相比东部与中部地区低,以2014年为例,东部各地区的第三产业增加值在15000亿元至30000亿元,中部各地区的第三产业增加值在6000亿元至12000亿元,西部各地区的第三产业增加值在4000亿元至8000亿元,产业增加值的高低决定了文化市场的活跃程度;第二是东部地区逐渐形成了演艺产业园区,例如上海的戏剧谷与北京的天桥演艺园区。

演艺园区的建立代表了我国演艺产业的发展方向以及产业链的形成。数据显示,艺术表演团体演出场次按省区(台湾地区、香港及澳门特别行政区不纳入统计范围)排名最后的五位是天津市、吉林省、黑龙江省、西藏自治区、青海省,演出场次依次为0.69万次、0.64万次、0.5万次、0.46万次、0.31万次。

在东、中、西部文化产业发展不平衡的背景下,以演出场次为指标,呈现出"东中有低"与"西中有高"的态势。地区排名中,最后的七位中就有海南和天津。西部地区的四川与重庆演艺团体演出场次分列全国的第六位和第九位。

东、中、西部第三产业增加值的发展不平衡模式决定了我国未来的包括文化产业发展在内的方向应该是向东部市场成熟地区发展,需要在上海、北京等地建立演艺产业园区,推出经典剧目与塑造演艺品牌,在走出去战略方面需要先行先试。演艺场次的数据显示,西部地区演艺活动很活跃,演艺场次表明西部地区对演艺产品的需求,但这种需求面临现实的矛盾,西部地区演艺品牌与演艺市场增加值又很薄弱,中西部地区拥有丰富的自然资源与富有特色的人文资源,传统文化的现代转换是中西部地区文化产业的当务之急。

农村的演艺产业的发展程度偏低。城市已经形成相对成熟的市民消费群体，构成广阔的消费市场，各生产要素向城市消费市场聚集，各演艺表演团体主要产生于城市，根据旅游产业居民花费对比，城镇居民的旅游花费持续升温，农村居民的旅游花费处于低增长状态。相比之下，艺术表演团体在农村演出的场次大大多于城市的演出场次，农村观看演出的人次大于城市的人数，一方面是农村人口的基数大；另一方面是农村演艺市场有着广阔的前景。加大对包括演艺产业在内的文化产业的投入将成为国民经济重要增长点，这一增长点是扩大内需的要义，也是统筹城乡发展的重要路径。"现在我国的平均演出票价是 450 元；目前我国低收入人群月平均收入是 2000 元，中等收入人群月平均收入 3300 元。450 元的票价要分别占到他们月收入的 13.6% 和 22.5%。而在俄罗斯，低收入人群月平均收入是 1.5 万卢布，普通的演出票价一般是 100 卢布至 155 卢布一张，仅占其收入的 0.7% 至 1%。美国艺术演出的票价平均每张是 45 美元，较高的大约是 100 美元。美国低收入者每月平均收入在 3000 美元左右，普通票占他们收入的 1.5%，贵的票价大约占 3%"①。演出场次的规模表明农村具有广阔的市场需求，但农村的旅游总花费表明了农村收入增加的迫切性，二者是一个硬币的两面，互为表里。

农村是我国传统农耕文明的保留地，有着丰富的自然遗产、文化遗产、非物质文化遗产资源，这一资源如何实现市场商品化的转化是演艺产业理论与实践探讨的重要问题。这一问题的解决是满足广大农民大众的精神文化消费的需要。

双层互动模式助推演艺产业的可持续发展，文化事业与文化产业的互动。演艺事业与演艺产业间的互动是为更好地把握第一个"高"态势——市场需求量高的机遇。为了充分发挥市场主体地位，文化事业与文化产业的双方，特别是主导事业发展的政府理应成为互动的推动者。

首先，为了确认保证文化产业发展的市场属性，政府应承担"转企改制"的改革任务，降低演艺产业行业的准入，助推演艺产业在内的文化产业系统内各要素的自由流动。例如，文化部组团对日本发展演艺产业的考察，得到的思考与建议："文艺演出团体只有建立了现代企业制度，只有按现代企业制度来管理和运营，才能真正解放演艺生产力，才能真正解决演艺企业的'自生能力'并焕发出生机活力"②。也只有这样，才能改变演艺团体与场馆主要依靠财政拨款获取收入的现状。

其次，演艺产业要顺利回归市场本位，需要政府的法律与政策提供的软环

---

① 张楠. 中国演出票价几乎世界最高 [N]. 北京晚报，2012-03-07.
② 欧阳坚，于平，雷喜宁. 文化部组团赴日考察演艺产业报告 [J]. 艺术百家，2010（1）：3.

境。通过立法调整与规范市场竞争；根据市场变化调控市场的无序；建设平台，培养健康的市场；由"经营角色"转为"服务角色"，建设服务体系。"从未来发展来看，组建面向市场的综合文化管理机构将是文化行政管理的一大趋势"[1]。1998年，文化部成立文化产业司；2000年，党的十五届五中全会通过《中共中央关于制定国民经济和社会发展第十个五年计划的建议》，正式提出"文化产业"的概念；2002年，"发展文化产业"成为中共十六大报告内容的亮点；2009年，国务院常务会议通过《文化产业振兴规划》，标志着发展文化产业已成为国家的战略；2010年，中国人民银行会同九部委联合发布《关于金融支持文化产业振兴和发展繁荣的指导意见》；2012年，文化部发布《文化部"十二五"时期文化产业倍增计划》，确立了演艺产业进入11大重点行业之列，这为演艺产业的健康发展建立了法制平台。

最后，演艺产业营利性与非营利性的互动。国有与集体性质的演艺团体主要是公益性质，我国具有表演性的文化遗产与非物质文化遗产需要挖掘、传承与生产性保护，这一领域首先考虑的是非营利性。在营利性的演艺产业领域，政府可以通过采购、奖补、贴息，甚至是投资入股的方式对演艺产业加大扶持的力度，还可以积极引导社会资金进入演艺产业，缓解该领域中小企业投融资难的问题以及创新融资的机制与方式。例如，"美国联邦政府和各州立政府通过的法案对积极鼓励对非盈利机构进行免税的个人捐赠"[2]。安迪·帕特反思英国发展城市中的理念后指出，官方在制定文化产业政策时不能忘记凸显"艺术"的核心价值。[3] 艺术的核心价值往往是一个民族在生产和生活中体现的民族精神或者一个民族的核心价值观，其价值超越功利，不能简单以经济价值估算。

营利性与非营利性平台的转换。前者是以市场占有和票房为旨归，后者是以公益性的社会服务为旨归。以美国的百老汇市场遴选机制为例，营利性与非营利性的剧场之间能够实现自由流动，《Q大道》原来是由以盈利为目标的百老汇剧场制作的，后来在获得戏剧奖之后被制作方转移到外百老汇剧场演出；而《费拉》、《铁血总统》原来是在外百老汇演出，在获得高额资本之后转移到百老汇剧场。[4] 这为剧目在营利平台与非营利平台之间的流动奠定了基础。

演艺产业与相关产业的互动。演艺产业链的建立是为了更好地发挥该领域生

---

[1] 丁薇，陈党．雷喜宁．论城市化与文化产业发展的对策[J]．江淮论坛，2013（5）：134．

[2] James Heibrun, Charles M.Gray.The Economics of Art and culture (Second Edition) [M]. Cambridge: Cambridge University Press, 2007: 257.

[3] Andy C Pratt, Creative cities: tensions within and between social, culture and economic development—a critical reading of the UK experience, City [M]. culture and Society, 2010: 13-20.

[4] 陶庆梅．百老汇的演剧结构——纽约观剧札记[J]．艺术评论，2011（5）：22-27．

产量"高"的态势,实现产业系统倍增计划。"应进一步创新体制机制和产业组织模式,强化自主创新能力和专业人才培养,加快实施品牌带动战略,并推动其与制造业互动融合发展"①。产业链思维构建的演艺产业系统可简化为核心产业、相关支持产业、相关配套产业、衍生产业等。

演艺产业链根据演艺产品生产与消费的程序可以分为上中下游,上游包括艺术家的创作活动以及剧团的策划与表演,演艺作品在这一环节诞生;中游包括营销、传播、广告、经纪公司等中介,使演艺作品得以流通、传播从而走向市场,用开放式方法打开通向大众的路径;下游包括表演场馆、影剧院、文化广场等表演空间,在"观演关系"的互动中实现演艺产品的消费与服务,终端的市场消费又成为下一轮文化生产积蓄的动力。

英国经济学家阿尔弗雷德·马歇尔提出产业集聚理论,"企业倾向于集聚有三个原因:能促进专业化供应商队伍的形成,尤其能提供不可贸易的特殊投入品(例如一种特殊的区域激励文化);为有专业技术的人员提供一个公共市场,有利于劳动力共享(集聚之后的规模效应有利于集群之间的成员流动);独特的非正式信息扩散方式有助于知识外溢"②。他将产业集聚理论运用于演艺产领域,核心观点是将独立而又关联的演艺产业与相关产业,按照社会分工的需要与协作关系的要求,实现其在空间布局上的高度聚集,这种聚集有利于演艺产业在资源共享方面的变异,有利于交易成本的降低,最终实现规模效益,从而形成可持续发展的核心竞争力。实现产业之间的互动的核心动力就来自经典剧目,经典剧目的产生来源于艺术家的创造力,"成功的演艺产业园并不仅仅只是一个个剧院以及相关配套商业的空间组合体,而是由这些剧院所聚集的一个个优秀的剧作家和优秀的戏剧表演家,以及围绕这些艺术家的优秀制作人、导演、编舞、经理人员、设计师、票务人员、舞台技工等等组成的优秀团队,还有这些有些团队所创作的演艺产业运营的软件体系"③。由门票经济到衍生品的产业链的转型,形成演艺产业的生产体系。从作家的创意到剧作家的编剧,从剧目的诞生到投融资体系的建立,从宣传与销售到消费服务体系的建立,从演艺作品到周边产品的开发,动漫、电影、电视剧、游戏、会展、知识产权的管理与运营,这种流程模式为演艺企业实现自身的经济效益与社会效益的基石。

东、中、西部产业间的互动。区域演艺产业间流动是为了更好地化解第一个"低"态势——区域产业发展程度不均衡。立足不均衡的现实,实现差异性策略

---

① 杜传忠,王飞.生产性文化服务业:我国应重点发展的新兴文化产业[J].江淮论坛,2014(3):38.
② [英]马歇尔.经济学原理[M].廉运杰译.北京:华夏出版社,2005:217.
③ 王国华.论现代演艺产业园区的建设与管理[J].北京联合大学学报(人文社会科学版),2012(4):85-86.

与互补性协作模式。有学者总结出世界演艺产业发展模式，"以云南省为代表的发挥区域文化资源优势打造文化产业品牌产品的模式，以加拿大渥太华—卡尔顿地区、英国第四大城市雪菲尔德市为代表的发挥创意优势打造文化产业园的模式，以湖南省为代表的发挥传媒产业优势制定有效发展策略的模式"[1]。我国演艺产业的可持续发展模式是借鉴已用模式的基础上，立足我国演艺产业的国情提出的方法论。

我国演艺产业在地域上发展呈现出不均衡状态，面对这一问题，我们需要立足地域特色，归纳出独具特色的文化产业的三种发展模式。第一种是历史文化模式：陕西、江浙、华北、四川等地是中国传统文化的积淀区域，北京、西安、杭州等地是古典文化底蕴深厚，上海的近现代文化底蕴丰厚。《盛世大唐》、《长恨歌》、《夜泊情怀》、《宋城千古情》是历史文化类演艺产品的范例。

第二种是民族文化模式：云南、广西、湖南等地立足本地区少数民族的特色文化打造演艺剧目，涌现出杰出的旅游演艺实景演出剧目，例如云南的《云南印象》、《丽水金沙》、《蝴蝶之梦》，湖南的《魅力湘西》、《天门狐仙》、《烟雨凤凰》，广西的《印象刘三姐》等，西部地区的山水在生态文明视野中焕发出生命力，边远地域的民族风情满足了城市居民的乌托邦想象。中西部演艺产业发展也能打造品牌，塑造模式，这种模式在文化产业领域具有示范性意义。

第三种是创意文化模式。北京、上海、广州基于本地域的经济实力与人才资源，将中国的文化资源实现市场品牌的转换，这为我国探索旅游产业的品牌建设提供了路径与示范。该地域逐渐形成一批演艺园区，例如深圳华侨城，汇聚《创世纪》、《跨世纪》、《千古风流》、《天地浪漫》；2009年5月，上海现代"戏剧谷"正式挂牌运营，上海戏剧谷代表中国演艺产业的未来发展方向，戏剧谷的经验为多地所借鉴；北京正以国家大剧院和北京人民艺术剧院为首，由"天桥演艺区"与"天坛演艺区"组成"首都核心演艺区"。据不完全统计，全国已形成了10多个演艺集聚区，如上海的现代戏剧谷，北京的天桥演艺区、天坛演艺区、东城区剧场群，西安的文艺路演艺一条街，天津的盘龙谷，南京的杨公井演艺文化街等。[2] 三种模式互联互动，可以组成我国演艺产业发展模式平台。

"拿来主义"与"走出去"战略的互动。相比欧美文化产业强国，我国演艺产业发展呈现出后进特征，基于我国演艺产业研究的滞后性，首先要向演艺产业发展程度高的国家和地区学习。美国具有多层次的投资体制；英国政府、政府组织、基金会三者构成多元化的融资渠道；日本将欧美演艺剧目拿来实现本土化成

---

[1] 张潇扬.发展文化产业的三条重要路径[J].甘肃理论学刊，2006（9）：21.
[2] 王国华.论现代演艺产业园区的建设与管理[J].北京联合大学学报（人文社会科学版），2012（4）：82.

功营销，日本四季剧团对《歌剧院的幽灵》、《狮子王》、《猫》等采用日本本国语言进行演绎，让西方的音乐剧深入人心，该剧团成为继美国纽约百老汇、英国伦敦西区之后的第三音乐剧演艺市场。① 中文版音乐剧《妈妈咪呀!》取得演艺市场的高票房，迄今已完成全国巡演 140 多场，观众达 15 万人，实现票房 5500 万元，刷新我国音乐剧演出市场的纪录，是我国引进版权并且实现全球化与本土化策略的典范②。"拿来"的目的是为了发展本土的文化产业项目与研究。"中国人民大学的金元浦教授参与了'人文奥运'项目，中南大学的欧阳友权教授牵头完成了'文化品牌报告'项目，清华大学的熊澄宇教授为广州市制作了'文化产业规划'等。"③ 自身的演艺产业发展成熟之后要逐步实现中华文化的输出。例如，2013 年，我国演艺团体国外演出的场次超过 1000 场次的省份只有河北、辽宁、江苏、内蒙古、山东，统计场次为 0 的省份是天津、海南、吉林。这种现状表明，问题不是我们没有文化，而是我们缺乏用创意的理念实现文化资源向现代剧场符号的转换，演艺产业的文化输出具有广阔的开拓空间。"在文化产业中，使用价值和交换价值始终是符号价值"④。传统的农耕文明的生产生活方式为我们遗留下宝贵的文化遗产，这种遗产的开发与利用，不是简单的空间移动，而是将传统的遗产进行符号化增值，通过符号的转换实现乡土资源向城市演艺市场商品的转型，这是探讨城市演艺产业与农村演艺产业互动模式的研究方向，也是统筹城乡的演艺产业的生产与消费的合理路径。

基于我国演艺产业文化输出的实际，我们认为演艺产业"走出去"战略可分三步走，第一是对话与交流阶段，使具有我国本土特色的演艺剧目参与世界各国的文化交流，例如 2008 年北京奥运会的开闭幕式、2010 年上海世博会是典型代表，这类演艺剧场的核心是从公益性与文化事业的角度，以弘扬中华民族的本土文化为视角。第二是演艺品牌走出去策略，对中华优秀文化遗产实现符号化，这种符号化满足异国消费者的文化想象，这种文化想象形成了交换价值，以海马戏城多媒体梦幻剧《时空之旅》、昆曲青春版《牡丹亭》、第一部进入百老汇原创舞台的《少林武魂》、《云南印象》等为代表，作为西部演艺产业的品牌《云南印象》在外国实现驻场演出或者连续巡演，为演艺走出去与中华文化的输出积累了经验。第三是"在地化"阶段，将我国在演艺产业的运营经验打造成产业运作的模式，试图将世界文化遗产纳入我们的运作体系之中，试图实现文化产品的全球化

---

① 欧阳坚，于平，雷喜宁. 文化部组团赴日考察演艺产业报告 [J]. 艺术百家，2010（1）：4.
② 藏志彭，解学芳. 论我国演艺产业发展模式的变革与重塑 [J]. 经济纵横，2013（4）：125.
③ 刘筠梅. 新世纪以来我国的文化产业研究综述 [J]. 内蒙古大学学报（哲学社会科学版），2011（6）：121.
④ [英] 斯科特·拉什等. 符号经济与空间经济 [M]. 王之光等译. 北京：商务印书馆，2006：168.

与在地化的双重价值，一方面，全球化的视野为演艺产品注入普适价值，使演艺的主题能够为异国与本土国接受；另一方面，在地化的策略中我国作为他国的外来者去融入异国的语境，其典型代表是云南演艺产业推出的《吴哥的微笑》，我国演艺产业企业采用国际运营模式，实现对异国文化的"在地化"，剧目的内容所选的是柬埔寨历史文化，剧目演职人员的主要构成是柬埔寨当地人，剧场的选择也是柬埔寨，中国演艺企业的在地化运作提供了另一种国际演艺的运作模式。

演艺产业的核心竞争力关系到该行业的生存与发展。在现时段，我国经济步入新常态的背景下，艺术表演产业的竞争力呈现出"两高两低"态势，两高两低的态势决定了艺术表演产业未来的发展方向，一是利用机会因素，抓住艺术表演产业面临的重要的发展机遇期；二是发挥优势因素，我国具有丰富的文化资源，将文化资源与现代文化产品的生存与服务体系相结合，将资源优势形成产业优势；三是克服弱点因素，东、西部艺术表演产业发展不平衡，城市与乡镇的产业分布不均衡；四是化解威胁因素，在全球本土化时代，艺术表演产业的发展要提高到文化输出与树立中国形象的战略地位。

（三）人类表演学视野中的城市

大湘西地域的城市都试着输出自己的城市文化形象。

常德市人民政府网站的刊头有 6 个城市名片，"国际花园城市"[①] 是其中的一张名片，名片的目的是求证世界知名城市的地位，基于常德在抗日战争中的贡献与地位，常德试图打造"二战英雄城"的城市名片，是世界和平的象征。常德市的湖南文理学院的陈致远教授正在着手"中国南方地区侵华日军细菌战研究"这一国家重大社科项目[②]。常德试着从学术话语的角度论证常德为抗日付出的伟大牺牲。常德澧县城头山遗址，学术界对城头山遗址的发掘与研究，试着确证常德是世界最早人口栽培古稻，最早发明农业灌溉系统，这里曾是湖南的中心，是人类农业文明的发祥地。学术话语使常德获得悠久历史文明的身份。"中国·常德桃花源旅游节"由湖南省旅游局、常德市人民政府主办，由常德市桃花源景区管理委员会具体承办。自 1991 年起，桃花源成功举办了数届桃花源游园会和桃花节，引来了海内外商贾，或探胜观光，度假休闲，或洽谈商贸，开发投资，使幽静之境，一顿闹市。古老的神秘的桃花源，正以崭新的时代风采，迈向未来。桃花源这个名胜古迹，神州大地家喻户晓，东晋诗人陶渊明在《桃花源诗并序》中描绘

---

① 其他几张名片为全国文明城市、国家卫生城市、国家园林城市、中华诗词之市、优秀旅游城市。参看常德市人民政府网站，网址为 http：//www.changde.gov.cn/index.html，2014-11-14 日访问。

② 陈雅玲. 细菌战研究课题落户湖南文理学院［EB/OL］. http：//www.changde.gov.cn/art/2014/6/23/art_63349_1501092.html，2014-06-23/2014-11-14.

的"世外桃源",环球之内尽人皆知。权威工具书《辞海》在有关"桃源山"条目的解释中指出,桃源山"在湖南省桃源县西南。下有桃源洞,又名秦人洞,白马洞","是东晋陶渊明所记桃花源的遗址"①。

边缘守望中心是一种策略。有学者撰文对常德市的文化产业进行策划,"文化资源的开发与利用,必须坚持这样一个原理:可观赏性、实用性、互动性。做到'人无我有、人有我新、人新我奇'"②。首先是桃花源里对城市文化内涵的理解:和谐、宁静、原生态。其次是做足水上文章——让水活起来,结合修建"梦幻桃花岛"和"狐狸精城堡",将柳叶湖打造成"中国最浪漫的湖"。再次是做山的文章——让山挺起来,将德山打造成为"中国道德文化之源"品牌,吸引香客,与中央文明委合作建"中华道德文化基地"。将常德的太阳山打造成为中华文明中最早的性图腾,"不妨自太阳山顶修建百米高的男根,号称'中华第一男根'"③。最后,结合常德"二战英雄"名片,"海峡两岸终将统一,届时,常德城将成为全球华人敬仰的一座城市"。该策划试图将世外桃源软着陆。策划的终极目标是"让常德走向世界"。这就是常德应对现代性提出的自身策略。

边地文化需要他人的走入同样需要文化的输出,文化产业开拓了文化开放的路径是值得称道的,但从城市的规划与建设中,"品牌"的符号价值几乎成为文化建设的终极目标,理念、行为、视觉形象上值得反思。理念上往往以产业的经济价值大于社会价值、文化价值的做法,所带来的是一种有名无实的泡沫。行为方面试图用规模、事件、大众媒体的效应去推广形象,成为一种自上而下的行政行为或者商业行为,对资源与生产力的焦虑充分体现出来。"建议将常德公墓纪念牌坊申报为国家级文物保护单位,牌坊前撤除一片街区建英雄广场,铺以血红大理石。常德公墓旁现有的一栋建筑改建为纪念馆,免费放映常德会战纪录片。常德盐关还是抗战时关押第一批日本战俘的地方,建议搜集相关资料建纪念馆。然后每两年举办一次'二战国际论坛',让常德从此进入国际视野。"④形象识别需要规避追求形式大于内容的种种做法。

张家界的世界符号策略。例如张家界建成了张家界大峡谷的玻璃桥,为了获得世界关注,大峡谷景区通过微信公众号发布"一字一万'世界之最'张家界大峡谷玻璃桥全球征名活动",为期 57 天的活动投稿结束,有效投稿的 12 万名微

---

① 常德市人民政府:中国·常德桃花源旅游节[EB/OL]. http://www.changde.gov.cn/art/2013/7/23/art_72_1372146.html,2013-07-23/2014-11-15.
② 周碧华. 策划常德[EB/OL]. http://www.changde.gov.cn/art/2013/5/26/art_63349_1342476.html,2013-05-26/2014-11-15.
③④ 周碧华. 策划常德[EB/OL]. http://www.changde.gov.cn/art/2013/5/26/art_63349_1342476.html,2013-05-26/2014-11-15.

信网友获得大峡谷景区游览终身免费的待遇。新闻发布后引起社会各界的关注，形成了事件营销的核聚效应。这是边地能现代媒体走向中心的典型案例。这种具有社会效益和大众媒体营销策划的通过大众媒体电视、互联网获得经济效益与社会效益。

我们可以一一列举在张家界发生的具有跨文化表演性质的旅游事件。第一种是中华文化圈内部的跨文化表演。《魅力湘西》、《天门狐仙》、《烟雨张家界》、《梦幻张家界》等舞台表演都是将土家族、苗族、瑶族、侗族等非物质文化遗产通过数小时的舞台呈现出来，各民族的异样的生活成为一台融合统一的演出。例如，赶尸是前现代已故的人的尸体运转回乡，是一种充满神秘色彩的行为；哭嫁是苗族、土家族、瑶族等少数民族共有的女子出嫁前用哭作为表达的方式；茅古斯的舞蹈是土家族既是一种信仰活动，也是一种追求娱乐的大众活动等，这些生活都有着自己的文化空间和时间，但舞台表演的整合方式是一种结构主义的思路，通过这一台演出可以有效的把握异地与异文化。"仪式表演本来是生活的一部分，后来因为被搬到舞台上也就成了戏剧"[1]。戏剧的表演与现实生活之间的区隔逐渐被打破，或者说，我们可以用表演学的方法去理解人类的存在与行为，特别是有意识的行为展示。

第二种是异国文化圈之间的跨文化表演。2012年法国轮滑大师让伊夫·布朗杜在"通天大道"上的"轮滑"表演，吸引了80多家海内外媒体的关注。"表演就是要展现完成了的事情不只是去做，而且要去呈现，要让其他人知道你在做"[2]。2012年，中央电视台春节联欢晚会上，魅力湘西艺术团奉献的精彩节目《追爱》亮相春晚；世界第一台大型山水实景音乐剧《天门狐仙——新刘海砍樵》和《张家界·魅力湘西》、《武陵魂·梯玛神歌》等节目相继上演。其中《天门狐仙——新刘海砍樵》、《张家界·魅力湘西》两台节目入选首批《国家文化旅游重点项目名录》。这些节目的生产的特点是高频率的复制性再生产，自创办以来面对游客每天都有演出。"中国张家界国际乡村音乐节"（2009、2011、2013）、"中国山歌节"、"桑植民歌节"、"首届中国国际文化旅游节"等一批节庆活动，成为中外游人的文化大餐。达瓦孜传人走钢丝、"卡通市长"推销乡村音乐周、"穿越天门"世界特技飞行大赛、俄罗斯空军特技飞行表演，诸多表演项目都有复制性，张家界天门山连续举办了三届翼装飞行世锦赛（2012年10月、2013年10月、

---

[1] 阙洁. 跨文化戏剧与表演研究——与纽约大学人类表演学资深教授谢克纳博士的访谈 [J]. 艺术百家，2012（02）：94.

[2] 阙洁. 跨文化戏剧与表演研究——与纽约大学人类表演学资深教授谢克纳博士的访谈 [J]. 艺术百家，2012（02）：95.

2014年10月),我们通过百度找到相关结果约1550000个,张家界的天门山为世界翼装飞行选手提供舞台,连续三年的生产与再生产,这种表演的目的就是借助新媒体获得大众传播效应,收获知名度与美誉度。"我需要创建一个新的理论,一个新的学科,去适应我的审美戏剧和所有其他种类的表演。这个理论要将仪式、日常生活中的表演以及由此出发我所想到的其他表演,如商业表演、体育表演等当作戏剧来研究,因为这些并不是戏剧,但也不是平常的生活"[①]。一系列的表演具有人类表演学上的意义。我们可以称旅游文化产业中的湘西策略是一种人类表演学意义上的有目的行为,这种行为具有复制性的生产与再生产的特征,我们称之为"生产性表演"。

我们讨论湘西形象的生产与再生产,主要讨论了三组问题,第一是空间的生产与再生产,从中华文化圈内的地理空间到意识形态的对立面——艺术的空间,从艺术空间到全球本土化的网络格局。第二是制度文化的生产与再生产,从中华文化圈内部的王权(国家资本)到前现代和现代中对社会与人生的反思,即从支配人的力量的王权制度到人性的显现创造性生产,从艺术的生产到社会对全球本土化的发展策略。第三是话语空间,从史籍作为主控叙事的话语到体制外的文艺的抗争,从文艺到人类学表演学意义上的表演,从文艺到文化的转变。

[①] 阚洁. 跨文化戏剧与表演研究——与纽约大学人类表演学资深教授谢克纳博士的访谈 [J]. 艺术百家, 2012 (02): 95.

第七章　结语：未来湘西形象
——从边城走向世界

"未来湘西形象——从中国走向世界"的范例是《从边城走向世界——对作为文学家的沈从文的研究》一书①，未来湘西形象应在上文的中华文化圈的框架之外进一步扩容与增生。未来湘西形象正是在国家提出"一带一路"战略思维基础上，把脉战略新常态，远瞩形象新愿景。

湘西观为我们打开研究湘西的观念领域，这种观念不追问湘西的历史与现实符合的关系，也不重在讨论湘西形象应如何的问题，其要点是研究湘西的属性满足了谁的需要，这个主位才是我们研究的重心，其观察视角是跳出湘西看湘西，所以湘西观提出了问题领域。在问题提出之后，我们用形象学作为研究方法去审视研究问题，形象学思维需要我们找到谁在表述谁？研究的结果是中华文化圈的中心表述边地。表述的谱系结构是什么？我们找到了古典想象结构是蛮邦与桃花源，现代结构是匪土与圣地。重要的类型套话是什么？我们分析出边、蛮、巫为中心的套话，边是从地缘的视角去归纳，蛮是从亲缘的角度去获取，巫是从文化信仰的角度去总结。在类型基本确立的前提下，我们需要从概念实践走向艺术实践，我们需要追问这些原型结构与类型套话是如何在艺术领域（马克思的把握世界的四种方式之一）生产与分配？第一，我们选取二十四史作为历史（包括诗、词、赋在内）经典文本，分析古典湘西形象如何创生、何以生长，为何消亡；第二，我们选取现当代文学文本（白话文）探寻传统文学到现代文学的转型中的形象类型的分配情况；第三，我们选取中国改革开放三十年来的戏剧与影视作为我们探寻大众审美文化中湘西形象的生产与分配。在中心想象边缘的同时，边地的自我想象是对中心表述的回应与策略，不单是"你说"或者"我说"，而是"我们说"。同理，我们从地缘、亲缘、神缘三个维面去解析边地的自我想象，第一是边地守望中心；第二是民族重塑蛮族；第三是圣地颠覆匪帮。这就构成了中心想象边地的"镜像湘西"与边地自我想象的"自画像"两个维度。镜像与自画像

---

① "从边城走向世界"一语源于凌宇先生的《从边城走向世界——对作为文学家的沈从文的研究》，该著作由三联书店于1985年出版。

之间可能构成主体间性。在中心想象边地与边地守望中心的论述中，我们容易堕入结构主义的藩篱，为此，我们将"历史"注入结构之中，这就是形象的生产与再生产，"再"为我们的逻辑演绎注入历史维度，这就形成湘西形象研究的逻辑性与历史性的统一。

综上，我们是在历史的角度去思考湘西形象与湘西人的自我想象，历史是立足当下的反思，那么反思之后能否有立足当下的未来之"未思"，这种未思构成"未来湘西形象"。未来的湘西形象是历史湘西形象的惯性还是湘西的属性是否由表述者需要的变化来决定？这种思考有两条路径，一条路径是对湘西形象做逻辑演绎，因为湘西形象的原型结构与类型套话以及具体的形象都可能成为想象湘西与湘西人自我想象的潜意识，这种潜意识充满未知，它永远隐藏在可见的"冰山"下面，一旦有合适的现实条件，它将浮出"水面"，这种浮出水面就是套话的生产与再生产，创生与分配的无止无休。另一条路径是基于现实存在的条件的分析反思观念领域可能的变化。后者是我们论述未来湘西形象的重点。如果说湘西观的论述是一种历史的上溯，那么未来湘西形象就是立足现实生产生活对湘西观的前瞻。

为便于集中讨论问题，我们在缘文化的框架下选取三组问题：第一组是地缘问题，在形象学研究中，中心文化圈将湘西定位为"边"，我们将观念引渡到现实，目前中国主推"一带一路"，以地理中的湘西为研究对象，思考基础设施建设在文化地理格局变迁中的作用，因为"一带一路"的战略所打造的是世界最长的经济走廊，那么湘西这一节点可能成为世界文化体系中的某一参照系。第二组是亲缘问题，在形象学中定位湘西是"蛮"族，从蛮到确立为少数民族，从少数民族到湘西人搭乘经济走廊走向世界，未来湘西形象的内涵与外延将进一步扩容增生，全球地理坐标中的湘西人出发的方向将是世界，所以湘西的定位应从湖南的湘西成为中国的湘西，从中国湘西成为世界的湘西，湘西人作为单元文化体面对的不单是湖南（湘西由"湘"与"西"组成），将来更多的是世界，这个世界上的人应该是"自由人的联合体"（马克思语）。第三组问题是神缘问题，在形象学中定位湘西是"巫"楚文化，我们将观念引渡到现实，湘西的地域文化在全球本土化语境中，湘西是应致力于保持与强化区位特色，还是应致力于融入与同化，这为和而不同的文化共同体提供借鉴。基于对地缘、亲缘的讨论，以湘西为单元的文化体直接面对的是世界上所有的文化单位，全球文化路径的打通（例如从古代"丝绸之路"到"一带一路"的未来开拓）为地域文化提供了走出去的契机与平台。

第七章　结语：未来湘西形象——从边城走向世界

第一节　边的机遇："一带一路"中的开放湘西

从地缘的视角看，湘西位于武陵山与雪峰山之间的谷地，谷地的地理环境形成了自传统到现代的边地形象，这种边缘的区位又因沅水与澧水的贯通得以成为中国地理中第二阶梯与第三阶梯的过渡地带，基于山脉与水路之间的交错，湘西一方面是偏安一隅的边缘；另一方面又有走向四方的路径。湘西如果要实现内地的边缘向四方的路径的转型，逻辑演绎已具备可能，"一带一路"的提出从现实的角度为湘西在器物流动、制度革新以及思想开放方面提供了动力，路径正是从物质领域的基础设施建设到物质的流通到精神的交流。要言之，"一带一路"的动力使得湘西的机遇有了可能。

2013年9月和10月国家主席习近平访问中亚四国和东盟国家时相继提出建设"丝绸之路经济带"（简称"一带"）和"21世纪海上丝绸之路"（简称"一路"）构想。2014年两会期间，李克强总理在《政府工作报告》中介绍今年重点工作时指出要"抓紧规划建设丝绸之路经济带、21世纪海上丝绸之路"，"一带一路"战略开始纳入国家发展战略层面。"由国家发改委、外交部、商务部牵头编制的'一带一路'总体规划已经上报国务院，总体规划出台后将进一步制定专项规划，相关的扶持政策也将陆续出台。与此同时，一些地方政府也在积极行动，主动加强与国家有关部门的联系和对接，做好与国家战略规划和政策的衔接工作。作为我国重大战略之一的'一带一路'（'丝绸之路经济带'和'21世纪海上丝绸之路'），其建设工作预计将有实质性动作"[①]。"一带一路"的线路[②]由东西与南北

[①] 龙跃．"一带一路"：战略战术两相宜 总体规划出台预期强烈 [EB/OL]．http://www.cs.com.cn/gppd/zzyj2014/201412/t20141210_4585498.html，2014-12-10/2015-02-13．
[②] "一带一路"的主要线路与我国历史上长期存在的"丝绸之路"具有一脉相承的联系。历史上，广义的丝绸之路泛指从上古开始陆续形成的，遍及欧亚大陆，甚至包括北非和东非在内的长途商业贸易和文化交流线路的统称，具体又分"海上丝绸之路"和"陆上丝绸之路"两部分。陆上丝绸之路基本定型于两汉时期，以长安（今西安）、洛阳为起点，经甘肃、新疆，到中亚、西亚，并联结地中海各国的陆上通道，分国内和国外两段，国内段的北、南、中三线大致交汇于今天的敦煌一带后，又分：一是南道由葱岭西行，越兴都库什山至阿富汗喀布尔后分两路，一线西行至赫拉特，与经兰氏城而来的中道相会，再西行穿巴格达、大马士革，抵地中海东岸西顿或贝鲁特，由海路转至罗马，另一线从白沙瓦南下抵南亚；二是中道（汉北道）越葱岭至兰氏城东北行，一条与南道会，一条过德黑兰与南道会；三是北新道也分两支，一经钹汗（今费尔干纳）、康（今撒马尔罕）、安（今布哈拉）至木鹿与中道会西行，一经怛罗斯，沿锡尔河西北行，绕过咸海、里海北岸，至黑速海东岸的塔那，由水路转艾赤，抵君士坦丁堡（今伊斯坦布尔）。海上丝绸之路起于秦汉，兴于隋唐，盛于宋元，明初达到顶峰，明中叶因海禁而衰落。海上丝绸之路的重要起点有番禺（后改称广州）、登州（今烟台）、扬州、明州、泉州、刘家港等。历代海上丝绸之路大致分为：一是东洋航线由中国沿海港至朝鲜、日本；二是南洋航线由中国沿海港至东南亚诸国；三是西洋航线段由中国沿海港至南亚、阿拉伯和东非沿海诸国。参见李永平．丝绸之路与中国古代地图 [J]．丝绸之路，1994（1）；段从宇，李兴华．"一带一路"与云南高等教育发展的战略选择 [J]．云南行政学院学报，2015（5）．

的两条大动脉组成,在此框架之下形成网络线路,有研究称之为"东出西进北上南下战略大部署"①,"一带一路"完成中国地理的四级阶梯之间的互联互通,"具体来说,可以根据不同的情况逐步实现'五通'。一是政策沟通。通过领导人、部门、地方的各层次进行政策对话。二是道路连通。即有传统的公路、铁路、航空、航运、管道等的连通,也有电力、电信、邮政、边防、海关、质检、规划等新领域的连通。三是贸易畅通。重点促进贸易和投资便利化。四是货币流通。包括推广本地结算和货币互换。五是民心相通。促进不同文明和宗教之间的交流对话,推进教育、文化交流,发展旅游"②。大湘西位于湖南省的西北部,是湘鄂渝黔的交接地带,随着交通设置对武陵山、雪峰山地形梯段的改造,凭借交通动脉,湖南实现与三省进一步的联通,湘西是四省的交通交接地带,从而湘西在东向实现与西南五省的连接,西南五省是"一带一路"南向出海的重要区域,"包括重庆、云南、贵州、西藏、四川5个省级行政区在内的西南地区处于西南南下出海通道的交通枢纽位置,是构建"丝绸之路经济带"的重要区域,也是连接'丝绸之路经济带'和'21世纪海上丝绸之路'的重要门户。面对新的形势

---

① "东出西进北上南下战略大部署"是指:从东西南北四个方向出击,形成"东出"、"西进"、"北上"、"南下"四大战略部署,深度参与分工国际化、经济全球化。四大战略体系彼此方向互补、内容互补、力量互补、作为互补,最终形成亚洲大陆发展新格局。释放积极能量,实施中国"内陆地区外向化""西部地区国际化",形成全面开放的格局,促进内陆地区发展,带动周边地区发展,从而影响亚太、影响世界。第一,东出战略。面向东部方向的沿海地区战略部署,中国东部地区北起辽宁丹东,沿着海岸线向南、向西,直至广西北海,覆盖辽宁、河北、天津、北京、山东、江苏、上海、浙江、福建、广东等省区市。向东发展,扩大沿海经济,充分利用沿海地区的地缘优势,交通优势,气候条件优势,经济资源优势,战略指向面向东方发展,走海路,面向环太平洋地区。东出战略的合作平台是中国与亚太经济合作组织(APEC)建设、亚太自贸区建设。第二,西进战略。面向西部方向的中西部地区战略部署,中国内陆西部地区东起内蒙古,沿着陆路边境线向西、向南、向东,直至广西北海,覆盖内蒙古、甘肃、新疆、西藏、青海、云南、广西、陕西、山西、宁夏、四川、重庆、贵州等省区市。向西发展,扩大沿边经济,充分利用沿边地区的地缘优势,生态优势,民族优势,经济资源优势,战略指向面向西方发展,走陆路,面向中亚、西亚直至欧洲、非洲。西进战略的合作平台是中国与上海合作组织建设、中欧命运共同体建设、中国与周边国家互联互通建设。第三,北上战略。面向北部方向的东北、西北、华北地区战略部署,中国"三北地区"幅员辽阔,涵盖省区较多,以黄河流域以北地区为主要省区市,涵盖内蒙古、甘肃、新疆、陕西、山西、宁夏、吉林、黑龙江、辽宁、河北、天津、北京等省区市。向北发展,扩大沿边经济、沿海经济,充分利用沿边地区的地缘优势,生态优势,民族优势,经济资源优势,战略指向面向北方发展,走陆路,面向蒙古国、俄罗斯、远东、东北亚。北上战略的合作平台是中国与上海合作组织建设、中国与东北亚区域合作。第四,南下战略。面向南部方向的南部地区战略部署,中国内陆南部地区以长江两岸向南延伸的地区。覆盖西藏、云南、广西、四川、重庆、贵州、广东、湖北、湖南、江西等省区市。向南发展,扩大沿边经济和沿海经济,充分利用沿边地区的地缘优势,生态优势,民族优势,经济资源优势,战略指向面向南方发展,走陆路和海路,面向南洋、东南亚、东盟、南亚,直至海湾地区、非洲。南下战略的合作平台是中国与东盟命运共同体建设、中国与南亚国家合作、中国与非盟合作、中国与阿盟合作。参见张玉杰."一带一路"是中国建设大棋局中的棋眼[J].中国党政干部论坛,2014(12):18.

② 张业遂.建设"一带一路"打造中国对外开放的"升级版"[J].中国发展观察,2014(04):24.

第七章 结语：未来湘西形象——从边城走向世界

和任务，积极参与'一带一路'战略具有重要意义"①。湘西通过重庆、四川、西藏实现西向互联互通；通过云南、贵州、四川实现南向出海；东向通过沅水、澧水以及陆地、航空要道实现与洞庭湖地区的互联互通，从而融入长江经济走廊之中，通过长江耕耘海洋，通过洞庭连接经济发达的东部地区。

从传统到现代，湘西通过器物路径、制度路径、思想路径逐步融入中华文化圈之中，从秦王朝统一第一阶梯到汉朝通过河西走廊与西南通道实现从第一阶梯向第二、第三阶梯的过渡，传统的国家主要侧重在政治与行政框架下构成中华文化的共同体。近代史的开端，是中国全方位的现代性的发生阶段，机遇与调整伴随着整个历史进程，20世纪50年代的解放战争中，湘西作为民族区域自治单位进入中华文化的版图之中，新世纪的西部大开发战略为欠发达的西部地域注入动力与活力，西部大开发的行政区域包含湘西地区，其重点区域"包括重庆市、四川省、贵州省、云南省、西藏自治区、陕西省、甘肃省、宁夏回族自治区、青海省、新疆维吾尔自治区和内蒙古自治区、广西壮族自治区。实施西部大开发，要依托亚欧大陆桥、长江水道、西南出海通道等交通干线，发挥中心城市作用，以线串点，以点带面，逐步形成我国西部有特色的西陇海兰新线、长江上游、南（宁）、贵（阳）、昆（明）等跨行政区域的经济带，带动其他地区发展，有步骤、有重点地推进西部大开发"②。2000年出台的西部大开发战略从宏观视野去把握，主要包括：①制定政策的原则和支持的重点；②增加资金投入的政策；③改善投资环境的政策；④扩大对外对内开放的政策；⑤吸引人才和发展科技教育的政策。在此基础之上，2012年国家制定了西部大开发"十二五"规划，共计十二章五十八节③，基于此，"一带一路"应声而出。西部大开发提供的区域发展的国内发展框架，具有板块结构的特点，提供的是区域经济文化的建设。政策文件中的区域主要包括成渝地区：全国统筹城乡发展示范区，全国重要的高新技术产业、先进制造业和现代服务业基地，科技教育、商贸物流、金融中心和综合交通枢纽，西南地区科技创新基地；关中—天水地区：全国重要的先进制造业和现代农业高技术产业基地，科技教育、商贸中心和综合交通枢纽，西北地区重要的科技创新基地，全国重要的历史文化基地；北部湾地区：我国面向东盟国家对外开放的重要门户，中国—东盟自由贸易区的前沿地带和桥头堡，区域性物流基地、商贸基地、加工制造基地和信息交流中心，重要的临海石化、钢铁基地；呼包银

---

① 张军.我国西南地区在"一带一路"开放战略中的优势及定位［J］.经济纵横，2014（11）：93.
② 国务院.国务院关于实施西部大开发若干政策措施的通知（国发〔2000〕33号）［EB/OL］. http://www.gov.cn/gongbao/content/2001/content_60854.htm，2000-10-26/2015-02-13.
③ 国家发展和改革委员会.西部大开发"十二五"规划［EB/OL］. http://www.agri.gov.cn/cszy/BJ/whsh/ncwh/201202/t20120221_2486222.htm，2012-02-21/2015-02-13.

榆地区：全国重要的能源化工基地、农畜产品加工基地、新材料和原材料产业基地，北方地区重要的冶金和装备制造业基地；兰西格地区：全国重要的新能源、盐化工、石化、有色金属和农畜产品加工产业基地，区域性新材料和生物医药产业基地；天山北坡地区：我国面向中亚、西亚地区对外开放的陆路交通枢纽和重要门户，全国重要的综合性能源资源生产及供应基地，现代化农牧业示范基地，西北地区重要国际商贸中心、物流中心和对外合作加工基地；滇中地区：我国连接东南亚、南亚国家的陆路交通枢纽，面向东南亚、南亚对外开放的重要门户，全国重要的烟草、旅游、文化、能源、商贸物流基地和区域性资源精深加工基地；黔中地区：全国重要的能源原材料基地、以航天航空为重点的装备制造基地、烟草工业基地、绿色食品基地和旅游目的地，区域性商贸物流中心；宁夏沿黄地区：全国重要的能源化工、新材料基地，清真食品及穆斯林用品和特色农产品加工基地，区域性商贸物流中心；藏中南地区：全国重要的农林畜产品生产加工、藏药产业、旅游、文化和矿产资源基地，水电后备基地；陕甘宁革命老区：全国重要的能源化工基地、现代旱作农业示范区、黄土高原生态文明示范区，国家重点红色旅游区。①这种区域模式具有存量，但如何实现经济区域之间的资源优化配置，就需要路径的开拓，这种路径不仅是器物的路径，也有制度路径与思想路径，因为路径的开拓才能实现国内的四大阶梯之间的贯通、行政区划之间的互通、思想上的开放。如果按照板块思维，湘西还是处于四省边区，是一个边缘地带，如果采用路径思维，完全打破区划，将路、带作为思考的方式，湘西等民族边地可以成为网络中的节点，节点与节点之间实现真正互联互通。如果说，在西部大开发的背景下，湘西所需要寻找的是归属问题，那么，在"一带一路"的背景下，湘西所需要开拓的是路径问题。

第二节 "蛮"的转型：从他者到我们的兄弟

从亲缘的角度看，"蛮"是中心族群表述边地人群的套话，"蛮"的背后是治蛮的策略，这种策略的现实是战争，"蛮"的观念源于暴力，助推暴力，为了使蛮夷归附而使用暴力，甚至为了激发其暴力而使用武力。"蛮"的形象经过民族识别与国家的建立走向消亡，"蛮"概念在"少数民族"这个概念中实现内涵与

---

① 国家发展和改革委员会.西部大开发"十二五"规划［EB/OL］. http://www.agri.gov.cn/cszy/BJ/whsh/ncwh/201202/t20120221_2486222.htm, 2012-02-21/2015-02-13.

外延的转型。所以，从亲缘的角度来看，未来湘西形象需要破除"我与他"之间差异造成的对立，而且应该开拓差异之间的路径，这种路径就是我们互为理解的"缘性"空间。"缘性"空间的开拓实现了蛮的转型，从异文化的蛮夷变成民族大家庭中的兄弟，从民族大家庭的一员成为全球"自由人联合体"中的一员。

(一)"我与他"的湘西：差异即对立

这个"他"是一种"不在场"的"在场"。"这个'它'是不在场的在场。国家、文化、民族是如此，个人也是如此；一个我从来没有见过、听说过，我不知道的人，并不是'他'或'她'，一个我从来没有接触过的事物，也不是我的'它'、'他'、'她'。'它'的出现，是由于'他''她'和'它'成了关注对象，是由于尽管不在场，却对在场的双方有着影响"[①]。从湘西形象的文化现象到湘西研究，湘西在中华文化圈内是作为中心文化圈"他者"，最为集中的体现是中心的边缘想象。在讨论湘西形象原型、类型、形象的时候，从地缘的角度，湘西的他者性表现在"中心的边"，正如驱动车辆行驶的车轮，湘西是车轮圈上的圆点，支配它的是中心的轴；从亲缘的角度，湘西的他者性表现在"礼邦之外的蛮族"身份，这种蛮族的身份是一种中心文化圈通过历史、文艺、表演等文本表述的结果，是一种话语的建构过程，蛮的概念是一种从黄河流域的中心游向西部、西南部逐渐迁移的过程。

他者的研究路径。"当人言及'我'时，他必定意指二者之一。'我'一经道出，他所意指的那个'我'便即刻显现。同样，当他述及'你'或'它'时，也讲出了这个或那个原初词中的'我'"[②]。德国哲学家马丁·布伯在1923年《我与你》的专著中给出了表述"我"的两种模式，一种是我与他的关系中的"我"，另一种是我与你的关系中的"我"。他者为我们全球化时代同一化的威胁带来了什么？如果是追求"差异"，法国哲学家朱利安认为差异的概念的"未思之处"就是归类的同一性，为了解决差异认同的二元结构模式，朱利安用"间距"取代"差异"，"差异是一种归类的概念——差异正是分类与类型学的主要工具，间距则是一种探险开拓的概念，具有发现的功能，如果说差异既是分类的也是下定义的，间距则深具发明能力"[③]。间距的目的和意义是实现思想的"面对面"（朱利安语）。"通过每一个被观察到的间距本身所造成的'使之面对面'，通过这种

[①] 高建平.从"他"到"你"：他者性的消解——读朱利安《间距与之间》[A].方维规.思想与方法——全球化时代中西对话的可能[M].北京：北京大学出版社，2014：72.

[②] [德] 马丁·布伯."我与你"[M].陈伟刚译.北京：生活·读书·新知三联书店，2002：2.

[③] [法] 朱利安 (Francois Jullien).间距与之间：如何在当代全球化之下思考中欧之间的文化他者性 [A].卓立译.方维规.思想与方法——全球化时代中西对话的可能 [M].北京：北京大学出版社，2014：26.

'退几步'，我只用了这个装备就打开了一个互相照映的空间——先依照该字的本义'反射'、'照映'，然后才用它的引申义'反思'，思想便于其间有距离地（并借由距离）发现对方，彼此端视"①。这种思路在突破同与异的思路中试图通过"绕道"的方式来思考自身。

（二）"我与你"的湘西：和而不同

"我与你"与"我与它"的研究路径的差异在何处呢？我们可以从《我与你》中的"你"的原义中获得答案，"《我与你》初版于1923年，德文原名为Ich und Du，常见的英译名为I and Thou。"Thou"是个古语用词，现多用于宗教仪式中，也见于流行极广的詹姆士钦定本《圣经》中，作为第二人称代词以称呼上帝或神，因此对被理解为表示高度尊敬的第二人称代词，至少相当于或约略相当于现代汉语的'您'"②。马丁·布伯的"我与你"与"我与它"的路径是把握同一种世界的两种视角。"人言说双重（世界）的原初词，因之他必持双重态度。原初词是双字而非单字。其一是'我——你。'其二是'我——它。'"③我们（我与你）是对"我与它"的否定之否定，要从"它之国度"的根基转换到"你之国度"的根基。"人生不是及物动词的囚徒。那总需事物为对象的活动并非人生之全部内容。我感觉某物，我知觉某物，我想象某物，我意欲某物，我体味某物，我思想某物——凡此种种绝对构不成人生"④。布伯的"我与你"的路径最后走向具有超越意义上的宗教信仰的形而上学，"我与你"对"我与他"的超越取决于我的态度和认识，这种态度和认识的超越性可能是一种离世、弃世的人生哲学。本书中的"我与你"源于布伯的理论，同时也是对这种理论进行建设性批判。这是我们进入"我与他"湘西讨论的理论前提。

如果说"我与他"的湘西侧重前现代的中心与边缘的关系，多元文化有着自我的发展状态，这种自我的发展状态随着历史的进程出现"多元一体"格局（费孝通语），我们可以继续追问，研究地域文化的现代性问题，我们的出发点和立足点应该是前现代还是当下。研究未来湘西形象，我们的立足点应该具有公共关怀的维度，那么地域与地域之间的差异不应该成为现代性发生之后的对立。高建平教授在讨论东方与西方的关系值得借鉴，"东方与西方，本来并不是逻辑上的差别，而是地理上的区分。在很长的时间里，我们却将一个地理上的区分逻辑化

---

① [法] 朱利安（Francois Jullien）. 间距与之间：如何在当代全球化之下思考中欧之间的文化他者性 [A]. 卓立译. 方维规. 思想与方法——全球化时代中西对话的可能 [M]. 北京：北京大学出版社，2014：26.

② 何光沪. "我与你"和"我与它"——读布伯《我与你》[A]. [德] 马丁·布伯. 我与你 [M]. 陈伟刚译. 北京：生活·读书·新知三联书店，2002：121.

③④ [德] 马丁·布伯. 我与你 [M]. 陈伟刚译. 北京：生活·读书·新知三联书店，2002：1.

第七章　结语：未来湘西形象——从边城走向世界

了。于是，东方与西方处处相对立，在逻辑上互为反题"①。同理，湘西不应该因为地理上、族群上、宗教信仰上的区分而形成对立的反题，这就是我们所要批判和解构的"边"、"蛮"、"巫"形象，这种形象被中心文化圈采取一种俯视和矮化的态度去看待。"人无'它'不可生存，但仅靠'它'则生存者不复为人"②，在中华文化圈内，中心没有边缘不能生存，但仅靠"它"，这种二元的现实操作模式与研究模式值得深思。

如果我们立足现代性，其研究的背景是指启蒙时代以来的新的世界体系生成的时代。我们可以将湘西看成一个具有混杂文化生产力的地域，研究所关注的正是这种分化与融汇的过程与结构，"混杂性"概念是研究现代性的重要概念，"这也是20世纪80年代以来不少理论家喜用的概念（英：hybrid, hybridity, hybridization，汉语中有不同译法：杂合，杂交，交混，混杂，混融，混血，混种，杂种，杂糅，杂烩等），我（方维规）倾向于将之译为'杂合'。'杂合'是后现代、后殖民、文化研究、全球化、离散文化等理论探讨中的一个关键概念，仿佛已成为我们时代的印记"③。如果逻辑起点是混杂性的湘西，那么研究湘西的路径就具有多维面，一面是传统湘西与现代湘西之间的承继关系与断裂关系，一面是全球本土化视野中地域文化面对的中西场域。这种混杂性的湘西文化形象应该是湘西学研究的重心。"你超越了'它'所能认识的范围，'它'远不能理喻'你'之伟力、人之不可穷天地"④。关于这种"伟力"的解释，朱利安是从"间距"开拓"之间"，实现中欧（文化体）之间面对面的思考的"孕育力"⑤；何乏笔是从"混杂性"为开启"之间"的"张力"，他的"'之间'的概念乃预设，借由不同文化与语言资源的混杂化所形成的、具有内在张力的'之间'，本身就是一种混杂状态"⑥。本书研究的缘起就是面对"缘网"视野中的湘西，试着用"缘"、"路径"和"织品"等概念去描绘这种具有混杂性的文化网络。至此，我们以混杂性作为研究湘西形象的起点，那么包括蛮在内的边、蛮、巫都不是文化逻辑上的对立，而仅仅是地理、族群、文化信仰上的区别，这种区别的逻辑不必

---

① 高建平. 从"他"到"你"：他者性的消解——读朱利安《间距与之间》[A]. 方维规. 思想与方法——全球化时代中西对话的可能 [M]. 北京：北京大学出版社，2014：69.
②④ [德] 马丁·布伯. 我与你 [M]. 陈伟刚译. 北京：生活·读书·新知三联书店，2002：7.
③ 方维规. 叙言：我和你 [A]. 方维规. 思想与方法——全球化时代中西对话的可能 [M]. 北京：北京大学出版社，2014：12.
⑤ [法] 朱利安（Francois Jullien）. 间距与之间：如何在当代全球化之下思考中欧之间的文化他者性 [A]. 卓立译. 方维规. 思想与方法——全球化时代中西对话的可能 [M]. 北京：北京大学出版社，2014：26.
⑥ [德] 何乏笔（Fabian Heubel）. 混杂现代化、跨文化转向与汉语思想的批判性重构（与朱利安"对话"）[A]. 方维规. 思想与方法——全球化时代中西对话的可能 [M]. 北京：北京大学出版社，2014：117.

然走向对立，这就可以完成对中心的湘西形象进行批判从而走向"我与你"的可能。更何况，湘西人是中华文化圈中的一员，特别地，以鸦片战争开启的中国近代史是屈辱的历史，外在的条件促成了中华文化圈中"兄弟民族"（王明珂语）的形成。1933年5月，国立中央研究院的凌纯声、芮逸夫来湘西苗区调查到1940年湘西本土苗族人石启贵本人完成了《湘西苗族实地调查报告》文稿，该文稿也在2008年出版的湖湘文库丛书中作为其中一册出版。特别是潘光旦先生的《湘西北的"土家"与古代的巴人》（1955年）是最为系统地研究湘西本地族群的扛鼎之作，也因此，湘西的土家族作为民族大家庭的一员真正确立起来，潘光旦先生的弟子费孝通先生在1989年发表的《中华民族的多元一体格局》中再次论述土家族在形成与确立的过程中出现的"融而未合"的民族现象。在现实领域，以小湘西（湘西土家族苗族自治州）为例，1955年4月28日，湘西苗族自治州成立，1957年9月20日，前者更名为湘西土家族苗族自治州，土家族从观念领域与生产生活的自治管理中获得自己作为兄弟民族的身份，这是从古代的边地治蛮到现代的区域自治的转型。

如果说"一带一路"为地缘中的未来湘西提供机遇的话，那么基础设施的改变必然影响多元一体格局的兄弟民族大家庭，"一带一路"的路径为多元一体的民族格局注入新的活力，多元一体强调一体兼顾多元，"一带一路"为多元之间的网路提供动力，因为路径的打通可以为物质的流动、制度的濡染以及文化的交流与开放提供难得的机遇。湘西人作为一体之中的单元，借助"一带一路"国家战略更能实现走出去，提供文化输出的可能，进而提供地域文化的软实力。因此，未来湘西形象将在上文湘西形象的内涵与外延上有所扩容与增生，这就是全球本土化带来的全球视野，湘西形象不仅是中华文化圈内的中心对边地的想象或者边地对中心的守望，未来湘西人形象更应该是以全球文化共同体为"缘网"。如果说边地湘西是全球地理坐标中的一个节点，那么湘西人将沿着路径走向世界。

第三节　巫的升华：美美与共的湘西本位

从神缘的角度看，未来湘西形象是应该致力于保持与强化区位特色，还是应致力于融入与同化，从文化信仰的视角，边地湘西的文化属性能够满足"文化共同体"什么样的需要是理解未来湘西形象的关键。文化是人们生产生活方式的总称，为此，我们追问，谁需要文化（狭义的文化定义特指精神文化）？谁需要"他者"文化作为参照？谁需要文化来确认自身？话语背后的权力主体是我们解

第七章 结语：未来湘西形象——从边城走向世界

析湘西文化可能升华的关键。

按照文化的主体性归位，我们可以将文化大致分为官方文化、精英文化、大众文化。官方文化是由国家意识形态和文化主管部门直接生产或得到它们直接支持和倡导的文化，或者是由官方媒体生产和传播的文化，该文化具有自上而下的行政功能。精英文化是以受教育程度或文化素质较高的少数知识分子或文化人为受众，旨在表达他们的审美趣味、价值判断和社会责任的文化，该种文化具有实验性、先锋性、批判性，往往所颠覆的就是社会上的主流文化。大众文化是底层人民的文化，其原则是坚持公民道德的底线的文化，其特征是广泛性、大众性、通俗性，大众文化中的某一种文化一旦违背最为基本的公民道德，那么通俗文化就成为低俗文化。湘西文化是中华文化圈中的某一地域文化，具有地域特色、民族特色、思想特色，我们讨论湘西文化到底是坚持区位的特色还是试图融入与同化的时候，我们可以从文化主体的视角去分析。

第一看官方文化的未来走向。官方文化以资源优势与话语权作为推动官方意志的动力来源。以湘西为例，大湘西地区的主要行政区划有常德市、张家界市、怀化市、湘西土家族苗族自治州，政府所主导下的文化在教育、媒体、宣传领域占据主流地位。中国共产党历届代表大会的报告都成为官方文化的指南，中共十八大之后中共中央办公厅发表《关于培育和践行社会主义核心价值观的意见》，"社会主义核心价值观是社会主义核心价值体系的内核，体现社会主义核心价值体系的根本性质和基本特征，反映社会主义核心价值体系的丰富内涵和实践要求，是社会主义核心价值体系的高度凝练和集中表达。为深入贯彻落实党的十八大和十八届三中全会精神，积极培育和践行社会主义核心价值观……培育和践行社会主义核心价值观，是推进中国特色社会主义伟大事业、实现中华民族伟大复兴中国梦的战略任务。党的十八大提出，倡导富强、民主、文明、和谐，倡导自由、平等、公正、法治，倡导爱国、敬业、诚信、友善，积极培育和践行社会主义核心价值观。这与中国特色社会主义发展要求相契合，与中华优秀传统文化和人类文明优秀成果相承接，是我们党凝聚全党全社会价值共识作出的重要论断。富强、民主、文明、和谐是国家层面的价值目标，自由、平等、公正、法治是社会层面的价值取向，爱国、敬业、诚信、友善是公民个人层面的价值准则，这24个字是社会主义核心价值观的基本内容，为培育和践行社会主义核心价值观提供了基本遵循"[①]。在国家层面的领带之下，地方政府的文化是一种追求具体的宣传实践，这种宣传实践是对国家意识形态的无缝连接，选取一种完全融入的模

---

① 中共中央办公厅.关于培育和践行社会主义核心价值观的意见［EB/OL］. http：//cpc.people.com.cn/n/2013/1223/c64387-23924110.html，2013-12-13/2015-02-14.

式。例如，常德市人民政府网站的首页，就有"党的群众路线教育实践活动"、"建设智慧常德，造福全市人民"、"新常德新创业"、"三大战役进行时"、"民生升温"、"园区攻坚"、"城市提质"等中心栏目，这是在国家意识形态文化的指导之下的地方执行与贯彻。此外，张家界市党政门户网站专设有"平安满意张家界专栏"；湘西州政府门户网站设有"深入开展党的群中路线教育实践活动"专栏；怀化市人民政府网站开设"民生服务"相关文化栏目。自上而下的官方文化从制定、发布到贯彻执行都具有可控性，地方的官方文化选择性主动融入国家层面的文化。

第二看精英文化如何创生。以楚巫文化为代表的湘西文化能否为精英提供智力源泉是湘西文化现代转化的文化动力。在湘西文化研究中主要的三个门类艺术中，文学属于精英文化。从屈原的沅澧形象到陶渊明的桃花源形象、沈从文和黄永玉的湘西形象，精英艺术所面对的都是小众群体。但精英文化既可以成为主流文化的批判者，也可以成为文化的引领者。屈原借助边地形象作为参照表达对主流文化的批判，"处江湖之远而忧其君"，因此屈原开拓了屈骚文化传统，成为后世精英文学的典范。陶渊明的桃花源形象是对自秦王朝以来乱世的批判，这种建构为中华文化留下了桃花源形象、山水文化形象的财富。沈从文是20世纪杰出的乡土作家，用乡土的形象思考现代性语境下的城市与乡土中人性。沈从文研究[①]成为现代性研究的范型。精英文化成为文化的引领者，例如儒家文化在传统社会的影响，20世纪80年代的启蒙文化在中国的影响，屈原、陶渊明、沈从文已逐步成为湘西打造文化产业形象的"金字招牌"，精英文化也进入大众审美文化之中。

第三看大众审美文化的生存平台。在湘西的文化研究中主要有三个艺术门类，以影视文化与演艺市场为代表的旅游文化产业属于大众文化。大众文化具有广泛性、参与性、通俗性等特征，在审美文化的创作、传播与接收中，如果我们强调对象的审美价值中的创新性与超功利性，那么这种文化就隶属精英审美文化，如果我们强调审美对象或者艺术的说教功能，将其视为意识形态的工具，那么这类文化倾向于官方意识形态文化。大众文化是通俗、娱乐、商业、复制性很强的文化类型。"大众文化的定位在哪里？我以为既不是'三俗'，也不是'三高'，也不可能像精英文化那么深刻、前卫和先锋。大众文化应该定位在公民文化、市民文化层面。它的主要功能是要有利于我们公民社会的建设，或者说，我们应该拿公民社会的道德要求大众文化。公民道德是一种实实在在的做人底线，做世俗人的底线，而不是做圣徒、英雄、烈士的道德高标，它不是高不可攀的。

---

① 吉首大学于1999年成立了沈从文研究所。

第七章 结语：未来湘西形象——从边城走向世界

公民道德是与大众文化相容的，大众文化属于世俗文化，是通俗的，但通俗不等于低俗。只有当大众文化违背了世俗社会的道德底线时，才叫"低俗"。低于公民社会的基本道德底线，这叫低俗"①。在大湘西文化圈中，具有谷地、山地特色的山水文化是大众文化，武陵山、雪峰山构成的山文化圈，与沅江、澧水构成的水文化带富有地域特色。例如，大型山水实景剧《天门狐仙——新刘海砍樵》是对山林文化生产生活方式中人的想象，怀化市大型山水实景剧《沅水号子》是对水文化中人的重建，湘西州中的《烟雨凤凰》是对边地山水中故事的重构。包括大众文化在内的三种类型文化如果要成为主流文化，就需要获得广大的民众的主动支持与自愿依从。当然，我们在文化研究与实践中，文化类型的三种分类不是我们的目的，分类是为了更明晰地理解文化的复杂结构，因此，任何一种文化都具有官方文化、精英文化、大众文化的三维面，在具体的文化实践中，只是为了便于分析与研究，某一类文化对某一维面有所侧重罢了。湘西的区域文化发展，在官方文化层面，需要履行党和国家的文化方针政策，采取融入与同化的原则。在精英文化层面，需要为精英提供文化创新、言说、传播、接受的自由空间，精英文化的创新性与对主流文化的颠覆与批判是其生命线，社会与个人需要为精英文化提供自由的空间与平台，其自身具有不确定性，此类文化需要经受历史的考验。在大众文化方面，湘西需要强化与保持自身的特色，因为价值本身就是以属性来满足人的物质、精神文化的需要，湘西地域的民族（土、苗、瑶、白、汉等）文化、地域文化（山文化、水文化、谷地文化、城文化、寨文化、人鬼神文化等）就是比较价值与参照系价值，特别是在旅游文化产业的发展过程中，这种强化与保持是确认自身价值最好的方式。未来的湘西观不仅包括中华文化圈内的中心表述边地的话语，而且包括世界的湘西观，湘西人自我想象的视域通达世界各地。

未来湘西形象在我们的"未思"之处，作为对人生、艺术、哲学的理解，我们认为：这里不只是人类学家的田野，仅仅负责生产例证，这里还生产人类的思想和智慧，这里生活着我们的家人。

---

① 陶东风. 官方文化、精英文化、大众文化的关系——答新华社记者问之二 [EB/OL]. http: //tao.dongfeng.blog.163.com/blog/static/12853671320117289290976/? shehui, 2011-08-28/2015-02-15.

参考文献

一、专著

[1] 包亚明. 文化资本与社会炼金术——布尔迪厄访谈录 [M]. 上海：上海人民出版社，1997.

[2] 蔡元培. 蔡元培全集 [M]. 杭州：浙江教育出版社，1997.

[3] 陈平原. 中国文学中的西方人形象 [M]. 合肥：安徽教育出版社，2006.

[4] 丁帆. 中国乡土小说史 [M]. 北京：北京大学出版社，2007.

[5] 方维规. 思想与方法——全球化时代中西对话的可能 [M]. 北京：北京大学出版社，2014.

[6] 费孝通. 中华民族的多元一体格局 [M]. 北京：中央民族大学出版社，1989.

[7] 冯国超. 山海经 [M]. 北京：商务印书馆，2009.

[8] 高叔平. 蔡元培教育文选 [M]. 北京：人民教育出版社，1980.

[9] 郭庆光. 传播学教程 [M]. 北京：中国人民大学出版社，2011.

[10] 韩少功. 寻找东方文化的思维和审美优势/夜行梦语者 [M]. 北京：知识出版社，1994.

[11] 湖南省教育科学研究院. 湖南地方文化常识地图册 [M]. 北京：星球地图出版社，2008.

[12] 黄鸣奋，林拓. 价值批评与阿Q十八面 [M]. 乌鲁木齐：新疆人民出版社，1995.

[13] 李荣建. 阿拉伯的中国形象·序 [M]. 北京：北京大学出版社，2010.

[14] 梁漱溟. 东方学术概观 [M]. 南京：江苏文艺出版社，2008.

[15] 林其锬，吕良弼. 五缘文化 [M]. 福州：福建人民出版社，2003.

[16] 凌宇. 沈从文散文选 [M]. 北京：人民文学出版社，1995.

[17] 凌宇. 重建楚文化的神话系统 [M]. 长沙：湖南文艺出版社，1995.

[18] 刘伟胜. 文化霸权概论 [M]. 石家庄：河北人民出版社，2002.

[19] 刘小枫. 沉重的肉身 [M]. 北京：华夏出版社，2007.

［20］鲁迅.鲁迅全集［M］.北京：人民文学出版社，2005.
［21］马克思，恩格斯.马克思恩格斯全集［M］.北京：人民出版社，1995.
［22］孟华.比较文学形象学［M］.北京：北京大学出版社，2001.
［23］彭勃，彭继宽.摆手歌［M］.长沙：岳麓书社，1989.
［24］彭先国.民国湖南土匪史探［M］.长沙：岳麓书社，2002.
［25］任仲伦.新时期电影论［M］.上海：上海文艺出版社，1992.
［26］石启贵.湘西苗族实地调查报告［M］.长沙：湖南人民出版社，1986.
［27］孙惠柱.人类表演学系列：谢克纳专辑［M］.北京：文化艺术出版社，2010.
［28］孙周兴.海德格尔选集［M］.上海：上海三联书店，1996.
［29］谭其骧.中国历史地图集第八册［M］.香港：三联书店（香港）有限公司，1991.
［30］谭其骧.中国历史地图集第二册［M］.香港：三联书店（香港）有限公司，1991.
［31］谭其骧.中国历史地图集第六册［M］.香港：三联书店（香港）有限公司，1991.
［32］谭其骧.中国历史地图集第七册［M］.香港：三联书店（香港）有限公司，1991.
［33］谭其骧.中国历史地图集第三册［M］.香港：三联书店（香港）有限公司，1991.
［34］谭其骧.中国历史地图集第四册［M］.香港：三联书店（香港）有限公司，1991.
［35］谭其骧.中国历史地图集第五册［M］.香港：三联书店（香港）有限公司，1991.
［36］谭其骧.中国历史地图集第一册［M］.香港：三联书店（香港）有限公司，1991.
［37］王德威.想象中国的方法：历史·小说·叙事［M］.北京：生活·读书·新知三联书店，1998.
［38］王静爱，左伟.中国地理图集［M］.中国地图出版社，2009.
［39］王利器.史记注译（二）［M］.西安：三秦出版社，1988.
［40］王利器.史记注译（三）［M］.西安：三秦出版社，1988.
［41］王利器.史记注译（四）［M］.西安：三秦出版社，1988.
［42］王利器.史记注译（一）［M］.西安：三秦出版社，1988.
［43］王一川.中国现代性体验的发生［M］.北京：北京师范大学出版社，2001.

［44］王中杰.湘西剿匪［M］.长沙：湖南人民出版社，1989.

［45］许宝强，汪晖选编.发展的幻想［M］.中央编译出版社，2001.

［46］俞兆平.中国现代三大文学思潮［M］.北京：人民文学出版社，2006.

［47］赵园.地之子——乡村小说与农民文化［M］.北京：北京十月文艺出版社，1993.

［48］周赤萍.擒魔记——湘西剿匪记回忆录［M］.昆明：云南人民出版社，1962.

［49］周宁.跨文化研究：以中国形象为方法［M］.北京：商务印书馆，2011.

［50］周宁.天朝遥远：西方的中国形象研究［M］.北京：北京大学出版社，2006.

［51］周云龙.天地大舞台：周宁戏剧研究文选［M］.厦门：厦门大学出版社，2011.

［52］朱小丰.电影美学［M］.上海：上海文艺出版社，2012.

二、译著

［1］［德］恩斯特·卡西尔.人论［M］.甘阳译.上海：上海世纪出版集团，译文出版社，2003.

［2］［德］海德格尔.林中路［M］.孙周星译.上海：上海译文出版社，2005.

［3］［德］马丁·布伯.我与你［M］.陈伟刚译.北京：生活·读书·新知三联书店，2002.

［4］［德］瓦尔特·本雅明.机械复制时代的艺术作品［M］.王才勇译.北京：中国城市出版社，2002.

［5］［俄］列夫·托尔斯泰.艺术论［M］.张昕畅，赵雪予译.北京：中国人民大学出版社，2005.

［6］［法］鲍德里亚.完美的罪行［M］.王为明译.北京：商务印书馆，2000.

［7］［法］鲍德里亚.消费社会［M］.刘成富，全志刚译.南京：南京大学出版社，2001.

［8］［美］爱德华·W.萨义德.东方学［M］.王宇根译.北京：生活·读书·新知三联书店，1999.

［9］［法］鲍德里亚.生产之境［M］.仰海峰译.北京：中央编译出版社，2005.

［10］［日］大江健三郎.小说的方法［M］.王成译.台湾：麦田出版社，2008.

[11][美]本尼迪克特·安德森.想象的共同体：民族主义的起源与散布[M].吴睿人译.上海：上海人民出版社，2003.

　　[12][美]戴维·斯沃茨.文化与权力：布尔迪厄的社会学[M].陶东风译.上海：上海译文出版社，2006.

　　[13][美]丹尼尔·贝尔.资本主义文化矛盾[M].赵一凡等译.上海：上海三联书店，1989.

　　[14][美]金介甫.沈从文传[M].符家钦译.北京：国际文化出版公司，2009.

　　[15][美]理查德·谢克纳.环境戏剧[M].曹路生译.北京：中国戏剧出版社，2001.

　　[16][美]鲁道夫·阿恩海姆.艺术与视知觉——视觉艺术心理学[M].滕守尧，朱疆源译.北京：中国社会科学出版社，1984.

　　[17][斯]阿莱斯·艾尔雅维茨.图像时代[M].胡菊兰，张云鹏译.长春：吉林人民出版社，2003.

　　[18][英]克里斯托夫·霍克洛斯.鲍德里亚与千禧年[M].王为华译.北京：北京大学出版社，2005.

　　[19][英]克里斯托夫·霍克洛斯.麦克卢汉与虚拟实在[M].刘千里译.北京：北京大学出版社，2005.

三、古籍

　　[1][北齐]魏收.魏书[O].北京：中华书局，2011.

　　[2][北魏]郦道元著，陈桥驿等译注.水经注全译[O]贵阳：贵州人民出版社，2008.

　　[3][东汉]班固.汉书[O].北京：中华书局，2011.

　　[4][汉]王逸.楚辞章句[O].四部丛刊景明翻宋本.

　　[5][汉]许慎.说文解字，卷七下[O].清文渊阁四库全书本.

　　[6][后晋]刘昫等.旧唐书[O].北京：中华书局，2011.

　　[7][晋]常璩.华阳国志[O].济南：齐鲁书社，2010.

　　[8][晋]郭璞.山海经传[O].四部丛刊景明成化本.

　　[9][梁]沈约.宋书[O].北京：中华书局，2011.

　　[10][梁]萧子显.南齐书[O].北京：中华书局，2011.

　　[11][明]宋濂等.元史[O].北京：中华书局，2011.

　　[12][南北朝]范晔.后汉书.[清]唐开韶，胡焯编纂，刘静，应国斌校点：桃花源志略，长沙：岳麓书社，2008.

[13][南朝] 范晔. 后汉书[O]. 北京：中华书局，2011.

[14][清] 唐开韶，胡焯. 桃花源志略[O]. 长沙：岳麓书社，2008.

[15][清] 席绍葆，谢鸣谦等. 乾隆辰州府志[O]. 长沙：岳麓书社，2011.

[16][清] 张廷玉等. 明史[O]. 北京：中华书局，2011.

[17][清] 赵尔巽等. 清史稿[O]. 北京：中华书局，1977.

[18][宋] 陈祥道. 论语全解[O]. 清文渊阁四库全书本.

[19][宋] 范仲淹. 范文正公集[O]. 四部丛刊景明翻元刊本.

[20][宋] 罗泌. 路史[O]. 清文渊阁四库全书本.

[21][宋] 欧阳修，宋祁. 新唐书[O]. 北京：中华书局，2011.

[22][宋] 欧阳修. 新五代史[O]. 北京：中华书局，2011.

[23][宋] 薛居正等. 旧五代史[O]. 北京：中华书局，2011.

[24][唐] 房玄龄等. 晋书[O]. 北京：中华书局，2011.

[25][唐] 李百药北齐书[O]. 北京：中华书局，2011.

[26][唐] 李延寿. 北史[O]. 北京：中华书局，2011.

[27][唐] 李延寿. 南史[O]. 北京：中华书局，2011.

[28][唐] 令狐德棻等. 周书[O]. 北京：中华书局，2011.

[29][唐] 魏徵等. 隋书[O]. 北京：中华书局，2011.

[30][唐] 姚思廉. 陈书[O]. 北京：中华书局，2011.

[31][唐] 姚思廉. 梁书[O]. 北京：中华书局，2011.

[32][西汉] 司马迁. 史记[O]. 北京：中华书局，2011.

[33][西晋] 陈寿. 三国志[O]. 北京：中华书局，2011.

[34][元] 脱脱等. 金史[O]. 北京：中华书局，2011.

[35][元] 脱脱等. 辽史[O]. 北京：中华书局，2011.

[36][元] 脱脱等. 宋史[O]. 北京：中华书局，2011.

[37][周] 老聃. 老子·老子道德经下篇[O]. 古逸丛书景唐写本.

[38][周] 左秋明. 春秋左传正义[O]. 清阮刻十三经注疏本.

[39] 符为霖，刘沛. 龙山县志[O]. 台北：成文出版社，1975.

四、期刊论文

[1] 曹顺庆. 文论失语症与文化病态[J]. 文艺争鸣，1996，2.

[2] 陈曙光. 椪柑红了 思乡更切——红胖子的湘西情[J]. 新闻天地，2005，11.

[3] 陈廷亮. 黄建新. 土家族民族民间舞蹈文化系列研究之五[J]. 中南民族大学学报（人文社会科学版），2006，4.

[4] 陈晓明. 后革命阐释, 理论与现实 [J]. 美苑, 2005, 5.

[5] 陈勇, 吴铁洲, 张建文. 湘西州文化产业发展的民族经济法保护 [J]. 怀化学院学报, 2013, 6.

[6] 费孝通. 文化自觉与社会发展（笔谈）[J]. 文史哲, 2003, 3.

[7] 丰子义. 全球化与民族文化的发展 [J]. 哲学研究, 2001, 3.

[8] 韩少功. 答美洲《华侨日报》记者问 [J]. 钟山, 1987, 5.

[9] 韩少功. 文学的"根" [J]. 作家, 1985, 4.

[10] 禾子. 创新与选择——新时期30年革命历史影视剧点评 [J]. 创作评谭, 2008, 6.

[11] 胡显斌. 由马克思的世界文学观看文化的全球本土化 [J]. 马克思主义美学研究, 2014, 1.

[12] 黄鸣奋. 网络间性：蕴含创新新契机的学术范畴 [J]. 福建论坛（人文社会科学版）, 2004, 4.

[13] 黄鸣奋. 网络时代的五缘文化 [J]. 东南学术, 2014, 2.

[14] 黄炜, 蒋权伟, 李媛. 基于RMP分析框架的旅游演艺企业创新体系构建——以张家界"魅力湘西"公司为例 [J]. 企业家天地, 2011, 6.

[15] 黄炜. 打造影视精品推动湘西文化产业发展的可操作性思路 [J]. 民族论坛, 2010, 4.

[16] 蒋权伟, 黄炜, 綦巧林. 湘西文化产业集群式发展研究 [J]. 沿海企业与科技, 2010, 11.

[17] 阚洁. 跨文化戏剧与表演研究——与纽约大学人类表演学资深教授谢克纳博士的访谈 [J]. 艺术百家, 2012, 2.

[18] 冷志明. 依托民族文化优势资源, 建设湘西特色文化产业 [J]. 河南理工大学学报（社会科学版）, 2005, 2.

[19] 李洪雄, 梁艳芬. 文化软实力与民族区域文化产业协同发展研究——以湘西自治州为例 [J]. 兰州学刊, 2011, 1.

[20] 李丕显. "以美育代总教"的现代意义 [J]. 文史哲, 2002, 4.

[21] 李清聚. 美育与人类健康精神家园的建构——"以美育代宗教"思想的当代价值探析 [J]. 社会科学家, 2011, 10.

[22] 李新宇. 什么是"新文化运动"? [J]. 社会科学战线, 2004, 3.

[23] 廖以臣. 论事件营销及其流程再造 [J]. 求索, 2004, 2.

[24] 廖仲, 毛因. 影视作品而出名的景点 [J]. 八桂侨刊, 2003, 5.

[25] 凌宇. 从民族古井里汲取新鲜泉水 [J]. 中国现代文学研究丛刊, 1985, 3.

［26］刘晗，蔡赛赛. 他者想象与自我建构——《魅力湘西》对湘西文化形象的重塑［J］. 创作与评论，2013，2.

［27］刘晗，龚芳敏. 历史经验的总结与现实困境的反思——"湘西地域文化与文艺创作"研讨会综述［J］. 理论与创作，2010，3.

［28］刘洪涛. 沈从文小说中的苗汉族形象及其背景——比较文学形象学研究一例［J］. 北京师范大学学报，1996，7.

［29］刘一友. 桃李不言下自成蹊——浅谈沈从文的作品与人品兼及湘西的沈从文热［J］. 吉首大学学报（社会科学版），1982，2.

［30］龙颂江. 发展湘西文化产业要突出优势［J］. 学习导报，2003，5.

［31］卢风. 世界的附魅与祛魅［J］. 自然辩证法研究，1997，10.

［32］毛攀云，柏克寒. 文化改革背景下影视剧的民族文化产业助推力及发展对策——以湘西为例［J］. 湖南人文科技学院学报，2013，3.

［33］毛攀云. 影视湘西：想象共同体及其与湘西旅游的共生发展［J］. 经济地理，2013，5.

［34］宁可. 中国封建社会的专制主义中央集权制度［J］. 文史哲，2009，1.

［35］潘光旦. 湘西北的"土家"与古代的巴人［J］. 中央民族学院研究部编：中国民族问题研究集刊·第四辑，1955，11.

［36］潘知常. "以美育代宗教"：中国美学的百年迷途［J］. 学术月刊，2006，1.

［37］彭延炼，盛竞凌. 湘西民族文化产业发展对策研究［J］. 资源开发与市场，2010，5.

［38］彭延炼. 以湘西为题材的影视业对旅游业发展的影响及对策［J］. 怀化学院学报，2008，4.

［39］彭延炼. 影视业对民族地区旅游业发展的影响研究——以湘西为例［J］. 商业研究，2009，2.

［40］彭兆荣. 如何认识原生态［J］. 当代贵州，2010，3.

［41］漆凌云. 《血色湘西》中的民俗图像［J］. 文艺争鸣，2008，9.

［42］汤一介. "文明的冲突"与"文明的共存"［J］. 北京大学学报，2004，6.

［43］唐璟. 影视人类学与湘西土家音乐人类学研究的结合［J］. 电影文学，2010，4.

［44］唐治元. 张家界旅游演艺项目现状及开发研究［J］. 产业与科技论坛，2009，6.

［45］田祖国，罗婉红. 湘西旅游产业与体育文化产业互动发展研究［J］. 怀化师专学报，2002，5.

[46] 汪天云. 别了, 古老的磨房——评新片《老板哥和电妹子》[J]. 电影新作, 1985, 4.

[47] 王本朝. 以美育代宗教与中国现代美学的身份认同[J]. 艺术百家, 2011, 5.

[48] 王江生, 梅黎. 影视语境中湘西形象的演变——《乌龙山剿匪记》与《血色湘西》的审美效果比较[J]. 民族论坛, 2009, 4.

[49] 王江生. 影视作品中湘西形象构建的成因探析[J]. 新闻界, 2011, 3.

[50] 王宁. "全球本土化"语境下的后现代、后殖民与新儒学重建[J]. 南京大学学报, 2008, 1.

[51] 王毅. 论大湘西地区文化产业与旅游业联动发展[J]. 湖南社会科学, 2009, 6.

[52] 王毅. 论少数民族地区文化产业与旅游业联动发展——以大湘西地区为例[J]. 中国集体经济, 2009, 16.

[53] 王兆峰. 民族文化产业与旅游业耦合发展研究——以湖南湘西为例[J]. 中央民族大学学报（哲学社会科学版）, 2012, 1.

[54] 夏大平. 湘西州文化产业现状与发展对策初探[J]. 民族论坛, 2008, 9.

[55] 熊月之. 上海学平议[J]. 史林, 2004, 5.

[56] 薛富兴. 再论"以美育代宗教"——兼与李丕显、赵惠霞先生商榷[J]. 汕头大学学报, 2004, 5.

[57] 杨盛龙. "匪气"湘西[J]. 寻根, 2012, 1.

[58] 姚小云, 尹华光. 影视营销对游客旅游决策影响实证分析——以张家界借力《阿凡达》营销为例[J]. 地理与地理信息科学, 2011, 4.

[59] 姚小云, 周运瑜. 旅游目的地影视营销绩效评价实证分析——以张家界借力《阿凡达》营销为例[J]. 北京第二外国语学院学报, 2012, 1.

[60] 叶中强. 以拒绝"都市"的姿态走向都市——沈从文的都市语义及其京派身份再省[J]. 学术月刊, 2012, 7.

[61] 俞兆平. 现代性视野中的马克思主义美学[J]. 天津社会科学, 2008, 2.

[62] 尹德翔. 比较文学形象学本土化二题[J]. 求索, 2009, 3.

[63] 张卫华. 湘西旅游不可或缺的平台——兼论文化产业开发的几点思考[J]. 经纪人学报, 2005, 1.

[64] 张英进等. 上海文化空间生产与再生产[J]. 上海采风月刊, 2012, 3.

[65] 张玉峰. 湘西州民族文化产业发展的SWOT分析[J]. 边疆经济与文化,

2011，2.

[66] 章国锋. 伽达默尔谈后现代主义[J]. 世界文学，1991，2.

[67] 赵惠霞. 美育与心灵家园建构——论蔡元培"以美育代宗教说"的当代意义[J]. 哲学研究，2002，9.

[68] 赵征，肇博. 试论影视、文学作品在旅游营销中的作用[J]. 时代经贸（中旬刊），2008，9.

[69] 曾耀农. 论湖湘文化对湖南影视作品的影响[J]. 郑州轻工业学院学报（社会科学版），2010，3.

[70] 郑群明. 湘西旅游走廊的开发构想[J]. 湖南师范大学社会科学学报，2001，5.

[71] 周宁，宋炳辉. 西方的中国形象研究——关于形象学学科领域与研究范型的对话[J]. 中国比较文学，2005，2.

[72] 周宁. 跨文化形象学：问题与方法的困境[J]. 厦门大学学报（哲学社会科学版），2012，5.

[73] 周宁. 走向"间性哲学"的跨文化研究[J]. 社会科学，2007，10.

[74] 朱林. 影视剧拍摄场景的选择利用与地域经济文化发展的互补功用[J]. 湖南第一师范学报，2009，2.

五、学位论文

[1] 梅黎. 影视作品中的湘西土匪形象研究[D]. 吉首大学硕士学位论文，2011.

[2] 潘金凤. 清代文学中的湘西形象[D]. 吉首大学硕士学位论文，2011.

[3] 王江生. 影视作品中湘西形象艺术呈现研究[D]. 吉首大学硕士学位论文，2011.

[4] 王萍. 新时期影视作品中的湘西形象研究[D]. 吉首大学硕士论文，2011.

[5] 杨春. 沈从文笔下湘西形象的独特性研究[D]. 吉首大学硕士论文，2013.

[6] 张颖. 旅游广告中的湘西形象[D]. 吉首大学硕士论文，2012.

[7] 张佑华. 唐诗中的湘西形象研究[D]. 吉首大学硕士论文，2010.

[8] 周会凌. 楚歌镜像：中国小说中的湘西形象研究[D]. 中山大学博士论文，2012.

六、在线文献

［1］常德市人民政府.中国·常德桃花源旅游节［EB/OL］.http：//www.changde.gov.cn/art/2013/7/23/art_72_1372146.html，2013-07-23/2014-11-15.

［2］陈雅玲.细菌战研究课题落户湖南文理学院［EB/OL］.http：//www.changde.gov.cn/art/2014/6/23/art_63349_1501092.html，2014-06-23/2014-11-14.

［3］邓道理.法国七旬夫妇游客迷恋武陵源10年2次参观核心景区［EB/OL］.http：//www.zjj.gov.cn/website/main/498/500/500/20141030120245.shtml，2014-10-23/2014-11-15.

［4］邓道理.张家界邀请全球"APEC"的人免费旅行［EB/OL］.http：//www.zjj.gov.cn/website/main/498/500/500/20141107120812.shtml，2014-11-04/2014-11-15.

［5］国务院.国务院关于公布第一批国家级非物质文化遗产名录的通知［EB/OL］.http：//www.gov.cn/zwgk/2006-06/02/content_297946.htm，2006-05-20/2014-10-25.

［6］河岚.法国佩皮里昂市政府代表团考察武陵源［EB/OL］.http：//www.zjj.gov.cn/website/main/498/500/500/2012071275234.shtml，2012-07-12/2014-11-16.

［7］湖南省人民政府.湖南省人民政府关于印发《湘西地区开发总体规划》的通知［EB/OL］.http：//www.hnfgw.gov.cn/zt/zt2011xxgh/19189.html，2004-06-24/2014-9-27.

［8］湖南张家界旅游网.张家界天门山寺［EB/OL］.http：//www.china-zhangjiajie.com/lyxz/lyyj/2011/0818/8745.html，2011-08-18/2014-11-03.

［9］怀化市人民政府.农业发展［EB/OL］.http：//www.huaihua.gov.cn/hhgk/zgsl/nyfz/30291.htm，2014-02-21/2014-11-14.

［10］简德彬.湘西形象的古典想象与现代重塑［EB/OL］.http：//hn.rednet.cn/c/2012/11/18/2817073.htm，2012-11-18/2015-01-11.

［11］匡滢."轮滑变形金刚"布朗杜成功挑战张家界天门山［EB/OL］.http：//news.163.com/12/0723/19/874CTKAQ00014JB6.html，2012-07-23/2014-11-03.

［12］李白，王伊敏.常德打造"二战英雄城"城市名片［EB/OL］.http：//www.changde.gov.cn/art/2014/7/10/art_63349_1509825.html，2014-07-10/2014-11-14.

［13］人民网.中华人民共和国宪法（全文）［EB/OL］.http：//www.people.com.cn/GB/shehui/1060/2391834.html，2004-03-15/2014-10-24.

［14］宋祖英.魅力湘西主题曲［EB/OL］.http：//www.china-zhangjiajie.com/shange/mg/2012/0220/11310.html，2012-02-20/2014-10-28.

［15］桃源县人民政府.桃源概况［EB/OL］.http：//www.taoyuan.gov.cn/html/

2004/06/26/7436.html,2004-06-26/2014-10-18.

［16］田育才.田华玉会见河东郡前郡守曹由幸一行［EB/OL］.http：//www.zjj.gov.cn/website/main/498/499/20141021119819.shtml,2014-10-21/2014-11-16.

［17］同程旅游网.天门狐仙［EB/OL］.http：//www.ly.com/scenery/BookSceneryTicket.aspx？id=31925&refid=17088947,2014-10-24/2014-10-24.

［18］万毅.我市与卡尼略市签署合作框架协议［EB/OL］.http：//www.zjj.gov.cn/website/main/498/499/2011111356952.shtml,2011-08-30/2014-11-16.

［19］武陵山区特色资源开发与利用研究中心.武陵山片区区域发展与扶贫攻坚规划（2011~2020年）［EB/OL］.http：//www.hnfgw.gov.cn/hgzh/qygh/34229.html,2012-04-16/2014-9-27.

［20］湘西土家族苗族自治州人民政府.经济发展［EB/OL］.http：//www.xxz.gov.cn/zjxx1/xxgk/shss/201409/t20140901_133838.html,2013-06-06/2014-10-31.

［21］谢立言.竖版中国地图问世发行 南海诸岛不再用插图表示［EB/OL］.http：//news.qq.com/a/20140625/021702.htm？ADUIN=376752644&ADSESSION=1403699284&ADTAG=CLIENT.QQ.5329_.0&ADPUBNO=26349,2014-06-25/2014-06-25.

［22］新京报.中国地图出竖版 南海诸岛不再缩略［EB/OL］.http：//culture.people.com.cn/n/2013/0107/c1013-20111212.html,2013-01-07/2014-11-09.

［23］杨烊.大型民俗情景剧《烟雨凤凰》首演还原绝美凤凰［EB/OL］.http：//hn.rednet.cn/c/2014/03/31/3311048.htm,2014-03-31/2014-10-27.

［24］杨烊.天门狐仙［EB/OL］.http：//www.ly.com/scenery/BookSceneryTicket.aspx？id=31925&refid=17088947,2014-10-24/2014-10-24.

［25］张湘河.鼓声,回荡在幽深的山谷——湖南民族民间文艺博览会暨湘西文化生态保护艺术节述评［EB/OL］.http：//hunan.voc.com.cn/gb/content/2004-10/30/content_2515313.htm,2004-10-30/2014-10-28.

［26］章尧,曾小颖.矮寨大桥竣工成为湘西一景 春节开放每天万人参观［EB/OL］.http：//hn.rednet.cn/c/2012/02/04/2506900.htm,2012-02-04/2014-11-02.

［27］中国非物质文化遗产网.非物质文化遗产保护法［EB/OL］.http：//www.chinaich.mobi/350/15679/351969/3308017/content.html,2011-07-26/2014-10-24.

［28］周碧华.策划常德［EB/OL］.http：//www.changde.gov.cn/art/2013/5/26/art_63349_1342476.html,2013-05-26/2014-11-15.

［29］周泽猛,侯永康.张家界市政府代表团成功访问美国加拿大友好城市［EB/OL］.http：//www.zjj.gov.cn/website/szzt/2013042387952.shtml,2013-01-22/2014-11-16.

七、主要网站

[1] http：//www.xxz.gov.cn

[2] http：//www.hnfgw.gov.cn

[3] http：//www.zjj.gov.cn

[4] http：//www.changde.gov.cn

[5] http：//www.huaihua.gov.cn

致谢：守望者说

2015年5月25日，我的博士论文顺利通过答辩，获得答辩委员会的一致肯定，并获评厦门大学校级优秀博士论文。面对学问，读书人要有敬畏之心；面对贵人，求学者更要怀揣一颗感恩之心。我来自大山多、大师少的湘西，在吉首大学完成本科学业后，曾先后在厦门大学攻读硕、博士学位，十年学业不仅是对中国高等教育发展的见证，更是一位边缘学子对文化中心的守望。

守望学问者的目标。学术研究需有跨文化、跨学科的功底与视野，我需要诚恳地向前辈们请教，导师黄鸣奋教授非常关心与支持我的论文选题与写作，老师的言传身教是我的榜样——做大学者，既要有博闻强识的学术能力，又要具备敢为人先的探索精神，从硕士到博士的求学路上，老师的提携与叮咛成就了黄门学子腹有诗书气自华的风范；易存国教授远在上海交通大学，时常关心我的论文进展与学习生活，正是以往在先生身边受到的艺术学教育，我才得以尝试门类艺术间的打通工作。导师组中的周宁教授是中国形象研究的先驱，是跨文化形象学的开创者，正是在他的身旁，我的选题对象才富有中国问题的价值。导师组中的李晓红教授教会我寓观点于宏阔的历史材料之中，我的研究领域得以贯穿中西与古今。戏剧与影视学专业的两位元老——陈世雄教授、郑尚宪教授的耳提面命是我作为厦大人收获的一笔财富。特别感谢吉首大学张家界学院的院长简德彬教授，先生首创"湘西形象"、"乡土美学"等重要命题，这些命题是本论文的源头活水，在接下来的学习与工作中，我将协助做好"形象学视域中的湘西形象研究"的丛书编纂工作。另外，浙江大学吴秀明教授为树立了学高为师的典范，华东师大的林拓教授的提点是论文未来深掘和努力的方向，俞兆平教授的马克思主义美学、现代性研究成果让我受益匪浅，代训教授的提点都是我日后做人、做事、看世界的要义，郭勇健教授与董趣老师的关心使我在厦门的学习多了一份家的温馨。我向诸位先生叩首。

守望学习者的友谊。在老师们的学问里，我收获的是视野。在师兄弟姐妹们的身边，我收获的是友谊。刘景福师兄是我顺利完成学业的一位贵人，林晶师姐、王璇师姐的指导让我很好地处理学习与生活的关系，魏榕博士、刘丽芸博士、许昳婷博士是我学习与答辩工作中的陪伴者。经武博士以一位兄长的关照让我逐渐成熟起来，国威博士的作家天赋与理论家的思辨让我大开眼界，我向黄门的兄弟姐妹们致敬，我向方明博士、王飞博士、洪世林博士、罗意博士、周飞博士、董立功博士、林雄洲博士、龚元华博士、周之涵博士致敬，我向戏剧与影视专业的学友们致敬，我向中文系12级的兄弟姐妹们致敬，我向人文学院的同人致敬，祝各位卓越、幸福。

守望为人子的孝道。父亲、母亲、岳父、岳母在我求学、工作、小孩抚养等方方面面给予了莫大的关心与爱护。父亲的勤勉与踏实扛起了一个五口之家，母亲的聪慧与豁达为我们营造了一个充满爱的家庭，家庭和谐、兄友弟恭。岳父的孝顺与朴实为我和后代的子孙树立典范，岳母的勤劳与智慧成就了让人羡慕的家业与事业。正是他们的教诲让我如何做孩子的父母——要有责任心与男子汉的担当，教会我如何做父母的孩子——对老人的孝顺落实在日常生活的点滴之中，教会我如何做一位妻子的丈夫——以宽阔的胸怀包容对方、支持对方、爱护对方。我向父母们叩拜。

守望为家主的责任。我的求学与工作得到妻子彭涛老师的鼎力支持，她的理解与宽容是我得以圆满完成学业的最大动力，论文撰写期间迎来儿子湾湾（彭胡湾）的出世，正是她的关爱与孩子的降临，让我在幸福与紧迫的张力中完成论文。在这个三口之家里，我要做一位有责任心的丈夫与有爱心的父亲，因为这里是我守望的根据地。

博士论文的后记具有一种仪式性象征，它送往迎来，送走的是一名学生的求学生涯，迎来的是一名在更为广阔的社会领域中追求幸福的人。

平凡的生活中活得像个英雄。

胡显斌

厦门大学凌云峰　南普陀寺五老峰

二○一五年六月十八日

这就是我心目中的博士论文。

——俞兆平,厦门大学教授,博士生导师,《厦门大学学报》常务副主编,编辑部主任

体大思"深"。

——林拓,华东师范大学教授,博士生导师,世博研究院院长

"这是一篇有望冲击省级甚至更高级别奖项的博士论文。"

——浙江大学吴秀明教授,博士生导师

很有特色。

——厦门大学闽江学者特聘教授代迅,博士生导师

论文选题具有学科前沿性,具有较大的理论意义和应用价值。

——盲审专家

对当前湘西形象和民族中国的形象的建设与推广具有很好的现实意义与实践操作性。

——盲审专家